农村留守少年权益保护的社会工作服务研究

王玉香　吴立忠　著

中国社会科学出版社

图书在版编目（CIP）数据

农村留守少年权益保护的社会工作服务研究／王玉香，吴立忠著.
—北京：中国社会科学出版社，2021.8
ISBN 978 - 7 - 5203 - 8950 - 1

Ⅰ.①农… Ⅱ.①王…②吴… Ⅲ.①农村—少年儿童—权益
保护—社会工作—研究 Ⅳ.①D913.1

中国版本图书馆 CIP 数据核字（2021）第 169769 号

出 版 人	赵剑英
责任编辑	伊 岚
责任校对	张爱华
责任印制	张雪娇

出 版	中国社会科学出版社
社 址	北京鼓楼西大街甲 158 号
邮 编	100720
网 址	http://www.csspw.cn
发 行 部	010 - 84083685
门 市 部	010 - 84029450
经 销	新华书店及其他书店

印 刷	北京明恒达印务有限公司
装 订	廊坊市广阳区广增装订厂
版 次	2021 年 8 月第 1 版
印 次	2021 年 8 月第 1 次印刷

开 本	710×1000 1/16
印 张	23.5
插 页	2
字 数	397 千字
定 价	138.00 元

自　序

　　留守少年属高年龄阶段留守儿童群体，他们既有留守儿童群体的共性，又有自身的特殊性。其特殊性主要是因为他们正处于身心快速发展、人生价值观形成的青春期，面临着诸多成长的烦恼与发展的困惑。他们的健康成长，不仅关乎个人发展的前途命运，关乎农村社会的和谐稳定，更关系到农村经济社会发展的前景、乡村振兴的质量进程。总体来看，由于留守儿童权益保护工作存在体制机制不健全、针对性不足等问题，导致留守少年权益保护工作还不够到位，加之留守少年身心发展的特殊性及相应的支持性不足，使得他们易遭受辍学、意外伤害、校园欺凌、人际适应不良等问题的困扰，容易成为被他人侵害的对象和侵害他人的主体，留守少年权益保护工作则更为重要，需要引起高度重视。开展留守少年社会工作服务是提升留守少年权益保护工作专业化水平、提高他们权益保护成效的重要路径。建构高素质社会工作专业人才队伍是留守少年权益保护社会工作服务开展的专业人力保障，而有关留守少年权益保护和社会工作服务政策，则是留守少年权益得到保障、专业人才队伍得以加强的根本依据。具体而言，本研究主要包括以下六部分内容：

　　第一章为导论。主要对国内外留守儿童生存状况、权益保护行动、保护政策等研究进行综述，明确现有研究成果对本研究的借鉴与促进作用；阐述本研究的背景、目的、意义、思路、方法，并对创新性与局限性做了说明。

　　第二章为留守儿童政策研究。围绕留守儿童政策这一核心问题，对国内外儿童政策情况进行对比分析，剖析留守少年权益保护活动的政策属性，总结我国留守儿童政策发展的历程特点、相关成绩与不足，并分析开展留守少年权益保护社会工作服务所依托的政策资源。

　　第三章为农村留守少年权益保护状况的调查。通过问卷、访谈、观察等综合调查方法的运用，以留守少年与非留守少年对比的方式，剖析留守少年家庭保护、学校保护、社区保护、自我保护的状况及存在问题，对留守少年权益保护的需求及可利用资源进行分析，并以此为依据，提出作为专业保护资源的农村留守少年社会工作服务的原则与举措。

第四章为农村留守少年学校社会工作服务研究。利用与整合相关政府部门、群团组织、高校及当地资源，在留守少年集中的三所调研地学校开展留守少年社会工作服务实践，探索以学校为核心，家庭、村居有机联动的农村留守少年社会工作服务模式。具体呈现服务目标、服务计划、服务过程、服务成效等情况，并反思分析了项目开展遇到的困难，提出解决措施。

第五章为农村留守少年社会工作服务者素质与能力建设研究。主要是基于现实农村留守少年社会工作的现状，论证农村留守少年社会工作者素质与能力建设的必要性，分析存在的问题，并在此基础上提出情感观念、理论知识、实务能力三位一体的留守少年社会工作者素质能力框架。

第六章为农村留守少年权益保护与社会工作服务政策建议。在检视农村留守少年权益保护活动存在的现实问题，剖析权益保护薄弱、社会工作服务不足等政策问题的基础上，针对性地提出相应的政策建议。

本研究历时五年。在研究的过程中，围绕着留守少年权益保护这一核心问题，团队成员不但认真学习、探究相关理论知识，更是积极地行动起来，为研究能够在社会工作服务的实践层面展开而想方设法、多方链接资源，才使得三个学校社会工作服务项目得以开展。这一过程中，团队成员常常往返于城市、乡村之间，3名团队成员长时间驻校调研与工作，其中1名团队成员连续在项目地工作达4个月的时间，与项目社工和社会工作专业实习学生同吃、同住、同工作。这种参与式的研究与督导，极大地增加了团队成员有关留守少年社会工作的服务经验，也取得了行动研究的实效。尽管三个服务项目都出现了结项后无法持续的现实，但在项目周期内均能善始善终地开展下来，为本研究取得有价值的研究成果提供了坚实的实证支持。与此同时，有关留守少年权益保护的社会工作服务研究的阶段成果也陆续公开发表，尤其是成果被《新华文摘》网刊、中国人民大学书报资料中心全文转载后，对于一直以来焦虑于本研究是否能取得有价值成果的我们，内心踏实了许多。

本研究之所以聚焦留守少年这一特殊群体，正是因为留守少年不同于其他的留守儿童群体，他们正处于身体、心理与社会性发展最为迅速与关键的时期，也是权益问题最多的特殊群体。通过社会工作服务的方式来提高他们的权益权能，并不是简单地为了解决现实某个留守少年或者某部分留守少年的权益问题，而是能够通过寄宿制与非寄宿制、小学高年级与初中学生、留守与非留守少年等不同类型农村少年所面临的权益问题，来寻找社会工作服务的最优服务方式与模式。通过实地调研与行动研究，我们进一步认同这样的结论：

在目前农村日益空心化、社会工作专业人才队伍还没有真正建构起来的社会现实下，针对留守少年这一特殊群体开展专业社会工作服务，学校社会工作则是最优的选择。因为学校是留守少年学习与生活集中的社会化场所，同伴相互之间高度影响，其独有的师资优势是社会工作服务可以开发与利用的最优的人力资源，以此来建构以学校为核心，学校、村居、家庭有效联动的社会工作服务模式。学校社工与教师一起可以通过个别特殊留守少年的家庭介入，形成学校与家庭社会工作的结合，形成对特殊留守少年个体及家庭的积极影响与干预；通过家校共育活动，开展相应的家庭教育活动；开展相应的与村居共建活动，来建构留守少年微观与中观层面的良性生态系统。建构以学校为核心，共青团、妇联等群团组织，以及公安局、司法、未检、乡镇等部门之间联动共融的留守少年权益保护体系与机制，形成良好的社会支持系统。

当然，开展留守少年权益保护的社会工作服务研究还在于能够通过行动研究、通过项目化运作来发现有关制约农村留守少年权益保护的社会工作发展的限制性因素，来探讨破解这一问题的有效方式。通过我们的实务研究发现：目前制约农村社会工作包括农村留守少年社会工作发展的最关键的制约因素为，一是缺乏人们对留守少年特殊性以及社会工作功能的认知与认同，二是缺乏开展社会工作服务的资金支持，三是缺乏专业社会工作人才。这三种因素交织影响，构成了目前农村留守少年社会工作服务得不到有效发展的现实障碍。要破解这样的障碍，必须从两个方面入手，一是从政策层面入手，进一步完善与细化现有的留守儿童权益保护和社会工作服务政策，注意政策的细化与分层，注重特殊的留守少年群体权益的政策关照，增强政策的权威性；加强政策执行的力度，加深对政策的解读，加强政策执行过程的监督与管理，以及政策执行效果的评估。尤其是要加强留守少年社会工作服务购买政策、服务标准的制定等来进一步推进服务的可持续性与规范化。二是从专业社会工作人才队伍建设入手，加强社会工作专业人才的分类培养，尤其是留守少年社会工作服务人才的培养，包括学历教育和在职教育；留守少年社会工作人才素质与能力表现为情（情感观念）、知（理论知识），能（实务能力）的有机交融。但是无论是政策的完善，还是专业社会工作人才队伍的建构都必须从现实出发，去探索留守少年权益保护与社会工作服务政策实施以及专业社会工作人才队伍建设的现实问题，才能够提出有关政策进一步完善、人才队伍建设方面的针对性建议。因此，本研究分析了农村留守少年权益保护现实行动中存在的如发展性眼光缺乏、内容泛化、保护方式简单、缺乏评估等现实问题，梳理并概括了农村留守儿童权益保护政策的发展分期与特点，分析了相关权益保护政策存在诸如，分层分类的缺乏、主体性的缺失、保障性内容缺失、权威性不足等问题。分析农村专业社会工作人才队伍建设所面临的现实问题。当然，这种分析并不是否定已经取得的相关政策与人才队伍建构的成效，而是为了更好地在现实的基础上进一步推动农村留守少年社会工作服务的发展，以充分发挥专业力量在留守少年权益保护中的作用。

本研究只是在留守少年权益保护与社会工作服务的结合研究上所进行的初步探索，有关实务研究的项目地只是选在山东省的三个留守人口众多的地市，现实项目资源整合与行动研究的跟进确实劳心费力，所以有关地域性的差别没有呈现。我们将学校作为社会工作服务项目点，并以此为据探讨留守少年社会工作服务模式，这是我们认为目前最现实的做法。有关服务模式的多样化探讨还需要再进一步推进。随着国家在2019年发布的关于困境儿童与留守儿童关爱政策的推进，有关村、乡镇、县的三级关爱保护体系的进一步建构与推进，将会为我们未来的研究带来更多的实践经验和基础性素材。

本研究认为，进一步完善农村留守少年权益保护政策和社会工作服务政策，需要建构以留守少年权益主体能力提升为核心的权益保护体系，强化权益保护体系各责任主体的责任意识与能力建设要求；需要在政策导向、现实服务上充分考量留守少年这一特殊群体的权益问题、权益需求与权益能力，加强农村留守少年社会工作服务的专业性；需要加强农村留守少年社会工作者队伍建设，并推进农村留守少年社会工作者的素质能力建设，使其更好地服务于留守少年的健康发展、权益保护，为我国乡村振兴战略的实施培育优质的内生力量。

本研究认为，关注留守少年这一特殊群体，关注他们的权益保障或保护，以优势视角理论、社会支持理论、增能理论等社会工作专业理论为视角去挖掘乡村社会的社会资本与优势，构成他们抗逆能力提升的外在的、积极的保护因素，有利于留守少年成长过程中积极因素最大作用的发挥，为他们建构这种有利于成长与发展的外部良性支持系统，是社会工作者的责任与使命；而关注留守少年权益主体意识与能力的培养，挖掘他们的内在潜能，提升他们自我的抗逆力水平，建构以留守少年自我权益保护意识与能力提升为核心的留守少年权益关爱保护体系与机制，是作为专业力量的社会工作者应该着力去推动与建构的本职工作。

感谢项目团队成员为本研究所做出的努力与贡献！感谢山东大学高鉴国教授的关怀与指导！感谢济南山青社会工作服务中心、临沂市山青社会工作服务中心、山东省社区发展与社会工作研究中心同仁的支持！感谢山东大学 MSW 杜经国、薛琦予等同学与山东青年政治学院李远翔、卢雪等同学的调研与参与！感谢项目所在学校、乡镇、共青团系统与民政系统相关领导与老师的大力支持！没有大家的齐心协力与相互扶持，就没有研究的基本素材与现实基础。本研究成果凝练了太多人的支持与努力！由于研究时间的跨度较长、研究者能力水平的局限，还存有一些不尽如人意的地方，希望能够得到广大读者的批评指正，以利于我们精进后续研究、提升研究能力。

在乡村振兴战略推进的过程中，我们也将继续追踪留守少年权益保护的社会工作服务的发展，不断提升研究团队的实务水平与研究能力，为留守少年的健康成长，为乡村社会的和谐、振兴奉献自己的力量！

目　　录

第一章　导论 ……………………………………………………… (1)

　第一节　研究背景 ……………………………………………… (2)

　第二节　研究目的与意义 ……………………………………… (6)

　第三节　文献综述 ……………………………………………… (8)

　第四节　研究设计 ……………………………………………… (45)

　第五节　研究的创新性及局限性 ……………………………… (48)

第二章　留守少年权益保护的政策基础 ………………………… (51)

　第一节　中西方儿童政策发展的评述 ………………………… (51)

　第二节　留守少年权益保护活动的政策属性 ………………… (64)

　第三节　我国留守儿童政策演进过程及特点分析 …………… (70)

　第四节　我国留守儿童政策问题的审视 ……………………… (82)

　第五节　留守少年权益保护的社会工作服务政策资源 ……… (92)

第三章　留守少年权益保护的需求及可利用资源分析 ………… (99)

　第一节　调研方法 ……………………………………………… (99)

　第二节　农村留守少年权益保护的现状 ……………………… (108)

　第三节　留守少年权益保护的需求分析 ……………………… (153)

　第四节　基于留守少年权益保护需求的可利用资源分析 …… (170)

　第五节　农村留守少年社会工作服务的原则与举措 ………… (179)

第四章　农村留守少年学校社会工作服务研究 ………………… (186)

　第一节　农村留守少年学校社会工作服务开展背景 ………… (186)

　第二节　"有我在伴"项目开展情况及成效 ………………… (188)

第三节　"沂蒙菁梦家园·飞翔"项目开展情况及成效 …………（197）

第四节　"春风行动"农村留守贫困少年教育社会工作服务项目

　　　　开展情况及成效 ……………………………………（208）

第五节　农村留守少年学校社会工作服务项目实施的挑战 ………（219）

第六节　农村留守少年权益保护社会工作项目服务的反思 ………（223）

第五章　农村留守少年社会工作者的素质与能力建设研究 …………（228）

第一节　农村留守少年社会工作者素质与能力建设的必要性 ……（229）

第二节　农村留守少年社会工作者素质与能力建设的现状

　　　　与存在问题 …………………………………………（231）

第三节　农村留守少年社会工作者素质与能力框架分析 …………（234）

第四节　农村留守少年社会工作者素质与能力的培育策略 ………（252）

第六章　农村留守少年权益保护与社会工作服务政策建议 …………（258）

第一节　农村留守少年权益保护活动的现实问题 …………………（258）

第二节　加强留守少年权益保护的政策建议 ………………………（266）

第三节　农村留守儿童社会工作服务政策的检视 …………………（272）

第四节　加强留守少年社会工作服务的政策建议 …………………（281）

附　录 ……………………………………………………………………（289）

附录一　调查问卷：关于农村少年权益保护状况的调查 …………（289）

附录二　访谈提纲 …………………………………………………（295）

附录三　儿童安全技能提升系列课程之防意外伤害教育

　　　　（4—6 年级） …………………………………………（297）

附录四　"有我在伴"项目 2016 年第四季度进度报告 …………（314）

附录五　留守少年个案工作服务案例 ……………………………（327）

附录六　留守少年小组工作服务案例 ……………………………（335）

参考文献 …………………………………………………………………（351）

第一章

导　　论

农村留守儿童一直是我国政府和社会关心的重大问题。虽然我国早已加入联合国《儿童权利公约》，2007 年发布了《关于贯彻未成年人保护法实施"未成年人保护行动"的意见》使我国留守儿童问题得到了一定重视，但问题依然十分严重。2012 年 6 月 11 日，国务院发布《国家人权行动计划（2012—2015 年)》，对儿童权益保护方面提出了很多具体操作性措施。2014 年 1 月 10 日，共青团中央、民政部等六部委印发了《关于加强青少年事务社会工作专业人才队伍建设的意见》，将青少年事务主要服务领域定为服务青少年成长发展、维护青少年合法权益、预防青少年违法犯罪三个方面，包括困难帮扶、权益保护、法律服务等服务内容。近年来，国家对留守儿童权益保护高度重视，连续出台相关政策，加强留守儿童权益保护体系与机制建设，提升专业化服务水平，如 2016 年 2 月国务院《关于加强农村留守儿童关爱保护工作的意见》，2017 年民政部、教育部、财政部、共青团中央、全国妇联五部门联合出台的《关于在农村留守儿童关爱保护中发挥社会工作专业人才作用的指导意见》，2018 年民政部《关于开展全国农村留守儿童关爱保护和困境儿童保障示范活动的通知》，2019 年民政部等 10 部门《关于进一步健全农村留守儿童和困境儿童服务体系的意见》等。国家对留守儿童群体权益保护政策支持的力度不断增大，对权益保护专业力量的重视程度不断加强，社会工作在留守儿童群体权益保护的专业性地位得到承认，其作用不可替代。

本研究针对有关留守少年权益保护的现实及研究均相对薄弱的现实情况，选定留守儿童高龄群体的留守少年这一特殊群体，开展相关权益保护的社会工作服务项目实践与研究，以探讨留守少年权益保护的社会工作服务模式，专业社会工作人才素质与能力的要求，以及权益保护和社会工作服务政策的改进，为日益加强的留守儿童权益保护体系与机制的建设，为留守少年的权益保护、健康成长以及相关社会工作服务的发展建言献策。

第一节　研究背景

改革开放以来，经济社会的快速发展带来了我国城乡之间发展的不平衡和社会结构的新变化，即农村劳动力人口向城市的大规模迁移，形成了严重的农村空心化问题、留守问题，出现了留守儿童、留守妇女、留守老人等弱势群体。近年来，有关留守儿童权益受到损害、人身受到侵害等恶性事件时有发生，尤其是这些事件被媒体曝光后，引起了社会广泛的关注和同情。党和政府高度关注农村留守儿童的权益保护与健康成长，不断出台与完善留守儿童权益保护政策，社会各界也实施了大量的关爱保护行动并取得了积极成效。但是政策出台与政策落实之间还存在着时间差，权益保护的广度、深度、针对性、持续性方面还存在一定程度上的不足。究其原因，一个很重要的方面就是以社会工作为代表的专业化权益保护力量非常薄弱，社会工作专业性服务的社会知晓度和认同度不高，农村专业社会工作服务因资金与人才的缺乏难以开展与推行，造成的直接结果就是保护对象得不到专业性的保护、保护力量无法真正形成完善的保护网络和社会支持体系。

本研究从年龄变量这一角度出发，将农村留守儿童群体中的留守少年这一特殊群体作为研究对象，了解留守少年权益保护中存在的问题，以社会工作服务项目实践与研究的方式，来进一步探讨专业社会工作人才能力与素质的要求，以及留守少年权益保护与社会工作服务政策的发展走向，期冀为提升我国留守少年权益保护工作的专业化水平贡献绵薄之力。

目前农村留守儿童权益保护存在的突出问题是对包括留守少年在内的留守儿童群体的特点、属性认识不足，尤其是忽视留守儿童的差异性与主体性，相应在权益保护中不能从专业化的角度来思考这些问题，缺失专业化的力量、方法来应对与处理这些问题。

一　农村留守儿童权益分层保护欠缺

无论是从人的社会性发展的丰富性，还是从人的社会生活的复杂性来看，农村留守儿童都是一个多样化、差异化的群体，不同类型的留守儿童在权益发展与保护方面都存在着具体差异。所谓留守儿童权益分层保护，是指根据留守儿童的现实留守状况、性别、年龄阶段、学业阶段、能力水平、发展需求等主客观方面的差异情况而进行的有区别、有针对性的保护。尽管现有研究已经注意到了留守儿童的群体差异，但是留守儿童政策对留守儿童群体样态的多样化和差异性关照不足，现实层面的留守儿童权益保护的层次性、针对性方面更有所欠缺。就留守儿童的年龄层次看，相关研究与保护工作都非常不足：儿童与留守儿童年龄规定存在不同的判定，如《儿童权利公约》规定儿童为不满 18 岁的任何人，国务院《关于加强农村留守儿童关爱保护工作的意见》规定留守儿童为不满 16 周岁的未成年人。从人的身心发展的阶段性来看，留守儿童在现实中实际上横跨了幼儿期、儿童期、青少年期，不同的时期人的生理、心理、社会性发展方面具有不同的特点，不同发展阶段个体的差异性较大。这种差异性与留守状况之间的交互作用，使得不同年龄阶段留守儿童在权益能力发展、权益保护方面表现出不同的特点、要求和问题，但是，这些方面的不同在现实的留守儿童权益保护工作中得不到针对性回应，而是被"一刀切"式地应对与处理。本研究以留守儿童中高年龄阶段的留守少年这一群体为研究对象，来探讨他们权益保护方面的社会工作服务，旨在提出有关留守少年权益保护政策和社会工作政策，以更好地促进他们的健康发展。

　　之所以选取农村留守少年这一群体，是因为这一群体较之于其他阶段的留守儿童存在着明显的特殊性，尤其是在权益侵害与受侵害方面更容易发生问题。这种特殊性的产生，根本原因在于留守少年正值青春发育期，身体加速发育成熟，相对而言在心理上发展相对缓慢，表现出较强的叛逆性、冲动性、冒险性以及情绪情感的不稳定性，他们的成人感明显增强，渴望自主独立，希望受到成人的尊重与重视，迫切希望自我价值能够得到实现。他们正处于"心理断乳"的兴奋盲动与焦虑不安之中。就社会性行为而言，这一时期的留守少年更容易受到同辈群体的影响，容易冲动、盲从、意气用事，不考虑行动的后果，如果同辈群体为不良群体则极可能产生"偏差"或"越轨"现象。此种样态的身心状况下，由于留守而缺失父母的监护与支持，则更容易发生偏差行为及其扩大化的现实后果。不少研究均显示，少年时期在暴力犯罪、遭受性侵害、意外伤害等方面的情况会更加突出一些。现实中，留守少年身心发展的特殊性并未给予充分研究与重视，使得留守少年群体权益保护工作还缺乏全面性、针对性和专业性，相关的保护政策、措施、行动均较为薄弱，留守少年与其他年龄阶段留守儿童在权益保护方面更多地呈现出同质化倾向，留守少年权益问题的有效介入和解决成为迫切的现实问题。

二　权益保护行动忽视农村留守少年群体的主体性

长期以来，针对农村留守儿童的关爱服务工作更多的是依赖外来力量所构成的自上而下、由外而内的关爱服务体系，而忽视社区本土的资源以及留守儿童、留守监护人的主动性，因此使得关爱服务工作很难发挥作用①，从而使得包括留守少年在内的留守儿童权益保护的低水平和专业性的不足。在目前加速发展的社会转型期，这种自上而下的保护模式，形成了行政力量干预有余、社会力量介入不足、留守少年权益保护的主体力量未被充分激发的现实，使得整个关爱保护体系的建构缺失留守少年主体这一核心要素，留守少年只是被动接受关爱保护的群体或客体。由于忽视留守少年主观需求与特点的关照，只是拥有关爱保护的成人视角，导致关爱保护行动更多地停留于物质资源的单向供给和一厢情愿的活动开展，较少考虑到留守少年的心理基础及精神世界的发展，较少考虑到他们正在成长的自主性与自主能力的提升、他们抗逆力意识的强化与能力的提升。马克思主义认为，内因为变化的根据，外因为变化的条件，外因通过内因而起作用。这种忽视留守少年主体保护因素激发的关爱保护活动自然产生不了较好的成效。

实际上，留守给少年们带来的影响是复杂的、多方面的。就消极层面来看，如果不能很好地帮助农村留守少年适应和面对留守的现实生活，那么留守对他们造成的不良影响可能会产生多米诺骨牌效应，或者使相关的关爱帮助适得其反，产生负面影响。就积极层面来看，如果处理得当，农村留守少年可能会被赋权增能从而形成较强的抗逆力，会因留守而变得更加自立自强，自身的权益主体能力得以提升。社会工作专业化的支持就是要充分利用农村留守少年现有的社会资源，以优势视角来看待留守少年的现实生活，促进留守少年抗逆力的培育，了解留守少年的特点与需要，充分尊重和理解留守少年，有效地利用专业价值理念与理论，采用易于留守

---

① 韩嘉玲、张妍：《农村社区发展助力留守儿童健康成长》，《中国民政》2016年第12期。

少年接受、激发其主体性的社会工作方法和模式，为留守少年权益保护提供应有的支持，从而有效挖掘留守少年的潜能优势，切实扭转留守少年权益保护主体功能发挥不全、关爱保护成效不足的状况。

三　农村留守少年权益保护工作的专业性不足

专业化的社会工作在我国起步较晚，尽管近些年来国家大力推进社会工作事业的发展，社会工作职业化发展较为迅速，并形成了一定的规模，也在一定程度上发挥了服务治理的作用，但总体来看，社会工作发展还处于起步阶段，并且出现了明显的地域差别，社会工作专业人才队伍建设非常薄弱，专业人才总量不足，其质量水平需要很大程度的提升。由于农村地区经济、文化等多方面条件的落后，人们对社会工作的知晓度和认同度很低，更缺乏相应购买资金的投入，使农村缺乏专业社会工作发展的土壤，同时，即使有个别的购买服务，也容易出现资金不足与不可持续的状态，社会工作从业人员待遇偏低，缺乏职业发展空间，自然更缺乏吸引力，很多社会工作人才不愿到农村发展。从学历层次看，农村社会工作专业人才多以专科层次为主，而且大部分农村社会工作者缺乏社会工作专业教育背景，而是通过考取社会工作职业资格证书转岗而来，有的只是接受了短期的专业培训。而从农村社会工作者素质结构来看，虽然他们在个案工作、小组工作、社区工作等社会工作直接方法运用方面有一定的意识与能力，但是在针对农村留守少年等特殊群体服务方面还缺乏专门化的服务知识与技能，缺乏社会工作间接服务的能力。农村社会工作专业人才队伍的量与质都成为较大的现实问题，严重影响了留守少年社会工作的实际服务水平和权益保护工作的专业性。农村社会工作专业人才队伍培养与建设的不足，与相关人才政策不到位、人才培养缺乏足够的农村化视角等直接相关。

农村留守少年是目前需着力关注的、特殊的农村留守儿童群体，他们不仅处于成长的关键期，更是农村扶贫攻坚、乡村振兴的后备军与内生力量，他们的发展状况、素质能力很大程度上决定了农村经济社会的发展前景。由于农村经济总体落后造成的乡村空心化、不良社会思潮对乡村社会的冲击、一些不良地方陋习的影响，使得部分农村留守少年一定程度上存在精神状况不佳、行为出现偏差等问题，他们的奋斗动力不足、对未来缺乏信心等，甚至有人被灰黑色势力所拉拢，成为社会不安定因素①，有的留守少年出现网络使用过度、辍学等问题，处于无人过问、无人监控的闲散状态，不仅自身权益容易受到损害，而且也容易成为损害他人权益的不良群体。农村留守少年权益保护存在的问题、他们的多样化需求和专业化社会工作人才不足之间的张力异常明显，致使现实的农村留守少年权益保护往往成为被动应付的工作任务，专业化力量的介入与支持严重不足。

因此，专业社会工作介入农村留守少年权益保护的实践与研究，是留守少年权益保护专业化发展的必然要求，有利于更好地建构留守少年权益关爱体系与机制，促进留守少年的健康成长。

第二节　研究目的与意义

一　研究目的

针对农村留守少年权益保护工作相对薄弱、专业化程度不高、相关研究不太充实等现实问题，本研究的目的就在于探讨在农村没有建构社会工作服务体系情况之下的留守少年社会工作服务模式、权益保护体系建构的相关政策问题、农村留守少年社会工作人才素质能力与社会工作政策的进一步完善。具体包括以下内容：

（一）全面梳理与总结国内外儿童权益研究状况及权益政策研究状况，形成关于留守儿童权益及权益政策问题上的系统性、规律性认识。

（二）以社会工作项目地农村留守少年权益现状的实地调研为基础，了解留守少年权益需求、可利用资源与现实权益保护的情况。

（三）坚持在农村留守少年集中的学校开展社会工作服务，探讨学校、家庭和村居联动的服务模式，在提升留守少年权益保护成效、改善留守少年权益保护状况的实践中，反思留守少年社会工作服务实施所面临的现实问题。

（四）构建留守少年社会工作者素质与能力框架体系及基本要求。

（五）形成留守少年权益保护与社会工作服务的政策倡导建议。

---

① 《部分农村青少年精神世界"荒漠化"：少文化口粮，缺心理营养》，http://www.xinhua-net.com/politics/2018 - 10/10/c_ 1123537969.htm，2018 年 12 月 20 日。

二　研究意义

农村留守少年权益保护的社会工作服务研究，是从社会工作服务的角度探讨与应对农村留守少年权益保护存在的现实问题。本研究是在已有的相关研究成果的基础之上，借鉴国内外相关理论、政策、制度、行动的经验和成果，从现实出发，针对留守少年的特点与需要而开展的针对性的行动研究。在目前国家和政府高度关注与推进留守儿童权益保护的现实进程中具有较为重要的理论意义与现实意义。

（一）理论意义

目前的儿童、青少年社会工作服务理论，更多是从普遍意义上探讨儿童、青少年社会工作服务的理念、内容和方法等，尽管也不乏一些针对留守儿童、青少年社会工作服务的具体探讨，但是针对特定的留守少年群体的探讨不多；而将社会工作作为留守少年权益保护的专业方式与手段的研究也不多，因此，本研究具有重要的理论意义。

1. 有助于丰富农村留守少年社会工作服务的理论研究

本研究通过农村留守少年社会工作服务项目的行动研究，以留守少年的需求、资源和社会工作现实服务为基础，通过反思、实践、再反思等方式，进一步探讨留守少年社会工作服务的相关问题和基础，包括社会工作服务的可行性与必要性、服务运行所依赖的机制、服务开展建构的模式与采用的方法等，以总结有关实践智慧、形成理性认识，可以一定程度上丰富有关农村留守少年权益保护的社会工作服务理论。

2. 有助于梳理和丰富儿童权益理论与相关社会工作服务理论

本研究从留守少年服务的特定实践出发，把诸多儿童青少年发展理论观点纳入留守少年权益保护的理论框架，进一步明晰留守少年的特殊性，形成尊重留守少年的主体性观念，坚持国家责任、社会责任、家庭责任、留守少年个体责任并重的新型权益保护理念，推进以留守少年为主体的权益保护体系与机制的建构，可以为儿童、青少年权益理论及有关社会工作服务理论的丰富提供研究的素材与基础。

（二）现实意义

从我国第一个国家级的《中长期青年发展规划（2016—2025年）》可以看到，权益保护是关注青少年发展的十个领域之一，而青少年事务社工作人才队伍建设则是十大工程之一。青少年的发展是真正的国家战略，服务与促进青少年的发展是全社会的责任，也是专业社会工作服务的应有之义。农村留守少年群体是国家乡村振兴战略实施的内生力量与生力军，他们是否健康成长与成才直接影响乡村和谐与振兴、乡村新时代文明建设。本研究具有重要的现实价值。

1. 有助于提高留守少年权益保护的实效性

本研究通过对目前有关留守儿童政策、关爱行动等的研究与分析，提出农村留守儿童权益的分层化、专业化保护的观点，对于留守少年权益保护的社会工作服务针对性与实效性的获得具有现实意义。具体表现为，通过探讨与建构行之有效的留守少年社会工作服务模式，增强项目的示范与引领作用，推进农村留守少年社会工作服务工作的开展，扩大项目所在地民众对专业社会工作的了解与认知；探讨社会工作者的素质与能力要求，为加强农村社会工作专业人才队伍的建设提供人才质量标准与要求。

2. 有助于为留守儿童权益保护政策与社会工作政策的制定与完善提供依据和参考

有关农村留守儿童权益保护政策发展的时间较短，而相关的社会工作服务政策的发展更是刚刚起步，政策的发展与完善必须来自相关政策的解读与分析，来自现实的实践与探索。农村留守少年作为特殊儿童或青少年群体，他们的权益保障及社会工作相关问题、政策与服务研究，不仅有助于更好地促进留守少年的权益保障和健康发展，而且可以为共青团中央、全国妇联、民政部等群团组织和相关部委进行有关留守儿童、青少年权益保护政策及社会工作服务政策的制定，提供相应的依据与参考。

第三节 文献综述

通过聚焦现有文献、相关理论基础，以及对现实留守儿童保护行动的梳理与分析，为进一步研究留守少年权益现状、权益需求、社会工作专业服务与社会政策奠定理论与经验基础。

一 国内研究状况

自 2004 年以来，国内有关留守儿童相关研究在不断增多，近几年有关留守儿童社会工作服务的具体探讨也在逐渐增多。

（一）农村留守儿童权益保护研究

留守儿童的关爱保护，实质上就是权益保护。换言之，只有从权益角度来对留守儿童进行关爱，才能真正做到尊重留守儿童，理解他们的现实需求，才会设计与实施针对他们健康成长发展需要的关爱保护举措，进而切实有效地解决他们面临的生存与发展的现实问题。通过对我国留守儿童权益保护问题研究的梳理，有助于了解当前留守儿童权益保护工作及相关研究的现状，总结相关成果经验，发现存在的问题，为更好地进行留守儿童权益保护的理论与实践工作提供支持，也为留守少年权益保护政策与社会工作服务研究提供基础与前提。

关于儿童权益及保护的相关政策规定，从国际角度看，最有权威是联合国颁布的《儿童权利公约》，其不仅界定了儿童的年龄为 18 周岁以下，而且认为儿童应享有四项基本权利，即生存权、受保护权、发展权与参与权，并分别进行了具体的阐述。留守儿童法律权益的保护，是指对留守儿童法律权利和利益的保护①，要做好留守儿童权益保护工作，首先要明确留守儿童应该享有哪些权利、权益，以及这些权利、权益的实现状况。根据相关研究情况，下面主要从留守儿童的生存权、发展权、监护权三大方面进行综述。

1. 农村留守儿童生存权状况及保护研究

生存权是人之为人的最为基本的权利。广义来讲，人的所有权利都属生存权；狭义来看，人的生存权主要包括生命权、健康权、医疗权等。因为父母远离、家庭贫困、社会保障不利等原因，导致留守儿童在生命保护、健康维护、医疗养护方面还存在诸多威胁与问题，严重影响了留守儿童的健康成长。

就现有农村留守儿童生存状况的研究来看，主要表现在两大方面：一是留守儿童身体健康状况，包括留守儿童身体发育情况、营养膳食情况、有无疾病以及相应的诊疗情况；二是留守儿童身体安全状况，包括遭受意外伤害、校园欺凌以及自我伤害等情况。

（1）留守儿童的身体健康状况及保护

总体上，研究者认为留守儿童身体健康不容乐观，具体表现为：其

---

① 李双元：《儿童权利的国际法律保护》，人民法院出版社 2004 年版，第 78 页。

一，留守儿童营养严重不足，身高、体重等身体发育指标方面落后于非留守儿童[1]；其二，留守儿童在某些疾病方面的患病率高。周遵琴等人发现留守儿童沙眼、视力低下、龋齿、腿型异常发病率均高于非留守儿童[2]，吴剑明等人的调查发现留守儿童四周患病的风险前者是后者的1.55倍[3]。（四周患病是指被调查儿童调查前四周内是否患过或患有疾病、受伤或身体不舒服等，是一个衡量健康状况的指标。）

影响留守儿童身体健康的原因主要在于：其一，监护者的性别、外出状况、文化水平、教养方式等影响着留守儿童健康状况[4]；其二，留守儿童有关身体健康方面的知识缺乏[5]；其三，农村总体经济社会发展条件较差，公共服务落后[6]。

一些研究者认为要采取以下措施来提升留守儿童身体健康：其一，从政府层面，通过政策扶持，加强留守儿童营养促进、改善计划，食品营养强化的策略[7]；其二，从家庭层面，通过文化建设、志愿宣讲培训等对农村家庭、留守儿童进行观念教育，提高农村家庭在儿童营养摄入、教育情况等方面的意识[8]；其三，从留守儿童层面，通过体育参与[9]等多种方式提高留守儿童身心健康水平。

（2）留守儿童的安全状况及保护

通过留守儿童意外伤害、自杀倾向、性安全等三个较为突出的问题来

---

① 邬志辉、李静美：《农村留守儿童生存现状调查报告》，《中国农业大学学报》（社会科学版）2015年第1期。

② 周遵琴、李森、刘海燕：《留守儿童身体健康状况及影因素分析——以贵州省为例》，《贵州民族研究》2015年第6期。

③ 吴剑明、王薇、石真玉：《留守儿童身体健康影响因素研究》，《南京体育学院学报》（自然科学版）2015年第1期。

④ 李强、臧文斌：《父母外出对留守儿童健康的影响》，《经济学》（季刊）2010年第1期。

⑤ 刘奉、王静文、蒋祥林、邹飞：《不同年龄留守儿童身体健康特征与分析》，《母婴世界》2015年第24期。

⑥ 周雅琳、陈宇涵、刘伟、李雍、秦勇、李睿珺、于兰兰、许雅君：《中国农村留守儿童营养健康状况及干预措施研究进展》，《中国公共卫生》2019年第6期。

⑦ 田旭、黄莹莹、钟力、王辉：《中国农村留守儿童营养状况分析》，《经济学》（季刊）2018年第1期。

⑧ 丁继红、徐宁吟：《父母外出务工对留守儿童健康与教育的影响》，《人口研究》2018年第1期。

⑨ 陈曙、王京琼：《体育参与对农村留守儿童身心健康的干预研究》，《武汉体育学院学报》2016年第9期。

总结留守儿童安全保护状况的研究。

留守儿童意外伤害方面的研究。有研究者从意外伤害发生率的角度对比研究认为，留守儿童比非留守儿童更易受到伤害[1]；有研究者认为，意外伤害的原因是家庭监护缺位、学校教育缺少、社会保障制度缺乏等多重因素[2]，这在很大程度上导致了留守儿童安全常识的缺乏与安全意识的薄弱。留守儿童意外伤害的防范措施，包括提高留守儿童健康素养水平[3]、建立留守儿童意外伤害保险机制[4]等方面。

留守儿童自杀倾向方面的研究。李光友、陶方标认为，留守儿童自杀体现出一定的年龄特点，相对而言，高龄留守儿童的自杀倾向较为明显，尤其是处于青春期早期的留守儿童[5]；肖圆圆等人认为，留守儿童的自杀倾向具有一定的个体和群体的差异性[6]。李铿等人发现，父母回家及电话联系频率、留守时间、父母受教育程度是留守初中生自杀态度的影响因素[7]；刘云浩等人发现，对留守儿童进行正念训练，可减少留守儿童的自杀意念和社会焦虑[8]；陆润豪等人提出了制定应对不健康心理和行为的响应机制和策略[9]。am

留守儿童性安全方面的研究。张永强、耿亮认为，留守儿童尤其是处于青春期阶段的留守儿童性安全方面的问题较为突出。农村留守女童遭受

① 胡洋、宇翔、廖珠根：《中国农村地区留守儿童意外伤害发生率的 Meta 分析》，《现代预防医学》2015 年第 23 期。

② 杜鹃：《政府在完善留守儿童人身安全保护制度中的对策》，《中北大学学报》（社会科学版）2015 年第 5 期。

③ 董泽松、祁慧、刘传星、李荆广、张珂：《西部 4 省（区）民族地区留守儿童健康素养与意外伤害的关系》，《中国健康教育》2019 年第 5 期。

④ 游春：《构建农村留守儿童意外伤害保险机制的研究》，《金融发展研究》2010 年第 9 期。

⑤ 李光友、陶方标：《14～16 岁留守儿童心理状况及自杀倾向分析》，《中国公共卫生》2009 年第 8 期。

⑥ Xiao, Y. Y. and et al., "Suicide Ideation and Suicide Plan in Chinese Left-Behind Children: Prevalence and Associated Factors", *Journal of Affective Disorders*, Vol. 257, No. 10, 2019, pp. 662 - 668.

⑦ 李铿、赵文莉、蒋霞、吴志贤、潘卫明、乔昆：《甘肃省留守初中生自杀态度及影响因素分析》，《医学与社会》2017 年第 7 期。

⑧ Lu, R. H. and et al., "The Effects of Mindfulness Training on Suicide Ideation Among Left-Behind Children in China: A Randomized Controlled Trial", *Child: Care, Health and Development*, Vol. 45, No. 3, 2019, p. 371.

⑨ 陆润豪、彭晓雪、吴茜、朱智、董婧、陈庆荣：《江苏省农村留守儿童自杀风险调查》，《中国公共卫生》2017 年第 9 期。

性侵害的形势异常严峻，并呈现出被性侵女童低龄化、性侵主体熟人化、性侵地点集中化和性侵取证困难化的特点①。就留守儿童遭受性侵犯的原因来看，除了监护人监护不力、学校性教育不足外，重要的原因在于落后乡村文化的影响，比如对待性侵，受害家庭长辈往往在意名声、羞于维权，而侵害者往往受不良思想侵袭，文化生活方式不健康②。就留守儿童性安全的保护措施来看，付玉明指出，政策层面要加强性安全相关方面的立法③，高智慧提出以小组工作的方法介入④。

2. 留守儿童发展权状况及保护研究

关于留守儿童发展权的研究，国内主要体现为心理发展和受教育方面的研究。

（1）留守儿童的心理健康及保护

留守儿童心理状况方面的研究。刘丹丹归结了留守儿童的十种不良心理倾向：自卑、逆反、怨恨、懦弱、孤独、懒惰、焦虑、孤僻、冲动和享乐⑤；留守儿童与非留守儿童在心理健康程度上存在一定差异，如黄晓萍、田秀花发现，留守中学生在躯体化、强迫、焦虑、敌对、恐怖、精神病性这六个因子分值上均显著高于非留守中学生⑥；留守儿童心理健康状况存在年级差异，如高亚兵发现，初中留守儿童比小学留守儿童心理健康问题和不良人格特征更严重⑦。

留守儿童心理健康的影响因素方面的研究。研究者普遍认为，影响留守儿童心理健康的主要原因是父母打工外出。邬志辉、李静美认为，母亲

---

① 张永强、耿亮：《农村留守女童遭受性侵害问题及防范对策研究》，《预防青少年犯罪研究》2016 年第 3 期。

② 周楚、王德斌、洪倩：《留守儿童性侵害案件的成因及对策》，《医学与社会》2010 年第 1 期。

③ 付玉明：《论我国留守儿童性权利的法律保护——基于十起典型案例的实证分析》，《法学论坛》2016 年第 5 期。

④ 高智慧：《农村留守儿童性安全的社会工作介入研究》，硕士学位论文，兰州大学，2018 年。

⑤ 刘丹丹：《农村留守儿童的十种不良心理倾向及教育疏导措施》，《山西财经大学学报》2016 年第 S1 期。

⑥ 黄晓萍、田秀花：《留守学生心理健康状况的调查与分析》，《教育导刊》2007 年第 3 期。

⑦ 高亚兵：《农村留守儿童心理健康状况及人格发展特征》，《中国公共卫生》2008 年第 8 期。

外出的留守儿童的心理问题值得关注①；刘红艳等人发现，父母长期外出（四个月以上）才会对留守儿童心理健康带来负面影响，当父母外出务工时间缩减为四个月以下时，父母的外出务工不会对其子女心理健康带来明显的负面影响②。除父母因素外，包括其他人、相关环境与条件、留守儿童自身等因素也在不同程度地影响留守儿童的心理发展③。

促进留守儿童心理健康措施方面的研究，有研究者认为，除了从宏观政策上打破城乡壁垒、消除留守现象外，微观方面需要在外务工的父母能够加强与改进和留守子女的沟通，关注他们的道德发展和精神需求④；需要学校加强心理健康教育工作，做好团体辅导和个别咨询，建立心理健康档案，定期对心理健康状况进行专业测评与分析⑤；需要加强留守儿童个体心理能力建设，培养其自我效能感，进行积极、理性的人格特质的塑造⑥；需要引导留守儿童建立积极的认知体系，提升心理弹性⑦。

（2）留守儿童受教育权益及保护状况

有研究表明：无论是留守儿童的家庭教育，还是学校教育、社区教育方面都存在一定的问题，而且家庭、学校和社会教育之间相互疏离，在时间和空间上表现出分离性，在教育影响的性质上表现为离散性⑧。

留守儿童家庭教育普遍存在缺失的现象。留守导致孩子不能与父母保持日常的、近距离的沟通和交流。外出父母和留守子女联系时很少关心孩

---

① 邬志辉、李静美：《农村留守儿童生存现状调查报告》，《中国农业大学学报》（社会科学版）2015年第1期。

② 刘红艳、常芳、岳爱、王欢：《父母外出务工对农村留守儿童心理健康的影响：基于面板数据的研究》，《北京大学教育评论》2017年第2期。

③ 李春凯、彭华民：《贫困与留守儿童心理健康关系研究——以江西省修水县分析为例》，《浙江工商大学学报》2018年第1期。

④ 赵峰：《农村留守儿童心理健康状况及教育对策》，《首都师范大学学报》（社会科学版）2010年第3期。

⑤ 刘华锦、叶正茂、阮恒：《初中阶段农村留守儿童心理健康状况调查与分析》，《教育评论》2015年第6期。

⑥ 许华山、沐林林、谢杏利：《留守儿童心理健康与应对方式、人格和自我效能感的关系》，《卫生研究》2015年第7期。

⑦ 王楠、韩娟、丁慧思、徐阳欢、胡月、张敏莉、杨森焙、刘维韦：《农村在校留守儿童心理健康及影响因素》，《中国公共卫生》2017年第9期。

⑧ 朱卫红：《留守儿童心理发展研究》，云南大学出版社2010年版。

子的心情和困难，多是一味地说教①；隔代家庭教育存在着较为明显的问题，祖父母或外祖父母年老体弱，没有能力对孩子进行全面的教育和管理②。贾勇宏、范国指出，需要从法制化、公共化、专业化、规范化以及互联网化等方面入手，加强留守儿童家庭的亲职教育③；杨剑等人则提出了政府购买家庭教育服务的模式，以有效缓解目前农村留守儿童家庭教育的供求矛盾，缩小城乡教育差距④。

留守儿童学校教育方面的研究。研究者普遍认为，留守儿童的受教育机会不能得到充分保证。段成荣等人发现，在义务教育阶段，农村留守儿童的高中净入学率最低，比全国平均水平低 20 个百分点，不到城镇儿童的一半⑤，留守儿童很容易成为辍学对象⑥。赵玉菡等人发现，留守儿童在学习和道德品行上的表现均不如非留守儿童⑦。加强留守儿童的学校教育，主要表现为留守儿童寄宿学校的探索，认为政府应当积极承担义务，设置专门的教育经费预算，加快财政转移支付并且要明确教育经费的操作与监管⑧。

农村留守儿童社区教育研究。王雁的研究显示，由于受农村经济文化水平和地理位置的限制，农村地区的社区教育服务体系几乎空白⑨；就如何加强留守儿童社区教育，张克云、叶敬忠提出了建设社区亲情活动室的建议⑩；邓李君等人提出了补偿教育的措施，认为补偿教育（compensatory

① 林玲：《中国农村留守儿童问题分析及对策研究——以四川省金堂县为例》，《新课程》2016 年第 5 期。

② 于慎鸿：《农村"留守儿童"教育问题探析》，《中州学刊》2006 年第 3 期。

③ 贾勇宏、范国：《论加强农村留守儿童家庭亲职教育的必要性与可行性》，《河北师范大学学报》（教育科学版）2018 年第 1 期。

④ 杨剑、胡乔石、杨环：《政府购买农村留守儿童家庭教育服务机制研究》，《农村经济》2018 年第 3 期。

⑤ 段成荣、吕利丹、王宗萍：《城市化背景下农村留守儿童的家庭教育与学校教育》，《北京大学教育评论》2014 年第 3 期。

⑥ 姚松、豆忠臣：《农村留守初中生辍学决策影响因素分析及其政策含义》，《教育科学研究》2018 年第 9 期。

⑦ 赵玉菡、孙良媛、田璞玉：《农村留守儿童学校教育问题研究——基于与非留守儿童的比照》，《农村经济》2017 年第 8 期。

⑧ 武庆华：《财税法视角下留守儿童权益保障》，《人口与社会》2015 年第 1 期。

⑨ 王雁：《学校支持体系视野下农村留守儿童教育问题研究》，《浙江青年专修学院学报》2012 年第 4 期。

⑩ 张克云、叶敬忠：《社会支持理论视角下的留守儿童干预措施评价》，《青年探索》2010 年第 2 期。

education）是指为文化不利（culturally disadvantaged）儿童设计不同教育方案，以补偿其幼年缺乏文化刺激的环境①。

3. 留守儿童受监护权状况及维护研究

受监护权是未成年人的一项基本权利，在《未成年人保护法》中对父母及其他监护人的监护职责及扶养义务进行了相关规定。留守儿童身心安全、发展方面出现问题，最直接的原因在于监护人不能依法履行监护职责，导致监护状况的不良甚至是恶化。

（1）留守儿童监护状况及存在问题

总体来看，我国留守儿童监护类型可以分为以下四种：隔代（祖辈）监护、单亲（父亲或母亲）监护、上代（亲戚或邻居）监护、同辈（哥哥姐姐或自我）监护，并认为不同类型监护均存在各自的问题：单亲监护人劳动负担重，对留守儿童的照料欠佳；隔代监护人与留守儿童隔阂深，家庭教育方式落后；上代监护人与留守儿童情感较疏远，对留守儿童的管束较少；同辈监护人压力大，由于家长的缺位，留守儿童缺乏良好的家庭教育和引导②。留守状况打破了儿童原有家庭生活结构，使得相应监护人在角色调整和重新定位过程中未能及时做出反应，容易引发留守儿童心理失衡、孤独无助、安全失保等问题③。

（2）留守儿童监护不利的原因

留守儿童普遍存在监护不利的问题，究其原因表现为，监护缺少公共参与性、监护类型易发生变化、监护缺乏有效的监督与责任追究机制等④；而最根本的原因在于立法、执法层面的问题。

石婷认为，我国未成人监护公权干预的立法不足，表现为我国没有区分亲权和监护权，而且未成年人监护制度的立法理念仍然停留在传统的家庭监护观念阶段，对未成人监护的国家责任以及公权力干预等内容缺乏完

---

① 邓李君、邓倩、杨文建：《基于农村书屋、乡镇图书馆、学校的留守儿童补偿教育模式研究》，《国家图书馆学刊》2013 年第 5 期。

② 叶敬忠、王伊欢：《留守儿童的监护现状与特点》，《人口学刊》2006 年第 3 期。

③ 韩嘉玲、张妍、王婷婷：《农村留守儿童的家庭监护能力研究》，《南京工业大学学报》（社会科学版）2016 年第 2 期。

④ 汪振江、杨铁生：《监护制度视角下农村留守儿童权益保障机制的重构》，《广西社会科学》2009 年第 3 期。

善的规定，除个别条文有简单规定外，系统的制度设计仍处于空白[①]；许红缨等人认为，在监护权规定方面，存在权利与义务不对等的问题，此外未建立对监护人的约束机制，不利于监护制度的执行[②]；孔东菊则认为，关于未成年人委托监护的规定过于简单，监护人资格规定不够全面[③]。杨狄、刘征峰认为，留守儿童的监护不力主要是因为监护权的虚置，监护权虚置表现为事实上的监护与法律监护的经常性背离[④]。这也是我国未成年人保护方面的相关法条沦为"僵尸法条"的现实原因。

（3）留守儿童受监护权的维护

在建立健全监护立法方面，研究者针对相关薄弱环节和关键性问题提出了较为具有操作化的建议。如石婷建议，借鉴法国、德国、日本、瑞士四国未成年人监护公权干预立法情况，提出区分亲权和监护权，设立国家公权监护主体和未成年人监护监督机构等建议，以期完善我国未成年人监护的公权干预制度[⑤]；孔东菊建议，完善我国未成年人委托监护制度，建立监护监督机构和监护事务决定机构[⑥]；庞常青建议，要加强与完善以未成年人监护权委托程序为主的监护制度建构，至少应包括原则设置、核准程序、前提条件、核准及监督、惩罚救济等，通过事前预防程序的设置来保证留守儿童始终处于合法、有效、持续不断的监护之中[⑦]。

除了加强监护权的法制建设，有研究者也认为，增强对留守儿童监护水平，需要推行监护的社会化运作，建立留守儿童教育和监护体系[⑧]，挖

---

① 石婷：《论国家对未成年人监护的公权干预——以保障留守儿童的合法权益为视角》，《当代青年研究》2014年第3期。

② 许红缨、雷鹰、李辉：《从农村"留守"儿童问题看我国当前的监护制度》，《农业考古》2008年第6期。

③ 孔东菊：《农村留守儿童监护权缺失问题的民法研究——以未成年人监护制度为视角》，《广西社会科学》2008年第4期。

④ 杨狄、刘征峰：《农村留守儿童监护制度的虚置及其反射性改革》，《湖湘论坛》2018年第4期。

⑤ 石婷：《论国家对未成年人监护的公权干预——以保障留守儿童的合法权益为视角》，《当代青年研究》2014年第3期。

⑥ 孔东菊：《农村留守儿童监护权缺失问题的民法研究——以未成年人监护制度为视角》，《广西社会科学》2008年第4期。

⑦ 庞常青：《留守儿童保护视野下未成年人监护权委托法律程序研究》，《理论学刊》2018年第2期。

⑧ 许红缨、雷鹰、李辉：《从农村"留守"儿童问题看我国当前的监护制度》，《农业考古》2008年第6期。

掘监护人教育留守儿童的地方知识和建立互助网络、重建农村共同体①。其中，典型的社会化监护方式是实施代理家长制，即在政府主导下社会各界志愿者义务代理留守儿童的家长，从学习、生活、心理和思想上对留守儿童进行引导和帮助的措施和方法②。

（二）留守少年问题研究

本研究的对象为留守少年，其既有留守儿童的共性问题，也有和其他年龄阶段留守儿童不同的特征，而这些特征能够通过留守少年所具有的一些重要问题体现出来，如孤独感、早恋、犯罪、学业成绩等社会化问题。这方面的综述能够从不同角度揭示留守少年发展特点与生存状况，可以为本研究提供直接的参考依据。

1. 留守少年孤独感问题的研究

刘霞等人认为，由于远离父母、亲情相对缺失造成的孤独感，是人们对农村留守儿童的显著印象，孤独感是留守儿童报告最多的情绪发现③。从心理发展阶段来看，少年期也是孤独感发生较强的时期，长期的孤独感会引发留守少年相关的心理问题，甚至严重阻碍他们身心的正常发展。

孙晓军等人认为，4—6 年级留守儿童表现出更强的孤独感体验④；成彦的研究发现，13—15 岁留守儿童表现出较高水平的孤独情绪感受⑤；佘丹丹、宋少俊的研究显示，留守青少年与非留守青少年疏离感因素间存在显著差异⑥。留守少年孤独感的产生与家庭功能⑦、同伴关系⑧、自我调节

---

① 韩嘉玲、张妍、王婷婷：《农村留守儿童的家庭监护能力研究》，《南京工业大学学报》（社会科学版）2016 年第 2 期。

② 张克云、叶敬忠：《社会支持理论视角下的留守儿童干预措施评价》，《青年探索》2010 年第 2 期。

③ 刘霞、武岳、申继亮、邢淑芬：小学留守儿童社会支持的特点及其与孤独感的关系，《中国健康心理学杂志》2007 年第 4 期。

④ 孙晓军、周宗奎、汪颖、范翠英：《农村留守儿童的同伴关系和孤独感研究》，《心理科学》2010 年第 2 期。

⑤ 成彦：《农村留守家庭对儿童及青少年的影响》，《社会福利》2007 年第 2 期。

⑥ 佘丹丹、宋少俊：《农村留守与非留守青少年疏离感调查研究》，《人才资源开发》2015 年第 24 期。

⑦ 钟兴泉、陈旭、熊鑫：《留守初中生家庭功能与孤独感关系研究》，《内蒙古师范大学学报》（教育科学版）2010 年第 4 期。

⑧ 赵景欣、刘霞、申继亮：《留守青少年的社会支持网络与其抑郁、孤独之间的关系——基于变量中心和个体中心的视角》，《心理发展与教育》2008 年第 1 期。

能力①等因素有关。

研究者从孤独感干预方面提出了积极的建议，如赵景欣等人认为，同学的支持对于消除青少年的孤独感就显得尤为重要②；谷传华认为，农村留守中学生的心理韧性会通过积极应对方式得以提高，从而会降低孤独感，而人际信任也是降低孤独感的积极应对方式③；王凡、赵守盈等指出，外出务工父母与孩子之间亲密的情感联结有助于降低其孤独感④。

2. 留守少年青春期问题的研究

研究发现，留守少年在青春期问题上尤其是性心理方面，无论知识储备还是心理准备都较为欠缺，且存于一定的不正确心理与行为，成为潜在伤害隐患⑤。留守少年早恋问题较为明显⑥。

研究者普遍认为，应该加强留守儿童青春期的教育，如蒋平、阳德华提出要构建立体的青春期性教育体系。农村留守儿童的父母应该加强与孩子的沟通联系，学校要把青春期性教育纳入正规的教学课程，报纸、电视、杂志、广播等传播媒介在青春期性教育方面应创造良好的舆论氛围⑦。

3. 留守少年犯罪问题的研究

留守少年犯罪呈现高发的特点，如董士县所进行的调查显示，14 岁以下留守儿童的犯罪率高达 12.54%，比非留守儿童高出近 11 个百分点⑧；刘振厚、张明丽认为，农村留守青少年犯罪呈现"四多两低"的特点，即财产犯罪多、结伙犯罪多、性侵犯罪多、偏远、贫困地区留守青少年犯罪

---

① 李子华：《留守初中生同伴关系对孤独感的影响：自我意识的调节作用》，《中国特殊教育》2019 年第 2 期。

② 赵景欣、刘霞、申继亮：《留守青少年的社会支持网络与其抑郁、孤独之间的关系——基于变量中心和个体中心的视角》，《心理发展与教育》2008 年第 1 期。

③ 谷传华：《农村留守中学生心理韧性与孤独感的关系：人际信任和应对方式的中介作用》，《首都师范大学学报》（社会科学版）2015 年第 2 期。

④ 王凡、赵守盈、陈维：《农村留守初中生亲子亲和与孤独感的关系：情绪调节自我效能感的中介作用》，《中国特殊教育》2017 年第 10 期。

⑤ 宗占红、尹勤、温勇、毛京沐：《留守儿童青春期健康状况调查》，《南京人口干部学院学报》2012 年第 3 期。

⑥ 王谊：《农村留守儿童教育研究——基于陕西省的实地调研》，博士学位论文，西北农林科技大学，2011 年。

⑦ 蒋平、阳德华：《农村留守少年儿童青春期性教育的缺失及对策》，《中国青年研究》2008 年第 3 期。

⑧ 董士县：《山东省农村留守儿童犯罪问题的调查与分析》，《山东警察学院学报》2009 年第 4 期。

多；平均年龄低，文化程度低，犯罪青少年平均年龄为 16 岁，多为小学文化①。

研究者普遍认为，留守少年犯罪是多种因素结合的产物。就留守少年自身而言，主要是因为他们人生观、世界观、价值观的肤浅和迷惘、人生目标庸俗②、心理健康问题③；从受害者角度而言，留守少年年龄小、社会防卫意识弱、性格趋向内隐、不善于交流、胆小、没有安全感，也成了造成相关犯罪的客观因素④。

部分研究者认为，要建立留守少年犯罪的预防干预机制，有效地预防与干预犯罪问题。张寒玉、王英提出，要完善未成年人权益保护和犯罪预防体系⑤，邓玮提出了预防留守青少年犯罪的农村社工干预模式⑥，万云松、陈贵玲提出，要建立留守未成年人观护制度、涉罪留守未成年人职业培训机制⑦。

4. 留守少年学业问题的研究

不少研究表明，留守少年的学业成绩偏低，其主要与父母外出情况相关，如认为母亲外出留守儿童的学业成绩比其他类型的留守儿童更差⑧。陶然、周敏慧通过对 1010 名 4、6、8 年级的留守儿童的研究发现，只有当父母双方同时外出时间较长时，才会对孩子学习成绩产生较显著负面影响⑨。

---

① 刘振厚、张明丽：《农村留守青少年犯罪呈现"四多两低"特点》，《人民法治》2015 年第 8 期。

② 徐昕炜：《"农村留守少年"违法犯罪现状及教育防范对策探析》，《农业考古》2010 年第 6 期。

③ 于阳：《留守儿童犯罪防治与被害预防实证研究》，《中国人民公安大学学报》（社会科学版）2018 年第 5 期。

④ 刘为国、余丙南：《留守学生：一个犯罪学应关注的群体》，《苏州大学学报》（哲学社会科学版）2010 年第 6 期。

⑤ 张寒玉、王英：《留守儿童犯罪预防对策初探》，《青少年犯罪问题》2017 年第 5 期。

⑥ 邓玮：《社区为本：农村留守青少年犯罪风险的社工干预策略——以抗逆力提升为介入焦点》，《西北农林科技大学学报》（社会科学版）2015 年第 5 期。

⑦ 万云松、陈贵玲：《留守未成年人重新犯罪问题实证研究——以重庆某区 77 名留守未成年人犯罪案件为样本》，《青少年犯罪问题》2015 年第 6 期。

⑧ 邬志辉、李静美：《农村留守儿童生存现状调查报告》，《中国农业大学学报》（社会科学版）2015 年第 1 期。

⑨ 陶然、周敏慧：《父母外出务工与农村留守儿童学习成绩——基于安徽、江西两省调查实证分析的新发现与政策含义》，《管理世界》2012 年第 8 期。

不同留守类型的留守少年的学业心理存在着一定的差异，如姚计海、毛亚庆通过对 8627 名 4—6 年级的农村小学生进行调查后发现，非留守儿童的学业心理状况表现最好；父母都外出留守儿童的学业心理状况好于父母单方外出的留守儿童；父母单方外出留守儿童的学业心理状况表现不佳，尤其是仅母亲外出留守儿童的学业心理状况最为不佳[1]。刘云等人发现，留守初中生较之非留守初中生，在学习倦怠的情绪耗竭、学习低能、师生疏离状况都较非留守学生突出。

在辍学问题上，吕利丹发现，农村留守儿童进入高级中学阶段后的在学比例急剧下降[2]；苏群等人认为，父亲外出务工会显著降低留守子女初、高中阶段的辍学概率，母亲外出务工则会显著增加留守子女初中阶段的辍学概率[3]。

针对留守儿童学业问题的对策研究，主要是认为要从制度上入手，如通过户籍、财税改革，让孩子随父母打工顺利进入城市公立学校就学[4]，或增加农村妇女当地就业机会以减少母亲外出的影响[5]。

5. 留守少年社会化问题的研究

相关研究显示，留守带来的生存环境的变化，在一定程度上直接影响留守少年社会化的进程与水平。董海宁发现，留守儿童从性格及行为特征、生活技能、社会交往、社会规范、生活目标、成人意识六个方面的发展状况不及非留守儿童[6]；张小屏、刘发勇等对民族地区 6—15 岁留守儿童与非留守儿童进行对比后发现，留守儿童更易陷入各种社会化困境，出

①　姚计海、毛亚庆：《西部农村留守儿童学业心理特点及其学校管理对策研究》，《教育研究》2008 年第 2 期。

②　吕利丹：《从"留守儿童"到"新生代农民工"——高中学龄农村留守儿童学业终止及影响研究》，《人口研究》2014 年第 1 期。

③　苏群、徐月娥、陈杰：《父母外出务工与留守子女辍学——基于 CHNS 调查数据的经验分析》，《教育与经济》2015 年第 2 期。

④　陶然、周敏慧：《父母外出务工与农村留守儿童学习成绩——基于安徽、江西两省调查实证分析的新发现与政策含义》，《管理世界》2012 年第 8 期。

⑤　苏群、徐月娥、陈杰：《父母外出务工与留守子女辍学——基于 CHNS 调查数据的经验分析》，《教育与经济》2015 年第 2 期。

⑥　董海宁：《社会化结果：留守儿童与非留守儿童的比较分析》，《中国青年研究》2010 年第 7 期。

现社会化障碍，面临社会化危机①。

在促进留守少年社会化的措施建议中，研究者有从生态系统的角度提出，为农村留守儿童构建全方位的社会支持体系②；从家庭结构完善的角度提出，通过亲情模拟、整合资源来补救家庭功能③；从学校教育层面提议，将典型的人类社会活动引入学校课程，为农村留守儿童社会化提供关键经验④。

（三）农村留守儿童社会工作服务研究

农村留守儿童权益保护是一项系统工程，需要国家、社会、家庭等各方面力量、资源的积极投入。社会工作在留守儿童权益保护体系中是一支具有特殊作用的专业化力量，能够积极推进农村社会工作事业发展，不断加大农村留守儿童社会服务力度，对切实保障留守儿童权益具有至关重要的作用。2016 年 2 月出台的《国务院关于加强农村留守儿童关爱保护工作的意见》指出：加快孵化培育社会工作专业服务机构、公益慈善类社会组织、志愿服务组织，民政等部门要通过政府购买服务等方式支持其深入城乡社区、学校和家庭，开展农村留守儿童监护指导、心理疏导、行为矫治、社会融入和家庭关系调适等专业服务⑤。这意味着开展社会工作服务在留守儿童关爱保护中非常必要与迫切。

王思斌指出，从国际经验来看，在社区层面发展儿童社会工作，发展学校社会工作，对保护儿童权利，解决他们的生存和发展问题，避免严重伤害儿童权利包括危及其生命安全事件的发生，具有重要作用⑥。从发展的角度看，在农村地区开展留守儿童社会工作服务、构建留守儿童支持网络，面临着现实条件与资源的缺乏，相关工作基本处于摸索阶段。对相关的情况、经验及相关研究进行梳理分析，有助于更好地推动留守儿童社会

---

① 张小屏、刘发勇、田骥：《民族地区农村留守儿童与非留守儿童社会化状况比较研究》，《人口与社会》2018 年第 2 期。

② 刘维涛：《我国农村留守儿童超 6000 万》，《人民日报》2013 年 5 月 11 日。

③ 尤凤：《春秀村留守儿童社会化的社会工作服务介入研究》，硕士学位论文，广西师范学院，2015 年。

④ 卢俊勇、陶青：《农村留守儿童社会化困境及其化解》，《教育理论与实践》2019 年第 5 期。

⑤ 《国务院关于加强农村留守儿童关爱保护工作的意见》（国发〔2016〕13 号），http://www.gov.cn/zhengce/content/2016－02/14/content_ 5041066. htm，2016 年 7 月 20 日。

⑥ 王思斌：《留守儿童需要政府和全社会的关怀》，《中国社会报》2015 年 6 月 26 日。

工作服务内容、路径、模式等方面的探索。

留守儿童社会工作服务研究包括相关政策、服务的开展、价值认知、理论基础、路径方式等方面。

1. 留守儿童社会工作服务的现实发展

（1）留守儿童社会工作服务政策的推进

2004 年，教育部召开专题研讨会讨论留守儿童问题，《教育研究》杂志刊发的《农村留守儿童问题调研报告》，对留守儿童问题的关注起到了推动作用。社会工作作为重要社会力量服务于留守儿童渐显端倪，由于社会工作服务在我国发展时间比较短，起初留守儿童社会工作服务都是零星的、尝试性的，缺乏足够的政策支持。2010 年出台的《国家中长期教育改革和发展规划纲要（2010—2020 年）》提出"建立健全政府主导、社会参与的农村留守儿童关爱服务体系和动态监测机制"①，表明政府已经认识到了社会力量在留守儿童关爱保护中的重要作用。2012 年中组部、民政部等 6 部委发布《边远贫困地区、边疆民族地区和革命老区人才支持计划社会工作人才专项计划实施方案》（民发〔2012〕170 号），对增强"三区"留守儿童保护的专业力量起到推动作用。2013 年教育部等 5 部门联合颁布的《关于加强义务教育阶段农村留守儿童关爱和教育工作的意见》中提出"通过设立留守儿童之家、托管中心等形式，聘请社会工作者和社会公益人士参与，开展经常性的活动"②；2016 年 2 月出台的《国务院关于加强农村留守儿童关爱保护工作的意见》又明确了"培育社会工作专业服务机构""政府购买服务"的要求③；2016 年 4 月《民政部关于贯彻落实〈国务院关于加强农村留守儿童关爱保护工作的意见〉的通知》提出，要探索聘用专业社工路径，以加强留守儿童关爱保护力量④；与此同时，农村留守儿童关爱保护工作部际联席会议把研究制定关于加快推进农村留守儿

---

① 《国家中长期教育改革和发展规划纲要（2010—2020 年）》，http：//www. gov. cn/jrzg/2010 - 07/29/content_ 1667143. htm，2016 年 7 月 20 日。

② 《教育部等 5 部门关于加强义务教育阶段农村留守儿童关爱和教育工作的意见》（教基一〔2013〕1 号），http：//www. gov. cn/zwgk/2013 - 01/10/content_ 2309058. htm，2016 年 5 月 21 日。

③ 《国务院关于加强农村留守儿童关爱保护工作的意见》（国发〔2016〕13 号），http：//www. gov. cn/zhengce/content/2016 - 02/14/content_ 5041066. htm，2016 年 7 月 20 日。

④ 《民政部关于贯彻落实〈国务院关于加强农村留守儿童关爱保护工作的意见〉的通知》（民函〔2016〕119 号），http：//mzzt. mca. gov. cn/article/nxlsrtbjlxhy/xgwj/201611/20161100887426. shtml，2016 年 7 月 20 日。

童、妇女、老人社会工作服务的意见，推动农村社会工作服务全面深入发展作为 2016 年工作要点。2017 年 7 月，民政部等 5 部门颁布的《关于在农村留守儿童关爱保护中发挥社会工作专业人才作用的指导意见》，从政策层面第一次就留守儿童关爱保护中社会工作的作用进行全面、专门的阐释。

（2）代表性留守儿童社会工作服务项目

在政策积极支持下，购买留守儿童社会工作服务力度得以加强，留守儿童社会工作服务工作逐步得到开展，服务项目不断涌现，服务模式、形式也日趋多样化。代表性的项目，如北京市西部阳光农村发展基金会自 2011 年来开展的农村寄宿制学校驻校社会工作服务项目。该项目为农村寄宿制学校引入驻校社会工作者，通过在学校建设社工室，开展社工课堂和个别化服务，紧紧围绕丰富课外活动、关系协调和个体关怀三个工作重点，开展学校社会工作服务、社会工作者能力建设、社会工作倡导活动以及"影子社工"培育四项基本活动，支援学校和社区，促进农村留守儿童福祉提升。同时，项目还通过对儿童基本权利的倡导和传播，推动政策变革与社会观念变革①。一些社会工作教育部门也积极为留守儿童社会服务提供支持条件，如北京大学—香港理工大学的中国社会工作研究中心 2014 年争取香港凯瑟克基金支持的全国八所高校社会工作服务项目，其中华中农业大学、山东青年政治学院承接的项目均为留守儿童服务项目。南京人口管理干部学院学校社会工作学院在湘西州古丈县成立社会工作站，本着"助人自助"的专业理念，运用专业方法开展了多项工作，如传统苗族文化传承与发扬、爱心助学工程、留守儿童教育、留守儿童快乐成长夏令营、培养农村社会工作人才等，对留守儿童的心理弹性进行培训与干预，提高留守儿童的心理弹性水平②。

2. 留守儿童社会工作服务的价值认识

研究者主要基于留守儿童存在问题的严重性，尤其是常规留守儿童关爱保护工作局限性的认识，来探讨留守儿童社会工作服务的必要性。

---

① 虞婕：《支持驻校社工稀释农村留守儿童"亲情饥渴"》，《中国社会报》2013 年 6 月 3 日。

② 李静：《农村留守儿童的心理弹性与社会支持——基于湘西民族地区 406 份问卷调查》，《南京人口管理干部学院学报》2013 年第 2 期。

研究者主要基于社会工作服务在理念、功能、方法等方面的专业优势，探讨留守儿童社会工作服务的可行性问题。如沈冠辰、陈立行概括了社会工作介入对改善农村留守儿童处境的三方面优势：一是具备多学科融合的深厚专业基础，二是具备与我国传统价值观高度契合的助人伦理，三是以成熟的专业方法及经验为鉴进行本土应用①；王章华、戴利朝认为，社会工作具有复原、提供和配置资源、预防、发展、稳定社会五种功能。社会工作通过发挥这些功能，可以为留守儿童教育问题解决获得更多的资源②。马润生、尹书强认为，社会工作功能与留守儿童问题具有契合性，社会工作专业方法对解决留守儿童问题具有适用性③。

3. 留守儿童社会工作服务的理论基础

生态系统理论、社会支持理论、优势视角理论等社会工作理论，既是开展留守儿童社会工作服务的理论基础，也是留守儿童社会工作服务的一般原理。对于这些理论的具体与深入研究，有助于更好地提升留守儿童社会工作服务理念，更进一步探究留守儿童问题的本质特征及留守儿童社会工作服务的原理机制，提供留守儿童保护和服务工作的科学性与实效性。

（1）生态系统理论

生态系统理论认为，人的存在是一种环境性存在，是在于自身行为与环境互动过程中生存与发展的。创设与形成良好的生存、生活环境是留守儿童问题解决、成长发展的基础。麻丽丽等人认为，生态系统理论导向下的留守儿童研究应更加侧重于描述儿童面临的不同层次的生态系统问题，更应强调以系统的视角来看待留守儿童现象④；和秀涓认为，要注重学校、社区、社会政策等环境因素的不断改善以适应留守儿童健康成长的需要⑤；赵景欣、申继亮构建了农村留守儿童心理发展的生态模型，从远环境、近

---

① 沈冠辰、陈立行：《社会工作介入我国农村留守儿童的实务模式研究》，《吉林大学社会科学学报》2018 年第 6 期。

② 王章华、戴利朝：《社会工作在农村留守儿童教育问题中的介入模式探索》，《现代教育管理》2009 年第 7 期。

③ 马润生、尹书强：《论社会工作对农村留守儿童问题的介入——契合性、困境与途径探索》，《黑河学刊》2008 年第 6 期。

④ 麻丽丽、许学华、李颖：《生态心理学视角下留守儿童问题研究》，《教育理论与实践》2018 年第 2 期。

⑤ 和秀涓：《农村留守儿童的心理健康：一个生态学的视角》，《河北青年管理干部学院学报》2007 年第 1 期。

环境以及保护因素和危险因素等与儿童发展结果之间的相互作用关系进行了探讨。

（2）社会支持理论

以社会支持理论为基础的留守儿童社会工作服务，就是要积极为留守儿童寻求与强化社会支持力量，梳理与积累社会资本，积极协调、完善、修正、丰富留守儿童与各方面支持力量的关系。国内留守儿童社会支持研究起始于 2006 年，研究的总体脉络是从宏观研究到微观探讨、从质性研究到实证研究、从更关注支持体系的构建到侧重政策支持和非正式支持[①]。倡导社会支持对留守儿童的现实意义在于，留守儿童作为一个特殊的社会边缘群体，常常被冠以"野孩子""废物""孤儿"等绰号，使他们将"失能感"内化为对自我的认知，长期受到身边同辈群体的歧视，不断积淀了大量的负面情绪[②]，通过社会支持，提升其亲社会性，减少问题行为[③],[④]。

（3）优势视角理论

优势视角理论强调社会工作服务中要求重视服务对象主体力量和潜能的激发，为服务对象增权赋能，培育其抗逆力。从赋权层面看，姚进忠、巨东红认为社会工作赋权理论为考察和介入农村留守儿童社会支持网络的建构提供了新的方向，促使政府和社会各界在制度、政策上出台更有利于解决留守儿童社会支持问题的相关措施[⑤]；卢宝蕊从三个层面阐释了留守儿童增权问题：个人层面，要依据留守儿童的各个年龄段的不同特点，采用差异化介入；人际关系层面，要倡导实行社区介入方案，建立自信和对周围环境的信任，构建完善的社会支持网络；社会层面，要积极倡导并推

---

①　陈世海、黄春梅、张义烈：《西部农村留守儿童的社会支持研究及启示》，《青年探索》2016 年第 5 期。

②　王樱霖：《健康成长——磐石市 W 村留守儿童服务项目总结书》，硕士学位论文，长春工业大学，2015 年。

③　叶盈：《小学留守儿童社会支持与亲社会倾向的关系研究》，《中国儿童保健杂志》2014 年第 7 期。

④　傅王倩、张磊、王达：《初中留守儿童歧视知觉及其与问题行为的关系：社会支持的中介作用》，《中国特殊教育》2016 年第 1 期。

⑤　姚进忠、巨东红：《立体赋权：农村留守儿童社会支持网络的建构》，《当代青年研究》2012 年第 12 期。

动留守儿童福利制度的建立①；从抗逆力层面看，有研究者认为，培养农村留守儿童的抗逆力，一个基本原则就是通过提升家庭以及家庭外社会环境中保护因素的水平，来提升个体自身的保护因素水平或增加个体内部的发展资源，进而达成让农村留守儿童在不利处境中积极发展的目的②；另有研究者提出了融个体抗逆力、家庭抗逆力、学校抗逆力于一体的农村留守青少年抗逆力培育路径③。

4. 留守儿童社会工作服务的路径方式

留守儿童的社会工作服务是一个多元的体系，也是一个复杂的介入过程。从过程的角度来看，介入也称社会工作的实施、介入、行动、执行和改变，是社会工作助人过程中的重要阶段。介入阶段是社会工作者和服务对象采取行动，按照服务协议落实社会工作计划的目标，帮助服务对象改变，解决预估中确认的问题，从而实现助人计划的重要环节④。从方式的角度看，社会工作介入分为直接介入和间接介入。直接介入是指以个人、家庭和群体为关注对象，针对个人、家庭和群体直接采取的行动、重点在于改变家庭或群体内的人际交往，或改变个人、家庭和小群体与其环境中的个人和社会系统的关系和互动方式；间接介入是指以个人、家庭、小组、组织和社区以至更大的社会系统为关注对象，由社会工作者代表服务对象采取行动，通过介入服务对象以外的其他系统间接帮助他们的行动，间接系统的介入通常也称为改变环境的工作，或中观和宏观社会性工作实务⑤。

留守儿童多元体系、路径下，个案工作方法、小组工作方法、社区工作方法、学校工作方法、家庭工作方法等都得以实践运用。

（1）留守儿童个案社会工作

留守儿童个案社会工作的开展，主要是以社会工作、社会学、心理学

---

① 卢宝蕊：《增权视角下留守儿童权力保障研究》，《河北青年管理干部学院学报》2015 年第 3 期。

② 赵景欣：《抗逆力让留守儿童摆脱成长困境》，《人民教育》2015 年第 22 期。

③ 王玉香、杜经国：《抗逆力培育：农村留守青少年社会工作服务的实践选择》，《中国青年研究》2018 年第 10 期。

④ 全国社会工作者职业水平考试教材编写组：《社会工作实务中级》，中国社会出版社 2016版，第 71 页。

⑤ ［美］Bonnie L. Yegidis、Robert W. Weinbach：《社会工作研究方法》，华东理工大学出版社 2004 年版，第 315 页。

等学科的社会系统理论、优势视角理论、社会群体理论、需要层次理论、生命历程理论等为依据，通过系统、完整的结案、评估、计划、介入、结案、回访等过程和环节，对留守儿童存在的诸种问题进行直接的干预服务。如张红星运用优势视角理论和社会支持理论，通过联合服务对象和父母、教师、专业工作者以及社会大众等共同协作，形成良好的社会支持网络，有效地进行了留守儿童自卑心理的矫正[①]；尚发超以叙事家庭治疗实践框架为思路开展服务，注重挖掘服务对象潜能，帮助留守儿童转变厌学态度[②]；张灵杉以认知疗法为理论基础，引导服务对象与既有不合理观念展开辩论，鼓励服务对象接纳自我，发现自身潜能，以纠正留守儿童行为偏差问题[③]；吕建娇以理性情绪疗法为治疗手段，结合社会工作基本的价值理念，对单亲留守儿童进行了个案心理辅导治疗[④]。

（2）留守儿童小组社会工作

留守儿童的小组社会工作的开展，主要是依据团体动力学、个体社会化、社会支持理论为依据，针对留守儿童及相关人员来组织相应的主题明确、环节完备的团体活动。从类型上看，留守儿童朋辈小组主要包括社会交往与支持小组、认识自我与重塑信心小组、学业辅导与互助小组、职业发展规划小组等[⑤]。

小组工作方式对留守儿童同辈群体的影响有较好的干预效果。根据儿童留守与否、学业成绩、性格互补、爱好与特长、品行表现等，恰当安排留守儿童相邻群体，如班级前后排、寝室室友等，根据"地域相邻"的原则组织留守儿童合作小组，引导同辈群体的形成与发展[⑥]。通过有针对性的活动安排和小组动力，运用榜样示范、情景模拟、竞赛激励、角色模仿

---

①　张红星：《农村留守儿童自卑心理矫正的个案工作介入》，硕士学位论文，河北大学，2016年。

②　尚发超：《叙事家庭治疗在城镇留守儿童厌学问题中的应用研究——以H儿童为个案》，硕士学位论文，井冈山大学，2017年。

③　张灵杉：《认知行为疗法介入农村留守儿童行为偏差的研究——基于H省C乡留守儿童个案服务》，硕士学位论文，华中科技大学，2018年。

④　吕建娇：《理性情绪疗法在单亲留守儿童个案工作中的运用》，《现代交际》2019年第9期。

⑤　谢建社、蔡晓冬：《社会工作介入留守儿童服务的方法与技巧——以XY市某社区为例》，《广州大学学报》（社会科学版）2014年第2期。

⑥　邓纯考：《农村留守儿童社会化困境与学校教育对策——对浙南R市的调查与实践》，《浙江社会科学》2012年第5期。

等方法与技巧，有利于引导留守儿童形成正确的认知、宣泄不满情绪、表达真实需要、获得归属感和社会支持。同时，还可以让他们在团体中了解同伴的个性，在帮助他人的过程中学会处理自己的问题，提高人际交往的意愿和能力①。

具体的留守儿童小组工作服务，如贾兰兰开展了抗逆力提升小组服务，借助抗逆力模型制定干预方案，发挥留守儿童保护性因子作用，提升留守儿童的积极健康品质②。沈欣以社会学习理论和需求理论为支撑，开展留守儿童安全成长小组，提高安全教育的趣味性与成效③；涂希针对留守儿童同辈支持问题进行小组介入，帮助留守儿童寻求友谊、获得情感慰藉、获得学业帮助以及获得校园安全支持④；包俊林通过小组工作介入留守儿童社会交往困境问题，改变留守儿童社会交往过程中的自我消极评价，消除了社交紧张、树立了社交自信⑤。

（3）留守儿童社区社会工作

留守儿童社区社会工作主要是以社区建设、社区营造、社会支持网络的构建来实现的。高翔指出，在推进农村贫困留守儿童服务体系的建设过程中，社区社会工作能够协助增强农村社区功能的实现，为处于弱势的困难家庭搭建基础的社会支持网络⑥。

从留守儿童社区工作宏观构建看，陈静、王名认为，重视村民参与和村庄内生力量提升的乡村社区营造是让村落成为承载乡土记忆与情感，蕴涵地方社会福利体系和自治能力的重要尝试，应通过儿童环境友好型社区建设构筑扎根乡土的留守儿童社会保护网络⑦；从留守儿童社区工作微观

---

① 张文华、孔屏：《留守儿童保护中小组工作介入研究》，《山东省团校学报》2011 年第 3 期。

② 贾兰兰：《农村留守儿童抗逆力提升小组的实务研究》，硕士学位论文，中国青年政治学院，2016 年。

③ 沈欣：《农村留守儿童安全教育的小组工作介入研究》，硕士学位论文，江西财经大学，2017 年。

④ 涂希：《小组工作介入毕节市 J 小学农村留守儿童同辈支持问题的应用探索》，硕士学位论文，贵州大学，2018 年。

⑤ 包俊林：《小组工作介入农村留守儿童社会交往困境的实践研究》，《青少年研究与实践》2019 年第 3 期。

⑥ 高翔：《农村低收入家庭留守儿童的整体性忽略》，《东岳论丛》2014 年第 1 期。

⑦ 陈静、王名：《入乡随俗的"社会补偿"：社区营造与留守儿童社会保护网络构建——以 D 县 T 村的公益创新实验为例》，《兰州学刊》2018 年第 6 期。

形式看，留守儿童社区服务主要是通过在社区建立留守儿童服务中心来进行服务的示范、带动、辐射，积极促进"代理妈妈""异地网络互动""家长学习课堂""留守儿童幸福之家""心理导航室""亲情热线电话""真心话信箱""互帮互助结对子"等活动的开展①。

（4）留守儿童学校社会工作

由于留守儿童大都在处于学校学习阶段，所以开展学校社会工作具有积极的价值与意义。现有学生工作体系中的心理辅导功能存在局限性②，学校社会工作制度能够促进农村学龄儿童的社会性成长，学校社会工作制度的引入能够推动城乡教育资源的均等化③。国内在农村留守儿童比较多地区推广寄宿制学校及上海、深圳等地所进行的学校社会工作实验，表明推广寄宿制学校并引入学校社会工作可能是一个有效的制度安排④。刘卫华等人基于留守儿童的依恋与自我力量研究，进行了社会工作介入农村寄宿制学校的探索⑤；林李楠、陶双宾阐述了学校社会工作介入留守儿童成长的可行模式，即在学校社会工作的方法与理念下，实现政府、学校、专业社会工作者三者之间的实质性合作，建立一个庞大的"网络"，使留守儿童在网络中得到相应的资源匹配与支持⑥；李磊、徐杨呼吁未来农村学校能至少实现"一校一社工"⑦。

（5）留守儿童家庭社会工作

随着对留守儿童问题家庭责任的不断明晰，"家庭为本"的留守儿童社会工作服务逐渐被重视。

---

① 吴帆：《我国农村留守儿童社会工作服务发展现状与主要问题》，《中国民政》2016年第12期。

② 李序科：《学校社会工作视阈下的农村留守儿童问题》，《重庆理工大学学报》（社会科学版）2010年第5期。

③ 崔效辉、晏凤鸣：《农村留守儿童现状及引入社工服务的必要性——基于苏北农村学龄儿童的对比研究》，《社会工作》2013年第4期。

④ 崔效辉、郭安：《农村留守儿童现状及引入社会工作方法的必要性——基于两所小学的对比研究》，《南京人口管理干部学院学报》2011年第2期。

⑤ 刘卫华、沈小草、朱晗：《社会工作介入农村寄宿制学校的探索——基于留守儿童的依恋与自我力量研究》，《社会福利》2016年第3期。

⑥ 林李楠、陶双宾：《学校社会工作介入留守儿童成长的可行模式研究》，《安徽理工大学学报》（社会科学版）2018年第6期。

⑦ 李磊、徐杨：《农村留守儿童的"学校代行式"社会工作——基于对皖北M校"关爱留守儿童工作"的调研》，《宿迁学院学报》2013年第4期。

　　有关家庭社会工作政策层面的研究。董才生、马志强认为，以国家福利资源为保障，以家庭成员或类家庭成员为政策执行主体，以促进留守儿童家庭功能修复的"家庭整合"型政策安排，是留守儿童关爱保护政策的理性选择①；杨剑、胡乔石、杨环参考国内外经验，探究了符合我国国情的政府购买农村留守儿童家庭教育服务的运行机制②；杨汇泉提出，要依据社会支持服务的目的、目标人群的不同，政府可通过直接提供或间接向社会组织购买服务等方式，通过社会工作介入等形式提供心理健康教育、家庭教育指导以及家庭婚姻关系咨询等服务，提高和提升留守儿童父母的抚育能力和教育水平，通过改善家庭生态系统间接满足留守儿童的生活③。

　　有关家庭社会工作服务内容和方式方面的研究。孙艳艳指出，提供家庭亲子教育和培训为家庭增能。通过生活技巧小组、心理治疗小组、成长小组等方法，帮助留守儿童形成归属感，增强其学习能力和应对困难的能力等；也可以为留守儿童的主要监护人提供相关培训，提高其监护能力；运用家庭治疗模式，增强家庭成员在家庭中的功能与角色定位；协助家庭建立情感沟通机制，强化家庭功能④。王文晶等人认为，在对农村"留守儿童"的问题进行家庭社会工作方法的干预时，不仅要对当事人进行辅导，更要从"家庭诊断"或"家族疗法"的角度对整个家庭环境存在的问题进行整体的、动力学的分析和把握⑤。李雪飞提出，在类家庭中，社会工作者扮演的角色主要有：家长角色、教育者角色、资源整合者角色、伙伴角色⑥。李孟洁等人采用封闭型结构式社区家庭工作坊的形式对留守儿童家庭亲子关系问题进行干预，以解决留守儿童心理行为问题⑦。

----

① 董才生、马志强：《留守儿童关爱保护政策需要从"问题回应"型转向"家庭整合"型》，《社会科学研究》2017 年第 4 期。

② 杨剑、胡乔石、杨环：《政府购买农村留守儿童家庭教育服务机制研究》，《农村经济》2018 年第 3 期。

③ 杨汇泉：《农村留守儿童关爱服务路径的社会学考察》，《华南农业大学学报》（社会科学版）2016 年第 1 期。

④ 孙艳艳：《"家庭为本"的留守儿童社会服务政策理念与设计》，《东岳论丛》2013 年第 5 期。

⑤ 王文晶、李卉、王瑞娟：《社会工作视角下农村"留守儿童"问题的分析与对策》，《长春理工大学学报》（社会科学版）2008 年第 5 期。

⑥ 李雪飞：《类家庭模式在侨乡留守儿童中的应用》，《社会福利》2012 年第 7 期。

⑦ 李孟洁、郭丽、周佑英、陈丽珠、项红、凌莉：《农村学龄前留守儿童心理行为社区家庭工作坊干预》，《中国心理卫生杂志》2016 年第 4 期。

二　国外研究状况

国外也存在着与父母分离的儿童，造成分离的原因与国内有很多相同之处，同样会引发相同的生存与发展的问题，分离的现实给他们的人生造成重要影响。

（一）造成与父母分离原因的研究

在国外的研究报告中，多用 left-behind children（LBC）或者 independent children 来形容与父母因务工造成的与父母一方或双方分离的儿童。这个词汇具有双重含义：首先，这一词汇直指在空间上的父母一方或者双方分离的一种生活状态。其次，这个词语也用来形容因为儿童的留守状态而产生的其在学业、行为表现、健康及心理发展等方面的落后状态。英文文献中多用 family separation/parental absence 来描述父母一方或双方在家庭中缺失的现象[①]。在国外造成儿童留守现象的原因复杂多样，与中国留守儿童情况不同的是，在国外留守儿童产生有以下两个方面的原因：一是在英、美等发达国家，儿童与父母分离的原因主要是因为父母分居或离异、父母为海外派遣的军事人员、父母因触犯法律而被监禁等。二是在东欧、东南亚及南美洲等发展中国家和地区，海外劳务输出是造成留守儿童的主要原因。

据联合国儿童基金会（United Nations International Children's Emergency Fund，UNICEF）的研究，从 20 世纪 90 年代以来，跨国劳务输出开始在发展中国家兴起，使得越来越多的儿童被留在本国内生活而成为留守儿童。Jones 和 Kittisuksathit[②] 的研究发现：对于农村地区的居民而言，"生活质量"是以满足人的基本物质需求为前提，在此基础上可以发展与实现例如家庭和谐关系等其他目标。而农村地区的人普遍视劳动移民为满足基本物质需求的有效方式。同时，现在更加便捷的交通方式，更加广泛的信息渠道，可观的改善生活水平的机会都在促进着个人和家庭的劳动迁移。因此，在发展中国家的农村地区有大规模的劳动力输出现象。在过去的几十

---

①　Fehlberg, F. and Smyth, B., *Caring for Children After Parental Separation：Would Legislation for Shared Parenting Time Help Children?* University of Oxford：Family Policy Briefing, 2011.

②　Jones, H. and Kittisuksathit, S., "International Labour Migration and Quality of Life：Findings From Rural Thailand", *Population*, *Space and Place*, Vol. 9, No. 6, 2000, pp. 517 – 530.

年里，国际和国内的劳动移民人口急剧增长。虽然从发展中国家到发达国家的跨国劳动移民占大多数，但也有数据表明，约40%的打工者离开自己的发展中国家到另一个发展中国家务工，也有一部分的打工者选择前往国内较发达地区就业，这些都不同程度地促进了城市化的发展与经济的繁荣，如在菲律宾，平均每天有超过3000的菲律宾人离开自己的国家前往海外务工，"跨国家庭"在菲律宾被认为是普遍的正常现象，据估计，约有九百万的儿童因一方或者双方父母的暂时性或者永久性的移居而留守，占儿童人口总数的30%。在斯里兰卡，超过100万的儿童不能与外出打工的母亲一起生活。在世界其他国家和地区，这样的现象也十分普遍，厄瓜多尔约有30万留守儿童。在美国，22%的萨尔瓦多籍务工者将自己的孩子留守在本国。在牙买加、印度尼西亚、泰国、乌克兰等国家，相当比例的儿童都生活在被留守的状态中①。

与中国留守问题产生的原因类似，发展中国家的儿童留守现象产生的根本原因在于家庭生活环境的恶劣和贫困，迫使家庭成员不得不离开农村家庭去城市或其他发达地区寻找新的工作机会。与中国的务工问题不同，在亚洲其他国家，外出务工的家庭成员多为母亲，而务工地点多为海外发达国家和地区。女性作为外出务工者多数从事家政服务或者儿童、老人的护理工作。而国内的进城务工者可以为父亲、母亲或者父母双方，从事的行业多集中在餐饮，保安等服务业或者加工制造业。大规模的外出务工所导致留守儿童缺乏生活和心理的关照，而务工目的地国家相反产生了"照料过剩"的现象②。

（二）留守儿童生存与发展现状研究

不可否认这样的现实，留守儿童可能受益于父母的外出务工。据联合国儿童基金会2004年的研究发现③，外出务工收入可以提升家庭消费水平，可以提高家庭对教育、医疗的投入，可以改善原有的住房条件。但是留守儿童是否受益取决于他们获得的额外资源，以及留守儿童的性别、年

---

① Perera, N. and Rathnayaka, M., "Sri Lanka's Missing Mothers – A Working Paper on the Effect of Mother Migration on Children", https：//www. researchgate. net/publication/321947429.

② Roth, K. and Bacas, J., *Migration in*, *From*, *and to Southeastern Europe*, *Part* 2：*Ways and Strategies of Migrating*, Ethnologia Balkanica, Lit Verlag, 2011.

③ Office of Research-Innocenti, UNICEF, https：//www. unicef – irc. org/knowledge – pages/Migration – and – children.

龄和照顾环境。由于父母的外出，代替照料或照顾缺乏会导致一些儿童的情绪健康问题和心理发展的困难。在劳动输出比例高的地区，成人和儿童都会受到相应的影响。如在东南亚国家的研究发现，留守儿童的首选照料者为祖父母或外祖父母，有小部分留守儿童与他们的女性长辈一起生活。Valtonen[①] 认为，家庭收入、家庭照料以及儿童社会化资源是关系到家庭幸福稳定的三大要素。Andrea Rossi[②] 认为，当研究缺乏父母关爱留守儿童影响的实证证据时，需要明确最终结果应从积极和消极两方面进行分析：虽然缺乏父母关爱会产生潜在的消极影响，但是外出打工带来的家庭收入的增长可以为儿童和青少年提供更好的健康、教育和工作的机会。这一结果也在多项研究中得以证实。如在菲律宾的研究发现，父母外出打工赚取的额外收入会用于孩子的教育，留守儿童更有可能去私立学校就读，这些学校在教学质量上被认为优于公立学校[③]。

由联合国儿童基金会在与联合国开发计划署（United Nations Development Programme，UNDP）以及南南合作组织部门（Special Unit for South – South Corporation，SU – SSC）的合作研究发现，在厄瓜多尔、阿尔巴尼亚、摩尔多瓦、菲律宾和墨西哥等国家表明，父母的移民打工对留守儿童产生巨大的影响（UNICEF Moldova/US – SSC，2006）。联合国儿童基金会研究发现，留守儿童和青少年在向成人过渡的年龄，面临着父母外出打工的所带来的压力，由于缺乏监管，留守儿童和青少年是滥用药物、早孕、出现社会心理问题以及暴力行为的高发人群。在摩尔瓦多的分析显示[④]，1993年至2000年青少年犯罪增长率与留守儿童数量上升成正向相关，60%的罪犯为留守儿童。学业问题则来源于缺乏家庭内部的支持和分担家庭责任的压力。

目前，大多数研究多从父母外出务工对儿童的影响这一问题出发进行探讨，而研究多基于父母去境外务工的案例。有少数研究从留守儿童的年

---

① Valtonen, K., "Immigrant Integration in the Welfare State: Social Work's Growing Arena", *European Journal of Social Work*, Vol. 4, No. 3, 2001, pp. 247 – 262.

② Rossi, A., "The Impact of Migration on Children in Developing Countries", http://www.doc88. com/p – 9753107140578. html.

③ Bryant, J., Children of International Migrants in Indonesia, Thailand, and the Philippines: A Review of Evidence and Policies, http://www.unicefirc. org/publications/pdf/iwp2005_ 05. pdf.

④ UNICEF, The Impacts of Migration on Children in Moldova, https://www. unicef. org/The_ Impacts_ of_ Migration_ on_ Children_ in_ Moldova（1）. pdf.

龄、留守时间、性别等变量出发研究，由于文献较少并且不具有代表性，这里就不作回顾。国外对留守儿童的研究多关注他们的心理健康和行为问题，也有部分研究涉及了留守儿童的学业问题和身体健康状况。由于研究项目的开展地区本身存在经济、文化等方面的差异，所以各个研究结果存在差异而无法达成对留守儿童现状的统一数据和结果。目前主流外文文献中涉及有关留守儿童问题研究如下：

1. 学业水平及学校表现

在众多关于留守儿童的研究中，学业一直是一个关注热点问题。父母外出打工对儿童学业影响的研究结论不同。在一个基于中国的实例研究中，非留守儿童的学业心理状况表现最好；父母都外出留守儿童的学业心理状况好于父母单方外出的留守儿童；父母单方外出留守儿童的学业心理状况表现不佳，尤其是仅母亲外出留守儿童的学业心理状况最为不佳，值得关注[1]。在另外一项关于中国留守儿童与非留守儿童的对比研究中，留守儿童在数学、中文和英语的标准化考试成绩没有显示出与非留守儿童成绩有明显差异[2]。同样的研究发现，在每个学校里，留守儿童的平均成绩都比非留守儿童的学习成绩略好。在菲律宾国立大学，特拉维夫大学的调查发现，留守和非留守的孩子们接受高等教育的概率相同。

2. 营养与健康

在一项关于中国留守儿童的营养健康状况对比研究中发现，留守儿童的照料者因年老、体弱多病、受教育水平以及儿童营养科学知识普遍缺乏而无法满足留守儿童的营养需求。对比研究的结果发现，留守儿童的总进食量明显少于对照组，生长迟缓、低体重率均高于对照组，贫血的患病率明显高于对照组。由此可见，留守儿童营养水平和营养状况均低于对照组。而在其他研究中，留守儿童因为家庭总体收入的提升，营养状况要好于非留守儿童[3]。

---

[1] Yao, J. H. and Mao, Y. Q. , "Rural Left – Behind Children's Academic Psychology in Western China and the School Management Countermeasures", *Frontiers of Education in China*, Vol. 3, No. 4, 2018, pp. 535 – 546.

[2] Zhou, C. and et al. , "China's Left – Behind Children: Impact of Parental Migration on Health, Nutrition, and Educational Outcomes", *Health affairs*, Vol. 34, No. 11, 2015, pp. 1964 – 1971.

[3] Luo, J. and et al. , "The Status of Care and Nutrition of 774 Left – Behind Children in Rural Areas in China", *Public Health Reports*, Vol. 123, No. 3, 2008, pp. 382 – 389.

3. 心理与行为

部分研究表明，儿童的社会行为会受到父母单方或父母双方外出打工的影响。父母的外出务工被认为是一个情感剥夺和儿童创伤的来源。一些研究人员在观察父母外出务工对儿童影响的研究认为，这会导致留守儿童心理和人际关系的问题。比如，留守儿童在作决定时常会遇到困难。这是因为他们考虑自己家庭中有两层权力，即首先要顾及他们的直接监护人，然后是他们的务工父母。Bryant[1] 的研究声称，留守儿童容易受到溺爱，有孤独感和憎恨情绪。在 Battistella 和 Conaco[2] 主导的研究中认为，没有母亲的孩子表现出较差的社会适应和心理发展受到阻碍，出现性格孤僻、难以融入群体等问题。但斯卡拉布里尼移民中心（SMC）的研究表明，儿童监护人和亲友为留守儿童提供了社会化的条件。无论父母是否在身边，儿童都要在家务琐事中有一些责任。普通的家务是打扫房子、布置餐桌、洗碗、照顾弟妹、给植物浇水、照顾动物等等，虽然留守儿童表现出对父母的渴望，但同时他们在这个过程中也学会了独立。另外有研究表明，家庭财富，尤其是衡量财富指数，也是一个影响留守儿童心理健康的重要因素[3]。

（三）基于外出务工家庭成员的影响研究

随着父母的外出务工，家庭内部的职能和角色都相应地发生了变化。家庭成员的离开可能会给家庭带来一定的冲击，而被留守的成员很难充当离开成员的角色，以保持家庭功能的完整性。部分学者根据家庭成员的缺失角色对儿童产生的影响进行了研究，并总结绘制出表 1－1。

如表 1－1 所示，父亲、母亲和父母双方外出打工三种情况对儿童的影响有所不同。其中"父亲外出打工"影响更多的是整个家庭环境，而"母亲外出"打工对儿童的影响更为具体和直接。值得注意的是，部分研究表明在"父亲外出打工"的影响下，家庭收入有一定概率的提升。经济状况

---

① Bryant, J., Children of International Migrants in Indonesia, Thailand, and the Philippines: A Review of Evidence and Policies, http://www.unicefirc.org/publications/pdf/iwp2005_05.pdf.

② Battistella, G. and Conaco, M. C. G., "The Impact of Labour Migration on the Children Left Behind: A Study of Elementary School Children in the Philippines", *Journal of Social Issues in Southeast Asia*, Vol. 13, No. 2, 1998, pp. 220–241.

③ Graham, E. and Jodran, L. P., "Migrant Parents and the Psychological Well - Being of Left - Behind Children in Southeast Asia", *Journal of Marriage and Family*, Vol. 73, No. 4, 2011, pp. 763–787.

的改善本身在医疗、教育、生活环境和膳食营养方面对儿童有益。

表1-1 父母单方/双方外出务工的影响①

父母外出情况	造成影响
父亲外出打工	形成以女性为主导的家庭并带来贫困 影响儿童教育和福利 造成家庭脆弱 外出劳务费用对家庭生计的提升
母亲外出打工	对儿童的心理、社会影响 对儿童的健康、教育影响 儿童虐待 对家庭内性别差异的影响 家庭破裂
父母双方外出打工	对儿童的福利影响（健康教育） 造成祖父母或其他亲属的负担

Chen[②] 在有关留守儿童与父母分别的年龄及社会情感功能的研究发现，留守儿童的精神问题和亲社会行为明显较高，具有发生情绪、行为问题的风险，特别是如果他们在生命早期就处于留守状态，或者留守时间较长，而且看护人缺少经验，教育程度、社会经济地位低等，情况可能会更严重。留守儿童与外出务工父母之间在情感上容易产生隔阂。这种隔阂会在家庭团聚后造成一定的问题。在海外劳务输出国家中，维持外出打工父母和留守儿童的关系成为一项困难的工作。Parrenas[③] 在菲律宾的研究发现，移居分离的关系维持面临着众多挑战。不同的留守儿童和父母会采用不同的沟通频率和方式。这种差异受到移居父母的经济收入情况、留守家

① Whitehead, A. and Hashim, I. , *Children and Migration: Background Paper for DFID Migration Team*, UK: Department for International Development, 2005, 7.

② Fan, F. , Su, L. , Gill, M. K. and Birmaher, B. , "Emotional and Behavioral Problems of Chinese Left - Behind Children: A Preliminary Study", *Social Psychiatry and Psychiatric Epidemiology*, Vol. 45, No. 6, 2010, pp. 655 - 664.

③ Parrenas, R. , *The Care Crisis in the Philippines: Children and Transnational Families in the New Global Economy*, New York: Metropolitan Books, 2002, pp. 39 - 54.

庭生活环境以及留守家庭父母性别的影响。

1. 家庭价值观的传承问题

价值观的传承，包括精神塑造是一个家庭的重要职责。但研究发现，外出务工的父母难以实现这一重要的家庭职责。在先进的技术帮助下，父母和留守儿童可以建立起不同层次的亲密关系。亲子关系随着技术的快速发展，成为一种长距离的感情寄托。父母在家庭中的缺失，取而代之的是手机等一系列电子产品的补充，然而，这种依托现代科技的抚养和教育仍不能完全实现父母在现实家庭中的作用。家庭价值观的传承和精神塑造在留守儿童家庭生活中难以实现，从而导致留守儿童对生活和学习产生了迷茫的态度。

2. 职业规划与选择问题

家庭关系的力量，特别是儿童的家庭关系与父母的亲密关系，体现在孩子对父母选择的理解与影响上。这种迁移作用已经在某种程度上影响了孩子们的职业和未来计划的选择。不少家庭中的留守儿童考虑到外出工作。相关的研究支持了这一观点：留守儿童的职业选择上与他们的父母有极大的相似性。即使他们希望完成大学教育，他们也意识到即使没有大学文凭，他们可以得到通过外出务工来赚取更多报酬的机会①。

跨国劳工移民和劳动输出在过去的十年中已经呈现出日趋明显的女性化趋势，越来越多的母亲选择外出务工并将自己的孩子留在故乡生活。例如，在菲律宾和印度尼西亚，在有记录的海外工作者中女性要多于男性，而在这些女性当中有相当比例的人是有子女的母亲。然而这一现象并不具有普遍性，例如在泰国，已婚妇女和母亲的外出务工非常罕见。在父权社会中，妇女的母亲角色是一种既定的社会规范。在这种规范的作用下，儿童对于他们的母亲是有养育的期待。但是随着母亲的外出务工，期待可能转换成为失落感，并加剧了此类留守儿童群体的心理危机。母亲外出务工的儿童可能面临着心理健康状况较差的风险，因为这些留守儿童不得不经历从他们主要照顾者（母亲）的分离，缺失安全感②。

---

① Anonuevo, E. D. and Anonuevo, A. T., *Coming Home*: *Women*, *Migration and Reintegration*, Manila: Balikbayani Foundation and Atikha Overseas Workers and Communities Initiatives, 2002.

② Graham, E. and Jodran, L. P., "Migrant Parents and the Psychological Well – Being of Left – Behind Children in Southeast Asia", *Journal of Marriage and Family*, Vol. 73, No. 4, 2011, pp. 763 – 787.

综合各方研究和观点来看，留守儿童因缺乏父母的直接监护和照料易产生各类问题。但是父母移居对留守儿童的影响评估需要对其父母移居的原因、特点，以及儿童被留守的原因进行特定的分析。因此，研究需涉及社会、经济、政治、文化等多因素的影响。Yeoh[1] 认为移居父母与留守儿童之间的联系需要被从更广的体制层面出发去研究。

（四）留守儿童的相关政策

目前，各国政府关于留守儿童的保护政策依然在探索阶段。各国的政策基本针对流动务工人员本身而较少涉及其家庭与子女。在具有较长跨国务工历史和较大规模劳务输出人口的菲律宾，政府为国际劳动移民提供了广泛的服务，其中一些与留守儿童直接相关。例如，在 2002 年，一个名为 25 Family Welfare Officers 的支持网络计划在劳动输出人口较多的地区展开。他们的职责包括收集打工家庭的信息，设计干预措施，提供建议，并开展社会倡导和呼吁社会关注。劳工与就业署及海外劳工福利局向流动人口家属提供服务、咨询与辅导。在海外务工的菲律宾工人是社会福利基金的受益人，他们和他们的家庭有机会获得特殊的信贷服务。菲律宾还有一个庞大而活跃的非政府组织，通过宣传、咨询和重返社会等服务来帮助海外劳动者和他们的家庭。非政府组织针对留守儿童和他们的照顾者组织了工作小组，提供有关娱乐信息，并为留守儿童出版杂志。移民和流动人口关爱的主教委员会（ECMI）为外出务工者提供打工咨询与法律建议，并为他们及其家庭组织技能培训和小额信贷渠道。类似的政府和非政府服务体系在其它劳务输出国家并不常见，但也有为跨国务工者提供如外出务工前的研讨会和各类福利政策咨询的服务。在泰国，从事国际流动人口工作的非政府组织主要关注来自邻国的务工者[2]。

三 国内外研究评论

总的看来，对国内外留守儿童生存状况、权益保护状况相关政策及服务状况研究为本研究提供了非常重要的理论与经验借鉴。就国外研究情况

---

[1] Yeoh, B. S. and Lam, T., "The Costs Of (Im) Mobility: Children Left Behind And Children Who Migrant With A Parent. Perspectives on Gender and Migration", http: //e. unescap. org/ESID/GAD/Publication/Perspectives_ on_ Gender_ and_ Migration_ FINAL. pdf#page = 128.

[2] Bryant, J., "Children of International Migrants in Indonesia, Thailand, and the Philippines: A review of Evidence and Policies", http: //www. unicefirc. org/publications/pdf/iwp2005_ 05. pdf.

来说，造成留守的原因尤其是发展中国家与我国大致相似，都是为了解决家庭的生存问题，但是留守儿童的规模、表现的形态以及相关的政治、经济制度等同我国有所差异，相关的借鉴主要体现在相对宏观的留守儿童保护理念、政策导向方面。下面，着重就国内留守儿童研究、成效情况作全面评析。

（一）研究成效

尽管缺乏针对性的留守少年群体的相关研究，但留守儿童相关权益问题与社会工作服务的研究已经将本研究对象群体涵盖其中，为留守少年权益保护的社会工作服务研究提供了具有普遍性的研究成果，对本研究起到了较好的理论借鉴作用。

1. 留守儿童权益问题得到关注

留守环境不利可能造成的亲情缺失、监护不利的现象，容易使留守儿童在自身正当权益方面受到侵犯，在身心发展方面指标降低、遭受伤害，甚至出现比较严重的如死亡、自杀、性侵犯、犯罪等问题。这些问题引起社会各界的高度关注，成为研究者研究的焦点与热点问题，成为当前政府部门保护留守儿童权益的重要防范领域。研究的聚焦与发展，对揭示留守儿童这一弱势群体的特殊性、明晰留守儿童权益内容与重点、把握留守儿童权益保护方面的规律、建构留守儿童权益保护体系与机制、增强留守儿童权益保护工作的针对性和实效性具有积极意义。

2. 提供了留守儿童权益保护的积极对策与建议

针对留守儿童权益侵害问题，研究者全面分析了其中的原因，并相应地从不同层面和角度提出了留守儿童权益保护的相关对策与建议。比如，宏观政策层面，积极推进城乡一体化建设、进一步改革户籍政策、大力发展农村经济；微观层面，积极建立留守儿童关爱保护体系、完善监护人制度、做好留守儿童摸排工作、加强档案建设与管理。国家层面，建立权益保护的政府主导机制、加大留守儿童保护经费投入、加大农村薄弱学校建设、推进寄宿制学校工程。社会层面，建立与完善留守儿童社会支持网络和体系，积极发挥学校、社区、邻里的关爱力量。家庭层面，加强监护人职责、协调亲子关系、发挥留守儿童自身优势。这些方面的对策建议，对于国家不断建立健全留守儿童权益与福利政策起到了积极推进作用。

3. 留守儿童社会工作服务研究逐步加强

留守儿童社会工作服务研究的增多与现实服务活动的开展，表明相关政府部门及组织已经注意到了留守儿童权益保护工作中存在的针对性不强、精准性不足、缺失持续性、实效性等问题，开始尝试与以往的关爱举措相结合，运用专业的社会工作方法介入到农村留守儿童权益保护工作之中，从而对留守儿童权益保护工作质量的提高、留守儿童的身心健康成长产生积极的影响。这方面的积极尝试，也意味着留守儿童关爱保护工作理念的进一步丰富与升华，即不仅把留守儿童视为帮扶的对象，更把他们视为自身成长发展的主体；不仅是就事论事地去解决留守儿童面临的具体问题和困难，而是要致力于留守儿童不良生存环境的整体性和系统性的改变；不是停留于留守儿童关爱保护的一般性、社会性的宣传与发动，而是要通过专业性的方法、手段使与留守儿童相关的人员成为关爱保护的实质性支持力量。

从相关研究资讯来看，留守儿童社会工作服务方面形成了基本的专业性服务架构。服务方法方面，个案工作、小组工作、社区工作、社会行政、社会政策等直接服务方法被具体化、创造性地运用于关爱保护工作之中；服务内容方面，如抗逆力培育、亲子关系维护、朋辈支持等保护与促进留守儿童发展的有效性活动得到开展和推广；服务路径方面，家庭社会工作、学校社会工作不断得到开发与推进，社会工作与留守儿童志愿服务活动间的联动不断得到加强和深化。基础的专业性服务框架的建立，对于增强社会工作服务留守儿童的质量效果，提升社会公众对留守儿童社会工作服务的认可度，强化政府与社会各方面对留守儿童社会工作的支持度等均具有积极的作用。这些为本研究聚焦留守少年群体权益保护的社会工作服务提供了路径与方法的支撑。

（二）研究不足

目前有关留守儿童权益与社会工作服务研究还不是十分充分，而有关留守儿童群体中的高龄群体留守少年的研究更是缺少，而留守少年所处的青春期是低龄留守儿童成长的必经阶段，是社会化最为关键也是最容易出现权益问题的重要人生阶段，这种研究的缺乏往往会给现实的关爱保护工作造成理论支撑的不足。

1. 从研究内容看，具体、系统化的留守少年权益框架尚未形成

尽管已有研究的确对留守儿童的受教育、受监护等具体权益进行了研究，但这方面的研究还主要停留于从儿童权益一般框架出发对留守儿童的相关权益按图索骥，至于因留守问题所造成的留守儿童权益保护的特殊性

和差异性的特点则相对关照不够，尤其是留守少年权益框架没有得到关注。比如，与其他儿童相比，留守少年权益及保护的重点是什么？优先关照的是哪些方面？哪些权益应该和其他儿童一样对待？而哪些权益又该和其他儿童差别对待？留守少年权益确立及保护的理念、标准、原则是什么？这些问题尚未能很好地得到研究方面的回应。其主要原因就在于学术界尚没有充分厘清留守儿童群体权益的详细样态，尚未真正形成留守儿童群体权益具体、系统化的框架，同样缺乏相应的权益保护方面的实施框架。这方面研究的不足，严重制约了留守儿童权益保护工作的深入开展，而对于留守少年权益框架而言更是处于缺失研究的现实状态。

2. 从研究对象看，留守少年的差异性、特殊性关照不够

目前研究出现诸多留守儿童调研结果不一致的情况，这是一种比较正常的事情。因为地方经济社会发展的状况有别、亲子关系存在差异、留守儿童自身发展状况不同。反过来说，如果认定全国留守儿童都有一样的现实表现与发展特征，则是不正常的事情。这不是否定或者不去探索留守儿童身心发展方面的规律，而是强调要做到具体问题具体分析，要关照到留守儿童群体中的差异性、特殊性。只有这样，留守儿童权益保护的深入性、针对性与实效性才会大大增强。但就目前来看，这方面的关注还很不够，对于留守儿童存在的地域差异、性别差异、学段差异、家庭背景差异等方面还缺少足够的研究，尤其是处于特殊发展阶段的留守少年群体没有得到重视，其身心发展与社会性发展所带来的权益问题没有得到充分认知，因此，现实的研究与政策在细化留守儿童群体与相应权益以及针对性做好权益保护工作方面还做得不够，存在用一个通用的权益保护标准套用到所有留守儿童身上的现象，显然成效必然难以充分显现。

3. 从研究方法看，理论研究、合作研究、追踪研究不够充分

总体来说，关于留守儿童问题的研究，基本上偏于在调研基础上得出相关结论并提出对策建议的实证研究，固然这方面的研究能从实际出发去了解把握留守儿童较为普遍的现实状况，也能唤起社会对留守儿童问题的关注，表现出一定的科学性。但是在留守儿童权益的独特性、留守儿童权益框架构建、留守儿童在权益保护方面的主体性等理论问题研究方面还相对缺失，以至于不能全面、深刻地认识到留守儿童权益保护问题的特点和规律，导致留守儿童问题的认识与解决在一定程度上浮于表面与浅层，对

留守少年独特的问题更是缺乏深入的质性研究方法的应用。同时也缺少专家学者、学校教育工作者、社区工作人员等多方力量的合作研究与行动研究，导致留守儿童权益保护问题出现理论研究与实践服务相脱节的现象。留守儿童权益保护的长期效果验证、留守儿童权益观念的形成、自身权益保护能力的提高等方面还缺乏足够的追踪研究，而针对留守少年群体的相关研究更是缺乏。

4. 留守少年社会工作研究总体还比较薄弱

目前关于留守儿童社会工作的理论研究，在一定程度上还处于将社会工作的一般理论简单地应用于留守儿童问题研究的阶段，诸多服务做法与服务经验呈现零散、个别化的状态，专门化、自成体系的留守儿童社会工作理论尚未形成，留守少年的相关问题研究更是缺乏。具体而言，在留守儿童社会工作服务的特殊性、必要性、可行性等方面的理论阐释方面还不够充分；在留守儿童社会工作服务模式的理论构建、服务路径的探究论证方面还不够丰富与深化；具体可操作性、行之有效的留守儿童社会工作实务方法还没有得到很好地开发与运用；服务成效评估方面尚未建立起系统化、科学化的评估标准，尚未形成具有明确说服力的评估方法。研究方面的薄弱，导致留守儿童社会工作服务实践难以获得强有力的指导，影响了服务的专业化水平，不利于留守儿童社会工作的开展与推进。而针对性的留守少年社会工作服务则更是缺乏研究的聚焦。

通过对留守儿童社会工作研究的审视，不难发现这样的事实：留守儿童社会工作整体性服务体系、机制尚待完善，社会工作者在留守儿童权益保障工作体系中作用的发挥尚不够充分。目前我国社会工作事业整体发展还处于起步阶段，相对比较薄弱，地区差异性较大，相应留守儿童社会工作服务尚未形成完备的社会化、市场化体系与机制，留守儿童社会工作无论是政府购买服务，还是社会出资支持等都还形不成普遍化气候，还形不成示范引领、以点带面的服务局面。目前留守儿童的社会工作服务基本呈现单兵作战式的零散化、碎片化、不稳固化状态，缺失留守儿童社会工作服务体系性的整体构建与长效服务机制的建立。与留守儿童群体的庞大数量相比，专门化的社会工作服务机构数量、社会工作者数量显得微乎其微。学校社会工作服务留守儿童方面研究与服务还非常少。社会工作者还不能与学校教育工作者、基层社区工作人员、社会各方面爱心人士等建立深层次的合作关系，全面地发挥关爱保护工作中的协调、黏合、促进作用。而有针对性地服务留守少年的社会工作服务更是缺乏研究。

（三）本研究的原则

本研究聚焦留守少年权益保护的社会工作服务研究，需要借鉴前期相关研究的理论成果，同时要强化需要进一步聚焦的理论与现实问题，需要遵循以下原则：

1. 留守儿童权益保护理论研究与实践研究相结合

本研究需要进一步从学理上深化留守儿童权益内容、权益保护理念的研究，并积极转化为相关的权益保护法规政策，为留守儿童关爱保护的实际工作提供支持；需要加强对现实开展的留守儿童权益保护、关爱服务进行研究，从中发现问题、生成经验，为留守儿童权益保护工作的科学决策、政策出台提供可行依据，为正在开展的留守儿童权益保护工作提供具体的可操作化的建议。

2. 加强留守少年权益保护的差异性研究

本研究要充分遵循差异性的原则，要认识到留守儿童由于地域、年龄、家庭等情况的不同，其内部会分化出特征和需求不同的群体，加强这些不同群体的研究及服务，才能保证留守儿童权益保护工作的针对性，从而有的放矢，切实满足不同年龄阶段留守儿童的生存与发展需要，使关爱保护举措能够顺利实施，产生实效，从而避免"一刀切"现象以及保护资源浪费等问题的出现。如，留守少年是留守儿童的重要组成部分，是留守儿童中的高龄群体，其身上所表现出来的问题，既体现了身处青春期的留守少年身心发展的特点，又反映了他们所处的环境、个人境遇情况，更是社会发展所带来的社会问题在留守少年群体上的投射。通过了解留守少年的生存、发展特点与需求，发现留守少年所遭遇的挫折、伤害与困境，既可以认识留守少年群体的一般性问题，又可以认识其所存在的特殊性问题，更可以认识并尊重留守儿童不同群体的差异性。所以，强化"差异性"思维，聚焦更容易出现权益问题的留守少年，既能在留守儿童权益保护方面产生以点带面的作用，更能体现留守少年群体权益保护的"精准服务"。

3. 注重留守少年权益保护研究的主体性视角

现有研究，总体上往往把留守儿童视为关爱保护的对象，很少从根本上把其视为权益保护的主体，不能有效发挥留守儿童自身的权能优势。本研究，将加强研究的主体性视角，在研究过程中把留守儿童尤其是留守少年视为自我权益保护的主体，因为留守少年正处于自主性发展的关键时期，如果研究者与社会工作者能够以一种平等、尊重的态度与留守少年展开交流对话，了解他们的真正意愿与需求，关照到他们发展的特殊性，才能形成体现留守少年主体地位的权益保护方面的研究成果。

4. 加强留守少年社会工作服务政策的可操作化研究

加强留守少年社会工作的服务与研究，要进一步加强留守儿童社会工作政策的细化研究，提高政策的操作化、可实施化水平，在政策内容上要加强政府购买农村社会工作项目、农村社会工作专业人才素质标准等方面的研究，促进政策作用的有效发挥，以积极推进农村社会工作专业人才队伍建设；进一步加强农村留守少年社会关爱保护网络建设的研究，探究留守少年社会工作者在关爱保护体系中的角色身份以及纽带、桥梁作用发挥的机制；积极推动在地开展留守少年社会工作服务项目，及时把社会学、心理学、教育学等学科关于留守儿童的科学研究成果应用于社会工作服务，并且针对留守少年这一特殊留守儿童群体的特征，形成专门的针对留守少年权益保护工作的专业社会工作服务模式；从服务效益角度，要积极开展留守少年学校社会工作的服务与研究，对解决留守少年权益保护问题具有良好作用。这些也正是本研究所努力的方向。

留守少年权益保护尤其社会工作服务的研究与开展，对我国整体儿童权益保障工作的推进具有积极作用。目前，我国还存在着包括留守少年在内的多种数量庞大的弱势儿童群体，相应的权益保护工作还存在一定的薄弱之处，与此同时，儿童整体性权益保障工作还需要很大程度地提高。2016 年 6 月，《国务院关于加强困境儿童保障工作的意见》出台，意味着特殊儿童福利服务水平的提升得到了国家重视。专业性是儿童权益、福利保障服务的重要特征与标准，是目前我国儿童，尤其是困境儿童保护工作的重要建设任务。通过做好留守少年群体权益保障的社会工作专业性研究与服务，可以为我国困境儿童权益福利保障工作专业性的提高提供有益的借鉴经验。

第四节　研究设计

一　核心概念界定

（一）留守儿童

学界对留守儿童定义颇多，在留守儿童年龄及留守监护样态上的规定存在一定的差别。如吴霓认为农村留守儿童指由于父母双方或一方外出打工而被留在农村的家乡，并且需要其他亲人或委托人照顾的处于义务教育阶段的儿童（6—16岁）[①]。段成荣、杨舸认为留守儿童是指父母双方或一方流动到其他地区，孩子留在户籍所在地并因此不能和父母双方共同生活在一起的儿童，其年龄界定为17周岁及以下[②]。总体来看，大多数研究对留守儿童年龄界定遵循国际通行标准，即18周岁以下的未成年人。

政府文件中对留守儿童的界定，比较明确的是2016年出台的《国务院关于加强农村留守儿童关爱保护工作的意见》中的规定：留守儿童是指父母双方外出务工或一方外出务工另一方无监护能力、不满十六周岁的未成年人[③]。本研究中的留守儿童是指父母双方外出务工或一方外出务工超过半年的十六周岁及以下的未成年人。因为本研究开始的时间于2014年，早于官方对留守儿童的界定，在后续的研究中就延续了本研究之初的界定。

（二）留守少年

本研究所界定的留守少年是留守儿童群体中的高龄群体，是正处于青春发育关键期的未成年人。具体而言：农村留守少年是指与父母分离半年以上、生活在农村、处于小学高年级与初中阶段的未成年人，约在10至16岁之间。本研究所界定的留守少年，既包括父母均外出务工，也包括父母单方外出务工，且不考虑另一方是否有监护能力。当然父母单方外出肯定比双方外出的状况要好，但是单方长期外出同样带来家庭结构的变动，

[①]　吴霓：《农村留守儿童问题调研报告》，《教育研究》2004年第10期。

[②]　段成荣、杨舸：《我国农村留守儿童状况研究》，《人口研究》2008年第3期。

[③]　《国务院关于加强农村留守儿童关爱保护工作的意见》（国发〔2006〕13号），http://www.gov.cn/zhengce/content/2016-02/14/content_5041066.htm，2016年7月20日。

尤其是对正处于青春发育期的留守少年来讲仍然会产生直接影响，容易出现亲子之间以及其他人际交往等方面的问题，造成权益得不到保障的现实。

（三）留守少年权益保护

从权益角度探讨留守少年保护问题，就性质而言是有关法律政策的问题。从法律政策角度来考察，是有关留守少年权益维护中责任主体的责任或义务界定问题。《儿童权利公约》中认为儿童应享有四项基本权利，即生存权、受保护权、发展权与参与权；《中华人民共和国未成年人保护法》第一章第三条明确规定"未成年人享有生存权、发展权、受保护权、参与权等权利"[1]。从留守少年权益保护的现实来考察，由于受父权主义文化传统的影响，留守少年及其监护人和相当部分的社会民众对留守少年权益的理解和认识存在模糊、狭隘甚至错误的问题，导致权益保护行动难以全面深入地开展。所以，我们从描述性、操作性的角度，将留守少年权益保护界定为：是对留守少年的生存权、受保护权、发展权与参与权所进行的认知、理解、认同和维护的行动。

（四）社会工作服务

社会工作服务是秉持利他主义、"助人自助"的价值观，以科学知识为基础，运用科学的专业方法，帮助有需要的困难群体，解决其生活困境问题，协助个人及其社会环境更好地相互适应的职业活动[2]。具体到本研究所指的社会工作服务是留守少年的社会工作服务，主要是针对留守少年而开展的专业社会工作服务，是以社会工作专业价值理念为指导，运用整合性社会工作方法服务于留守少年的权益保障。所谓整合性社会工作方法包括个案社会工作、小组社会工作、社区社会工作等直接社会工作方法，也包括社会政策、行政、督导、研究等间接社会工作方法，它是根据现实的情境与需要有机整合为一体的综融性方法。在有些国家和地区，社会工作服务被称为社会服务或社会福利服务[3]，所以，从过程角度而言，留守少年社会工作服务可以理解为一种针对留守少年而开展的专业化服务过程；从内容角度而言，留守少年社会工作服务可以被看成留守少年应享有

---

① 《中华人民共和国未成年人保护法》，中国民主法制出版社 2013 年版，第 3 页。
② 王思斌：《社会工作概论》（第三版），高等教育出版社 2014 年版，第 9 页。
③ 王雪梅：《儿童福利论》，社会科学文献出版社 2014 年版，第 101 页。

的一种专门权益福利。

二　研究思路

根据党的十八届三中全会有关"创新社会治理"须着眼于维护最广大人民根本利益的精神，党的十九大所提出的满足人民对美好生活向往的多元需求为出发点，以国家有关儿童青少年权益保护和有关社会工作服务政策为导引，着重探讨农村留守少年权益保护和社会工作服务的现实问题、对社会工作者素质能力的要求，以及有针对性的权益保护和社会工作服务政策。通过文献研究对国内外留守儿童权益保护理论与政策进行梳理，形成留守少年权益保护的理论和实践的初步框架和研究基础。通过深入的实地研究，了解留守少年权益的状况和不利影响，聚焦留守少年权益需要和留守少年社会工作服务可利用资源，分析影响留守少年权益保护的现实因素。通过行动研究，开展实地的留守少年社会工作服务，探讨以学校为核心、向家庭和社区延伸的社会工作服务模式及社会支持体系的构建。并在此基础上，探讨社会工作者应该具备的素质与能力，进而确认留守少年权益保护的社会工作深度发展所需要的政策支持，为政府部门与群团组织提供相关决策的参考或依据。

三　研究方法

（一）文献梳理

收集查阅国内外关于留守儿童权益问题、权益政策、社会工作服务与政策等各类文献资料，为本研究提供理论参考和证据为基础的实务研究文献。在二手文献比较和数据分析基础上形成新的有价值研究成果，形成对国内外留守少年权益保护问题及相关研究的系统性、规律性认识。

（二）实地研究

根据社会经济发展水平选取鲁南、鲁西南留守儿童相对密集的三个县域作为样本地，从四到九年级每个年级抽取 5 个自然班，共抽取 30 个自然班，共 1048 名学生（其中留守少年 636 名）进行了有效的问卷调查；抽取留守少年、留守少年监护人、留守少年学校领导与教师、留守少年邻居与村干部共计 89 人为访谈、座谈对象（具体信息数据见第三章）；根据连续逼近法、分析性比较和主题分析方法等处理实地一手资料，形成相对完整的证据和概念，了解与掌握留守少年权益保护需求和可利用资源等情况，为留守少年社会工作服务方案和政策建议提供充分的数据和访谈资料的支撑。

（三）行动研究

在上述调研地开展三个农村留守少年学校社会工作服务项目。通过整合高校、基金会、共青团组织等多方面资源，在2所小学（1所寄宿制、1所非寄宿制）、1所初级中学（寄宿制）开展留守少年社会工作服务，并辐射、带动留守少年家庭社会工作、社区社会工作的开展。由本研究成员、项目社会工作者、教师、监护人（代理监护人）、留守学生一起讨论制定学校、家庭与社区服务方案；根据实际情况进行了行动调整，共同研究如何改善特定社会情境中的行动质量，逐步加深对服务实践及其依赖背景的理解；对社会工作服务成效、不足及时进行总结、反思，对研究所获得的数据、资料进行系统科学处理，形成在农村开展留守少年社会工作服务的现实经验、相关理论及政策的倡导建议。

第五节　研究的创新性及局限性

一　创新性

本研究聚焦的留守少年是通常人们所忽略的留守儿童高龄群体，也是最容易出现权益问题的群体，对他们开展社会工作服务并进行研究具有较为明显的创新性。具体如下：

（一）本研究提出以留守少年权益主体能力提升为核心的留守关爱保护体系建构的观点，对我国留守儿童权益保护政策的进一步完善与关爱行动的进一步深入具有一定的借鉴作用

本观点是基于留守少年特殊年龄阶段所呈现的自主性发展的特点，并对现有的留守儿童政策、关爱保护行动进行研究得出的结论。本研究在梳理大量政策文献的基础上，形成了关于国内外留守儿童政策研究与实践方面的系统化研究成果，其中，提出了"我国留守儿童政策演进过程分为潜在期、发生期、发展期、深化期四个阶段"的观点，并在此基础上对我国

留守儿童政策特点、现实存在的问题以及未来发展的方向进行了剖析①。该方面的研究成果对倡导正确的留守少年观、提升留守儿童政策的科学化水平具有积极的意义。

（二）本研究提出对权益保护对象进行分层，增强政策与行动针对性的观点，对相关政策的制定与关爱保护行动的开展具有建设性的作用

本研究以留守少年为研究对象，以其权益保护问题作为研究的核心问题，探寻留守少年身心发展的一些焦点性议题，分析留守少年权益保护的现实状况，在留守少年需求评估、可利用资源分析、留守少年权益保护政策评析、留守少年社会工作者素质与能力框架体系构建等方面提出了相应的见解与观点，从而对留守少年权益保护问题进行了相对系统化的研究，提出了针对性的建议。尤其针对目前尚缺乏从年龄、学段等维度进行权益保护对象的分层这一突出的现实问题，认为这种权益保护的同质化无法形成对留守少年这一高龄留守儿童群体的针对性保护，无法真实提升他们的自主能力。提出以优势视角挖掘留守少年及所处现实环境中的优势与潜能，以社会工作专业方法提升与培育留守少年的抗逆力与权益主体的主体能力②。这种针对性地通过政策分层与社会工作专业方法解决留守少年权益保护问题，会有效地避免现实中出现的"留守"标签化和留守问题固化的不良现象，从而有利于形成留守少年积极适应环境与改变环境的意识与能力，自觉地提升自我的权益意识与权益能力，更有利于形成促进正向发展的、良好和谐的社会氛围。

（三）本研究无论是综合的研究方式，还是研究所促成的农村留守少年社会工作服务的开展，均具有一定的创新性

本研究是融文献梳理、实地调研、行动研究等方法于一体而开展的农村留守少年权益保护社会工作服务的综合性研究，理论研究与实践研究相

---

① 相关观点的论文如《我国留守儿童政策的演进过程与特点研究》发表于 CSSCI 扩展版期刊《青年探索》，被《新华文摘》（网络版）全文转载，获山东省高校人文社科优秀成果一等奖；《农村留守青少年权益保护主体性缺失问题研究》发表于 CSSCI 来源期刊《中国青年研究》，被中国人民大学书报资料中心《青少年导刊》全文转载，并获山东省高校人文社科优秀成果二等奖。

② 该方面研究的阶段性成果如《农村青少年校园欺凌问题的质性研究》发表于 CSSCI 来源期刊《中国青年研究》，被中国人民大学书报资料中心特定选题《青少年问题研究》全文收录；《抗逆力培育：留守青少年社会工作服务的实践选择》发表于 CSSCI 来源期刊《中国青年研究》，被中国人民大学书报资料中心《社会工作》全文转载。

辅相成，科研项目与服务项目有机结合，促进了在农村学校与社区、家庭有机联动的留守少年社会工作服务的深度探索。通过这种综合式研究，探索农村留守少年权益保护社会工作服务开展的现实意义、发生机制、服务模式、人才培养等相关性问题，形成开展农村留守少年权益保护社会工作服务实践的经验总结与反思成果，并以此推展到有关留守少年权益保护政策与社会工作服务政策的探讨与倡导。

二　局限性

尽管本研究取得了相应的成果与成效，但是还存在着许多不足的方面，尤其是还存在需要以后进一步研究的内容。具体表现为：

（一）调查研究方面存在一定的局限性

本研究主要是聚焦留守少年权益保护的社会工作服务研究，所以不可能采用大样本的调研。经过在研究过程中采用了问卷与访谈相结合的调研方式，并且增加了留守少年与非留守少年的比较性研究，但是无法做到全面展现全国留守少年权益保护以及社会工作服务的真实情况。

（二）实地行动研究方面存在一定的局限性

由于本研究所依托的留守少年社会工作服务项目为相关部门和组织购买的社会工作服务项目，这些项目都有一定的时间规定，相关服务活动的开展存在着不可持续的现实问题，从而影响了留守少年社会工作服务成效的全面性、持续性；所开展的社会工作服务项目的目标必须符合购买方的要求，一定程度上也影响了本研究的实践探索；从事服务项目的专职社会工作者存在工作的不稳定性以及其留守少年的专门性服务技能不足等问题，直接影响项目成效的显现与有效社会工作模式的探索。这些方面既是本研究存在的局限与挑战，一定程度上也是目前农村留守少年社会工作服务现实情况的缩影。

因此，基于行动研究所形成的有关留守少年权益保护方面的观点、意见、经验、对策等成果，可能受限于项目实施地域的差异性、项目开展的时间性因素的影响，其科学性、深刻性也会受到相应的影响。关于留守少年权益保护的政策倡导、留守少年社会工作者素质与能力框架等探讨，仍然需要在今后的研究中加以完善。

第二章

留守少年权益保护的政策基础

留守少年权益保护是一项社会行动，需要调动政府、社会、家庭各方面资源，同时，留守少年权益保护也是一项政策行动，需要有科学、系统、完善的保护政策的制定与施行。社会行动与政策行为相互呼应策动，现实保护行动的开展离不开保护政策的指导调控，保护政策的科学制定、有力实施离不开保护行动的具体支持。社会工作服务作为专业化的留守少年权益保护活动兼具行动性与政策性的特征，在留守少年权益保护中发挥着重要作用。切实推进留守少年权益保护工作需要加快社会工作服务方面的投入，而这需要建立在针对包括留守少年在内的留守儿童相关保护政策的研究、制定与利用的基础之上。具体来说，需要在梳理中外儿童政策发展的基础上把握相关政策的特点规律，于整个儿童政策框架之中加强对留守少年权益保护政策的权重考量，从整体上把握留守儿童政策发展变化的脉络、特点，有效地把握现有的政策资源，为留守少年社会工作服务的开展奠定良好的政策基础，认真审思留守儿童政策存在的问题并针对性地提出变革建议。

第一节　中西方儿童政策发展的评述

广义上的儿童政策泛指所有直接或间接影响儿童的政府策略和政党策略；狭义上，儿童政策是指专门服务于儿童，解决儿童问题，保证儿童健康发展，以儿童能有幸福的童年、能为其自身的和社会的利益而获得应得的权利和自由为目的，要求并号召地方当局和政府、各团体以及社会上所有的人，采取立法和其他措施来保证儿童获得最大利益的一切立法及行为的总的原则和规范①。

留守儿童权益保护政策是儿童政策的一个分支，是儿童政策在保证留守儿童权益、加强留守儿童社会福利方面的具体表现。我国留守儿童政策是随着农村大量留守儿童的出现而产生的，其历史并不长、发展还不成熟，而且就我国总体的儿童政策来看，虽然取得了很大的进步，但是也还处于发展完善阶段。所以，目前我国留守儿童政策还有很大的建设和发展空间。相比而言，西方的现代儿童政策总体上发展时间比我们国家长，相对也较为成熟。通过中西方儿童政策的梳理，既可以选择性地学习西方儿童政策有关理念、措施方面的长处，也可以更好地把握留守儿童权益保护政策之于整体儿童政策的赓续传承关系，较好地利用现有的政策资源，同时应在反思我国儿童政策施行存在问题的基础上丰富与创新留守儿童政策。

一 改革开放以来我国儿童政策的发展及存在问题

改革开放以来，随着我国经济社会的发展，有关儿童政策也出现了新的发展特点，弱势儿童群体政策逐渐具有针对性与现实性，受政策关照的儿童群体逐渐增多，补缺式的儿童政策进一步完善，普惠式的儿童福利政策导向较为明确。

（一）我国儿童政策发展的特点

我国儿童政策的发展是伴随着儿童社会问题的出现而逐步丰富，这些政策体现着明显的儿童利益最大化和关爱保护的特征。

1. 从救助到福利：儿童政策的价值变迁

我国儿童政策体现的价值理念是在关爱广大儿童尤其是弱势儿童群体，在应对与解决各类儿童群体的困难、问题中逐步发展与丰富。有研究者将我国改革开放以来儿童权利保护相关的法律与政策文本的演进划分为三个阶段：1978 年至 1991 年为嵌入式发展阶段，儿童权利保护以救助为主；1992 年至 2000 年为专门化发展阶段，其特征是救助为主、福利为辅；2001 年至今为制度化发展阶段，儿童权利保护开始走向以福利为主。这一时期，儿童权利保护法律与政策更加关注儿童基本生存需要满足后的精神

---

① 陆士桢、魏兆鹏、胡伟：《中国儿童政策概论》，社会科学文献出版社 2005 年版，第 24 页。

世界，强调让儿童愉快生活、全面发展、发挥潜能、积极参与等。这一时期也呈现了"政府首责、社会公平与社会成员共享成果"的特征，综合了"物质提供、丰富精神、美好生活"等多种福利形式①。如《中国儿童发展纲要（2011—2020年）》，在原有的儿童与健康、儿童与教育、儿童与社会环境、儿童与法律保护四个儿童发展领域基础上，增加了儿童与福利领域。这一纲要的出台，为儿童福利事业的发展指明了方向，政府与社会合力推动儿童福利的良好局面正在形成，优先发展儿童福利事业所需的外部环境和内部条件逐渐具备②。对儿童福利的逐步重视，不仅意味着国家、社会的发展有了充足的进步，能够为儿童提供更多更好的福利待遇，也意味着国家对儿童权利的尊重、对儿童全面发展、幸福生活的关注等得到进一步的加强。

2. 儿童政策发展的方向：适度普惠型福利制度

随着我国经济社会的快速发展，民生事业得以快速发展，在儿童社会保障、社会救助方面取得了较为显著的成绩。不过，总体上我国儿童福利保障长期以来是一种"补缺型福利"，社会福利投向儿童事务的数量、力度、覆盖面等方面都还不足，其根本原因就在于资源的有限性，但追求普惠型福利一直是我国儿童政策的发展方向，如2010年11月颁布的《国务院办公厅关于加强孤儿保障工作的意见》，要求建立孤儿基本生活保障制度；2012年10月下发的《民政部财政部关于发放艾滋病病毒感染儿童基本生活费的通知》，决定为全国艾滋病病毒感染儿童发放基本生活费，从而实现了这两类儿童群体的福利全覆盖。2013年6月，民政部开展适度普惠型儿童福利制度的试点建设，适度普惠型制度的实现空间进一步扩大。

在我国，适度普惠型儿童社会福利制度是指从21世纪初我国步入小康社会到21世纪中叶达到中等发达国家水平这一阶段所要实现的一种福利制度。所谓普惠，是指儿童社会福利覆盖全体儿童或某一特殊群体中全体儿童。所谓适度，是指在现实条件允许的前提下，儿童社会福利发展的渐进性，可以从覆盖范围、福利内容、福利水平三个维度加以界定，即：在覆

---

① 裴指挥、张丽、刘炎：《从救助走向福利：我国儿童权利保护法律与政策的价值变迁》，《学前教育研究》2015年第9期。

② 北京师范大学中国公益研究院儿童福利研究中心课题组：《让儿童优先成为国家战略》，《社会福利》2014年第4期。

盖范围上，由某一特殊群体的儿童逐渐扩大到更多特殊群体的儿童，并逐步扩大到普通儿童；在福利内容上，由生存性福利逐步扩大到发展性福利，并最终形成多样化的儿童福利体系；在福利水平上，福利标准要从低水平逐步发展到高水平①。

推行适度普惠型儿童福利制度，是我国全面实现普惠型福利制度和体系的重要路径。在目前工作的基础上，国家将会进一步加大福利津贴力度，加强福利服务力量，推动适度普惠型儿童福利制度的升级与完善，从而更好地为儿童成长提供福利保障。

3. 儿童福利政策系统：框架与体系初步形成

社会政策是一整套的关联政府、社会、家庭各方面于其中的框架体系，以便能够针对复杂的社会民生问题及时有效地采取政策行动。随着改革开放以来经济社会的快速发展，我国儿童福利政策框架的轮廓已清晰可见，国家基本为儿童群体构建了社会保护政策框架。我国儿童福利政策框架主要由五大部分组成：一是联合国机构、国际组织和国际 NGO 的公约、宣言、法律条文、政策声明等，这是最高层次、最为宏观和具有国际视野的儿童福利政策。例如《儿童权利公约》。二是全国人民代表大会及其常委会通过的有关法律，例如《中华人民共和国未成年人保护法》。三是国务院及其各职能部门制订、颁布、实施的各类行政法规、部门规章和政策规定。四是地方人大与地方政府职能部门制订、颁布、实施的各类地方法规、部门规章和政策规定。五是国际 NGO 和国内 NGO、企业、社区有关儿童福利服务的政策规定、政策声明和政策框架。总体来说，我国儿童福利政策的总体框架已初见端倪，基本覆盖儿童福利服务的所有领域②。这样的儿童福利政策框架的形成，得益于我国完备的自上而下的行政构架的运行，也有着我国逐步发展的社会力量、社会组织的支持。在我国进一步深化经济与政治体制改革、加强社会治理的形势下，儿童福利政策框架的构建会更加趋于完善。

（二）我国儿童政策存在的问题

尽管我国儿童政策取得了较好发展，儿童福利意识与权益观点明显提

---

① 戴建兵：《我国适度普惠型儿童社会福利制度建设研究》，博士学位论文，华东师范大学，2015 年。

② 刘继同：《中国儿童福利立法与政策框架设计的主要问题、结构性特征》，《中国青年研究》2010 年第 3 期。

升，福利政策体系基本形成，但是还存在着需要关注的现实问题。

1. 儿童政策理念方面的不足

儿童政策理念主要表现为对儿童身份、地位的理解与认同，即儿童观。就人们的一般观念而言，一定程度上对儿童不够重视，忽略了儿童自身应有的经验、能力、力量。就对儿童政策、制度的认识而言，儿童需要、儿童权利、儿童保护和儿童福利等价值观念尚未成为全社会共同的价值观，儿童福利服务体系发展缺乏相应价值基础，许多传统观念和错误思想仍束缚着人们的手脚①。把儿童仅仅理解为需要由国家、社会、家庭照顾的"对象性价值观"，把儿童视为家庭生活、社会发展手段的"工具性价值观"都还广为存在，而把儿童视为自身、社会的主人的"本体性价值观"较为缺乏。正确儿童观的缺乏，会直接对儿童政策制定与服务方向产生不良影响。

2. 儿童政策内容还有所缺失

我国儿童政策发展的总体进步不能掩盖政策方面的不足，应当清醒地看到，在政策内容方面还有不少缺失甚至是空白之处。比如，城乡比较而言，农村儿童所享受到的福利补贴要落后于城镇儿童，同时，还存在着地域不平等。国家财政投入的津贴、补助数额低，难以有效满足解决儿童问题的需要。儿童福利项目还相对偏少，不能充分满足儿童的发展性需要。

3. 儿童政策的专业化建设水平还不高

目前我国儿童政策的专业化建设水平还不高，缺少专门的儿童组织机构及专业化工作人员。儿童福利服务管理分散在国家发改委、民政部、教育部、劳动与社会保障部、妇联、共青团、工会组织、中国残疾人联合会等部门与组织，各部门只管部分服务，形成多头管理、政出多门、各自为政、推诿扯皮、效率低下和政策冲突的局面。儿童福利机构缺乏高素质专业人员，工作队伍建设严重滞后，影响儿童福利事业发展②。儿童福利政策也较为松散，缺乏专门的儿童福利法。政策条文的法令性不强，较难产生权威性与约束力。2019 年初，民政部儿童福利司成立，意味着我国儿童

①　刘继同：《社会转型期儿童福利的理论框架与政策框架》，《中国青年研究》2005 年第7 期。

②　刘继同：《社会转型期儿童福利的理论框架与政策框架》，《中国青年研究》2005 年第7 期。

福利政策在专门化建设方面迈出了重要一步，但是离儿童福利政策实现全面专业化的组织、管理还有很大距离。

4. 政策责任的厘定还不够清晰

健全的儿童政策在制定、实施过程中，国家、社会、家庭、儿童都相应具有一定的政策责任。但在现实的儿童政策中，家庭责任与国家责任之间尚存在界限厘定不清的问题。受传统的"儿童是家庭私有财产"观念的影响，国家对家庭的支持力度不够，导致家庭育儿负担过重，也未能对因家庭暴力等原因造成的儿童权益受损情况进行全面有效的干预；有的家庭不能积极履行在养育子女方面的责任，而是一味把相关责任推给社会与国家。当然，我国相关社会服务力量发展还不够强大，存在其参与儿童福利事业不足的现实问题。如何更好地厘定国家、社会、家庭、儿童在儿童政策实施或落实方面的职责、实现责任共担，将会直接影响到儿童政策的成熟及施行的成效。

5. 政策机制尚不完备

现有儿童政策在制定、施行、评估等环节还存在机制不健全、不科学的现实问题。如在政策制定方面，不少政策的制定表现为自上而下的线路，而缺乏自下而上的需求表达与反馈机制，容易导致主观性，缺乏对儿童生存状态的全面考察和系统研究，致使一些法律法规、政策文件缺乏实用性、针对性和可操作性[1]。在政策执行过程中，现有的政策与服务呈碎片化发展趋势，很多政府部门涉及其中，看起来有很多的政策与举措，但并没有形成合力，往往很难落实[2]。在政策评估方面，存在评估评价指标体系不够健全、科学，第三方评估力量介入不足等问题。

二 现代西方儿童政策的发展及相关借鉴

伴随着现代工业化、城镇化的发展，西方社会出现了很多的儿童社会问题，也出现了应对儿童问题的社会政策。这些政策不同程度地体现了对儿童群体的保护理念。但随着儿童社会参与需求的增强，儿童的自主性得

---

① 张向葵、蔡迎春：《走向行动定向的儿童研究：国内外儿童福利政策研究及启示》，《东北师大学报》（哲学社会科学版）2005 年第 4 期。

② 肖莉娜：《大转型的孩子们：儿童福利政策的反思与建构》，《华东理工大学学报》（社会科学版）2014 年第 1 期。

到政策的关注与回应，儿童的特点与儿童的权利得到了法律与制度的保障。

（一）西方儿童政策发展

西方儿童政策的发展是伴随着对儿童群体的研究与认知而不断深化，是从应对儿童问题到注重儿童权利的转变，由儿童问题之后的个别干预保护的补缺性政策到系统预防保护政策的转变，注重儿童权益政策与儿童福利制度的顶层设计与立法。

1. 从保护儿童到儿童权利：现代儿童政策理念的发展

西方儿童政策发展基于对儿童权利的认识和理解。现代儿童权利的内涵随着社会发展也在不断发展和变化，从最初的拯救儿童、保护儿童逐渐开始强调儿童的自主、参与甚至解放。

（1）拯救与保护儿童。从19世纪开始，在工业革命蓬勃发展的社会大背景下，社会结构发生了变迁，贫富差距越来越大。受贫困的影响，儿童的生活愈发艰难：儿童死亡率居高不下，孤儿或童工等群体越来越多。为了改善儿童的生活境遇，使儿童成为保障资本主义生产的劳动力资源，儿童拯救运动应运而生。19世纪末20世纪初，西方国家开始了一场儿童研究运动，主要的代表人物如瑞典的爱伦·凯（Ellen Key）、意大利的蒙台梭利（Maria Montessori）、美国的霍尔（Stanley Hall）以及杜威（John Dewey）等，认为儿童自身具有内在力量，教育应尊重儿童的个性与自由等。这一系列的社会运动和研究成果，推动了社会对儿童教育、儿童地位等的普遍关注。1919年，救助儿童会成立。在儿童权利保护的历史上，第一次有效尝试的是由Eglantyne Jebb起草《儿童权利宣言》（也被称为《日内瓦儿童权利宣言》）。《儿童权利宣言》虽然使用了权利语言，但是宣言并没有指出儿童个体所具有的权利内容，也没有提到国家义务。总的来说，这一时期儿童权利理论还具有一定的抽象性，从本质上可以视为保护儿童，并非保护儿童的基本权利。

（2）儿童福利与儿童需求的满足。《日内瓦宣言》之后，世界各国儿童的生活和教育有了很大的改善。当时为了摆脱经济、政治和社会危机，欧美等国家进行了不同的制度探索，为儿童权利理论的发展提供了新的社会背景。伴随着研究手段和方法的进步，对儿童的研究由纯粹的理论假设和思辨发展为利用科学方法来进行研究，儿童获得新的定位，即儿童是学习与发展的主体，儿童的能动性和发展性受到重视。1959年，《儿童权利宣言》的内容进一步深化，包括儿童首先受到保护和救济、残疾儿童的治疗、教育和照顾等①。在公民权利理论的影响下，儿童的社会权利受到关注，在保障儿童消极权利（例如生存权、受保护权等）的基础上，开始竭力推进和实现儿童的各项积极权利（例如受教育权、福利权等），以实现儿童利益最大化。《儿童权利宣言》第一次将"最大利益"原则确认为保护儿童权利的一项国际指导性原则，体现出将儿童视为主体的权利理念，是儿童权利观念的一项重大进展。但这一时期"儿童最大利益"原则本身是不确定的和模糊的，并没有具体细节，仍然停留在抽象层次，实际上是成人视角的最大利益，并没有真正体现出儿童的自主性和独立性。

（3）儿童的自主与参与。20 世纪五六十年代开始，西方社会进入后工业社会时期。这一时期，人类中心主义的观念不断受到质疑，生态主义、动物权利等无不在挑战人类的中心地位，人们的类意识与类权利观点的出现，不仅扩大了权利视域，而且进一步引发了人类社会内部不同权利主体意识的觉醒，不同群体之间的关系逐渐改变，儿童的自由范围和自主意识得到了扩张。互联网等现代信息技术尤其是自媒体的迅速发展，为较年长儿童提供了进入公共领域的机会，增强了儿童参与社会生活的意识。后工业社会同样也改变了儿童问题的表现形式，儿童被接受、被认同的需求逐渐占据主导地位。20 世纪 80 年代以来，新童年社会学通过儿童作为行动者以及代际不平等来重新定义儿童与童年②。儿童是在具体关系和具体历史背景中生成、存在和发展的；他们在认识世界的同时，也在建构自己的身份；儿童是社会进程的参与者和社会行动者，儿童自己的愿望与表达的需求对社会政策与实践的建构是最为重要的。

2. 儿童政策变革：从保护儿童型到投资家庭型

随着现代儿童权利观念的转变，一些发达国家在"社会投资"理论的影响下，对儿童权利的保护开始从问题发生之后的干预转向为儿童及其家庭提供服务，以预防侵害儿童权利事件的发生。

---

① Zermatten, J., "Children's Rights: From Theory to Practice", https://www.childsrights.org/documents/publications/wr/2001 - 4. pdf.

② Freeman, "The Sociology of Childhood and Children's Rights", *The International Journal of Children's Rights*, Vol. 6, No. 4, 1998, pp. 433 - 444.

Gilbert[①] 通过比较欧洲与北美国家的儿童虐待报告制度，界定了两种儿童福利的模式。一种是"儿童保护"取向的，主要是在儿童虐待问题上采用个别化或者道德的方式，最初的干预主要是法律；另一种是"家庭服务"取向的，主要是以一种社会心理的方式来解决儿童虐待问题，最初的干预主要关注家庭的需求。比较而言，家庭服务是现代社会福利制度的重要组成部分，也是提升留守儿童福利的重要途径之一。基于"家庭服务"取向，西方一些国家的儿童福利政策自 20 世纪 80 年代以来有了进一步的调整，从之前侧重保护弱势儿童的补缺性政策逐渐转向保护家庭的预防性政策。在福利资源的传递中逐渐强化对家庭的支持，通过家庭服务来支持和保护儿童。尤其是注重对儿童及其家庭社会资本以及能力的建设和恢复。例如，在美国，1997 年的儿童福利立法《收养与安全家庭法案》重新确认了联邦政府在家庭服务中的投入，之后，美国的儿童福利项目出现了明显的"以家庭为中心"的服务政策取向，强调对家庭需求与能力建设的回应，即以整个家庭为服务的中心[②]。在英国，1989 年颁布的《儿童法》规定，每个地方政府必须建立家庭服务中心。这些中心应该能够覆盖范围较广的家庭，而不是只限于有需要的儿童，其服务内容包括提供社会工作服务和家长技能培训，还有旨在增强家庭功能和保护儿童的综合性服务，如日托、游戏活动小组、玩具图书馆、职业和技能训练、婚姻辅导、儿童诊所和校外俱乐部等[③]。

3. 儿童政策的有力保障：立法的专门化

在一些国家中，儿童作为法律主体的意识较为明确，往往针对儿童出台了专门的法律法规，成为儿童权利保护和儿童福利制度的顶层设计。明确了国家在儿童保护和儿童福利中的责任，父母与儿童之间的关系、权责，以及在父母监护缺失时国家和社会的权责关系等等。同时，形成了较为完善的第三方评估机制，能及时有效地对困境儿童需求进行评估和相应的干预与服务。针对困境儿童的社会工作服务采用政府购买服务项目、政府内设置专门儿童社会工作岗位等多种形式。

---

① Gilbert, N., *Combating Child Abuse: International Perspectives and Trends*, New York: Oxford University Press, 1997.

② Mccroskey, J. and Meezan, W., "Family – Centered Services: Approaches and Effectiveness", Future of Children, Vol. 8, No. 1, 1998, pp. 54 – 71.

③ 梁祖斌：《家庭服务与儿童福利》，《民政论坛》2001 年第 3 期。

国际儿童权利委员会是监督执行国际《儿童权利公约》实施的机构，它已经通过它的一般的评论形成了对国家实施的指导。自 2008 年以来，欧盟（European Union，EU）及其成员国一直致力于运用综合化手段保障和提升人权，包括儿童权利。在《儿童权利公约》的指导下，所有 27 个欧盟成员国通过国际合作，以及协助其他成员国在解决阻碍进步的因素来保护儿童权利、促进儿童发展。成员国还加强了和联合国儿童之间（UNICEF）的合作伙伴关系。目前，欧盟国家在《儿童权利公约》的指导下开展了一系列改革工作。欧盟政府规划和部门政策中需考虑儿童的各项权利，儿童权利应被整合到不同部门、不同发展阶段的合作计划中。这些政策包括：儿童参与，支持国家政府实施地方儿童参与权的方法；治理中的儿童权利，实施儿童友好治理改革，进行儿童为重点的治理评估；政府有实施事前儿童影响评估（Impact Assessment，IA）的责任和能力，并且指导评估的分段性步骤的实施；建立儿童反馈型的预算方法，充分考虑儿童的需求并结合利益相关者及实施可能性制定相关预算；政府作为责任方与发展伙伴协同准备，防止、减轻和应对儿童的特殊活动和状态，以确保防备不良事件的影响，帮助儿童恢复能力建设和促进儿童权利；政府与民间社会组织一起，寻找参与有意义的活动切入点和发展对儿童权利有益的活动①。这一系列的改革政策是一次尝试性的突破，欧盟各成员国在国家内部与国家间形成了良好的协作，将儿童权利在政府工作的各个环节得以体现，显示了欧盟各国和委员会从治理型向服务型政府转变。

再以美国为例，美国儿童保护历史可以分为三个显著阶段。第一阶段是从殖民时期到 1875 年。第二阶段是从 1875 到 1962 年这一时期，社会组织开始活跃在儿童保护的舞台上。第三阶段是从 1962 年至今。从 1962 年开始，政府资助下的儿童保护服务开始在全国展开，覆盖城市和乡村地区。1962 年，社会安全法案的修改为儿童福利服务提供了保障。美国国会在 1974 年通过了《儿童虐待预防与措施法案》；这一法案的出台确定了联邦政府和国会在儿童福利服务中的领导作用；此法案重点关注儿童福利的研究和报告的同时，也为培养提供儿童服务的个人和机构提供了资金支

---

① UNICEF，"Child Rights Toolkit：Integrating Child Rights in Development Cooperation"，https：//resourcecentre. savethechildren. net/library/eu – unicef – child – rights – toolkit – integrating – child – rights – development – cooperation – 0.

持。此法案经过定期的修改和完善之后，至今是儿童福利领域最重要的立法。针对儿童寄养问题，美国联邦政府于 1980 年出台了《收养援助与儿童福利法案》；这一法案的关键作用之一就是保护家庭的完整性，通过帮助父母与儿童来保护儿童与父母一起生活的权利，然而社会普遍认为这一法案在实施以来没有起到显著效果①。

4. 儿童政策水平的提高：专业化

国外困境儿童社会工作服务的发展较早、更为完善，社会工作服务的制度化、专业化程度较高，形成了以儿童需求为本、注重儿童权益保护的多元化的服务体系。美国社会工作在儿童福利领域活跃超过一百年的历史，其中国家社会工作者协会（National Association of Social Workers，NASW）为这一领域提供了包括儿童福利实践、青少年社会工作等方面的指导性意见，明确了社会工作者及其组织的行为准则和工作方向。针对每个需要帮助的儿童及其家庭所面临的问题，尽管社会工作者需要制定不同的服务方案，但是总体上都要遵循"为家庭与个人赋能""尊重文化多样性"的原则。大多数国家通过发展专业儿童社会工作，来提升儿童保护和儿童福利的质量。从理论上讲，儿童权利保护与儿童福利是一项专业性很强的工作，如在家庭监护能力评估、儿童心理发展状况评估、儿童养育状况跟踪监督等环节中，都需要专业性的理论和方法来实现。从国外的经验来看，这些专业服务大多由专业社会工作者来提供。政府通常在政策、资金等方面予以支持和投入，通过政府购买服务的方式或者直接雇佣专业社会工作者等不同的方式，来促进专业社会工作服务的发展，从而有效地提升服务水平和质量。

（二）相关借鉴

尽管中西方政治、经济、文化等存在着差异性，但是儿童的生理、心理与社会性发展的特点具有一定的普遍性，中西儿童观在一定程度上具有相通性，西方儿童政策的理念、实施等方面可以为我国儿童政策的制定与实施提供借鉴。

1. 树立"儿童优先"的政策理念

西方儿童政策先进的国家，无疑在认识儿童、理解和尊重儿童方面有

---

① Myers, J., "A Short History of Child Protection in America", *Family Law Quarterly*, Vol. 42, No. 3, 2008, pp. 449 – 463.

着深刻的认识，在贯彻"儿童利益最大化"方面比较坚决彻底，这与西方社会经历了近现代儿童运动不无关系，在人们的认识上儿童角色实现了由传统的"小型成人"到"独立个体"的转变。推进科学儿童政策的制定、实施，需要我们在发扬我国传统"尊老爱幼"文化的基础上，认真反思"父权主义""封建孝道"在儿童身份、地位、精神方面造成的影响，以平等、尊重的精神去审视儿童、关怀儿童，树立现代科学儿童观，以"儿童优先"的理念来指导儿童政策的构建，自觉抵制因追求成人利益、经济利益等而对儿童利益造成侵害的行为，充分尊重儿童在个人、家庭、社会事务中的参与权利与能力，坚持发展型政策理念，优先投资儿童事务与解决儿童问题，切实使儿童能够具有主体性人的权益在儿童政策中凸显出来，使儿童政策真正体现与代表儿童意志。

2. 加强儿童福利和保护方面的立法

西方国家儿童政策体现了极强的法律意识，在政策的制定、施行、评估方面都具有严格的法律程序与要求，从而保证了儿童政策的权威性和实效性。学习这种儿童政策的"立法方式"，一是尽快制定出台专门的儿童福利法，改变我国儿童福利长期以来依靠大量政策文件开展工作的状况和"零散补救"的状态①，通过专门福利法的建立，更加明确儿童福利的相关主体和各自权责、内容、经费来源和监督体制等事宜，从而更好地实现对儿童福利事务的全面或专门管理；二是通过儿童福利法的制定，进一步促进儿童福利专门国家组织的建立，促进儿童事务工作、从业人员的专业化水平提升，以及相关社会组织、社会工作机构的发展；三是通过立法及相关政策宣传，提升儿童政策的法律性和权威性，增强社会公众遵守、维护儿童政策的意识与行为。

3. 加强儿童政策研究

西方国家在儿童政策的制定、出台过程中，很重要的一种方法就是行动定向式研究。所谓行动定向的研究是指对儿童问题的研究不能囿于对其自身本质、规律、特性及影响因素的理论探讨，更重要的是儿童研究项目完全以影响政府行为为目标，即促进政府以立法的形式保护与推进儿童事业的实践发展。像美国等发达国家，长期以来都以儿童问题研究成果为基

---

① 乔东平、谢倩雯：《西方儿童福利理念和政策演变及对中国的启示》，《东岳论丛》2014年第11期。

础出台相关法律条文或规则，并以此来保护儿童的健康成长①。针对我国在儿童政策制定方面较为明显的自上而下的运作形式，如果运用行动定向的方式，能够把社会、高校等更多的研究力量吸纳到儿童政策研究中来，增强儿童政策的实证特性，能对现实存在的儿童福利问题进行针对性回应，并设计出根本性的解决方案。这样的研究过程会较好地改善儿童政策制定过程中自上而下的单向度状况，创生儿童政策研制的立体机制和实践场域。

4. 基于我国国情发展推进儿童政策

西方国家儿童政策的发展是基于自身的经济社会发展条件，是特定社会制度之下的产物，可以说，既有其优势，也有其弊端。比如，国家内部因为政党之争可能影响到社会福利的削减，从而给儿童福利支付带来相应的风险。我国儿童政策的建立与完善是在中国特色社会主义制度基础之上，尤其是党的十八大以来全面深化改革、加强社会治理，为我国儿童政策发展带来了更好的建构空间与机遇。我国儿童政策的未来发展必然是基于诸种历史性和现实性因素考量的独具中国特色和中国智慧的中国道路②，我们要将儿童政策纳入社会治理大背景下，直面我国儿童现实状况与问题，将儿童成长与中国特色社会主义发展、中华民族的伟大复兴结合起来，在科学的儿童政策引领下，使广大儿童共享社会发展成果，有更多的获得感、安全感、幸福感。

一般而言，在儿童政策的发展进程中，儿童政策研究应该是儿童政策发展的基础。但目前我国儿童政策的研究比较滞后，还在一定程度上受到行政干预的影响，研究的科学性还不够，面向儿童世界的研究深度不足。儿童政策研究学界亟须抓住问题的根本，不仅要以实证为基础，而且在研究的过程中能够设计出根本性的解决方案，且上升为更高层次的理论成果③。本研究以实证研究为基础，采用质性研究的方法聚焦留守少年这一特殊群体的权益问题，通过在农村中小学开展留守少年社会工作服务项目

① 张向葵、蔡迎春：《走向行动定向的儿童研究：国内外儿童福利政策研究及启示》，《东北师大学报》（哲学社会科学版）2005 年第 4 期。

② 郑新蓉、熊和妮、任梦莹：《我国儿童政策的价值基础辨析——兼论儿童教育》，《河北师范大学学报》（教育科学版）2015 年第 1 期。

③ 张天雪、黄丹：《2013 年度中国儿童政策研究述评》，《浙江师范大学学报》（社会科学版）2014 年第 5 期。

实践，来探寻留守少年权益保护政策与社会工作政策构建的现实问题。

第二节　留守少年权益保护活动的政策属性

从字面意义上看，"权益"包含"权利和利益"的意思；在日常使用中，"权利"与"权益"经常通用，如"保障儿童权益"与"保障儿童权利"是同义语。在用"权利"一词的时候，通常也包含了"利益"的意思，这从相关的定义即可看出，如权利是指"体现自我利益、集体利益或国家利益的、由国家法律予以保障的自主行为"[①]；是"法律关系中的主体以相对自由地作为或不作为的法定方式来获得利益的一种能动的手段"[②]；是"法律所允许的权利人为了满足自己的利益而采取的、由其他人的法律义务所保证的法律手段"[③]。同此可见，权利的涵义中包含了权益的意思，将权益的保障与获得作为权利实现的结果。因此，探讨留守少年权益保护政策问题，需要对其中的权益、保护、政策等概念进行分析、理解与界定。

一　留守少年权益保护相关概念的厘定

（一）留守少年权益

留守少年权益是指社会、法律所赋予留守少年的、体现其主体人格利益、资格、权能、自由等，能保证其身心充分发展和生活幸福的各种因素的综合。从其留守背景、身份来讲，对于留守少年的权益状况，尤其要考察留守少年与非留守少年在权益保障方面的差异情况，即其监护权、安全权、受教育权等方面是否受到侵害，是否出现权益不平等状况。

（二）留守少年权益保护

在前文中，我们已从描述性、操作性角度将留守少年权益保护界定为"是对留守少年的生存权、受保护权、发展权与参与权所进行的理解、认同和维护行动"，这里再进一步从留守少年权益保护的"社会行动"这一

---

① 舒国滢：《权利的法哲学思考》，《政治论坛》1995 年第 3 期。
② 徐显明：《公民权利义务通论》，群众出版社 1991 年版，第 12 页。
③ 沈宗灵：《法理学》，高等教育出版社 1994 版，第 387 页。

属性阐述该界定的现实意义。其一，对留守少年进行权益保护的主体是全方位、全员性的，既包括政府、社会等相对宏观的层面，也包括留守家庭、监护人以及留守少年自身。这体现了留守少年权益保护的社会、公众责任性，也体现了留守少年的主体性与家庭责任；其二，留守少年权益保护行动不仅仅是权益缺失下的权益补偿、权益递达等外显行为，其背后包含了对留守少年这一权益主体身份、人格、自由等方面认识与尊重的程度，体现了留守少年权益保护是一项融合社会公众认知、情感、意志于一体的综合性社会行动；其三，留守少年权益涉及生存权、受保护权、发展权、参与权等基本权利，以及可以进一步细分的安全权、健康权、医疗权、隐私权等更为具体的权益，体现了对留守少年身心发展的全面考虑。

（三）留守少年权益保护政策

留守少年权益保护政策从属于儿童政策范畴。留守少年权益保护政策，若从界定范围的宽窄角度看，既可以包括一般的社会政策，也可以是针对留守儿童群体的保护政策，而狭义的理解，是指针对留守少年这一特殊留守儿童群体的保护政策。本研究所探索的留守少年保护政策，主要是指留守儿童群体保护政策，同时也包含着一定的留守少年保护政策。

二　儿童政策视角下的留守少年权益保护

从政策的功能性角度而言，儿童政策应在促进广大儿童群体德智体美劳全面发展提供保障，为他们的成长提供平等发展的机会，为他们能够幸福生活创设良好政策环境。包括留守少年在内的留守儿童群体是我国广大儿童群体的组成部分，应与一般儿童群体一样享有宪法和法律赋予的生存与发展的权利，只是现实留守的困境使得他们的生存与发展权受到不良的影响，他们不应当被排除在儿童政策的关照、关怀范围之外。所以从儿童政策目标上，应当保证留守儿童和其他儿童群体一样，享受社会发展的物质与精神成果，过上幸福美好的生活。为此，应对留守少年提供全面的政策保障与政策服务，充分满足留守少年应有的权益需求。

从政策的权能性角度而言，儿童政策具有法律性、权威性，政策的制定、实施、评估实质上是一个权力执行、遵从与维护的过程。在儿童政策权能性的要求下，对留守少年所开展的权益保护行动明显受制于权益保护政策的规定和要求，具有指向性、行政性、强制性的特征。换言之，留守少年权益保护行动具有一定的政策规约性，相关部门和人员都要依据政策要求去履行自身的职责，接受相应的监督，对照政策评估标准来校验保护成效。这种规范性的要求，既是对留守少年权益保护活动的约束和把控，也是对留守少年权益保护活动的规范与支持，是保护活动顺利和有效开展的保障条件。

从政策的福利性角度来看，儿童政策应用具有为弱势、困境儿童群体提供应有的救助、帮扶、支持的属性，构建多元福利行动体系成为儿童政策有效解决弱势、困境儿童现实权益问题的变革路径。因为留守境遇所造成的留守少年的问题和需求有着多维度、多样化的特征，单靠传统上的物质救助难以从根本上解决留守少年的问题。儿童多元福利政策下，应致力于农村留守少年权益保护社会支持网络、系统的构建，实现留守少年权益保护的国家责任、社会责任、家庭责任与留守少年主体责任的有机统合，对留守少年进行物质条件、精神世界、社会生活等多方面的福利资源输送，从而全方位提高留守少年的福利水平，增强其福祉。

三　留守少年权益保护视角下的儿童政策

从保护对象来看，包括留守少年在内的留守儿童群体是留守儿童权益保护的对象。留守儿童这一群体的特殊性决定了其应享有的受保护资格与权益，但是应该在何种程度上受到政策保护，相应的权益保护政策对其问题、困境应该如何聚焦并提供有针对性的政策措施，这是政策制定之前就应该充分考量的问题。从现实的儿童政策看，国家已经提出了建立"一普四分"的适度普惠型儿童福利分类保障制度①，根据儿童类型、层次、地域、标准等方面来进行划分，目的在于能够有针对性地为不同儿童群体提供福利保障。留守少年权益保护是针对留守少年群体的保护，这也就决定了整个保护活动的方向、模式、路径等都与留守少年这一群体密切相关。相应地，如果要制定针对留守少年群体的保护政策，必须建立在了解留守少年群体特点与需要的基础之上。即留守少年权益保护活动的有效开展、福利供给的充分输送，要求在一般性、普遍性儿童政策的基础上，再对留守少年人口特征、家庭境况、身心发展指标等因素进行充分的分析和考

---

① 《民政部关于进一步开展适度普惠型儿童福利制度建设试点工作的通知》（民函〔2014〕105 号），http://www.chinalawedu.com/falvfagui/22598/wa20140429084524600213 54.shtml，2016 年 7 月 13 日。

量，并以此为据，构建相应的留守少年权益保护政策，使之成为留守儿童政策的有机组成部分。

留守少年群体比其他留守儿童群体的自主性意识与能力都要强。他们既是权益保护活动的对象，也是保护活动的主体。主体性是对象性的构成要素，儿童政策要保持对象性与主体性的平衡，要充分考虑儿童群体的主体性能力基础，即儿童政策要与不同儿童群体的能力相适切。但传统的成人世界的儿童观中，儿童群体的主体性在很大程度上被湮没或无视。随着正向心理学、抗逆力等现代心理学理论成果的出现和儿童社会工作理论与实务的发展，儿童群体的主体性逐渐被人们认识到并成为为之服务要重点促进的重要内容。作为主体性特征明显的留守少年群体，留守境遇可能给他们带来消极的影响，使之无助感增强，但也会为他们提供潜能激发、自我超越的土壤。所以留守少年权益保护政策的制定，应打破把留守少年排斥在保护力量之外的"主客二分"模式，充分考虑留守少年群体的主体能力基础，在保护政策举措的设计、制定中要为留守少年扮演主动积极参与的角色创设充分的发展空间。

因此，从社会学、社会工作、心理学、教育学等多学科角度加强对留守少年这一保护对象或主体的发展状况、特点进行研究，从社会工作实务视角开展留守少年的问题分析、需求评估和专业性服务，对了解、认识、分析留守少年并在此基础上进行相关保护政策的制定与完善，具有重要而现实的意义。

四　留守少年权益保护政策视角下的社会工作

作为一种以人为本，以帮助服务对象走出困境为目的，同时又是非牟利和专业化的服务[①]的社会工作，其主要功能是解决人与环境互动过程中所产生的社会问题，提高人的社会功能，使人能够公平获得生存与发展的机遇和条件，以增进个人和社会的福利，促进人的发展和社会的进步[②]。从社会政策角度而言，社会工作是社会福利服务的传递系统，具有社会福利资源分配、政策实施的职能。尤其是在当今社会治理创新的背景下，社会福利体系的构建开始出现多元化发展的趋势，社会工作服务所具有的资

---

① 王思斌：《社会工作概论》（第三版），高等教育出版社2014年版，第8页。
② 王雪梅：《儿童福利论》，社会科学文献出版社2014年版，第101页。

源链接、关系协调、支持建构等功能作用愈发明显。

就包括留守少年在内的留守儿童群体而言，社会工作的主要功能在于通过直接服务的方式，帮助他们解决由于与父母分离造成的监护、安全、情感、学业等问题，提升他们的心理抗逆力，维护好与父母、监护人间的关系，从而更好地适应留守生活、丰富留守生活，实现逆境中的健康发展成长；通过间接服务的方式，提高留守少年社会工作服务机构管理水平、服务人员的素质，做好留守少年政策研究，推进留守少年保护体系的构建与机制的完善。回顾社会工作在我国留守儿童服务方面的发展发现，留守儿童社会工作服务走过了由最初的零星开展、社会工作组织自发介入到初步形成地域规模、国家从政策上主动干预的发展历程。2017 年民政部等五部门联合出台的《关于在农村留守儿童关爱保护中发挥社会工作专业人才作用的指导意见》，标志着留守儿童社会工作服务在国家政策层面被予以全面、充分的肯定，也标志着社会工作服务政策取得了实质性的发展。尽管如此，我们还应该看到，总体上留守儿童社会工作政策建设还处于起步的摸索阶段，还没有形成规模式发展的态势，社会工作的应有效用还没能得到充分发挥。针对此种情况，加强留守少年社会工作服务政策的设计建构，不断增强政策的科学性、系统性、针对性、精准性、可行性，以农村留守少年社会工作专业队伍建设为抓手，在培育农村社会工作服务机构、加强农村地区社会工作服务项目购买、提高农村儿童与青少年实务工作者专业化水平、开展农村学校社会工作等方面做出政策性探索，实现留守少年社会工作服务在农村经济社会发展建设中的有机嵌入，具有非常重要的导引作用。

五　留守少年权益保护行动与保护政策的双向建构

留守少年权益保护，既属于社会行动范畴，也属于社会政策范畴。留守少年权益保护政策与保护行动之间，是一种理论与实践、静态与动态、指导与执行的合二为一的关系，也是相互促进发展的双向性建构与发展的关系。

（一）政策对权益保护行动的推进作用

理论是行动的先导，政策是行动的保障。在整个留守少年权益保护工作中，应在积极的政策导引下推进留守少年权益保护行动的开展。政策具有规约与指导行动的特性，它直接决定保护行动的价值理念、问题回应、思路设计、措施安排。政策具有很强的实践逻辑，从实践中来到进一步指导保护实践。回顾留守儿童这一现象产生与发展的整个过程，很能明显地感受到儿童政策和关爱行动之间的实践逻辑关系。从产生根源来看，留守儿童的出现源于长期以来城乡二元制等造成的城乡经济社会发展的差距，同时更在于这种二元制开始被打破。试想，如果城乡二元制的壁垒始终如铁板一块，那么，留守儿童现象不会这么大规模出现。城乡二元制的打破，需要一个较为漫长的发展过程，期间必然带来整个社会相应的阵痛，带来留守儿童生存与发展权益得不到很好保障的现实问题。目前党和政府不断通过体制改革和政策创制来逐渐打破城乡二元制，一方面不断出台相关政策，推进城乡间体制、制度壁垒的打破，来实现城乡融合；一方面通过农村扶贫脱贫、乡村振兴等战略的实施来提高乡村经济社会发展水平。同时积极研究、不断出台留守儿童政策，发动全社会的力量来关爱留守儿童，把社会改革阵痛带给留守儿童的不良影响降低到最小或者努力消除。

可以看到，在关爱保护留守儿童的发展过程中，留守儿童政策从无到有，不断丰富，政策水平不断提高，关爱保护活动的成效越来越显著，在物质援助、精神慰藉、教育关怀等方面给予留守儿童极大的支持。当然也应看到，留守儿童保护还不同程度上存在着理念落后、力量薄弱、方式简单等现实问题，留守儿童某些方面的问题还未能彻底解决。这其中有着儿童政策自身不足的原因，也有着留守儿童保护行动艰巨性的原因。在当下乡村振兴这一国家战略政策引领下，应针对现存包括留守少年在内的留守儿童权益保护的重点难点问题，进一步从科学化、专业化的角度加强留守儿童政策的顶层设计，提高保护政策的权威水平与地位，积极推进保护政策的层次细化与针对性落实，尤其要建构针对留守少年的权益保护政策，从而切实提高权益保护水平，增强保护活动的实效。

（二）权益保护行动对政策的促进作用

应在切实的权益保护行动中去促进留守儿童政策水平的提高。目前来看，我国的留守儿童政策水平在不断提高的情况下依然存在不少问题，或某些方面缺失，或某些方面不够得力。实践是检验真理的唯一标准，提高留守儿童政策水平，一方面除了加强政策理论研究之外，另一方面就是在具体的留守儿童保护行动去自觉探索保护的路径和方法，在具体的政策实践中对政策进行检验，于其中或总结经验、理论提炼，形成政策创新；或发现问题、反思不足，提出改进措施。留守问题的长期性、复杂性，留守儿童关爱保护队伍规模、水平的总体薄弱，决定了保护行动、政策实践、检验过程并不那么简单。就留守少年权益保护而言，需要加强留守少年权益保护队伍的建设，尤其是加强全社会力量的进一步参与，支持包括社会工作者在内的专业保护力量的发展壮大。留守少年权益保护工作者在政策实践过程中要坚持实事求是、敢于挑战、大胆突破的精神，杜绝阳奉阴违、敷衍搪塞、弄虚作假、好大喜功等负面行为，脚踏实地在留守少年权益保护工作方面做出成绩，从而为留守少年政策成效评估、政策修正、完善提供一手的参考资料，助力留守儿童政策水平的整体提高。

第三节　我国留守儿童政策演进过程及特点分析

我国农村留守儿童的大规模出现，始于改革开放以来农村劳动力向城市的流动，并且随着经济产业结构的调整，尤其是传统加工业及建筑业等的快速发展，对农村劳动力的需求不断增加，流向城市的农村务工人员激增，留守儿童数量更是不断扩大。据全国妇联 2013 年报告显示，农村留守儿童数量达到 6102.55 万。[①] 留守儿童问题逐渐成为转型期人们关注的热点社会问题，且因为一些受侵害与被侵害等恶性事件的曝光，引起整个社会对这一群体生存与发展现状的高度关注，有关留守儿童保护的呼声不断增强，党与政府也在不断研究与出台相关政策，以切实加强与推进农村留守儿童关爱与保护工作。

留守儿童问题是较为严重的社会问题，需要全社会长期、综合性治理才能得以解决。在整个留守儿童关爱与保护体系之中，政策无疑起到治本与统领的作用，其具有指导与保障行动支持体系运转的根本功能。通过对我国留守儿童政策的演进过程进行分期梳理，探析留守儿童政策发展的现实困境，寻求提升留守儿童政策质量、加大政策支持力度的路径与方法。

一　我国留守儿童政策的演进过程分期

2006 年 3 月，《国务院关于解决农民工问题的若干意见》出台。该文

---

① 全国妇联课题组：《我国农村留守儿童、城乡流动儿童状况研究报告》，http://acwf.people.com.cn/n/2013/0510/c99013 - 21437965.html，2016 年 7 月 20 日。

件是关于留守儿童保护问题的第一个国家层面的政策。2016 年 2 月，《国务院关于加强农村留守儿童关爱保护工作的意见》出台，是迄今为止最有力度的留守儿童国家保护政策。笔者对 2006—2019 年间国务院与有关部委出台的涉及留守儿童的 15 个政策文件进行相应的梳理，可以发现留守儿童政策发展变化的阶段性特征。从总体来看，自留守儿童问题纳入国家政策系统视野开始，出现了较为明显的进一步细化与不断完善的特点。依据相关政策出现的时间、内容措施、要求力度等指标，将我国留守儿童政策演进过程分为潜在期、发生期、发展期、深化期四个阶段。

表 2-1　　　　　　　2006—2019 年留守儿童国家政策一览表

序号	时间/部门	政策文件名称	关爱与保护留守儿童的主要要求与措施
1	2006.03 国务院	国务院关于解决农民工问题的若干意见	输出地政府要解决好农民工托留在农村子女的教育问题
2	2006.05 教育部	教育部关于教育系统贯彻落实《国务院关于解决农民工问题的若干意见》的实施意见	①建立寄宿制学校；②建立农村"留守儿童"教育和监护体系；③开设生存教育、安全与法制教育、心理健康教育等方面的地方和校本课程
3	2006.07 全国妇联	全国妇联关于大力开展关爱农村留守儿童行动的意见	①开展调研、宣传活动；②将留守儿童教育纳入家庭教育"十一五"规划；③发展一批示范家长学校；④开展丰富多彩的主题活动；⑤为留守儿童办好事、实事
4	2007.05 全国妇联等13 部委	关于开展"共享蓝天"全国关爱农村留守流动儿童大行动的通知	①"共享蓝天"支持行动；②"共享蓝天"维权行动；③"共享蓝天"关爱行动；④"共享蓝天"宣传行动
5	2007.07 中组部等7部委	关于贯彻落实中央指示精神 积极开展关爱农村留守流动儿童工作的通知	①做好农村留守儿童的教育管理工作；②加强农村留守儿童的户籍管理与权益保护；③积极完善农村留守儿童救助保障机制；④推进农村留守儿童医疗保健服务；⑤加大对农村留守儿童的关爱支持力度
6	2010.04 团中央	关于开展"共青团关爱农民工子女志愿服务行动"的通知	①学业辅导；②亲情陪伴；②感受城市；④自护教育；⑤爱心捐赠

序号	时间/部门	政策文件名称	关爱与保护留守儿童的主要要求与措施
7	2010.07 国务院	国家中长期教育改革和发展规划纲要（2010—2020年）	①建立健全政府主导、社会共同参与的农村留守儿童关爱和服务体系；②健全动态监测机制，加快农村寄宿学校建设；③优先满足留守儿童住宿需求
8	2011.07 国务院	中国儿童发展纲要（2011—2020年）	①健全农村留守儿童服务机制，加强对留守儿童心理、情感和行为的指导，提高留守儿童家长的监护意识和责任；②加快农村寄宿制学校建设，优先满足留守儿童住宿需求
9	2011.11 全国妇联等4部委	关于开展全国农村留守流动儿童关爱服务体系试点工作的通知	①将农村留守儿童关爱服务纳入当地经济社会发展的总体规划、社会管理创新的总体部署、列入当地财政预算或设立专项经费；②建立农村留守儿童关爱服务的领导协调机制、动态监测机制、互助机制；③推进关爱服务阵地、关爱服务队伍建设；④开展切实有效的救助帮扶、家庭教育指导服务
10	2012.09 国务院	国务院关于深入推进义务教育均衡发展的意见	①构建学校、家庭和社会各界广泛参与的关爱网络，创新关爱模式；②统筹协调留守学生教育管理工作，实行留守学生的普查登记制度和社会结对帮扶制度；③加强对留守学生心理健康教育；④建立留守学生安全保护预警与应急机制；⑤优先满足留守学生进入寄宿制学校的需求
11	2013.01 教育部等5部门	关于加强义务教育阶段农村留守儿童关爱和教育工作的意见	①明确留守儿童工作的基本原则；②切实改善留守儿童教育条件；③不断提高留守儿童教育水平；④逐步构建社会关爱服务机制
12	2014.09 国务院	国务院关于进一步做好为农民工服务工作的意见	①实施"共享蓝天"关爱农村留守儿童行动；②继续实施学前教育行动计划，解决留守儿童入园需求；③加快农村寄宿制学校建设，优先满足留守儿童寄宿需求；④落实农村义务教育阶段家庭经济困难寄宿生生活补助政策；⑤实施农村义务教育学生营养改善计划，开展心理关怀等活动，促进学校、家庭、社区有效衔接；⑥保障留守儿童安全

续表

序号	时间/部门	政策文件名称	关爱与保护留守儿童的主要要求与措施
13	2016.02 国务院	关于加强农村留守儿童关爱保护工作的意见	①完善农村留守儿童关爱服务体系：强化家庭监护主体责任、坚持政府主导、全民关爱；②建立健全农村留守儿童救助保护机制：包括强制报告机制、应急处置机制、评估帮扶机制、监护干预机制；③从源头上逐步减少儿童留守现象；④强化农村留守儿童关爱保护工作保障措施：加强组织领导、加强能力建设、强化激励问责、做好宣传引导
14	2017.07 民政部等5部门	关于在农村留守儿童关爱保护中发挥社会工作专业人才作用的指导意见	①明确社会工作专业人才在农村留守儿童关爱保护中的主要任务；②以留守儿童关爱保护为重点，加大农村地区社会工作专业人才培养使用力度；③加强对社会工作专业人才在农村留守儿童关爱保护中发挥作用的组织保障
15	2019.05 民政部等10部门	关于进一步健全农村留守儿童和困境儿童关爱服务体系的意见	①提升未成年人救助保护机构和儿童福利机构服务能力；②加强基层儿童工作队伍建设，要求设立"儿童主任""儿童督导员"；③鼓励和引导社会力量广泛参与，培育孵化相关社会组织，推进政府购买服务；④强化工作保障，建构多元力量共同参与的关爱服务工作格局

（一）潜在期：1996—2003 年

改革开放后，农村进城务工人员不断增加，农民工问题日益显现，国家开始在政策方面予以关注与应对，但是留守儿童问题开始并未被纳入政策视野。国家对农民工子女问题的政策干预，不是始于留守儿童，而是始于流动儿童。随着农民工大量进城，其随迁子女的教育问题成为迫切需要解决的重要问题。1996 年 4 月，国家教委印发《城镇流动人口中适龄儿童少年就学办法（试行）》；1998 年 3 月，国家教委、公安部联合颁布《流动儿童少年就学暂行办法》，就解决流动儿童受教育问题提出相关措施，尽管对农民工子女在流入地接受教育还有相当大的条件限制，但毕竟说明国家已经在一定程度上对农民工子女教育问题予以认识与重视，只不过，关注的重心是流动儿童。此后，国家针对农民工子女教育问题先后出台相关政策文件，2003 年 9 月国务院出台的《关于进一步加强农村教育工作的决定》中，要求加大城市对农村教育的支持和服务，保障进城务工农民子女接受义务教育，涵盖了留守子女教育问题。同时，学术界有关留守儿童问题研究也处于初始阶段，经搜索中国知网数据库发现，截至 2003 年，包含"留守儿童"题名的论文只有 3 篇，可见这时留守儿童问题的社会关注度较低。

此阶段，从政策层面，国家对农民工子女问题的关注，只是聚焦于流动儿童，显然留守儿童问题在这一时期还不是十分突显，而流动儿童的教育问题是现实的、迫切需要解决的社会问题，这不仅关系到流动儿童的健康成长，而且关系到经济的发展、城市的和谐与稳定。所以，这一阶段政策只是聚焦于农民工子女的流动群体，且未将其作为一个特殊群体来进行关照，而是对农民工问题延伸关注的结果，是有关农民工政策的衍生政策。尽管这一时期留守儿童未被正式纳入国家政策视野之中，但已开始出现了个别新闻媒体与研究者的关注，同时，农民工子女中的流动群体已被广为关注，为人们的视线转向留守儿童打下现实的基础。

（二）发生期：2004—2009 年

随着现实的留守儿童问题越来越多，《人民日报》《中国教育报》等新闻媒体开始关注与报道有关留守儿童问题，教育领域率先开始研究有关留守儿童问题。2004 年，教育部召开专题研讨会讨论留守儿童问题，《教育研究》杂志刊发中央教育科学研究所《农村留守儿童问题调研报告》之后，使得留守儿童问题纳入有关农民工问题解决的国家政策视野。2006 年 3 月，《国务院关于解决农民工问题的若干意见》要求："输出地政府要解决好农民工托留在农村子女的教育问题"①，这是国家第一次从政策层面对留守儿童问题进行的回应与干预。这一关于农民工权益保护的文件出台后，国家相关部委纷纷就解决留守儿童问题出台相关具体的政策。同年 5 月，《教育部关于教育系统贯彻落实〈国务院关于解决农民工问题的若干意见〉的实施意见》出台，针对留守儿童教育问题提出相应的解决措施：建立寄宿制学校与教育和监护体系、开设留守儿童教育的地方和校本课程。同年 7 月出台的《全国妇联关于大力开展关爱农村留守儿童行动的意

---

① 《国务院关于解决农民工问题的若干意见》（国发〔2006〕5 号），http：//www.gov.cn/gongbao/content/2006/content_ 244909. htm，2016 年 7 月 20 日。

见》提出，将留守儿童教育纳入家庭教育"十一五"规划、发展示范家长学校、开展丰富多彩的主题活动、为留守儿童办好事实事等举措①。2007年5月，全国妇联等13部委发布《关于开展"共享蓝天"全国关爱农村留守流动儿童大行动的通知》提出，要开展"共享蓝天"支持行动、"共享蓝天"维权行动、"共享蓝天"关爱行动、"共享蓝天"宣传行动四大行动计划与要求②。2007年7月，中组部与其他6部委联合发布《关于贯彻落实中央指示精神积极开展关爱农村留守流动儿童工作的通知》，要求国家各相关职能部委切实做好农村留守儿童的教育管理工作、户籍管理与权益保护工作、救助保障机制完善工作、医疗保健服务、关爱支持工作③。

　　这一阶段，留守儿童问题开始被纳入国家政策视野，留守儿童政策正式得以开启。国务院宏观立意布局，国家各相关部委纷纷出台或联合出台相关具体政策与行动要求，以全面解决农村留守儿童问题。但这一时期，留守儿童政策总体上还处于发生期，尽管国家多个职能部委在政策与行动要求中体现了各自分管系统对留守儿童关爱工作方面的相关内容，也有明确的分工，但是各系统的联动协同关系并没有具体阐明，容易造成具体工作中各自为政、协同性弱等问题；从操作性角度来看，政策条文偏于宏观，具有一定的指导性与较为明晰的发展趋向，但系统性、全面性不足，留守儿童关爱与保护制度与措施的规定性不强；留守儿童政策与流动儿童政策并提，共同涵盖在农民工政策之中。在相关部委的政策与文件之中有关留守儿童关爱与保护的措施相对具体，使政策的实施有了较为具体的指导原则。

　　（三）发展期：2010—2015年

　　国务院于2010年7月、2011年7月先后颁布《国家中长期教育改革和发展规划纲要（2010—2020年）》《中国儿童发展纲要（2011—2020年）》。在这两个纲领性文件中，对留守儿童的教育问题、发展问题均有相关条款做专门的要求，尤其强调农村留守儿童关爱服务体系与机制的建立

---

①　《关于大力开展关爱农村留守儿童行动的意见》（妇字〔2006〕25号），http：//www.wenming.cn/wcnr_ pd/fgwx/201010/t20101028_ 2071.shtml，2016年7月20日。

②　《关于开展"共享蓝天"全国关爱农村留守流动儿童大行动的通知》，http：//www.ggw.edu.cn/tsgz/fpzx/lset/20130417 - 530.shtml，2016年7月20日。

③　《关于贯彻落实中央指示精神 积极开展关爱农村留守流动儿童工作的通知》，http：//www.law - lib.com/law/law_ view.asp? id＝224258，2016年7月20日。

健全，这意味着留守儿童政策进入完善的发展阶段。2011 年 11 月，全国妇联等 4 部委印发《关于开展全国农村留守流动儿童关爱服务体系试点工作的通知》，对以上国务院两个纲领性文件进行具体落实。2013 年 1 月，教育部等 5 部门《关于加强义务教育阶段农村留守儿童关爱和教育工作的意见》出台，提出切实改善留守儿童教育条件、不断提高留守儿童教育水平、逐步构建社会关爱服务机制等要求。2013 年 9 月，国务院出台的《关于深入推进义务教育均衡发展的意见》进一步强调农村留守儿童关爱保护体系与网络、机制建设等问题。2013 年 9 月教育部等 4 部委出台的《关于做好预防少年儿童遭受性侵工作的意见》要求，将预防性侵犯教育纳入女童尤其是农村留守流动女童家庭教育指导服务的重点内容。2014 年 9 月《国务院关于进一步做好为农民工服务工作的意见》出台，提出加强留守儿童关爱服务体系，实施"共享蓝天"关爱农村留守儿童行动，保障留守儿童的入园、寄宿、安全问题，等等①。

这一阶段的有关政策将留守儿童关爱保护纳入地方经济社会发展总体规划和社会管理创新体系之中，政府主导、统筹协调的关爱保护原则被进一步强调与明确。在少年儿童保护工作的相关政策中，尤其强调保护留守儿童的权益，标志着这一阶段政策对留守儿童成长与社会发展之间关系的进一步厘清，对关爱保护工作的认识达到了新的高度，表现为：关爱保护工作的重点更为明确，强调了关爱体系与机制的建立与完善；要求更为具体，突出了对受侵女童的特殊关照与预防措施，这些政策规定为现实工作的开展提供了有力的政策保障。

（四）深化期：2016 年以来

在国家大力推进留守儿童政策的同时，有关留守儿童伤害事件频频被媒体曝光，最为典型的是 2015 年 6 月贵州毕节 4 名留守儿童服毒死亡事件，再次引发社会对留守儿童问题的广为关注。这反映了政策执行与现实留守儿童保护工作的薄弱，也间接说明政策的约束力、保护力不足。2016 年 2 月《关于加强农村留守儿童关爱保护工作的意见》（以下简称为《意见》）出台，明确要求：完善农村留守儿童关爱服务体系，包括强化家庭监护主体责任、坚持政府主导、全民关爱；建立健全农村留守儿童救助保

---

① 《国务院关于进一步做好为农民工服务工作的意见》（国发〔2014〕40 号），http：//www.gov.cn/zhengce/content/2014 - 09/30/content_ 9105.htm，2016 年 7 月 20 日。

护机制，包括强制报告机制、应急处置机制、评估帮扶机制、监护干预机制；从源头上逐步减少儿童留守现象，为农民工家庭提供更多帮扶支持；强化农村留守儿童关爱保护工作保障措施，包括加强组织领导、加强能力建设、强化激励问责、做好宣传引导等等①。

《意见》的颁布，成为农村留守儿童关爱保护政策中最为明确具体、最有针对性的一个文件，且是将留守儿童作为一个单独的特殊群体的独立性政策。《意见》中明确了家庭、政府、社会在留守儿童关爱保护中的各自责任，尤其将家庭监护主体责任的履行要求放在完善关爱保护体系的首要位置，并对监护条件及监护不力情况的惩处做出了具体规定。针对留守儿童容易出现的家暴伤害、意外伤害、不法伤害等情况与问题，专门提出了具体的、有针对性的、可操作化的防范与保护措施。尽管《意见》只是一种指导性的意见，尚缺失相应的法律权威性，但确实在促进农村留守儿童关爱保护工作制度化、规范化、机制化建设方面具有积极意义，是留守儿童政策深化的标志。

2017年民政部等5部门联合出台了《关于在农村留守儿童关爱保护中发挥社会工作专业人才作用的指导意见》，提出专业社会工作人才的任务，要引导家庭尽责，充实基层力量，注意因地制宜，强化专业作用。明确了协助做好救助保护工作，配合开展家庭教育指导，积极开展社会关爱服务，加大农村社会工作专业人才的培养与使用，建立乡镇社会工作服务站点等。这是用专业社会工作力量增强留守儿童关爱专业性的政策。

2019年5月，民政部等10部门联合印发了《关于进一步健全农村留守儿童和困境儿童关爱服务体系的意见》，进一步明确了未成年人救助保护机构和儿童福利机构的职能定位。对基层儿童工作队伍的建设提出了总体的要求，要求建构关爱体系，强调在村居设立"儿童主任"，并确定了儿童主任的资格，其中就有专业社会工作者；乡镇设立"儿童督导员"，对儿童主任与儿童督导员的职责都有具体的规定与要求。提出了建构由多元力量共同参与的关爱服务工作格局。确定了协调机制、经费保障与明确职责的关爱工作保障措施。

十余年来，伴随着留守儿童问题的广为关注，我国留守儿童政策经历

---

① 《国务院关于加强农村留守儿童关爱保护工作的意见》（国发〔2016〕13号），http://www.gov.cn/zhengce/content/2016－02/14/content_5041066.htm，2016年7月20日。

了一个从无到有、从简单到逐步深化、完善的过程，表现出较为明显的演进特点。国家在留守儿童政策的功能定位产生了实质性的转变，进一步强化了政策的引导、管制功能，把留守儿童的关爱保护由原来的教育场域扩展到社会场域。

二　我国农村留守儿童政策演进的特点

农村留守儿童政策的演进，从城乡二元体制所带来现实问题的解决开始，到后来城乡一体化建设政策的转向，体现了我国福利制度由补缺型向"适度普惠型"转向的特点。留守儿童政策中福利供给主体与内容的不断丰富与完善，体现了在留守问题治理中对西方福利多元主义政策经验的吸纳，更体现了与我国社会主义政治与经济制度相适应的中国特色。

（一）政策理念趋向科学化

从初期的留守儿童保护政策来看，主要是通过政府力量，着力解决农村留守儿童的安全、教育等问题，因为留守儿童问题只是在关照随迁农民工子女之后才进入政策视野，是为了解决农民工的后顾之忧而制定的政策，留守儿童没有真正成为政策关照的特殊群体，自然，在政策制定时不可能充分考虑留守儿童这一群体的特殊性，对留守儿童问题的认识与理解显然不足，还是按照计划经济时代的理念与思维即通过政府部门进行教育资源配置与协调来考虑留守儿童问题的解决，所以当时只会关注留守儿童平时容易出现的安全与教育方面问题，有关政策也相对粗放。但随着社会主义市场经济的不断推进与改革的进一步深入，农民工队伍在不断增大，农村留守儿童问题日益突显并受到广泛关注。教育、妇联、共青团等系统陆续出台了一些关于关爱留守儿童的行动政策，通过组织具有较大影响力的社会关爱活动，来引发社会爱心人士的自发关爱活动，以形成社会资源的整合与运用，形成留守儿童关爱的最大社会合力。留守儿童这一特殊群体逐渐备受关注，一方面有关留守儿童关爱行动在不断开展，另一方面留守儿童的现实问题被不断曝光。原来人们认为留守儿童问题不过是经济社会发展所出现的一种必然现象，后来真正认识到这已经成为一个非常严重的社会问题，而不是单靠解决教育问题就能解决的简单性问题，必须是全社会共同努力、综合治理。而政策层面上也出现了明显的理念转向，留守儿童不再作为依附性群体而是具有一定独立性的特殊群体被考虑与关照，认识到留守儿童成长的环境依赖与发展特点，开始强调家庭功能、社会责任的重要，形成一种系统化解决留守儿童问题的政策理念。对农村留守儿童问题的解决，不仅要靠国家来主导，更要靠释放社会活力以调动全社会的力量共同参与问题的解决。强调关爱保护体系的建立与相应机制的完善，而不只是解决个别的具体问题；强调留守儿童保护的家庭责任与社会责任并举，而非完全由国家担责；强调留守儿童保护与地方经济社会发展统筹考虑相结合，而不是将保护工作从社会发展中剥离出来。正是对留守儿童群体的精准认识与理解，才使得政策理念具有一定的科学性，但《意见》的出台只是科学化的开始，当意见真正转化为现实的法律法规，才能使得留守儿童政策具有法律的现实威力，否则只能起到一定的导向作用。

总之，我国农村留守儿童政策经历了从无到有、从粗放到细致、从弱化到强化的演进过程，由此可以看出，留守儿童政策所体现的儿童保护理念、人本理念愈来愈彰显，这也是我国总体社会政策实现效率公平兼顾、城乡协同发展理念转向的具体体现。

（二）政策实践导向趋向系统化

在留守儿童国家政策引领下，由开始教育领域的单一性实践，逐渐形成了系统化实践体系的建构。目前已经构建了包括国家政府部门与群团组织、地方政府部门与群团组织、基层单位与直接服务组织在内的留守儿童权益保护的纵向三级实践网络体系，形成了上下联动、系统的执行机制。留守儿童政策的逐渐完善，有效地指导了农村留守儿童关爱保护工作的实践，形成了社会联动机制与影响性较大的关爱行动，出现了一大批有影响力的留守儿童关爱保护项目，如中国青少年发展基金会的面向留守儿童以及流动儿童的"希望社区"项目、中国儿童少年基金会的"关爱留守儿童特别行动"项目、中国红十字基金会的"鲁冰花"关爱留守儿童公益计划、北京市西部阳光农村发展基金会的驻校社会工作项目，等等；很多基层政府部门创新了留守儿童关爱保护工作，出现了一大批有影响力的模式，如重庆的"石柱模式"、四川的"青神模式"、陕西的"石泉模式"、湖南的"山田模式"，等等。一些行之有效的留守儿童关爱服务方法，如"代理妈妈""四点半课堂"等推广与应用。在"建立健全政府主导、社会共同参与的农村留守儿童关爱和服务体系"① "形成学校、家庭、社区相

① 《国家中长期教育改革和发展规划纲要（2010—2020 年）》，http：//www. gov. cn/jrzg/2010 – 07/29/content_ 1667143. htm，2016 年 7 月 20 日。

衔接的关爱服务网络"① 等政策引领下，留守儿童关爱保护工作不断朝向系统化、综合化、网络化方向发展。

农村留守儿童政策实践导向趋向逐步显现系统化的特点，可以从宏观与微观两个层面进行归因。一是得益于国家在社会政策制定与实施方面主体意识的增强及儿童观的发展；二是得益于我国义务教育发展的稳步推进、寄宿制学校数量的增加。这两个方面依然是今后进一步构建留守儿童关爱保护网络的重要因素，同时也有极大的创新与发展空间。

（三）政策功能趋向强大

政策功能的发挥，取决于对政策自身应然性功能的全面认识以及政策的实际执行能力。在不断加大留守儿童政策执行力度的过程中，更为重要的是对留守儿童政策功能的认识实现了由单一调控到多元治理、由提供服务到增强管控的转变。这种转变，对于增强政策的针对性、实效性具有重要价值。完备的政策制度，应该在相关领域中对整体运转与行动起到引导、调控、管制、分配等作用。由于我国留守儿童政策的演进是渐进发展的过程，政策功能的发挥也是逐渐趋向强大的过程。在最初的发生期，我国留守儿童政策偏重于调控与分配功能的发挥，力图通过留守儿童保护政策的制定，把教育资源适度向留守儿童倾斜，消除留守儿童安全隐患，解除其父母的后顾之忧，使之更好地投身到现代化的建设之中。如教育部关于落实《国务院关于解决农民工问题的若干意见》，提出了建立寄宿制学校，开设有关生存教育、安全与法制教育、心理健康教育等方面的地方性与校本课程，但是这些倡导在现实中很难落到实处，一是升学率所带来的现实压力，二是农村师资力量薄弱无法真正将这样一些工作落到实处。后来开始注重以一种平等的观念来对待农村留守儿童，强化"共享蓝天"理念，主要还是营造关爱留守儿童的社会氛围，吸引更多的社会力量来关爱与保护留守儿童。这虽然能够在一定程度上解决部分留守儿童所面对的现实困难，但是由于资源的有限性、保护场域的封闭性，限制了留守儿童关爱保护工作的深度开展。在发展期，有关留守儿童政策出现了细化的特征，提出了包括健全农村留守儿童服务机制的要求，提出给予相应的专项经费支持、推进阵地建设、关爱队伍建设，及家庭教育指导与救助帮扶等

---

① 《关于开展全国农村留守流动儿童关爱服务体系试点工作的通知》（妇字〔2011〕32 号），http：//www.110.com/fagui/law_388047.html，2016 年 7 月 20 日。

有关具体要求，提出学校、家庭与社区的有效联动，保障留守儿童的安全。由是，国家在留守儿童政策方面出现了新的变化，其功能定位产生了实质性的转变，进一步强化了政策的引导、管制功能，把留守儿童的关爱保护由教育场域扩展到社会场域。而《意见》的出台，不仅调动全社会的力量参与其中，并且增强政策的法令性，从关爱服务体系、救助保护机制与关爱工作保障措施都有具体的规定，对重要的环节如强制报告、应急处置、评估帮扶与监护干预等皆有具体的规定要求，同时进一步强化家庭监护主体责任。这样，留守儿童关爱的责任不再是简单的政府责任，而是多种主体的共同责任，包括家庭责任，留守儿童关爱保护的力量被尽可能广泛、充分地调动起来，政策的约束力、执行力也进一步突显，从而使政策功能得以增强。

（四）政策内容趋向丰富

留守儿童保护政策从内容方面的演进，出现了由单一性、局部区域的有关规定向丰富性、全方位的规定要求的转变，主要表现为：由开始对留守儿童教育的关注到注重家庭教育、社会关爱的转变，如在2006年教育部有关实施意见中提出要建立寄宿制学校、开设生存教育、安全与法制教育等针对性课程，全国妇联提出关爱行动的要求，不仅将留守儿童教育纳入家庭教育"十一五"规划之中，而且提出发展一批示范家长学校、开展大型关爱保护活动。有关政策实施的具体内容由开始的安全、教育服务逐步扩大到心理、卫生、维权、医疗、救助保障、社会融入、营养改善等多个方面。对留守儿童保护主体方面的要求，由开始的国家与学校的要求逐步扩大到留守儿童自身、家长、社区、社会等多方面主体共同参与的转变。开始只是强化有关学校的责任，加强教育与针对性课程的开设，到后来注重强化留守儿童的自护意识与能力培养，强化家长的责任，强化关爱与服务体系及动态监测机制建构的转变。保护过程性方面，由开始的要求比较笼统模糊、权责不清到要求不断具体细致、逐步责权分明的转变。由开始只是强调教育与妇联等系统的普遍性责任到现在的家庭监护主体责任、救助过程保护环节的具体责任落实、激励问责等保障措施的完善。保护机制方面，由最初的简单、单一的要求到现在的详实、全面与系统的转变，由开始简单的关爱教育与活动的组织，发展到后来有关领导协调、动态监测、互助、预警与应急、评估帮扶、监护干预等机制的要求。这些保护政策内容方面的变化与丰富，意味着留守儿童保护工作将会得到更为具体的指导与支持，关爱与保护活动会更深入与全面地展开。

第四节　我国留守儿童政策问题的审视

尽管我国留守儿童政策发展出现了系统化与丰富性的转变，有关政策的功能也得到了一定程度发挥，但是由于留守儿童问题本身的复杂性、政策实施运行所需的主客观条件还不是很完备，造成留守儿童政策与实施还存在着需要面对的诸多问题。这些问题不同程度上的存在，导致了留守儿童权益保护工作在推进过程中不是那么顺利，留守儿童权益尚不能充分地得到保障。

一　政策的问题聚焦尚不全面精准

留守儿童政策要服务于留守儿童问题的解决，对留守儿童存在问题的全面认识与深度挖掘在很大程度上决定了留守儿童政策的价值大小。目前留守儿童政策能够把关爱保护工作聚焦于留守儿童面临的监护、安全、教育等问题的解决，尽管这些都是需要面对与解决的重点问题，但所存在的问题还远远不止这些，比如对亲子关系的感受与认识、学业与职业的规划、青春期困惑与迷惘等一般发展问题。这些问题一旦与留守因素相互作用，往往会产生一些较隐蔽、难以解决的特殊性问题。由于我国幅员辽阔、经济文化地域差异较大，导致留守儿童问题的表现方向、程度等方面存在很大的地域差异性。留守问题不只是共时性的静态显现，更是历时性的动态发展，儿童年龄不同、年级不同、留守时间长短不同，所导致的留守问题的性质、程度也会有所不同。而以上这些问题目前并没有政策回应，对留守问题的深度挖掘、微观扫描工作做得还不够深入、细致。如果不能很好地捕捉与聚焦这些问题，在一定程度上可能会制约留守儿童政策的应有成效，使留守儿童关爱保护政策停留于表面。

二　政策内容细致性不足

当前，留守儿童的国家政策和地方政策普遍存在细则不明的问题①。

---

① 杨舸：《留守儿童政策和社会支持评估——基于江苏省的调查分析》，《社会治理》2016年第6期。

留守儿童政策内容、要求的细致性方面存在不足，导致政策的执行一定程度上存有模糊性和不彻底性，从而留守儿童权益保护工作不能很好地微观聚焦留守儿童具体困难与问题，影响了权益保护的成效。如《意见》中要求"加强对农村留守儿童相对集中学校教职工的专题培训，着重提高班主任和宿舍管理人员关爱照料农村留守儿童的能力"①。这项要求非常有必要，可以更好地发挥留守儿童学校保护作用。不过，具体探究起来，其中的"专题培训"是指哪些内容的培训？提高"班主任和宿管人员的关爱照料能力"，具体是指哪些方面的能力？又有什么样的评估指标？这些问题如果没能进行清晰要求和说明，在执行过程中就不能很好地使这项要求得以贯彻与落实。

从政策的自身属性来看，政策执行的模糊性可分为内在的模糊性和外在的模糊性。内在的模糊性是指上级政策方案并未提供充分而准确的执行信息，而执行者对政策对象和政策工具等信息也知之甚少，只能依赖感觉或经验等进行试探性执行，摸着石头过河，走一步看一步，根据实践对现行政策做出渐进的、边际性的小调整②。宏观国家留守儿童政策一定程度上存在的不细致性导致在执行过程中会产生模糊性，有些政策的执行者会作更为微观层面上的自我解读，但这种解读未必合乎政策的本意，而有些执行者则可能由于惰性思维仅仅止于这种粗线条的要求，根本不去用心思对政策作细致的剖析，不会把政策分解为具体落实的方案与标准。尤其越是在留守儿童政策执行的终端，政策执行者对政策的微观解读与细密落实显得越是苍白、薄弱。从现实来看，留守儿童基层保护责任主体如村（居）民委员会、学校等，很大程度上因为留守儿童权益保护政策内容上的不够细致，以及要求上的不够严格而使得权益保护流于形式、失之空洞。职能部门、责任主体在留守关爱保护工作中由于具体组织管理细节上的不明而出现各自为政、冲突撞车、相互观望、推诿扯皮等现象，从而降低了留守儿童政策的执行力。造成这种情况的原因除了宏观政策自身的细致性不足之外，留守儿童权益保护工作自身具有的专业性问题也是重要的

---

① 《国务院关于加强农村留守儿童关爱保护工作的意见》（国发〔2016〕13号），http://www.gov.cn/zhengce/content/2016-02/14/content_5041066.htm，2016年7月20日。

② Lindblom, C. E., "The Science of Muddling Through", *Public Administration Review*, Vol. 19, No. 2, 1959.

影响因素，因为专业性不足在一定程度上直接影响到各级政策执行主体，尤其是政策执行终端相关部门、人员对政策的把握与细化落实。如果相关部门、人员缺乏留守儿童保护的教育学、心理学、社会工作等方面的专业知识，权益保护素养不足，对政策的解读可能就浅尝辄止、流于表面，缺失细致性、专业性的挖掘，从而直接影响到政策的具体落实及成效。

有研究者指出，政策执行失败的三个基本原因之一就是政策执行机关的执行人员无法准确地了解上级政策制定者要他们做的事情①。如果留守儿童权益政策不能保证在政策对象、政策内容、政策要求等方面进行必要的细致化规定、操作化要求，政策的落实、权益问题的解决就难以得到充分保证。具体到留守少年群体，由于年龄段的不同，有着和其他留守儿童群体不同的身心发展特征和留守际遇，但是针对留守少年群体的保护要求、做法却没能很好地在相关政策文本中得以体现，而是止步于宽泛的总体性留守儿童保护政策之中。从目前有关农村留守儿童政策来看，主要是针对低龄留守儿童群体，而对高龄留守儿童群体（即留守少年群体）所存在的人生规划、职业指导、自主能力等方面缺失考虑②，对问题突出的个别少年与一般性留守儿童的保护并未作服务上的明显区分。

三　政策对象的主体性未被充分激发

留守儿童政策的对象主体是留守儿童。对这一主体的特性、需求的分析及其主体性激发程度，决定了留守儿童政策制定、执行的针对性与有效性的强弱。从政策主体的角度审视，我国留守儿童政策基本上是成人主体性的政策，考虑成人的责任与关爱机制的建构，留守儿童还只是被动性的客体，而不是作为积极主动性的主体来对待。固然，这与留守儿童所处的特殊发展阶段有关，在很大程度上其尚不具备自我解决问题的能力，但是留守儿童的自主性是处于逐渐提升的过程，其权益责任意识也是逐渐建立的过程，其社会化的过程正是其责任权益意识形成的过程。

从主体的角度看，政策应当把留守儿童的自我保护作为保护工作的主

---

① 丁煌：《政策执行的阻滞机制及其防治对策：一项基于行为和制度的分析》，人民出版社2002年版，第111页。

② 王玉香：《农村留守儿童权益保护主体性缺失问题研究》，《中国青年研究》2017年第12期。

要内容，将留守儿童视为保护主体之一，确认留守儿童这一主体在保护工作中应该发挥的主体性作用。如果说低龄留守儿童群体的自主性尚不强，高龄群体的留守少年则处于自主能力提高的关键时期，政策并没有对这一特殊群体的主体性进行规定。从诸多政策文本内容来看，留守儿童更多地视为被保护的对象、弱势的一方而被外界加以帮扶，而并非作为积极主动的主体参与到保护工作当中来。政策文本更多是外部力量要对留守儿童提供保护与帮助的表述，而缺失留守儿童自我保护能力的表述，文本的背后显现出的是留守儿童群体关爱保护的成人视角。从留守儿童主体性发展的现实来看，保护政策更多体现出的是一种补偿性、问题性视角，而非发展性视角、优势视角。留守儿童主观的需求、意愿、能力就这样被忽视了，他们与诸多保护力量之间不是一种民主平等、相互协商的主体间性关系，而是一种自上而上、先入为主的控制式关系，他们在外界构建的权益保护框架中难有自己积极主动作为的空间与位置，成为保护工作中的"局外人"。固然作为弱势群体的留守儿童的确需要被给以帮助与扶持，以使其摆脱现实困境、解决因监护不足、亲情缺失造成的生活学业困难，但是这并不意味着要给留守儿童打上问题标签，烙上发展不足的印记，而是要基于留守儿童的现实发展情况，承认其现实的与潜在的资源优势、赋予其成长变化的权能。总之，对留守儿童所有的关爱与保护都不应该是一种替代式的帮助，而应该是一种成长的协助与支持[1]。由于对留守儿童群体是不断发展着的主体的认知不足，才会出现留守儿童只是需要被关爱群体的设定，缺乏对留守儿童群体年龄与能力等方面的分层，只是将其作为一个完全统一的被动性整体来看待，导致政策上对留守儿童责任与权利认定不到位的现象，使得留守儿童的主体性无法得以充分发挥。

农村留守儿童关爱保护体系的多元主体参与已经是政策、决策的规定与要求，为农村留守儿童提供专业化的社会支持成为未来关爱保护体系中的重要内容与发展方向，但是有关农村留守儿童尤其是留守少年权益主体性如何发挥，仍是尚待开发的土地[2]。在缺乏主体性、发展性视角的留守

---

①　王玉香：《农村留守儿童权益保护主体性缺失问题研究》，《中国青年研究》2017 年第 12 期。

②　王玉香：《农村留守儿童权益保护主体性缺失问题研究》，《中国青年研究》2017 年第 12 期。

儿童权益保护工作政策下，留守少年往往就不能作为自觉的主体主动参与权益保护活动之中，这不仅制约了留守少年参与权能的积极培养，而且不利于留守少年自我保护能力的良好培育，不能充分保证权益保护工作在留守少年成长发展道路上持续效应的发挥。而就留守政策本身而言，即便其中没有对留守儿童的"歧视"之嫌，但的确在一定程度上反映出对留守儿童身心发展的"短视"观念，显现出的是一种防范式思维，而非发展型思维。但恰恰只有采取发展型留守保护政策，对留守少年的支持和服务也才会真正变成为未来的城乡社会发展培育更好的建设主体和生力军的积极行动。当自由个体的完整人性——而不只是其劳动力——得到尊重和支持的时候，他也必将以更充足的能动性投入社会经济发展[1]。所以，留守少年权益保护中，如果政策忽视留守少年群体的主体地位，不仅会直接影响现这的关爱保护行动的实效，而且也会直接影响留守少年群体的主体性发展。

四　政策执行不充分、不到位

留守儿童政策执行主体是对政策执行负有责任与义务、享有权利的政府、群团、社会组织机构、家庭等组织与相关个人。由于执行主体觉悟认识、能力基础、相关条件等方面存在差异，以及当下多元主体间关系尚未很好理顺，导致政策执行主体在执行力方面存在一定程度的不足与差别，而对政策执行过程及结果等方面的效果评估还较为薄弱，这都直接制约了留守儿童政策的执行程度与效果。

就留守儿童政策的落实而言，存在比较明显的不充分、不到位情况，像政策执行领域存在的"僵尸政策""以政策落实政策""以会议落实政策"等不良现象，也一定程度上发生在留守儿童政策实施领域。具体来说，就是不少留守儿童政策到了基层一直处于文本状态，难以转化成具体的关爱保护行动；政策落实的举措主要是开开会、提提要求，至于具体如何明确落实政策所提出的相关任务则鲜有动作；有些政策内容的落实也只是蜻蜓点水，走走过场，流于形式。尽管执行者的初衷也未必一定如此，但实际成效却难以充分显现。比如，某地区建立了多个"留守儿童关爱中心""四点半学校"等项目，初衷很好、投入不少，但由于基层单位积极

---

[1]　潘璐：《留守儿童关爱政策评析与重塑》，《社会治理》2016 年第 6 期。

性、主动性不够，孩子、家长、社会参与度不高，多数处于有"壳"无"实"的状态①。对应留守儿童政策，从表面现象来看，留守儿童关爱保护工作似乎全面得到开展、活动也异常丰富，但从留守问题的现实解决来看，留守儿童政策执行实际不够充分、不够到位。一方面国家关于留守儿童的政策不断稳固与发展，一方面基层关于留守儿童实际保护行动却很大程度上止步不前，政策制定与政策落实之间的强烈反差构成了当前留守儿童权益保护工作的现实状况。这既反映了政策领域自身的问题，同时也反映了政策领域之外的问题。

有研究者指出，一些基层上下级政府行为的一个突出现象是在执行来自上级部门特别是中央政府部门的各种指令政策时，常常采取"上有政策、下有对策"的各种方式，来应付这些政策要求以及随之而来的各种检查，导致了实际执行过程偏离政策初衷的结果②。尽管这种说法似乎有绝对化的嫌疑，但就我们所了解的留守儿童权益保护工作方面的情况，的确也存在这样的政策"落实模式"。其中的原因较为复杂，有的是因为政策执行者自身的惰性态度与懒政行为；有的则是主观上对政策内容认知与理解的不足；有的则并非政策执行者负面的主观态度与不足的主观认识，而是因为客观上缺乏政策执行所需的必要相关资源条件，或者政策本身内容上的模糊、不确定性等原因，造成政策执行者在政策执行过程中往往有心无力、无所适从；有的则是主客观两方面因素的交织造成政策难以执行落实的现实。更让人担忧的是，如果这种政策制定与政策实施之间的反差不能很好地扭转，一旦内化成为政策执行者的思想观念、态度与行为定势，那权益保护工作将不会取得实质性进展与成效，只能是停留于政策文本层面，而无法实现关爱行动与关爱机制的有效达成。

就政策自身原因来看，政策执行力的缺失与政策的保障性内容缺失有很大关系。建立多元主体参与的社会支持网络是留守儿童关爱保护行动的核心内容，在留守儿童关爱保护政策中会对地方政府、家庭、学校、社会组织等主体提出职责、任务方面的应然要求。这些应然性要求从留守儿童

---

① 蒋艺义：《问题与政策：重庆留守儿童关爱保护工作》，《重庆行政（公共论坛）》2016 年第 4 期。

② 周雪光：《基层政府间的"共谋现象"———一个政府行为的制度逻辑》，《社会学研究》2008 年第 6 期。

权益保护逻辑来看固然没有问题，但是从实然性角度来看，逻辑背后却存在实施上的难度与障碍，突出地表现为，留守儿童权益保护主体在实施保护行为中缺乏应有的保障性条件。比如，有些地方的留守儿童保护政策要求学校要充分发挥保护作用，具体规定要有专人负责留守儿童事务，教师做留守儿童的"代理父母"等等。这些规定从逻辑上都是讲得通的，但问题是，如果这些责任主体缺乏相应的保障条件，则很难在现实中真正发挥他们的作用。如果学校方面要有专门人员来负责留守儿童事务，那么其身份是专职人员还是兼职人员？专职的话，岗位工资由谁来提供？兼职的话，工作量如何核算？报酬如何计算？报酬是否能够有所保证？实行教师"代理父母"制度的话，教师是否有相应的能力、时间与精力？是否有相应的报酬作为付出补偿？提出这些问题不是说留守儿童关爱工作完全是功利化的事情，也不是反对关爱工作的志愿服务成分，抹杀保护工作的积极主动性，而是需要明确：这样的现实问题及问题解决是实现关爱行动得以保障的条件与基础。即要想使各方面的保护主体能有效发挥自身主体作用，就必须考虑到保护主体的经济、精力、时间等方面的实际状况，就必须为保护主体作用发挥提供相应的保障性、支持性条件，而不能是既要马儿跑得好，又叫马儿不吃草。如果不考虑保障性条件，对保护主体的应然性要求只能是一些理想化的政策条款，难以具体地、现实地落实，而这种所谓的落实，很大程度上表现出来的也只能是一些形式主义的东西。比如，由于缺乏相关人员的配备及相关力量的支持，有些地方的"留守少年儿童之家"仅仅是外面一块牌子，里面几台机子（供留守儿童与父母联系的电脑），缺乏专人的管理与服务，留守儿童保护工作成了表面样式、"纸面工程"（指留守儿童保护工作只体现在相关的档案、文件材料上），难以有效、深度地开展。如果不对各方面保护主体提供相关保障条件的话，留守儿童关爱保护工作出现形式化、走过场的情况也就在所难免。而就目前留守儿童保护政策来看，保障性条件方面的规定的确非常不足，似乎只要提出了一定的应然性要求，相关责任主体就自然能够去落实、完成一样。须知，留守儿童权益保护主体也是需要得到相关保障的，有些主体甚至也是弱势群体。

五　政策的指令性不强

总体来讲，政策具有指令性与指导性相结合的特征。从权益保护角度而言，留守儿童政策应当具有一定的指令性、约束性。在《意见》中提出了建立健全强制报告机制、应急处置机制、评估帮扶机制、监护干预机制等农村留守儿童救助保护机制，这相比之前的留守儿童关爱保护政策，无疑在保护内容以及相应责任承担与追究方面的刚性要求有很大进步，但总体来看，在宏观留守儿童权益保护政策的逐步落实、执行过程中，指令性的内容还不很充分。不同级别的政策文本大多采用"建议""应该""倡导""鼓励"等指导性、动议性的字眼，缺乏明确化、刚性化的语言对留守儿童权益保护问题做明确性要求，同时政策内容也自然缺乏与之相配合的刚性的责任追究、惩戒机制。固然，由于留守儿童的广泛性、留守问题的复杂性，在政策的宏观性要求方面，更多情况下应体现指导性，以便在政策的下达与执行过程中给予不同级别、层次的政策执行者一个适当的空间以发挥其灵活性、创造性，但是，就涉及留守儿童权益保护这一极具有法律法规性质的政策而言，必要的指令性是必不可少的，尤其是在政策执行终端，若缺失了指令性要求，不仅在一定程度上使相关政策变得不很具体明确，而且更降低了政策的规范、约束效力，削弱了政策的权威性。拿《意见》来说，总体来看的确具有较强的行政指令味道，但具体到相关细节要求上，则显得规约性不足。比如要求"中小学校要对农村留守儿童受教育情况实施全程管理，利用电话、家访、家长会等方式加强与家长、受委托监护人的沟通交流，了解农村留守儿童生活情况和思想动态，帮助监护人掌握农村留守儿童学习情况，提升监护人责任意识和教育管理能力"①，这种"要怎么样"的表述具有明显的倡导性味道，要求的具体内容也不无道理，但问题是要中小学校对留守儿童受教育情况实施全程管理的话，那具体由谁来负责全程管理，相应的权利责任该如何厘定？要中小学校加强与家长、受委托监护人沟通，那具体要建立何样的沟通机制？比如多长时间内沟通多少次等才能保证这样的沟通是有效的？这些问题如果不能在政策文本中进行相对具体、较为详实地规定与要求，并对规定要求的执行进行明确的配套责权规约，这样的倡导性政策文本具体实施情况如何、成效如何将很难得到有效的验证。缺失指令性内容的留守儿童权益保护政策，也自然使执行者不会有太强烈的工作责任感产生，难以对政策进

---

① 《国务院关于加强农村留守儿童关爱保护工作的意见》（国发〔2016〕13号），http：// www.gov.cn/zhengce/content/2016－02/14/content_ 5041066.htm，2016年7月20日。

行高度重视。

六　政策评估薄弱

对自身实施成效有着科学的评价规定是评定一项政策好坏的重要标准，缺失了有效评估的政策无异于自说自话式的盲目肯定。政策成效的评估要具体在政策执行中进行。政策执行是政策行为的一个重要的环节，甚至一定程度上可以说是最为关键的部分。政策执行的成效既检验政策制定的科学性和可行性，也检验政策实施各环节交流与合作的有效性[①]。从总体演进来看，近些年来通过在实践中的运行、检验与反思，留守儿童保护政策不断得以调整、改进、丰富与完善，但是具体到政策执行层面，目前针对留守儿童的社会政策整体上缺乏相应的政策监测评估机制[②]。具体而言，在政策实施的过程中，政策的执行落实情况如何、政策举措对留守儿童究竟产生了何种影响与成效、是否对政策实践及时进行反思调控等问题，并没有建立应有的评估标准、体系，不能充分发挥评估在留守儿童关爱保护工作中的导引性作用，突出表现为以下几种情况：

（一）政策评估的系统性存在缺失

在留守儿童政策执行方面，存在着只有政策的执行、没有政策成效评估的现实问题，而即使有评估，与成效评估相关联的过程评估、诊断性评估方面的要求也还不够充分、全面，甚至把政策实施本身就当成政策评估。由于缺乏对政策执行主体在关爱保护的责任、能力、方式等方面的具体规范与标准要求，也没有形成相应的评估机制，往往会导致在执行过程中要么敷衍应付、要么盲目蛮干的不良现象，可能使原本应该细致规范的政策执行行动蜕变成不可控的随意行为。

（二）政策评估方式方法较为简单单一

在留守儿童政策实施评估中，存在着评估方式方法较为简单单一的现象，缺乏应有的合理性与科学性。基层留守儿童保护的评估更多地表现为查阅相关档案材料、看汇报总结等文本资料。就评估对象而言，大多关注相关的硬件设施建设和完善情况，对政策成效、留守儿童问题解决以及身

---

①　周国华：《教育政策执行机制研究——一个解释性分析框架》，《教育学术月刊》2014年第5期。

②　吴帆、王琳：《社会治理视阈下的留守儿童社会政策分析》，《社会治理》2016年第6期。

心发展间的关联考虑不够，政策评估往往止步于工作评估，较少涉及政策实施评估的实质，缺乏体现专业性、发展性的留守儿童评估理论与方法的支持。虽然在关爱保护工作的过程性管理方面提出了监测、调控的相关要求，但对留守儿童在关爱保护过程中的变化趋势、成长特点等问题未予以足够关注与审视。虽然要求对留守儿童进行彻底摸底排查并建立相应的资料档案，但是对留守儿童权益保护方面的具体需求、所面临的风险因素、留守儿童本身具有自我保护能力等方面的评估，并没有具体明确的规定。

（三）政策实施评估的主观性强

留守儿童权益保护政策实施评估存在较强的主观性，缺乏第三方评估的引入，缺失客观性。政策实施评估应该由第三方来进行，才能保证相对的客观性与公正性。因为政策实施评估第三方独立于政策制定和政策执行，在利益关系上和政策制定者、政策执行者保持距离，从而使政策评估更具有权威性[1]，但现实的留守儿童保护工作中，政策评估者往往就是政策执行者，这种既当运动员又当裁判员的做法，导致政策实施评估在很多情况下都是自说自话，表现出很强的主观色彩，所谓的政策实施评估者往往会基于自身利益与本位角度考虑问题，他们会想方设法去掩盖问题、回避矛盾，而不是客观地反映问题与矛盾，这不利于留守儿童权益保护工作的改进与创新。

（四）政策评估的框架体系不够完备

留守儿童权益保护政策实施评估的框架体系还不够完备，缺乏应有的体系性，尤其缺乏留守儿童关爱保护工作成效评定的具体明确、可操作性强的指标体系，取而代之的往往是笼统模糊的泛化描述。从留守儿童保护主体来看，包括政府、学校、村委会、社会组织、专业机构等多方面力量都需要纳入政策执行评估范围。政策实施评估包括需求评估、过程评估、保护成效评估等多个方面，所以留守儿童政策的实施评估一定是一套立体、多元、具有整合性的评估体系，但这样的评估体系还非常不完善。之所以出现这样的问题，既与政策执行者主观思想意识不足有关，也与政策实施评估缺乏专业理论和方法指引有关。因此，留守儿童权益保护政策评估的框架体系不完备，不仅不能充分保证留守儿童保护政策实施的成效，

---

① 陈军：《政策评估的中外比较研究》，《科技管理研究》2014 年第 2 期。

而且不利于政策的有力执行与深入推进，不利于留守儿童关爱保护工作实效性的取得，容易降低精准性与针对性，一定程度上会造成工作资源的浪费、政策实施的不彻底等不良现象。

第五节　留守少年权益保护的社会工作服务政策资源

尽管目前我国留守儿童政策存在着亟须改进与完善的方面，但是与留守少年权益保护相关的政策、社会工作政策，是我们开展针对性社会工作服务的政策资源与基础，只有弄懂弄通相应的政策，聚焦可利用的政策资源优势，才能使留守少年的社会工作服务更为现实并且取得实效，才能更好地保障留守少年的权益、促进他们的健康成长。

一　政策资源是开展留守少年社会工作服务的基础和保障

留守少年社会工作服务的开展依赖于多方面的社会资源，开展社会工作服务的过程其实就是一个积极依托资源、链接资源、整合资源的过程。其中，政策资源可谓是一种"元资源"，在留守少年权益保护所依赖的社会资源中发挥着关键性作用，是留守少年社会工作服务的基础和保障。

（一）政策在留守少年权益保护资源的配置、调度、协调等方面发挥着重要作用

近年来不断出台的留守儿童权益保护政策，其核心内容就是对留守儿童权益保护在人力、物力、财力等方面现实资源情况的客观盘点与评定，是对如何挖掘、提供、输送多方面保护资源的全面规划与安排。通过这样的政策安排，留守儿童保护所需的资源才可能被充分地积聚与整合起来，保护活动才有所依托与保障。在关爱保护的过程中，政策通过政府部门的行政力量来统筹运作与执行，让留守儿童保护资源的提供有了坚实的保障。所以，这种通过政策来凝聚、创生保护资源的方式远比社会、民众自发进行的资源提供更有成效。开展留守少年社会工作服务，只有充分把政策所要求、所提供的资源给利用起来和开发出来，所开展的服务才可能更为充实，才可能发挥出应有效力，其服务成果才可能更好地被政府、社会所认可，社会工作服务成效才能得以更好地彰显。

（二）政策资源是开展留守少年权益保护社会工作服务的重要依据与支持力量

近年来，国家不断出台留守儿童政策。就儿童层面而言，这些政策旨在保护留守儿童权益，保障他们能够与其他儿童一样健康成长与发展；就国家层面而言，这些政策将有利于乡村振兴内生力量的培养，有利于促进农村经济社会的发展，有利于促进城乡一体化发展，实现乡村全面振兴。这些政策是开展留守少年社会工作服务的重要依据与方向导引。只有吃透我国留守儿童保护政策的精神、把握好政策导向，在开展留守少年社会工作服务过程中，才能够更好地得到国家政策的支持，使社会工作成为留守少年权益保护系统中不可或缺的专业力量；才能够积极有效地将专业社会工作服务理念、方法与农村留守少年现实生存发展状况有机结合起来，促进留守少年社会工作服务的本土化发展，从而使得社会工作在农村脱贫、乡村振兴过程中能有效扮演好自身的专业角色，成为乡村基层社会治理的重要专业力量。开展留守少年社会工作服务的过程中，也只有充分依托政策这一"尚方宝剑"，才能有效地把留守儿童政策执行的行政力量、社会工作的专业力量与社会力量有机结合起来，社会工作者在资源链接调配、人员协同合作等工作中才会更有依据、更有底气、更有发言权。

（三）专门的留守儿童社会工作政策直接促进留守少年社会工作服务的开展

回顾留守儿童保护政策可以发现，最初的留守儿童政策的重心主要在留守儿童的教育问题，但对留守儿童社会性发展状况关照不足，也并未提及社会工作服务的价值作用。后来随着对留守儿童问题认识的全面与深入，也因为社会工作在我国逐步被重视并成为一项重要的政府推进工作，在留守儿童保护政策中才出现了关于社会组织、社会工作者方面的要求。不过，之初这方面的要求也并不系统、完备与全面，并未出现专门的留守儿童社会工作政策，直至2017年民政部等5部门联合出台《关于在农村留守儿童关爱保护中发挥社会工作专业人才作用的指导意见》，标志着专门化、单独化的留守儿童社会工作政策的出现。这一专门政策的出台，是对国家"十三五"脱贫攻坚规划的具体落实与呼应。国家要求各地通过政府购买服务、政府购买基层公共管理和社会服务岗位、引入社会工作专业人才和志愿者等方式，为"三留守"人员提供关爱服务，支持社会工作服务机构和社会工作者为贫困地区农村各类特殊群体提供有针对性的服务①。可以说，社会工作发展的本土化要求和作为弱势群体的留守少年的现实生存状况，决定了留守少年社会工作服务的开展必须依托于专门的、具体的政府政策，留守少年社会工作服务机构必须实现与政府部门的互助合作，积极承接政府购买的社会工作服务项目，主动参与脱贫攻坚、乡村振兴战略。只有这样，留守少年社会工作服务才可能真正合乎农村留守少年的现实发展需要与国家社会发展要求，才可能在农村扎根发展，才可能显现其专业价值与力量，从而更好地保障留守少年的权益。

二　留守少年社会工作服务可依托的政策资源系统分析

留守少年政策资源是一个包含多层级、多层面、多维度的资源系统。开展留守少年社会工作服务，要能够全面地把社会工作服务与政策资源系统相对接，分析好、利用好该系统，从中寻求、依托可供利用的服务资源。

（一）政策的性质维度分析

从政策的性质维度来看，当前关于留守儿童的权益保护，已经形成了包括《中华人民共和国未成年人保护法》等法令性文件、《国家中长期教育改革和发展规划纲要（2010—2020年）》等政令性文件以及《关于加强义务教育阶段农村留守儿童关爱和教育工作的意见》等行政性文件在内的性质不同、各有所侧重的留守儿童权益保护的横向三重政策结构。这样的结构，有助于更进一步明确留守儿童的法律身份与地位，增强留守儿童权益保护工作的强制性与权威性，更好地实现留守儿童权益保护的法律依据、行政职责的有机结合。开展留守少年权益保护工作的社会工作服务，根本上要以关于留守儿童权益的相关规律法规、行政要求为根本指导准则，不可偏离相关法律之准绳，同时要积极以相关法律、法规、政策为手段，为服务的开展寻求相关支持依据，以不断拓展服务资源、开拓服务路径、扩大服务影响。在此过程中，也使得社会公众在留守少年权益保护方面的意识、观念、行动得到不断培养与强化。

---

① 《国务院关于印发"十三五"脱贫攻坚规划的通知》（国发〔2016〕64号），http://www.gov.cn/zhengce/content/2016 – 12/02/content_ 5142197. htm，2017年8月12日。

（二）政策的层次维度分析

从政策的层级维度来看，目前留守儿童的政策已经初步形成了包括中央政府政策、地方政府政策以及社工机构、社会组织、学校等直接承担服务留守儿童的组织结构所制定的规章、制度等在内的留守儿童权益保护的纵向三级政策体系。三级政策体系的建立，既加强了中央对留守儿童保护工作的宏观指导与协调，使基层服务能获得上级部门的支持扶助，又增强了地方部门、基层组织在留守儿童保护方面的责任，从而使得留守儿童政策形成了上下联动机制。承接留守少年社会工作服务的专业社会工作机构等社会组织要积极执行与落实中央、地方政府有关留守儿童政策，以此作为开展留守少年权益保护工作的重要依据；社会工作服务要因地制宜，根据服务对象情况制定好直接服务的计划与方案，在具体实施过程中自觉地应用与落实政策，要能够根据实施情况进行具体的微观政策倡导。

（三）政策的内容维度分析

从政策的内容维度来看，目前的留守儿童政策主要包含三方面：一是对留守儿童权益保护内容的相关规定，主要包括留守儿童的受教育、安全保护、防范侵害、心理辅导、亲子关系等问题；二是对留守儿童权益保护工作模式方法的相关规划要求，包括建立留守儿童关爱服务体系、建立留守儿童救助保护机制、建设留守儿童之家等；三是对留守儿童权益保护与保障力量的要求，包括基层政府及村民委员会、留守儿童家庭及学校、群团组织、社会力量等均负有相应的保护职责。总体上，目前国家不断通过政策运作与调控，来聚集留守儿童关爱保护方面的人才、物力、财力等资源，在留守儿童的受教育、心理健康发展、社会性成长等方面不断进行服务体系构建与福利输送，强化社会各方面力量在留守儿童关爱保护工作中的责任与义务。

在这样的政策资源背景与条件下开展留守少年权益保护的社会工作服务，应把自身专业优势与政策资源有机结合起来，并从留守少年现实状况出发开发并利用好以下几方面的资源：

1. 学校教育资源。近年来，随着农村住宿制学校建设、农村学校营养餐计划的实施以及农村学校心理咨询室建设等举措，留守少年的生活和学校条件都有了相应的改善。开展留守少年社会工作服务，要积极利用好教育政策提供的资源，配合学校做好留守少年权益保障工作，使学校成为社会工作服务的重要阵地。

2. 家庭监护资源。留守儿童政策中明确规定了家庭监护人在留守儿童权益保护中的主体责任，并就监护人如何监护提出了相关要求与策略指导。开展留守少年社会工作服务也要将留守少年的家庭保护作为留守少年权益保护的重要方向，依据相关政策加强留守少年家庭监护能力建设，以协助、指导家庭更好地落实好监护的主体职责。

3. 社会资源。构建全员参与的保护体系是留守儿童政策举措的关键，社会公众尤其是相关社会组织、专业社会工作机构的参与是留守儿童权益保护能否取得成效的重要因素。在开展留守少年权益保护社会工作服务过程中，要利用好国家大力发展社会工作事业，尤其是政策向农村社会工作事业发展倾斜的大好时机，积极推进包括服务留守少年在内的农村青少年社会工作事业的发展，带动农村相关青少年社会组织、社会工作机构的建设与完善，并以此为抓手，把更多的社会力量带入农村留守少年权益保护工作中来。

4. 政府资源。政府在留守儿童关爱保护工作中起领导作用，其把握着保护工作的方向。社会工作作为加强社会治理体系建设与治理能力现代化的重要专业力量，被政府高度重视且自上而下进行强力推进，但是社会普遍对专业社会工作的认知度与认同度不高，政府部门的政策支持与推动起着至关重要的作用。因此，开展留守少年权益保护的社会工作服务，需要专业社会工作机构与地方政府建立起良性发展关系，紧密依靠相关政策与行政力量来获取开展相关留守少年权益保护的支持力量与资源。

三　留守少年权益保护政策资源利用中的社会工作者角色分析

在利用政策资源开展留守少年权益保护的过程中，社会工作者相应要将自己的专业角色与政策资源有机结合起来，赋予自身角色以留守少年权益保护的内涵与要求，并在角色实践过程中积极推进留守少年保护政策的发展与完善。具体来说，社会工作者要扮演好以下四种角色：

（一）政策的倡导者

目前，由于人们对政策的认识程度不一、政策宣传不到位等主客观条件的限制，造成留守儿童权益保护相关的各级各类政策在很多农村地区不能被很好地认识与遵从。留守少年社会工作者要能够扮演好政策倡导者的角色，在服务过程中采用积极、适宜的方式开展权益保护政策的宣讲与应用，提高政策的社会认知度和认可度，增强政策的权威性，强化社会民众参与和遵从政策的意识，促进政策落地实施的良好社会氛围的形成，帮助监护人、留守少年、学校教师等各方面人员树立正确的留守少年权益观、保护观，助力留守儿童权益保护政策更好地在基层得以推行与落实。

（二）政策的整合者

我国留守儿童政策从政策的制定到实施存在多元主体参与的状况，这固然反映了留守儿童问题受到多方面的介入与支持，但是如果处理不好多元主体的关系，留守儿童政策在制定、实施过程中会出现条块分割、各自为政的情况，会在一定程度上降低留守儿童保护的成效。针对此种情况，在留守少年权益保护工作中，社会工作者要扮演好政策整合者的角色，以具体的留守少年服务活动为抓手，认真梳理分析各方面、各层次的留守儿童政策，根据留守少年及其家庭的现实需求来选择与整合政策策略与资源，形成统合性高、针对性强的具体服务策略方案，保证各保护政策间的协调互促，各方面保护力量间的有机协同，在推进政策的统合性、联动性方面有所作为。

（三）政策的践行者

如果将政策分为十分的话，那么三分在制定、七分在落实，如果没有强有力的落实，再好的政策也不会产生好的效果。留守少年社会工作服务者要能够积极践行相关政策，才能够使政策落到基层、落到微观、落到实处，才可能保证留守少年从政策中受惠，相应地农村留守少年社会工作服务也会从中受益并取得开拓性的发展。针对目前留守少年相关政策尚不够具体明确，而是由笼统性的留守儿童政策所包含的状况，在具体的政策践行过程中，要能够围绕留守少年权益保护自觉应用政策，发现相应的政策问题，提出对策并付诸实践，以此不断积累留守少年社会工作服务经验，为政府部门制定更为科学、细化的留守儿童政策提供实践依据与参考。同时，针对目前农村留守儿童社会工作较为薄弱、大部分地区甚至空白的状况，社会工作者在政策践行过程中，要依托目前国家提供的发展社会工作事业的优惠政策，着眼于农村社会工作服务机构的建立与发展，通过具体的留守少年社会工作服务过程，为政府推进农村留守儿童社会工作事业的发展提供相关的政策咨询建议，包括政府如何更好地购买留守少年社会工作服务项目，留守少年社会工作者素质指标体系构建等。

（四）政策的评估者

总体来看，我国留守儿童政策尚不完善健全，针对留守少年的政策缺乏，需要进一步在政策推进中总结提升成功的经验，检视反思政策的不足，从而不断促进留守儿童政策的建立健全与质量提高。在留守少年社会工作服务过程中，社会工作者要在政策实践过程中通过开座谈会、个案访谈、实地走访等多种形式听取留守少年及其家庭、相关各方面保护力量对留守儿童政策的意见看法，从中接受合理之处；通过具体的服务项目开展状况、服务过程与结果的情况来进一步分析留守儿童政策所起到的成效及存在的问题；能够通过服务反思来对进一步增强留守儿童政策落实的科学性与实效性，尤其是对留守少年针对性政策提出具体见解与对策；在助力留守少年权益政策建立健全过程中，不断促进社会工作服务的开展，以催生与发展服务于农村留守少年的专业社会工作服务政策。

第三章

留守少年权益保护的需求
及可利用资源分析

留守少年权益保护的社会工作服务研究，要求必须对留守少年权益现状进行了解，对留守少年的权益需求、所存在的问题、权益能力基础，以及社会工作服务可利用的资源进行较为全面地分析。唯有如此，才能更好地据此开展相关的服务研究、提出针对性的策略与建议。在前期文献研究与政策研究的基础之上，以本研究所开展的留守少年社会工作服务项目所在地的留守少年及相关人员为调查对象，对他们进行了留守少年相关权益方面的专项调研。

第一节　调研方法

本调研方法为量化研究与质性研究相结合的混合式调研方式。具体而言，以问卷调查来了解留守少年权益保护的整体情况，通过访谈来进行深度的、重点的需求评估，以非参与式观察等方法来进一步把握留守少年权益保护的现状及原因。

一　问卷调查

问卷调查主要根据研究的需要，进行了留守少年权益保护的问卷设计，对问卷调查的抽样方式进行了具体的界定，以保证能够更好地了解留守少年权益保护的需求与真实情况。

（一）问卷设计

在问卷内容维度上，本研究从农村留守少年保护力量的角度，设计为家庭保护、学校保护、社会保护、自我保护四部分；而每个部分又从权益内容的角度设计为生存权、发展权、受保护权、参与权四项基本内容，从而形成4×4的16个维度的调查问题结构表（见表3-1）；每个维度根据相应指标设计2—4个封闭式题目，共计45题。另外，问卷中设计了10个封闭性留守少年人口特征问题及4个开放性题目。其中，相关概念界定及调查指标如下。

1. 留守少年四项权益及权益保护内涵的界定

（1）留守少年四项权益的内涵界定

①生存权是指是指农村留守少年享有其固有的生命权、健康权和获得其基本生活保障的权利。主要包括生命权、健康权、医护权、慰藉权等。

②发展权是指农村留守少年享有充分发展其全部体能和智能的权利，包括有权接受正规和非正规的教育，有权享有促进其身体、心理、精神、道德等全面发展的生活条件。主要包括受教育权、交往活动权、休息娱乐权、信息获取权。

③受保护权是指农村留守少年享有不受歧视、虐待和忽视的权利，包括免受歧视、剥削、酷刑、暴力及不被疏忽。主要包括不被起外号、污名化，不被嘲笑、辱骂、威胁、殴打、利诱、嫌弃等。

④参与权是指农村留守少年依法通过语言或具体行为表达意见、参与决策等的权利，是他们参与自身、家庭、学校、社会等不同事务的权利。主要包括知情权、表达权、协商权、决定权等。

（2）留守少年四项权益保护的内涵界定

①家庭保护是指父母或者其他监护人对留守少年的人身、财产及其他一切合法权益依法实行的监督与保护。

②学校保护是指学校及其他教育机构在各自的职责范围内，依照法律、法规的规定，对在校的留守少年实施的保护。

③社会保护是指各社会团体，企事业组织和其他组织及公民，对留守少年实施的保护。

④自我保护是指留守少年自己保护自己、发展自己的意识与能力。

2. 留守少年权益保护状况的指标设定

（1）生存状况的指标

从既有的研究结果看，留守少年生存状况方面主要存在以下问题：有些地方是地形地貌等自然环境复杂险恶，安全隐患较多，容易对留守少年的身体造成伤害甚至夺去他们的生命；有些地方家庭过于贫困，从而造成留守少年饮食条件差、营养不良，容易引发留守少年出现身体疾病等；有些地方由于重男轻女的文化观念，不能对留守少年进行足够的重视保护，甚至歧视虐待；许多家庭由于缺乏有效的生活指导，导致留守少年形成了饮食与作息等方面不良的生活习惯。

针对以上问题，从家庭、学校、社会、留守少年自身的保护情况，拟定饮食照顾、安全教育、就医保障、生存能力等 11 个调查指标。

（2）发展状况的指标

从既有的研究结果看，留守少年发展状况方面存在的主要问题是：父母及其监护人不能及时有效地对留守儿童进行学业教育与辅导，学业负担沉重，学业方面会越来落后；留守少年不能被周围人所理解，周围社会文化环境资源缺乏，业余文化生活缺乏，生活方式单调无趣，容易受不良文化影响；留守少年缺乏应有的动力支持，成长发展的自信心不足，自立自强方面存在一定的问题。

针对以上问题，从家庭、学校、社会、留守少年自身的保护情况，拟定健康保护、课业负担、文化、发展能力等 11 个调查指标。

（3）受保护状况的指标

从既有的研究结果看，留守少年受保护状况方面存在的主要问题是：家庭、学校、社会以及留守少年自身保护力量薄弱，缺少相应保护资源与条件，增加了留守少年被侵害机会。与此同时，留守少年监护人、学校教师与同学、邻里熟人可能非但没起到保护作用，相反对留守少年表现出歧视、侮辱、身体伤害等行为。

针对以上问题，从家庭、学校、社会、留守少年自身的保护情况，拟定侮辱歧视、安全感、健康侵害、文化条件、保护能力等 12 个调查指标。

（4）参与状况的指标

从既有的研究结果看，留守少年参与状况方面存在的主要问题是：监护人、教师等成人的决定取代留守少年自身意愿看法，留守少年家庭生活、学校生活、社区生活的参与受到限制，减弱了监护人、教师与留守少年间的沟通联系，留守少年的精神世界难以被成人所充分理解与尊重，留守生活只能按照成人世界的想法来构建与运行，他们缺乏各方面事务参与的机会与能力。

针对以上问题，从家庭、学校、社会、留守少年自身的保护情况，拟定个人事务参与、教学事务参与、村庄事务参与、参与能力等 11 个调查指标。

表 3－1 留守少年权益保护调查问题结构表①

	生存权保护		发展权保护		受保护权保护		参与权保护	
	指标	题号	指标	题号	指标	题号	指标	题号
家庭保护	健康保护	11	学业支持	14	侮辱歧视	17	个人事务参与	20
	身体防护	12	课业辅导	15	身体打击	18	家庭生活参与	21
	饮食照顾	13	休息娱乐	16	家庭安全感	19	重大家务参与	22
学校保护	安全教育	23	谈心谈话	26	同学欺负	28	教学事务参与	31
	安全隐患	24	课业负担	27	教师伤害	29	班级事务参与	32
	安全事故	25			学校安全感	30	参与途径	33
社会保护	安全隐患	34	文化条件	36	健康侵害	39		
	就医保障	35	娱乐条件	37	村人欺负	40	意见尊重	42
			活动组织	38	社区安全感	41	村务参与	43
自我保护	权益认识	44，45	权益认识	44，45	权益认识	44，45	权益认识	44，45
	权益理解	46	权益理解	47	权益理解	48	权益理解	49
	生存能力	50	发展能力	51，52	保护能力	53	参与能力	54，55

（二）调查对象取样

以留守少年较为集中的山东省枣庄市 D 镇、临沂市 L 镇、菏泽市 M 镇的小学与初级中学的四至九年级为调研范围。其中从 D 镇、L 镇每个年级抽取两个自然班，从 M 镇每个年级抽取一个自然班，共抽取 30 个班级、1236 人。基于自然班取样的目的，主要在于对留守少年与非留守少年有关权益保护问题进行比较研究，以及留守少年学校社会工作服务项目开展上的便利。调查取样的时间，分别是在以上三地学校开始现实的留守少年社会工作服务项目之初，所以，从这个角度而言，本研究进行的调查，既是关于留守儿童权益保护问题的调查，同时也是留守儿童权益保护的需求评估。

本次调查共计发放问卷 1236 份，全部回收，剔除无效问卷 188 份，实

---

① 根据此结构表设计的具体问卷见附录一，其中 1—10 题为留守少年人口特征问题。保护情况的相关问题从 11 题开始。

得有效问卷1048份。用SPSS.22软件对回收的问卷进行数据处理。

（三）调查对象情况

1. 性别比例

共调查10—16岁农村少年1048人。其中男性607人，女性441人；留守少年636人，其中男性355人，女性281人。（具体数据见表3-2）

表3-2　　　　　　　　农村少年性别比例

性别	人数	百分比（％）	性别	人数	百分比（％）
男	607	57.9	留守男	355	55.8
女	441	42.1	留守女	281	44.2
总计	1048	100.0	总计	636	100.0

2. 年级分布

问卷调查对象中，四年级183人，其中留守少年101人；五年级195人，其中留守少年100人；六年级189人，其中留守少年108人；七年级158人，其中留守少年111人；八年级181人，其中留守少年114人；九年级142人，其中留守少年102人。（具体数据见表3-3）

表3-3　　　　　　　　农村少年年级分布

年级	男/留守男（人）	女/留守女（人）	总计/留守总计（人）
四年级	119/64	64/37	183/101
五年级	125/67	70/33	195/100
六年级	116/69	73/39	189/108
七年级	85/51	73/60	158/111
八年级	95/59	86/55	181/114
九年级	67/45	75/57	142/102
总计	607/355	441/281	1048/636

3. 年龄分布

问卷调查对象中，10岁的农村少年227人，11岁的202人，12岁的142人，13岁的124人，14岁的146人，15岁的167人，16岁的40人。（具体数据见表3-4）

表 3 - 4   农村少年年龄分布

年龄	性别		总计（人）
	男（人）	女（人）	
10 岁	139	88	227
11 岁	127	75	202
12 岁	93	49	142
13 岁	62	62	124
14 岁	80	66	146
15 岁	85	82	167
16 岁	21	19	40
总计	607	441	1048

4. 是否独生子女

问卷对象中，大部分是非独生子女。（具体数据见表 3 - 5）

表 3 - 5   是否独生子女情况

	人数	百分比（%）
独生子女	122	11.6
非独生子女	926	88.4
总计	1048	100.0

5. 共同居住人

一般而言，父母不在外地工作的农村少年一般跟父母生活在一起，父亲或母亲一方在外地工作的农村少年一般跟父亲或母亲生活在一起。这方面的统计研究意义不大。相比而言，对父母均在外地工作的 280 位农村少年的共同居住人情况的统计具有重要意义，统计结果显示，留守少年主要是跟祖父母生活在一起，与兄弟姐妹共同生活的比例为 58.2%，与其他亲戚生活在一起的占 9.3%。（具体数据见表 3 - 6）

6. 父母外出工作情况

问卷调查对象中，父母均外地工作的占 26.7%，仅父亲在外地工作的占 31.4%，仅母亲在外地工作占 2.6%。（见表 3 - 7）

表3-6　　　　父母均在外地工作的农村留守少年共同居住人情况

	人数	百分比（%）
跟爷爷一起生活	206	73.6
跟奶奶一起生活	232	82.9
跟哥哥一起生活	24	8.6
跟姐姐一起生活	39	13.9
跟弟弟一起生活	66	23.6
跟妹妹一起生活	34	12.1
跟亲戚一起生活	26	9.3

表3-7　　　　　　　父母是否在外地工作情况

父母是否在外地	人数	百分比（%）
父母都不在外地工作	412	39.3
父母都在外地	280	26.7
仅父亲在外地工作	329	31.4
仅母亲在外地工作	27	2.6
总计	1048	100.0

7. 外出工作父母回家次数

问卷调查对象中，外出工作父母一年回家次数为 3 及 3 以下的共占
59.0%，也有 27.0% 的父母一年回家 5 次以上。（具体数据见表 3-8）

表3-8　　　　　今年以来外出工作父母回家次数情况

回家次数	人数	百分比（%）
1	128	20.1
2	122	19.2
3	125	19.7
4	62	9.7
5	27	4.2
5 以上	172	27.0
总计	636	100.0

注：因四舍五入，百分比之和实际不为 100%。

8. 与外出父母通电话情况

与外出父母通电话的情况中，"隔几天打一次"情况最多，占到了59.3%，差不多一个月及一个月以上通一次电话的情况并不普遍，占7.8%。（具体数据见表3-9）

表3-9　　　　　　　　　与外出工作父母通电话情况

与外出工作父母通电话频率	人数	百分比（%）
几乎天天打	137	21.5
隔几天打一次	377	59.3
差不多半个月打一次	72	11.3
差不多一个月打一次	20	3.1
一个月以上打一次	30	4.7
总计	636	100.0

注：因四舍五入，百分比之和实际不为100%。

二　访谈调查①

访谈对象主要分为四类，一是留守少年，二是监护人，三是学校领导、教师，四是留守少年邻居与村干部。重点访谈留守少年36人，其中4年级至6年级22人，7年级至9年级14人。监护人22人，其中4年级至6年级留守少年的监护人13人、7年级至9年级的9人。学校领导6人，其中小学4人、初中2人。教师12人，其中小学教师8人，初中的4人。邻居8人，村干部5人。还有不少随机访谈的相关人，包括留守少年及其监护人、教师、邻居、村和学校的干部等。主要采用的是半结构性、非参与式访谈与实地考察的方式。（具体见表3-10）

表3-10　　　　　　　　被重点访谈留守少年的基本信息

访谈对象	年级	性别	核心家庭成员	日常监护人	是否寄宿
S01	3	女	父母、哥哥	爷爷奶奶	是
S02	3	男	父亲（父母离异）	爷爷奶奶	是

---

① 年级在现实中一般都用汉字数字，后文保证了这一点，此部分为统计方便作者用了阿拉伯数字。——编者注。

访谈对象	年级	性别	核心家庭成员	日常监护人	是否寄宿
S03	4	女	父亲（父母离异）	二大爷	是
S04	4	男	父母	爷爷奶奶	是
S05	5	女	父母、哥哥、2个姐姐	外公外婆	是
S06	5	男	父母、弟弟	爷爷奶奶	是
S07	5	男	父亲（母亲离家出走）	爷爷奶奶	是
S08	6	男	父母、弟弟	爷爷奶奶	是
S09	6	男	父母、弟弟	小婶子	是
S10	6	女	父亲、继母、弟弟、妹妹	继母	是
S11	3	女	父母、弟弟	大姑	否
S12	3	男	父母	爷爷	否
S13	3	女	父母、妹妹	爷爷奶奶	否
S14	4	男	父母、妹妹	爷爷奶奶	否
S15	4	男	父母、哥哥	外公外婆	否
S16	4	女	父母、姐姐	爷爷奶奶	否
S17	5	女	父母、2个弟弟	爷爷奶奶	否
S18	5	男	父母、姐姐	奶奶	否
S19	5	女	父母、弟弟	爷爷奶奶	否
S20	6	女	父母、弟弟、妹妹	爷爷奶奶	否
S21	6	男	继父、母亲、弟弟	爷爷奶奶	否
S22	6	男	父母、妹妹	爷爷奶奶	否
S23	7	男	父母、弟弟、妹妹	姑姑	是
S24	7	男	父母	爷爷	是
S25	7	女	父母、弟弟、妹妹	爷爷奶奶	是
S26	7	女	父母、弟弟	爷爷奶奶	是
S27	7	男	父亲（母亲去世）	爷爷	是
S28	8	女	父母、2个姐姐	爷爷奶奶	是
S29	8	男	父母、姐姐	奶奶	是
S30	8	男	父母、妹妹	爷爷奶奶	是
S31	8	女	父母、哥哥	奶奶	是
S32	8	男	父亲、继母	爷爷奶奶	是
S33	9	男	父亲（父母离异）	奶奶	是

访谈对象	年级	性别	核心家庭成员	日常监护人	是否寄宿
S34	9	男	父母	姥姥姥爷	是
S35	9	女	父母、弟弟	爷爷奶奶	是
S36	9	男	父母、妹妹	爷爷奶奶	是

（一）对留守少年的访谈

主要围绕着留守少年权益意识与权益能力等相关问题展开。针对小学阶段的留守少年，主要围绕着问卷所无法呈现的问题，来了解他们的学业、娱乐、卫生习惯、生活自立、青春期教育、安全等方面的问题。针对初级中学阶段的留守少年，增加学业、职业生涯规划等相关内容的访谈。

（二）对监护人的访谈

主要围绕着监护人及家庭的基本情况，监护人对留守少年的了解程度、对留守少年问题的认识、监护方式、监护需求等方面的内容进行访谈。

（三）对学校领导、教师的访谈

对学校领导的访谈主要围绕学校对留守少年权益意识与权益能力的培养，对留守少年权益保护方面的有关制度建设，对教师岗位职责的认定与要求，对社会工作项目认同与支持的程度。对学校教师的访谈主要围绕对留守少年现状的了解情况，如何对待留守少年的学校表现，是否或如何与留守少年的父母或其他监护人进行沟通与交流，对社会工作项目的认同情况等等。

（四）对留守少年的邻居或村干部的访谈

对邻居的访谈主要围绕着对留守少年的家庭情况、在村里的表现、邻里关系的建构、安全问题等方面内容。对村干部的访谈主要了解村干部对留守少年的权益意识与观念，对整个村庄的留守现状把握的程度，有关留守少年关爱政策落实的情况等等。

第二节　农村留守少年权益保护的现状

根据问卷统计的相关数据结果，结合非参与式访谈等梳理的结果，通过与非留守少年的比较方式，从家庭保护、学校保护、社会保护与自我保护四个维度呈现农村留守少年权益保护的现状。

一 农村留守少年权益的家庭保护状况

农村非留守少年与留守少年在家庭保护方面存在着一定的差异，主要在日常饮食起居照顾、课业辅导与家庭安全感方面差异较大，其他方面的差异并不明显。

（一）农村留守少年生存权方面存有家庭关照不足的现象

问卷调查主要从生病、饮食、意外伤害等情况来调查农村留守少年的生存权保护状况。访谈作相应补充式的了解。

1. 农村留守少年较非留守少年生病后受照顾不足

问卷统计发现，农村少年生病率为82.2%，其中，留守少年生病率为83.0%，非留守少年生病率为80.8%，二者相差2.2%，不过主要生病类型为感冒、发烧、闹肚子等轻微不适。部分农村少年生过胃炎、鼻窦炎等常见病症。（具体数据见表3-11）

表3-11 今年以来农村少年生病状况

生病情况	人数/占比	留守少年人数/占比	非留守少年人数/占比
经常生病	44/4.2%	25/3.9%	19/4.6%
偶尔生病	817/78.0%	503/79.1%	314/76.2%
没有生过病	187/17.8%	108/17.0%	79/19.2%
总计	1048/100.0%	636/100.0%	412/100.0%

留守少年经常生病的25人中，从性别看，男性8人，占留守男性总数的2.3%，女性17人，占留守女性总数的6.0%，存在性别上的差异。基于1991—2009年中国农村健康和营养调查面板数据的研究也显示，相比之下，父母外出务工对女孩身体健康状况存在显著的负面影响[①]。从父母外出工作情况来看，父母均在外工作的留守少年经常生病的8人，占同类人员的2.6%；父亲在外工作的留守少年经常生病的14人，占同类人员的

---

① 陈玥、赵忠：《我国农村父母外出务工对留守儿童健康的影响》，《中国卫生政策研究》2012年第11期。

4.1%；母亲在外工作的留守少年经常生病的 3 人，占同类人员的 11.1%。由此可见，母亲在外工作的留守少年经常生病率显得更高一些。这与传统上家庭事务分工有关，与母亲主要负责照料子女生活有很大关系；如果母亲外出务工，就会使父亲在照料子女生活方面显得有些捉襟见肘、手忙脚乱，而生活上照料的不周会成为子女生病的主要原因。

对生病后的照顾及治疗问题，对不少留守少年来说，也存在相当程度上的问题与困扰。当问及生病后怎么办时，4 年级的留守少年 S05 说："如果不太重的话，就抗一抗，课间在桌上趴一下就行了；如果重了或者发烧了，老师一般会给准假回家，姥姥会带着我去村诊所开药或者打针，也会做点好吃的，或者买一些我喜欢吃的东西。不过，长病后会特别想妈妈，但想有什么用呢？"问他妈妈会在长病时打电话吗？她说："打电话，也就是嘱咐一下按时吃药，想吃什么和姥姥说，能上学的还是上学，不能落了功课。"另一位非寄宿 6 年级 S19 说："如果只是小的感冒我就抗过去了，如果感冒严重了，我会找个人替我跟老师请个假，自己在家里躺一躺，休息一下就没事了。"问她生病后家里是否有人照顾，她说："实话说，我还要照顾弟弟呢，不过只要是我生病了，弟弟回来后，会替我做饭什么的，也比较听话，不和我犟嘴了。"问她爸爸妈妈是否会在他们长病的时候回来，她说："一般情况下不会，因为他们请假就会扣钱，只有得病很严重了，妈妈才可能回来。上次弟弟发烧总是不好，妈妈就回来了，不过妈妈明显很着急的样子，害怕回去后丢了工作，弟弟刚退了烧妈妈就回去上班了。"她说不只她这样，其他爸爸妈妈不在家的留守少年都是这样处理的，实在是抗不住了，再去打个吊瓶，或者亲戚有人在家会找亲戚帮一下忙，陪自己去看一下病。

在访谈中，我们还发现，在留守少年生病的时候，有些监护人在照顾料理上存在很大的困难，面临较大的照顾压力，如一位监护人说："俺就怕孙子生病，孙子生病了，就得整天的伺候着呀，还有就是，另外两个孩子上学也需要照顾，老伴腿脚不好，也帮不上忙，再有难处也得忍着啊。"

2. 农村留守少年比非留守少年更容易遭受意外伤害

调研数据统计，所列出的 6 项意外伤害中，农村少年发生率最高的是"跌摔伤"，最低的是"食物中毒"。对比来看，除"交通事故"外，留守少年 6 项意外伤害的发生率均高于非留守少年，平均高出 2.65 个百分点，其中相差最高的是"跌摔伤"，留守少年比非留守少年高出 8.5 个百分点。

（具体数据见表 3 - 12）这与西部留守儿童安全问题的研究结论——"留守儿童的伤害发生率较高"①，具有一致性。

表 3 - 12 农村少年遭受意外伤害情况

意外伤害	人数/占比	留守少年人数/占比	非留守少年人数/占比
有过跌摔伤	283/27.0%	193/30.3%	90/21.8%
有过割伤刺伤	113/10.8%	76/11.9%	38/9.2%
有过烧烫伤	98/9.4%	68/10.7%	31/7.5%
有过碰撞挤压	53/5.1%	35/5.5%	18/4.4%
有过交通事故	15/1.4%	9/1.4%	6/1.5%
有过食物中毒	14/1.3%	12/1.9%	2/0.5%

访谈中发现，留守少年的意外伤害事件的发生，主要原因在于对生活常识的不了解、自立能力不足及缺乏相应的监护。三年级非寄宿制学生 S12 就发生过摔伤，他经常周末与同村、邻村的 3 个同学一起玩耍，有一次他们模仿武侠高手飞檐走壁，爬上院墙，再从院墙往下跳，看到别人跳都没有事情，而且看起来感觉非常轻松，自己也潇洒地往下跳，结果脚踝严重扭伤，在地上坐了好一会儿，同伴才把他搀扶起来，一瘸一拐地回到家，没敢告诉爷爷真相，只是说不小心扭了一下，也没有采用任何措施，结果瘸了好长一段时间。问他当时往下跳害怕吗？他说："害怕，但是看到别人没事，自己也不能让别人小瞧了，所以只能装出很勇敢的样子。"问他扭伤后采用什么措施没有？他说："没有。我也不知道应该怎么办，起来了能走路，只是有些痛，就感觉没有太大问题。"问他爷爷是否看到伤处，他说："没有给爷爷看，我告诉爷爷只是自己不小心扭了一下，爷爷也就没在意，只是说'这咋这么不小心呢'。"问他周末出去玩是不是也要爷爷批准，他说："不用批准，我只要跟爷爷知会一声就可以了，我想做什么爷爷从来都不管。"

访谈中了解到大多数监护人都会对留守少年进行安全方面的教育，告诉他们应该注意到安全事项，不过对于那些性情较为外向、调皮的男性留

---

① 范颂、何苑菱、常豫红、李爱玲：《泸州市留守儿童伤害现况研究》，《医学与法学》2015年第 4 期。

守少年而言，这样的教育与叮嘱往往会让他们产生逆反、厌烦心理，不太把大人的话放在心上，面对这种情况，其监护人也往往显得非常无奈。有位留守少年的爷爷说："孩子大了，不像小的时候那么听话了，让他不要随便外出，在家里写作业，就是不听，时不时地骑电瓶车出去找同学，满世界瞎转悠，真让人不放心。一次，骑车太快，自己摔了，还把人家撞了，幸好不很严重，差点惹出大麻烦。"

3. 农村留守少年较非留守少年饮食上健康性不足

留守少年"吃得好"的比例为 64.6%，非留守少年为 73.8%，留守少年比非留守少年低 9.2%，总体上看，留守少年的饮食要比非留守少年差一些。（具体数据见表 3 - 13）

表 3 - 13　　　　　　　　　农村少年饮食情况

饮食状况	人数/占比	留守少年人数/占比	非留守少年人数/占比
吃得好	715/68.2%	411/64.6%	304/73.8%
吃得一般	316/30.2%	215/33.8%	101/24.5%
吃得不好	17/1.6%	10/1.6%	7/1.7%
总计	1048/100.0%	636/100.0%	412/100.0%

访谈中了解到，不论是留守少年，还是非留守少年，都认为"吃得好"的标准是吃自己可口的饭食。如果父母一方在家的留守少年，显然妈妈在家会吃得好一些，爸爸在家会吃得相对差一些。父母都不在家，与爷爷奶奶或者与奶奶一起生活的留守少年，一般吃得相对好一些；只与爷爷在一起的吃得相对差一些；而自己与兄弟姐妹共同生活，或者亲戚时常照应的留守少年还无法真正做到"吃得好"，有时的"吃得好"就是自己去买爱吃的零食。而这些零食基本上是方便面、火腿肠、膨化食品等，缺乏应有的营养。访谈中，三年级寄宿学生 S04 的奶奶说："一般他回到家，我都给他改善一下，做他爱吃的炖肉，农忙的时候真的是没有时间给他做饭，他爸爸妈妈的地也需要俺们种，怪累的，基本上是吃了上顿没下顿那种，有时我多包点包子让他自己热着吃，他基本上爱吃就多吃点，不爱吃的就少吃，不过要是真的饿了，他自然就会想办法，有时自己去买零食吃。"据这位奶奶讲，S04 的爸爸妈妈特别孝顺也特别关心 S04，经常给奶奶留生活费，也会给 S04 一些零用钱。这个事例也印证了相关的研究判断：

在父母均外出的情况下隔代监护的职责并不是唯一的，大部分隔代照料留守儿童的祖父母还需自食其力，他们在担负着照顾孙子女任务的同时，还要肩负着自己生活的重担①，对孙子女的生活照顾上往往就不是那么精细②。

总起来看，留守儿童膳食照顾方面，由于监护人的照顾时间、膳食知识、生活习惯等方面的不足，导致留守儿童的营养不良问题尤为突出③。

（二）农村留守少年发展权方面存有家庭支持相对不足的现象

问卷调查主要从受教育权方面来了解留守少年的发展权保护状况，访谈多是了解监护人对留守少年未来发展的预期。

1. 农村留守少年与非留守少年辍学的家庭意愿持平

根据问卷统计，绝大多数的调查者没有辍学的想法，小学高年级的少年普遍没有辍学的想法，而个别初中少年则有辍学的意向。在"家人是否有过想让你辍学的打算"问题的回答上，回答"有过"的共30人，占2.9%，其中留守少年18人。（具体数据见表3-14）

表3-14　　　　　　　　农村少年辍学的家庭意愿

辍学家庭意愿	人数/占比	留守少年人数/占比	非留守少年人数/占比
有过	30/2.9%	18/2.8%	12/2.9%
没有过	961/91.7%	585/92.0%	376/91.3%
不清楚	57/5.4%	33/5.2%	24/5.8%
总计	1048/100.0%	636/100.0%	412/100.0%

据访谈，农村少年有辍学意向的往往都是学业成绩不太好，或者在学校人际关系处理得不好的学生，其中访谈的八年级S30，他本身没有辍学意向，他谈到了他的好朋友有辍学的意向，好朋友的爸爸妈妈都在上海打工，都认为自己的孩子怎么样也考不上高中，还不如早下来外出打工多挣点钱。当问到他爸爸妈妈是否也有这种想法时，他说："我爸爸妈妈认为

---

① 段成荣、吕利丹、郭静、王宗萍：《我国农村留守儿童生存和发展基本状况——基于第六次人口普查数据的分析》，《人口学刊》2013年第3期。

② 叶敬忠、王伊欢：《留守儿童的监护现状与特点》，《人口学刊》2006年第3期。

③ 田旭、黄莹莹、钟力、王辉：《中国农村留守儿童营养状况分析》，《经济学》（季刊）2018年第1期。

我还太小，他们认为如果我考不上高中，可以去考个职中什么的，学个技术，将来会挣钱多一点，正好也可以养养身子。"研究表明，如果父母能够给予留守子女合理的管教方式，对其学业发展抱有足够的信心和期望的话，其留守子女选择辍学的概率将显著降低①。由于义务教育政策的实施以及家庭收入的提高，对留守少年明确提出辍学要求的家庭并不是那么多，但是，不少留守少年的父母由于自身教育观念的落后以及子女学业成绩不良的缘故，却有着隐性的辍学意愿，这直接影响留守少年自身是否辍学的决断。

2. 农村留守少年较非留守少年学业无人辅导与同辈辅导居多

农村非留守少年的家庭课业辅导人的数据统计，排在第一位的是"爸爸妈妈"且超过半数，而"没人辅导"排在了第二位。留守少年"没人辅导"排在了第一位，占到了 39.8%。其中 43.3% 的留守女性没人辅导，35.2% 的留守男性没人辅导。排在第二位的是"哥哥姐姐"，而爸爸妈妈辅导的留守少年显然是父母一方外出的情况。（具体数据见表 3 - 15）

表 3 - 15　　农村少年家庭课业辅导人情况

辅导人情况	人数/占比	留守少年人数/占比	非留守少年人数/占比
爸爸妈妈	383/36.5%	141/22.2%	242/58.7%
没人辅导	346/33.0%	253/39.8%	93/22.6%
哥哥姐姐	219/20.9%	152/23.9%	67/16.3%
爷爷奶奶	61/5.8%	58/9.1%	3/0.7%
其他人	39/3.7%	32/5.0%	7/1.7%
总计	1048/100.0%	636/100.0%	412/100.0%

无论是留守少年，还是非留守少年，"爸爸妈妈"辅导课业主要是在小学阶段。对留守少年来说，爷爷奶奶无法辅导课业，有哥哥姐姐的会由哥哥姐姐辅导，如果有邻居哥哥姐姐的，就会找邻居的哥哥姐姐辅导。九年级的 S36 谈到自己的课业辅导问题说："在小学的时候，那时只是爸爸在外打工，妈妈还能够看懂我做的作业，但是四年级后妈妈辅导也比较困

---

① 姚松、豆忠臣：《农村留守初中生辍学决策影响因素分析及其政策含义》，《教育科学研究》2018 年第 9 期。

难，说我们的书太深了，她也不懂。妹妹上小学后，妹妹的作业一直是我负责，现在妈妈带着弟弟和爸爸在外地打工，我可以辅导妹妹的作业，同时我村妹妹同班同学有两个人也是我给她们辅导，但是没有人能够给我辅导作业。"通过访谈还了解到，之所以有没人辅导作业的情况，不只是因为留守的问题，还与"上学是老师的事情，自己只要提供经济支持就可以了"的观念有关，正好访谈时遇到了打工刚回来的 S36 的父亲，他说："孩子的学习是老师的事情，我们的文化又不行，我现在连他们的课本都看不懂，还怎么辅导他们？我能做的就是和他妈妈出去多挣点钱，让他们上好一点的学校，我觉得学校（寄宿学校）教育还真不错，解决了我们的难题，不需要我们操多少心，吃住学习都在学校，一切都交给老师，我们特别放心。"

访谈中，也了解到由于成绩的落后或者家庭的教育要求，会让留守儿童上周末或假期里的学习辅导班，这同时也减轻了家庭照顾上的压力，在一定程度上弥补了留守少年课业辅导不足造成的损失。不过，也有的监护人抱怨："小孩子的学习根本上是要学校老师来负责，可现在每天的作业都是一大堆，逼着大人跟着麻烦，有的时候还要求用手机或电脑来学习，实在是没法应付，头疼得很。"

3. 农村留守少年玩耍受限制情况与非留守少年相比无明显差异

问卷调查显示：在"玩耍是否受限"问题的回答中，留守少年与非留守少年受限制的程度相差无几。（具体数据见表 3 - 16）

表 3 - 16　　　　　　　农村少年玩耍是否受限制情况

玩耍受限情况	人数/占比	留守少年人数/占比	非留守少年人数/占比
完全不限制	141/13.5%	80/12.6%	61/14.8%
不太限制	363/34.6%	225/35.4%	138/33.5%
有些限制	505/48.2%	305/48.0%	200/48.5%
严重限制	39/3.7%	26/4.0%	13/3.2%
总计	1048/100.0%	636/100.0%	412/100.0%

对于寄宿制少年来讲，周末就是学习之余的放松，这也是非留守少年不太受限制或完全不受限制的理由。对于非寄宿制非留守少年而言，只要是完成了作业，就可以在限定的时间内去玩耍。而非寄宿制留守少年，尤

其是父母双双外出的除了爷爷奶奶管教十分严格的，大多不会受到限制。四年级的 S14 的爷爷说："周末我不能让他出去疯，出去最多两小时，时间长了就不行，我是怕他跟着那些大点的孩子去镇上的网吧打游戏，更怕会跟着那些大点的孩子出去惹事，万一要是有什么危险，我怎么给他爸妈交代？小孩子（大人）不（看）管着怎么得了，没出事还好，如果出了事儿，那可是不得了的事情。我没文化，没法给他辅导什么作业，但是可以让他守规矩，走正道。这样他爸妈出去打工遭罪也值得。要不是为了他能上个好一点的学（校），有个好一点的前程，他爸妈也没有必要去打工，那城里哪儿是咱乡下人待的地方。"六年级的学生 S22 说，自己暑期与妹妹到爸爸妈妈打工的地方，爸爸妈妈不让他们出去玩，一般在屋里待着，最多在住的附近转一下，主要是爸爸妈妈怕他们人生地不熟的容易出意外，爸爸妈妈的工作需要三班倒，不能总是陪他们，只是陪着出去玩了两次。他认为爸爸妈妈能陪着自己的时候挺开心，其他时间还不如在家里好，在家里可以自己出去玩，没有太多的限制。

家长在处理子女学习与玩耍、看电视、上网打游戏等问题上，采用一定的监管措施非常重要①，尤其是方式方法上一定要讲求科学，监控适度。访谈中发现，在监护人对留守少年监护过程中，两种极端现象都有所发现。一端是对留守少年放任不管，只要吃喝能管上，怎么玩耍与交往都不管；另一端则是对留守少年严加看管，不敢有一丝一毫的放松。有位留守少年的奶奶说："他爸爸妈妈每次出门前都要求我们好好照看孩子，也时不时打电话过问孩子的情况，我是怕孩子给我们带给带坏了，或万一出现什么不好的情况，没法跟他爸爸妈妈交代啊。"

（三）农村留守少年较非留守少年在家庭保护方面相对较弱

问卷调查主要从家人对农村少年的言行侵害，以及家庭安全感方面来调查其受保护权状况。而访谈主要了解家庭中言行侵害的原因。

1. 农村留守少年比非留守少年被家人打骂重一些

问卷统计显示，有 3.6% 的农村少年反映经常遭受家人的身体打击，其中，留守少年比非留守少年高出 2.0 个百分点。（具体数据见表 3 - 17）

有 3.9% 的农村少年反映经常遭受家人的辱骂挖苦，其中，留守少年比非留守少年高出 0.5 个百分点。偶尔遭受家人辱骂挖苦的，留守少年高

---

① 王秋香：《家庭功能弱化与农村"留守儿童"社会化》，《文史博览》2006 年第 7 期。

出非留守少年6.2个百分点。(具体数据见表3-18)

表3-17　　　　　　　　农村少年被家人身体打击情况

被家人身体打击情况	人数/占比	留守少年人数/占比	非留守少年人数/占比
经常有	38/3.6%	28/4.4%	10/2.4%
偶尔有	422/40.3%	256/40.3%	166/40.3%
从来没有	588/56.1%	352/55.3%	236/57.3%
总计	1048/100.0%	636/100.0%	412/100.0%

表3-18　　　　　　　　农村少年被家人辱骂挖苦情况

被家人辱骂挖苦情况	人数/占比	留守少年人数/占比	非留守少年人数/占比
经常有	41/3.9%	26/4.1%	15/3.6%
偶尔有	314/30.0%	206/32.4%	108/26.2%
从来没有	693/66.1%	404/63.5%	289/70.1%
总计	1048/100.0%	636/100.0%	412/100.0%

之所以遭受打骂，与留守少年不听管教有关，也与农村的文化传统"打是亲，骂是爱"的管教方式有关，"不打不骂怎么行，他太不听说（话）了，这样打骂还都不行了，俺实在是管不了他，经常让他气得不行，告诉他不要出去，一眨眼的工夫就找不见了，俺是受不了这么淘气的孩子，还是等打电话告诉他爸妈吧，等他爸爸回来揍他。再不行，我就到学校告老师去，让老师管他。要不你给俺支个招，怎么管这个不听说（话）的孩子？"这是六年级学生S21的奶奶对她孙子的评价。"俺们农村都是这样管教孩子，是自己的孩子，亲他才打才骂，不是自己家的孩子，爱咋样就咋样，谁还会管你唉。有人打有人骂，这是好的啊。这都是老辈子传下来的，俺那儿（子）从小就没少挨揍，可孝顺了……"访谈这位经常被奶奶打骂的留守少年，他说："奶奶主要是脾气不好，我爸爸小时候就没少挨揍，对我已经好多了，尽管她骂，有时候也打我，我知道都是对我好，有时候打得狠了，过一会她对我格外好。"问他奶奶打骂他时是否感到害怕，他说："小的时候害怕，但是现在大了，她要是骂我，我就不吱声；要是打我，我就跑。现在基本上打不着我，骂也没有用，我都习惯了，所以她自己生气，骂一骂出出气也就没事了。"

在访谈中，我们也发现个别女性留守少年长期遭到家庭的不良监护。有位七年级的留守少年向我们说道："我是家里的老大，家里还有一个妹妹和一个弟弟，自打我记事起，就觉着妈妈对我不好，经常唠叨我是个女孩子，特别是有了小弟弟后，更是对我不好了，经常为一些家务事我做不好骂我。我希望妈妈以后能够对我好一些。"

发生在留守少年身上的不管是出于教育善意的家庭暴力，还是源自歧视虐待的家庭暴力，均会在一定程度上给他们的身心发展造成不良影响，也是对留守儿童权益的破坏与践踏，一定程度上说明了家庭儿童权利尊重与保护出现底线失守的局面①。

2. 农村留守少年较非留守少年家庭安全感相对低

问卷显示，绝大多数农村少年很有安全感，有 5.2% 的农村少年反映家庭安全感缺乏，其中，留守少年比非留守少年高出 1.0 个百分点。父母均在外地工作、仅父亲在外地工作、仅母亲在外地工作的留守少年家庭安全感缺乏的反映率分别是 7.2%、4.2% 和 7.4%，（具体数据见表 3 - 19 与表 3 - 20）相比而言，父母均在外地工作、仅母亲在外地工作的留守少年相较仅父亲外出工作的留守少年，他们家庭安全感低一些。这也反映出了家庭不同的成员结构会给留守少年造成心理上的不同影响与感受。相关研究显示，当个体生活在"不安"的自然环境中，会创造条件弱化心理动荡，包括情绪不安全感（即悲伤、羞耻、混乱、恐怖、无助）②。访谈中也发现，家庭安全感较弱主要表现在出现安全事故、生病、受他人欺负等非常态情况发生时，留守少年会出现无助、孤独、害怕、难过、想念爸爸妈妈等强烈的内在感受。非寄宿制五年级学生 S18 描述过受到六年级学生欺负时的害怕："放学后，我都不敢自己回家，我就跟着我同学去他家，因为他家大人都在啊，我只是与奶奶在家，奶奶又耳背听不见，我和同学写完作业，让同学再把我送回家，我赶快把门给反锁上，心里害怕极了。第二天早上上学，我都是飞快地跑到学校。"由此可见一斑。

---

① 裴指挥：《留守儿童"亲情空洞"问题发生的特殊性及防范》，《中国教育学刊》2016 年第 5 期。

② 黄月胜、郑希付、万晓红：《初中留守儿童的安全感、行为问题及其关系的研究》，《中国特殊教育》2010 年第 3 期。

表3-19　　　　　　　　　　农村少年家庭安全感情况

安全感情况	人数/占比	留守少年人数/占比	非留守少年人数/占比
很有安全感	846/80.8%	496/78.0%	350/85.0%
有些安全感	147/14.0%	104/16.4%	43/10.4%
不太有安全感	42/4.0%	26/4.0%	16/3.9%
很没有安全感	13/1.2%	10/1.6%	3/0.7%
总计	1048/100.0%	636/100.0%	412/100.0%

表3-20　　　　　　　不同留守情况下农村少年家庭安全感情况

安全感情况	父母均在外地工作的留守少年人数/占比	父亲在外地工作的留守少年人数/占比	母亲在外地工作的留守少年人数/占比
很有安全感	205/73.2%	270/82.1%	21/77.8%
有些安全感	55/19.6%	45/13.7%	4/14.8%
不太有安全感	15/5.4%	9/2.7%	2/7.4%
很没有安全感	5/1.8%	5/1.5%	0/0%
总计	280/100.0%	329/100.0%	27/100.0%

（四）留守少年的家庭事件参与度低于非留守少年

家庭参与情况主要通过家人在相关事务上是否让留守少年参与来了解留守少年的参与权保护状况。

1. 农村留守少年在学习生活事件安排中参与程度低于非留守少年

问卷显示，多数农村少年在学习生活事件的安排上家人会与之商量，但有13.5%的农村少年反映家人在关于自己个人学习生活事件的安排上缺乏商量，其中留守少年这方面的反映率为15.1%，非留守少年为10.9%。（具体数据见表3-21）

访谈中发现，父母一方在家的留守少年在具体的学习生活事件安排中的参与度会相应高，但是父母双方都不在家的留守少年的参与度相应低。他们在学习生活事件安排中家人经常商量或有时候商量看起来数据较高，但经过访谈发现，在现实中所谓的商量往往也不是真正的商量，有时候只是监护人将所做出的决定告知留守少年。寄宿制六年级学生S09说："我上这个学校，是因为爸妈都出去打工了，没人照顾我，他们觉得这个学校能够住宿，而且办得好，他们给报的名、交的钱，这个事情他们早就定好了，也和我商量了，我当然同意，还有别的办法吗？也不能每个周末都去小婶子家吧？所以周末别人回家我只能留在学校里，家里给（学校）多交伙食费。其他爷爷奶奶在家的同学也就回爷爷奶奶家里。"

表3-21　　　　　　家人在农村少年学习生活事件安排上的商量情况

商量情况	人数/占比	留守少年人数/占比	非留守少年人数/占比
经常商量	569/54.3%	335/52.7%	234/56.8%
有时候商量	338/32.3%	205/32.2%	133/32.3%
不怎么商量	87/8.3%	57/9.0%	30/7.3%
从不商量	54/5.2%	39/6.1%	15/3.6%
总计	1048/100.0%	636/100.0%	412/100.0%

注：因四舍五入，百分比之和实际不为100%。

2. 农村留守少年在家庭事件安排中的参与少于非留守少年

问卷显示，有18.7%的农村少年反映家人在关于家庭生活方面的决定安排上缺乏商量，其中留守少年的这方面的反映率为20.8%，非留守少年15.6%，二者相差5.2个百分点。（具体数据见表3-22）

表3-22　　　　　　家人在家庭生活事件的决定安排上的商量情况

商量情况	人数/占比	留守少年人数/占比	非留守少年人数/占比
经常商量	482/46.0%	277/43.6%	205/49.8%
有时候商量	370/35.3%	227/35.7%	143/34.7%
不怎么商量	115/11.0%	83/13.1%	32/7.8%
从不商量	81/7.7%	49/7.7%	32/7.8%
总计	1048/100.0%	636/100.0%	412/100.0%

注：因四舍五入，百分比之和实际不为100%。

有23.7%的农村少年反映家人在关于家庭重大事件决定安排上缺乏商量，其中留守少年的这方面的反映率为26.9%，非留守少年为18.7%，二者相差8.2个百分点。（具体数据见表3-23）

实际上农村少年参与家庭一般或重大事件决定并不多，只是知道了或者接受了相应的安排，非留守少年之所以参与度比留守少年要高，是因为他们能够经常性地从父母那里了解家庭事件的决定与安排，而不是真正地参与决定，因为在他们看来，这些少年还只是孩子，还没有能力直接参与大人对家庭事件的讨论，七年级的 S26 说："我爸妈商量事情从来不和我说，不是因为他们不在家，而是在家也不让我参加，他们会说小孩子怎么能懂大人的事情？小孩子只要听话就是好孩子。可我现在不小了，他们还是会这样说。"S26 的邻居奶奶说："在俺们农村，大人的事情是不和小孩子商量的，有些事情商量也商量不中，也就不商量。那些孩子小的时候，大人要出去干活，小孩子肯定不愿意，硬走了也就没事了。小孩子想大人是正常的，大人也想孩子，不过时间长了，也就习惯了，都是为了孩子，才多出去挣点钱儿。"

表 3 - 23　　　　　　　　家人在家庭重大事件安排上的商量情况

商量情况	人数/占比	留守少年人数/占比	非留守少年人数/占比
经常商量	512/48.9%	282/44.3%	230/55.8%
有时候商量	288/27.5%	183/28.8%	105/25.5%
不怎么商量	138/13.2%	97/15.3%	41/10.0%
从不商量	110/10.5%	74/11.6%	36/8.7%
总计	1048/100.0%	636/100.0%	412/100.0%

注：因四舍五入，百分比之和实际不为 100%。

尽管从总体来看，留守少年在家庭事件安排方面参与情况要低于非留守少年，但非留守少年也普遍性存在着参与不足的问题，其根本原因在于对子女参与家庭事件的传统观念与态度。而出现的差别主要是留守少年与家人的交往机会相对较少，家庭事件决定的知晓情况相对低。

留守少年对家庭事件及个人生活学习事件一定程度上存在参与缺失的情况，根本的原因在于父母的子女观，他们对子女应有参与权的漠视甚至是根本不了解、不知道。在外出务工的父母看来，留守少年还未成人，他们没有能力参与并决定家中的一些事情，即使他们参与了也发挥不了什么作用，有些事情告诉了他们也理解不了，反倒分了他们学习上的心，所以很多父母认为家里的大事根本不用告诉子女。不管是权利上的无视，还是善意的隐瞒，父母对子女参与家庭事务上的限制不利于留守少年参与意识与参与能力的培养，也不利于民主、协商式亲子关系的建立。

二 农村留守少年权益的学校保护状况

农村留守少年权益的学校保护主要包括安全、发展、受保护与参与权等内容的聚焦，采用留守少年与非留守少年比较的方式，进一步了解留守少年相关权益的学校保护状况。

（一）留守少年较非留守少年存在更多的安全问题

问卷主要通过学校安全状况、学校安全教育活动的开展、在校遭受意外伤害情况来了解学校对农村留守少年生存权的保护状况。

1. 除交通安全外，其他安全问题留守少年均高于非留守少年

问卷调查中有关在所在学校的四项安全问题中，按照反映率从高到低依次为交通安全问题、饮食安全问题、卫生安全问题、校园治安问题。除了交通安全问题表现为留守少年低于非留守少年，其他均高于非留守少年，其中校园治安问题留守少年的反映率比非留守少年高 3.9%。（具体数据见表 3 - 24）

表 3 - 24   农村少年所在学校及其周边安全情况

安全情况	人数/占比	留守少年人数/占比	非留守少年人数/占比
交通安全问题	227/21.7%	132/21.1%	95/23.1%
饮食安全问题	176/16.8%	109/17.4%	67/16.3%
卫生安全问题	157/15.0%	100/16.0%	57/13.8%
校园治安问题	123/11.7%	84/13.4%	39/9.5%

这可能意味着留守少年比非留守少年更容易受到校园欺凌。而另一个问题的数据进一步验证了这样的推断，数据显示，有 29.5% 的农村少年反映在校遭受过意外伤害情况，而该方面，留守少年高出非留守少年 9.8 个百分点。（具体数据见表 3 - 25）

表 3 - 25   农村少年在校遭受意外伤害情况

伤害情况	人数/占比	留守少年人数/占比	非留守少年人数/占比
遭受过	309/29.5%	212/33.3%	97/23.5%
没遭受过	739/70.5%	424/66.7%	315/76.5%
总计	1048/100.0%	636/100.0%	412/100.0%

访谈中再次证实了这样的情况发生，其中个别情况是教师对学生的体罚，原因在于学生不遵守课堂纪律、作业没完成或完成得不好，被访谈的个别学生反映有这样的现象，但是不会讲更具体的情形；被访谈的老师认为体罚只是个别教师的个别行为，不是普遍情况；多数欺凌事件是来自学生之间的人际矛盾。

2. 留守少年比非留守少年更多地发生校园欺凌问题

在访谈中进一步了解到，学校的伤害事件主要是校园欺凌事件。留守少年群体尤其是父母均在外打工的留守少年更多地卷入校园欺凌事件中。其中有高年级学生欺负低年级学生，主要采用恐吓、辱骂甚至是武力的方式，一是为了索要钱物，二是为其他人出头。访谈中了解到，出现过初中女生酒后欺负低年级学生的现象。同年级、同班出现的欺负现象有的是学习差的学生、受老师排斥的学生对老师喜欢的学生和学习好的学生的冷嘲热讽，当然也有学习好的学生欺负学习不好的学生，五年级的 S05 说："我们班以前有几个长得漂亮、学习又好的女生联合起来欺负一个长得漂亮但学习不太好的女生。这个女生的数学成绩很差。这一群女生集体到班主任那里说这个女生的坏话，编造一些没有的事情。班主任因为她们是好学生就相信了她们。另外，这个被欺负的女生也比较软弱，只会哭，也不会到老师那里说明情况，我们有一点同情她，觉得她可怜。后来她也转走了。"S05 认为这个小团体欺凌事件的主要原因是，这个学习成绩差的女生说话不注意得罪了其中一个女生造成的。

寄宿制留守少年比非寄宿制留守少年更容易出现校园欺凌事件，主要是因为他们在校时间比较长，可能会因为一些小的事情而引发打架的现象，"有一次因为大家都在排队打水的时候，有个男生插队插在我前面，连个招呼都不打，我就和他争吵了起来，然后就动了手。事后老师对我们进行了批评并告诉了我爸爸，我爸爸询问了打架的原因并告诉我不能打架，但是我没有听进去，后来几次打架都是因为我觉得有男生主动挑衅我，比如说撞我，所以我会去打他们。我觉得打架是解决问题的一种方式，特别是男生之间解决问题的方式。过去我在动手之前不会去想后果，老师教育我说不能打架，我听老师的。现在六年级比较忙了，加上我也刻意控制了我的脾气，所以现在打架少了。"这是六年级 S8 谈的自己打架的经历，他之所以打架在于他认为这是解决问题的一种方式，显然这种解决问题的方式可能是从家庭中习得的。

留守少年因为谈恋爱而引发的欺凌事件增多。留守少年早恋发生率较高，恋爱双方可能发生矛盾与摩擦，可能还会引发与其他同学之间的欺凌言语与行为，八年级女生 S31 谈到一个女生找她麻烦时非常气愤地说："我只是和大行说了几句话，那个女生就莫名其妙地找我麻烦，后来我听别人说，原来她喜欢大行，她喜欢她的呗，我又没喜欢，我真觉得她有病，再说了，人家大行也不喜欢她，她是人家什么人啊。不过我也不再和大行说话了，太没劲了。但大行愿意和我说话，我有什么办法？我最气愤的是不仅是她，还有两个和她很好的人也对我这样。可能是因为我刚转回来上学一年，与她们相处的时间不长的原因。以前我在上海上学的时候偷偷谈过一个，我爸爸妈妈反对我谈恋爱，我也没有让他们知道。我现在也不想谈恋爱，我想好好考高中，将来我再考上海的大学，和爸爸妈妈在一起。"

后来在我们的校园欺凌专项调研中，通过研究，我们将校园欺凌的类型分为呈现力量型、捍卫尊严型、关系维系型、争风吃醋型。并进一步发现，校园欺凌发生的时间主要在课间、晚自习后、放学后，发生的地点在厕所、学校的某个角落、宿舍，当然也有在教室。一般肢体暴力事件往往发生在具有隐蔽性、不容易被老师发生的地方，寄宿制学生的暴力欺凌一般发生在晚上的宿舍，非寄宿制的可能选择放学后的校外；周末往往也是欺凌事件发生的高峰时段。而言语暴力事件则会在课后的任何地方发生。在一些欺凌事件中，留守少年更多是被欺凌者，也有的是欺凌参与者，个别的是主要的欺凌者。

问卷统计亦显示，校园欺凌发生率排在前三位的是分别是辱骂、歧视嘲笑、损坏东西，分别占比 18.8%、11.7% 和 9.1%。所调查的八项指标中，六项指标的发生率留守少年均高于非留守少年。（具体数据见表 3 - 26）以四个省份的五年级样本学生为研究对象的相关研究也显示，留守儿童比非留守儿童遭受了更多的校园欺凌行为①。

表 3 - 26　　　　　　　　　农村少年遭受校园欺凌情况

欺凌情况	人数/占比	留守少年人数/占比	非留守少年人数/占比
索要钱物	22/2.1%	12/1.9%	10/2.4%

---

① 严虎、陈晋东、何玲、封坷欣：《农村留守儿童学校生活满意度、自尊与校园欺凌行为的关系》，《中国儿童保健杂志》2019 年第 3 期。

续表

欺凌情况	人数/占比	留守少年人数/占比	非留守少年人数/占比
辱骂	197/18.8%	135/21.2%	62/15.0%
歧视嘲笑	123/11.7%	81/12.7%	42/10.2%
踢、推或打	92/8.8%	56/8.8%	36/8.7%
恫吓、威胁	52/5.0%	37/5.8%	15/3.6%
损坏东西	95/9.1%	57/9.0%	38/9.2%
造谣诽谤	68/6.5%	46/7.2%	22/5.3%
孤立排挤	28/2.7%	19/3.0%	9/2.2%

3. 留守少年较非留守少年的学校安全感低

问卷显示，多数学生在学校里具有安全感，但是还有 5.3% 的农村少年反映学校安全感缺乏，其中，留守少年中缺乏安全感的比例为 5.7%，比非留守少年高出 1.1 个百分点（具体数据见表 3-27）

表 3-27　　　　　　　　农村少年学校安全感情况

安全感情况	人数/占比	留守少年人数/占比	非留守少年人数/占比
很有安全感	846/80.7%	496/78.0%	350/85.0%
有些安全感	147/14.0%	104/16.3%	43/10.4%
不太有安全感	42/4.0%	26/4.1%	16/3.9%
很没有安全感	13/1.3%	10/1.6%	3/0.7%
总计	1048/100.0%	636/100.0%	412/100.0%

访谈中发现，以肢体暴力的方式更多的是群体性事件，诱因往往是人际的一般性口角摩擦而引发的。据初级中学的校领导讲："曾经一度出现过严重的打架事件，主要是校外那些辍学的社会青年翻墙进学校来打架，为在校内受到欺负的好朋友出头，严重时一周会出现两到三次打架现象，甚至我们曾经都打过110。"这种群体性暴力事件的发生，很大程度上也折射出学生们校内安全感的缺失。不仅被欺凌者如此，欺凌者其实也并不那么踏实安心。访谈中了解到，肢体暴力会使被欺凌者感到害怕，而欺凌者也害怕来自被欺凌者好友的欺凌；而言语欺凌如辱骂、威胁等，会让对方感到威胁，但是恶语相向者内心也未必轻松，可能是外强中干的表现。七

年级女生 S25 说："当我骂她的时候，我心里也是很害怕，特怕她找人打我，但是我还是要硬撑，因为我要让她看到我不好惹，不害怕她。"由此可见一斑，有时的欺凌者也并不是有恃无恐，他们的欺凌行为往往也是来自于内心的不安全感而不是内心的强大。

（二）留守少年与非留守少年同样存在发展权支持不足的问题

问卷调查主要通过教师同留守少年的谈话情况，以及作业时间等来考察农村留守少年发展权的学校保护情况，访谈多以老师与留守少年谈话的内容及生涯规划方面的问题进行。

1. 留守少年较非留守少年更多受到教师的关注

问卷显示，自学期开学以来教师同农村少年的谈心情况呈现"两极"趋势，一极是 34.0% 的农村少年反映教师没跟自己谈过话，另一极是有30.2% 的学生反映教师跟自己谈话的次数在 3 次以上。而有 2 次与 3 次谈话的留守少年比非留守少年高于 4.4 个百分点，有 2 次谈话的留守少年比非留守少年多出 56 人，3 次谈话的则多出 13 人。（具体数据见表 3 – 28）

表 3 – 28　　　　　　　　　教师同农村少年谈话情况

谈话次数	人数/占比	留守少年人数/占比	非留守少年人数/占比
0 次	356/34.0%	201/31.6%	155/37.6%
1 次	159/15.2%	96/15.1%	63/15.3%
2 次	166/15.8%	111/17.5%	55/13.3%
3 次	51/4.8%	32/5.0%	19/4.6%
3 次以上	316/30.2%	196/30.8%	120/29.1%
总计	1048/100.0%	636/100.0%	412/100.0%

注：因四舍五入，百分比之和实际不为 100%。

从谈话的次数显示，留守少年较非留守少年更多受到教师的关注。访谈中了解到，教师与留守少年谈话更多的是学习问题和纪律问题，个别教师关心留守少年的生活问题。其中任课教师更多是关注所教学科的成绩问题，找谈话的往往是学习好的学生、学习出现了退步的学生。教师 A 说："我教语文课，我也是班主任，对于授课的班级，我只能了解他们语文课学习的情况。他们的作业与考试成绩，是决定我是否找哪个同学谈话的主要因素。但是我担任班主任的班级就不同了，我不仅要自己了解，还要找其他老师了解情况，同时我还会找班级里我认为不错的学生了解情况，当然我也会找拖班级后腿的学生谈，否则我们班级就会落后于别的班级。"班主任除了关心学习情况，还关心班级纪律与学生的生活情况。"当然，我会更加关注留守的学生，尤其是父母都出去打工的学生，他们的一些变化实际上在课堂上、班级里都会有所表现，只要有这样的苗头，我都会主动找他（她）谈话，了解情况，进行引导。"班主任老师更多地关注学业成绩较好和有明显发展性问题的学生，而对学习成绩不好但表现一般的学生关注度不够，如八年级男生 S29 说："老师没有找过我谈话，主要是因为我学习也不好，我也不太调皮捣蛋，我觉得老师关心的还是同学的学习，学习好什么都好，学习不好老师就当你是不存在。纪律不好的同学老师肯定会找，要么在教室外罚站，要么就叫到老师的办公室，要么就是被当众的批评甚至是骂。"

2. 留守少年与非留守少年作业时间量基本持平

问卷统计显示，在作业时间的五种情况中，占比最高的是"1 小时左右"，占比最低的是"0.5 小时左右"，"2 小时及以上"占比 40.0%。对照《山东省中小学教学基本规范》（鲁教基发〔2015〕6 号）中"小学一、二年级不留书面家庭作业，其他年级语文、数学书面作业总量每天不超过1 小时，其他学科不留书面家庭作业；初中语文、数学、英语、物理、化学书面作业总量每天不超过 1.5 小时"[①] 的作业量规定，本问卷数据在一定程度上显示作业时间超量。（具体数据见表 3 - 29）

表 3 - 29　　　　　　　　农村少年平均日作业时间

日作业时间	人数/占比	留守少年人数/占比	非留守少年人数/占比
0.5 小时左右	75/7.2%	48/7.5%	27/6.6%
1 小时左右	356/34.0%	212/33.3%	144/35.0%
1.5 小时左右	198/18.9%	119/18.7%	79/19.2%
2 小时左右	227/21.7%	135/21.2%	92/22.3%
2.5 小时及以上	192/18.3%	122/19.2%	70/17.0%
总计	1048/100.0%	636/100.0%	412/100.0%

注：因四舍五入，百分比之和实际不为100%。

---

① 《山东省中小学教学基本规范》（鲁教基发〔2015〕6 号），http：//www. shandong. gov. cn/art/2015/5/15/art_ 2259_ 24719. html，2018 年 8 月 11 日。

　　访谈中发现，留守少年的家长也多反映孩子的作业比较多。有位监护人说："现在小孩子的作业不但多，而且据孩子说不少作业都是重复性抄写、练习什么的，没有什么意思。像我一样，很多家里大人也觉得学校里老师就是靠布置作业、练习来逼迫孩子学习，根本没有好的教的方法，搞得小孩子成天受累，也没啥大长进，学习成绩也不中。"而从学校老师的访谈中，我们也听到了不同的说法。有位老师说："寄宿制学校，不多布置点作业，学生晚自习就不知道干什么，要知道现在的孩子自控力都比较差，不用作业来要求他们学，他们自己都不知道自习要做什么。周末布置点作业，也是有不少家长要求的，说可以防止孩子到处乱跑，能安心在家里待着。"

　　就留守少年作业时间的年级分布来看，存在一定程度上的差异。四至九年级作业时间"2 小时及以上"占比分别为 19.8%、37.0%、61.1%、29.7%、45.6%、48.0%。（具体数据见表 3 - 30）

表 3 - 30　　　　　留守少年平均日作业时间量的年级分布情况　　　（单位：人）

年级情况	0.5 小时左右	1 小时左右	1.5 小时左右	2 小时左右	2.5 小时及以上	总计
四年级	10	56	15	13	7	101
五年级	12	38	13	24	13	100
六年级	2	29	11	29	37	108
七年级	9	41	28	17	16	111
八年级	9	32	21	22	30	114
九年级	6	16	31	30	19	102
总计	48	212	119	135	122	636

　　可以看到不同时期的作业量是有差别的。访谈中了解到，作业时间量一是与布置的作业多少有关，二是与完成作业的监督有关，寄宿制学校学生的平时作业，都会有固定的时间写，周末回家的作业相对少一些。非寄宿制学生的作业时间量相对长一些，主要是因为缺乏相应的监督，尤其是爷爷奶奶为监护人的非寄宿制留守少年，他们往往做作业的时间相对长一些，三年级非寄宿学生 S13 奶奶说："反正回来就是做作业，吃完饭还是在做作业，我看也是玩一会儿写一会儿，我让她不要边写边玩，要先写完

再玩，或者先玩一会再写，说了也没用。我让她帮助干点活（她）就说要写作业，不让她干活（她）就玩儿。"

3. 留守少年与非留守少年皆缺乏系统的生涯发展指导

访谈中可以了解到，学校缺乏相应的生涯发展指导，小学教育与初中教育的目标就是追求较高的升学率，因为升学率是评价一个学校好坏的最主要的指标，学校领导与所有教师的压力几乎都在学生的学习成绩上。按照教育局的要求设定的课程表都会有主课与副课的安排，但平时的副课如体育、音乐、美术等很少有专业教师教授，往往由主课教师兼任，所以很多时候这些课是被主课侵占的，致使校园生活相对枯燥，且这些副课没有什么作业，作业也主要是主课的内容。

多数学生认可学习好才会有出路，学习不好就没有出路。在初中阶段，这种学习好有出路的氛围更浓一些，因为初中学习好坏的分化在初二的时候已经很明显了，这对于那些学习一般化、甚至学习不好的学生是一种消极的影响。初中学校领导也说："农村的初中能够考上县里的重点高中才有指望考上大学，上一般的高中好的话能考上高职，上个大专。家庭条件好点的考不上高中，可以上个中专。其他的基本上还是会走他们父母的老路，出去打工。"八年级学生 S32 说："我觉得我是考不上高中了，我爸妈说初中毕业就去他们打工的地方，让我先去酒店打杂，再找机会学个厨师。所以想到这些，我也觉得学习真的是没有什么用，平时除了学习就是学习，除了作业就是作业，无聊极了，我都想现在就不学了，去找爸爸妈妈去。"而学习成绩较好的学生 S28 说："我必须好好学习考上重点高中，我之所以回来上学，就是因为在爸爸妈妈打工的上海上不了好的学校，将来考学还是要回来考。我要好好学习，将来一定要考到上海去。"总之，从学生到教师、领导都认为对未来生涯的最大影响就是学习成绩的好与坏，而未来生涯中其他重要的素质与能力的培养是被忽视的。

（三）留守少年与非留守少年同样存在保护权支持不足的问题

问卷调查主要从教师不当教育管理行为、学校安全教育等方面了解留守少年在校受保护情况。访谈聚焦学校有关安全措施及落实情况等。

1. 留守少年比非留守少年遭受教师不当教育管理行为略高

数据统计显示，教师不当行为发生率排在前三位的分别是教室罚站、身体打击、辱骂，分别占比 14.6%、9.7% 和 6.3%。所调查的六项指标的发生率，留守少年均高于非留守少年。（具体数据见表 3-31）

表 3 - 31　　　　　　　农村少年遭受教师不当教育管理行为情况

不当教育管理行为	人数/占比	留守少年人数/占比	非留守少年人数/占比
辱骂	66/6.3%	43/6.8%	23/5.6%
歧视嘲笑	28/2.7%	19/3.0%	9/2.2%
教室罚站	153/14.6%	95/14.9%	58/14.1%
赶出教室	63/6.0%	43/6.8%	20/4.9%
身体打击	102/9.7%	62/9.75%	40/9.71%
忽视不睬	26/2.5%	19/3.0%	7/1.7%

在访谈中，多数学生对教师的不当的教育管理行为讲得不是十分具体，有的只是在问询中点头认可，主要是因为访谈员还没有真正与访谈对象建立起信任的关系，但六年级学生 S9 讲了自己赶出教室的经历："我就曾经被老师赶出教室，实际上是后座的同学上课时一直在用手捅我的后背，我趁着老师不注意，回过头来去打了一下这位同学，被他闪开了，也没打着，结果还是被老师给逮着了，算我倒霉吧，老师也没问是为什么，反正是看见我打人。后来下课后老师问我知道错了吗？我只能说知道了，以后再也不会这样了。我也不想再节外生枝去解释了，反正也赶出教室了，就自己认了吧。"访谈的教师 B 认为："教师采用的一些行为，有时也是因为缺乏现实有效的办法，有的学生真的是太气人了，你再三强调的纪律还是不听，有的老师就只好把他请出教室；有的学生上课爱睡觉或者爱搞小动作，老师没办法也只好罚他站，让他在清醒中听课；我认为罚站与请出教室不能算是不当的教育管理行为，是教育管理合理的行为。但是我反对那种辱骂和打人的行为，这才是真正的体罚学生。不过，这种体罚的方式只是个别老师的做法。"从数据统计来看，这种体罚的方式尽管留守少年略比非留守少年高，但差别不是十分明显，留守肯定不是受体罚的原因。除教师个体素质外，不守规矩、不完成作业是招致教师体罚的主要原因。

2. 学校安全教育活动形式相对单一

学校对学生的安全教育达到了常态化，也基本上做到了定期的安全教育与日常性安全教育相结合，定期的安全教育表现为一是新生入校时针对全体新生关于遵守学生守则的教育；二是假期前的安全教育，主要是交通安全，防溺水、防触电、防拐骗等安全注意事项的教育；三是日常性的安全知识教育。前两项基本上是以全体大会的方式进行宣讲，日常性安全教育是班主任老师开班会强调。同时，也会根据教育局的安全要求进行专项安全的宣讲。问卷调查显示，有 75.6% 的农村少年表示学校组织过一些安全教育活动，且效果较好。（具体数据见表 3 - 32）

表 3 - 32　　　　　　　　农村少年所在学校安全教育活动组织情况

组织情况	人数/占比	留守少年人数/占比	非留守少年人数/占比
组织过效果较好	792/75.6%	473/74.4%	319/77.4%
组织过效果不太好	151/14.4%	96/15.1%	55/13.3%
没有组织过或自己不清楚	105/10.0%	67/10.5%	38/9.3%
总计	1048/100.0%	636/100.0%	412/100.0%

还有近四分之一的学生认为学校组织的这些安全教育活动效果不太好，甚至没有什么印象。从校领导来看，他们对安全教育相当重视，尤其是寄宿制学校每晚都安排值班老师，也都有应急预案，对食堂的卫生高度重视。寄宿制小学的领导强调："我们特别注重安全教育，专门请人对学生进行防火演习，注意学校内部的安全，每晚都有值班老师，晚上的保安力量是加强的，保持巡逻制度，严格作息制度。在安全问题上我们一点也不能马虎。"非寄宿制小学的领导说："我们要求班主任经常性地强调放学后的安全问题，注意交通方面的安全，注重人身、财务方面的安全等等，很多都是留守的孩子，不时常叮嘱着是不行的。"教师 C 说："我们能做的都做了，能强调的也再三强调了，在学校里还成，都在老师的眼皮子底下，可是不在学校我们也管不了啊。"教师 D 说："安全是第一位的，我们有着保证安全的相关制度，也对学生进行安全教育，我们能做的都尽可能做好。""但是安全教育除了开班会进行宣讲之外，我还真的没有想到需要再怎么做。"由此，可以看到领导、教师普遍认识到安全教育的重要性，也认为自己在学生安全教育方面非常尽力，但是如何真正培养学生的安全意识，以及如何组织有效的安全教育活动等还缺乏相应的意识、感到力不从心。

3. 青春期教育与心理辅导缺乏

通过实地观察与访谈，我们发现三所学校都没有专职的心理咨询老师，皆缺乏专业的青春期教育与心理辅导。初中设有专门的心理咨询室，但是没有专职的专业教师，只有个别热心教师或者领导安排的教师会定期值班，以他们的经验来处理咨询学生的问题。学生咨询的问题主要集中在恋爱与人际关系处理上。寄宿制小学的留守儿童室和心理咨询室合为一体，一名管学校宣传的教师为兼职辅导老师。非寄宿制小学也设有心理咨询室，实际上没有辅导老师。访谈中了解到，没有学生去过心理咨询室，多数学生强调太忙，课间的时间太短，没有时间或者时间来不及。有的不是没有问题，而是感到都是自己的老师，有的事情不想让老师知道，有的事情特别不好意思开口。五年级非寄宿制学生 S17 说："妈妈打工出去之前，给了我两包卫生巾，说如果我下面出血了可以用，不够还可以去买，我问她为什么会出血，她说反正到时候就知道了，女的都这样。前一段时间真的出血了，而且肚子还痛，我特别害怕，我想问一下老师，但是我没好意思问。后来我好朋友告诉我要喝点红糖水就行，没什么事不用怕。"学校很少开展生理卫生和心理健康教育。有关青春期的生理知识等，有的学生尤其是曾经跟着父母在外地的留守少年一般是上网了解，有的学生是看电视、看书了解，更多的是同学之间的交流与分享。

（四）留守少年与非留守少年皆存在参与不充分的现象

问卷主要通过相关事情的商议、反映情况来了解关于留守少年参与权的学校保护状况。

问卷统计显示，有 19.7% 的农村少年反映班主任在关于班级事务安排上缺乏商量，其中留守少年在此方面的反映率为 21.4%，非留守少年为 17.0%。（具体数据见表 3 - 33）

表 3 - 33　　　　　　班级事务安排中班主任与农村少年的商量情况

商量情况	人数/占比	留守少年人数/占比	非留守少年人数/占比
经常商量	567/54.1%	331/52.0%	236/57.3%
有时候商量	275/26.2%	169/26.6%	106/25.7%
不怎么商量	119/11.4%	82/12.9%	37/9.0%
从不商量	87/8.3%	54/8.5%	33/8.0%
总计	1048/100.0%	636/100.0%	412/100.0%

之所以留守少年在"不怎么商量"指标中的反映率比留守少年高，是因为相当多的留守少年都有随父母外出到城市的经历，属于见多识广型，

他们对班级事务商量的理解不同，尤其是高年级的学生，九年级学生 S34 说："如果用商量的口气征求一下意见，这不叫商量。商量就是不要说结果，要我们真正的就有关问题讨论，大家都认可后再决定。"S34 就是跟随父母在上海上学，回来才一年多，因为户口的问题，必须从老家考高中。他对平时班主任商量班级事务感觉不太认可，尽管班主任老师都是用商量的口气。这也表明有关班级事务基本上由班主任老师决定。

问卷统计数据显示，有 27.2% 的农村少年反映任课教师在关于上课安排问题上缺乏商量，其中留守少年的这方面的反映率为 27.5%，非留守少年为 26.7%。（具体数据见表 3-34）

表 3-34　　　　如何上课安排中任课教师与农村少年的商量情况

商量情况	人数/占比	留守少年人数/占比	非留守少年人数/占比
经常商量	480/45.8%	282/44.4%	198/48.1%
有时候商量	283/27.0%	179/28.1%	104/25.2%
不怎么商量	158/15.1%	93/14.6%	65/15.8%
从不商量	127/12.1%	82/12.9%	45/10.9%
总计	1048/100.0%	636/100.0%	412/100.0%

被访谈的老师 E 说："上课的安排问题，如果是讲新课，肯定是按照我之前备好课的套路来，但如果是复习课，我会征求同学的意见，哪个地方不明白，哪些地方需要重新讲，都会根据学生的建议来，但是前提是照顾绝大多数同学，而不是个别同学。有些个别同学的问题我会让他课后来找我。"六年级学生 S20 说："多数老师在上课方面都是按照自己的思路与想法，不会和我们商量。个别老师上课特别严厉，我们都非常害怕。但有些老师会和我们商量，或者征求一下我们的意见，我们都非常喜欢能与我们商量的老师，让我们能够很好地在课堂上表现自己，不会的也敢在课堂上问。"这表明与教师上课的传统方式有关，学生的课堂参与不充分。

在有关建议意见反馈方面，有 23.6% 的农村少年反映学校缺乏建议意见反映渠道，27.2% 的表示不清楚有无渠道，二者合计超过半数，这可以说明学校在考虑学生意见、尊重学生看法方面的工作还做得不够。（具体数据见表 3-35）

表 3-35　　　　　　　　农村少年在校建议意见反映渠道情况

反映渠道	人数/占比	留守少年人数/占比	非留守少年人数/占比
有	516/49.2%	306/48.1%	210/51.0%
没有	247/23.6%	150/23.6%	97/23.5%
不清楚	285/27.2%	180/28.3%	105/25.5%
总计	1048/100.0%	636/100.0%	412/100.0%

访谈中，八年级学生 S32 讲道："有时候校长会在大会上讲，大家有建议可以直接反馈到政教处，可以以书面的方式，也可以直接找老师反映；班主任有时在班会上也提出有意见可以反馈上来，让班长做个统计，或者直接找他反映。我反正没有反映过，感觉自己反映的也没用，也没有什么好的建议和想法，再说有意见也不敢反映啊。估计其他同学也是这样，谁没事干了去反映意见，除了受了大委屈了，受不了了才会这样做。"显然从 S32 的话中我们可以看到：学校是有意见反映渠道的，至于反映渠道是不是能够将学生的建议与意见收集起来则是另一回事。小学四年级 S04 说："老师和我们说了，家长有什么建议和意见可以直接给学校提，提得对的学校会进一步改进，我们有什么意见也可以和老师说。我打电话告诉妈妈了，妈妈说咱没有什么意见，学校挺好的，管吃管住，教学质量比公立的都好，就是学费贵点，这不是妈妈出来挣嘛。"问他参加填写问卷，是否在该题上答了"有"，他说他不知道渠道是啥就写了"不清楚"。所以可以断定，建议意见反映渠道是有，但是学生的建议与意见反映的主体意识不强。

三　农村留守少年权益的社会保护状况

农村留守少年权益的社会保护主要是留守少年所生活的村庄的安全与公共资源条件、村庄事务参与及留守少年受保护情况等。

（一）留守少年与非留守少年面对同样的村庄生存条件

问卷调查主要通过农村留守少年对所居住村庄安全状况的看法，以及看病是否便利等情况来了解其生存的条件。访谈主要了解村庄条件的基础与改善的情况。

1. 农村少年所居住的村庄存在一定的安全隐患

本次调查中四项安全问题的统计数据显示，交通安全问题、卫生安全

问题相对突出，居前两位。四项问题中，留守少年的反映率均略微高于非留守少年。（具体数据见表3-36）

表3-36　　　　　　　　　农村少年所居住村庄安全状况

安全状况	人数/占比	留守少年人数/占比	非留守少年人数/占比
交通安全问题	218/20.8%	134/21.1%	84/20.4%
饮食安全问题	51/4.9%	35/5.5%	16/3.9%
卫生安全问题	201/19.2%	125/19.7%	76/18.4%
社会治安问题	124/11.8%	85/13.4%	39/9.5%

访谈中一名村党支部书记说："我们村的青壮劳力都出去打工了，孩子小的基本上也跟着爸爸妈妈打工了，孩子大了有的还是在外面上学，多数在初中就回来了。你们发现了没有，到我们村几乎碰不上年轻的，村庄比较安静，我也组织了村庄护卫队，都是体力还不错的老年人，实际上大家平时都是忙着自己的庄稼活，只是稍带的关照着，所以相对安全一些。再说，我们这地方比较穷，一般也很少有外地人来我们这里。一般家里都会养个狗看家，所以感觉没有什么太大的问题。"另一个村党支部书记说："现在家里几乎组织不起来什么人，净剩下老人、孩子和部分妇女。现在的人不像过去的人，大家能够把自己周围打扫好就不错了。村里的路就这样，比较窄还不是很平，村里也没有钱修，孩子们有的骑自行车，还有骑电动车，骑得很快，有的孩子就出现了摔断胳膊、腿的情况，孩子都是不知深浅的。"非寄宿制三年级S11的大姑说："我侄女特别懂事，也会做饭，她弟弟上二年级，有些调皮，平常我忙着种地也顾不上他们，我只是到晚上来和她做伴，我家里两个小子（儿子）和他爷爷奶奶一起睡。以前我们这儿挺好的，现在有时候晚上也有小偷，好在都喂着狗。"

在有关邻居之间关系问题的访谈中，绝大多数的留守少年表示，自己不与邻居们打交道，因为邻居都是像爷爷奶奶一样的老人，没有什么好交流的。少数留守少年表示与邻居只是打个招呼而已，没有具体实际性的来往，有事情的时候除外。

2. 农村少年所居住村庄的医疗条件较差

在"生病了，看病是否方便"回答中，总体上，农村少年认为看病方便。在"不太方便""很不方便"的选项回答上，留守少年的反映率均高

于非留守少年。两项合计高出 5 个百分点。（具体数据见表 3 – 37）

表 3 – 37　　　　　　　　农村少年看病便利情况

便利情况	人数/占比	留守少年人数/占比	非留守少年人数/占比
非常方便	549/52.4%	314/49.4%	235/57.0%
比较方便	391/37.3%	244/38.3%	147/35.7%
不太方便	88/8.4%	64/10.1%	24/5.8%
很不方便	20/1.9%	14/2.2%	6/1.5%
总计	1048/100.0%	636/100.0%	412/100.0%

访谈中了解到，所谓的看病方便，就是感冒了有地方买药或者打吊针。有的村庄有自己的村医，有的是临近村庄有，如果临村较近的话，那么看病就方便；如果相隔较远的话，看病就不方便。同时，如果村庄离乡镇卫生院近的更为方便一些，离得远就不是十分方便。如果爷爷奶奶年轻，会骑自行车，去看病就方便；如果爷爷奶奶不会骑自行车，村里又没有卫生所，就会很不方便。S11 的大姑说："俺们农村就是这样，有点感冒啥的，基本上就抗过去了，孩子也就流几天鼻涕，要是发烧了，那就要去买药或者去打打针就好了。越不娇气越没事儿。"

（二）留守少年与非留守少年同样面对缺少支持发展的公共资源

主要通过村庄公共资源的拥有情况和相关活动开展情况的调查来考察农村少年发展权保护情况。

问卷统计显示，有 79.0% 农村少年反映所居村庄没有文化生活，缺少图书室。这方面留守少年与非留守少年的反映率大致相同。（具体数据见表 3 –38）

表 3 – 38　农村少年所居村庄是否有文化（馆）室、图书馆（室）情况

文化公共资源状况	人数/占比	留守少年人数/占比	非留守少年人数/占比
有	132/12.6%	84/13.2%	48/11.7%
没有	828/79.0%	504/79.3%	324/78.6%
不清楚	88/8.4%	48/7.5%	40/9.7%
总计	1048/100.0%	636/100.0%	412/100.0%

通过对几个村庄的走访、与几名村干部的访谈发现，农村文化场馆方面的建设情况存在一些共性情况，比如资金缺乏、管理人手不够、不知如何开发利用现有资源等等。一位被政府帮扶村庄的村支书说："去年我们村刚在政府支持、第一书记的领导下，建起了社区文化中心，中心里也配套了图书室，不过现在图书还不多，也没有人手专门管理，现在没法对外开放。"另一位村支书说："我们村委会同时也是村文化大院，有图书室，平时每天都有1名村干部值班，之前也通过广播什么的，给村民说过图书室开放的事情，不过基本没人来。大人都有自己的事情，小孩子平时上学，周末都自己找地方玩，没几个过来看书的，我们也没有什么好的办法。"

有33.8%的农村少年反映所居住的村庄没有娱乐设施与场地。这方面留守少年与非留守少年的反应率大致相同。（具体数据见表3-39）

表3-39　　　　　　农村少年所居村庄是否有娱乐设备和场地情况

娱乐设备和场地情况	人数/占比	留守少年人数/占比	非留守少年人数/占比
有	639/61.0%	389/61.2%	250/60.7%
没有	354/33.8%	219/34.4%	135/32.8%
不清楚	55/5.2%	28/4.4%	27/6.6%
总计	1048/100.0%	636/100.0%	412/100.0%

访谈中大部分留守少年表示自己所居住的村庄没有文化与娱乐场所，只有少数离乡镇近的或者住在学校旁边的留守少年回答有书店、网吧、羽毛球场和乒乓球台。

（三）留守少年较非留守少年存在保护不足的问题

主要通过周围商店是否向农村少年售卖烟酒、周围人员是否对农村少年进行欺负以及相应的安全感情况来了解社会层面对留守少年的保护情况。

数据统计显示，有9.4%的农村少年反映周围商店向同学售卖过烟酒，说明社会层面的保护责任义务还未很好履行，保护意识淡薄。（具体数据见表3-40）

表 3 - 40　　　　　　　周围商店是否向学生出售烟酒情况

出售烟酒情况	人数/占比	留守少年人数/占比	非留守少年人数/占比
出售过	99/9.4%	61/9.6%	38/9.2%
不清楚	949/90.6%	575/90.4%	374/90.8%
总计	1048/100.0%	636/100.0%	412/100.0%

　　访谈中发现留守少年有抽烟喝酒的现象，抽烟与喝酒都不是个人所为，常常是几个同伴一起的共同行为。七年级学生 S24 说："抽烟不是什么稀奇事儿，我就抽过，和同学一起下课后躲在厕所抽的，我没有烟瘾，就是觉得应该体验一下，经常看到电视上一些很酷的男子汉抽烟的姿势很优雅，再说大家一起，不抽不好吧，人家就不会跟你玩儿了。"

　　数据统计显示，有 14.4% 的农村少年反映曾经遭受过邻里及社会人员的欺负。留守少年受欺负的反映率明显高于非留守少年，二者相差 7.7 个百分点。（具体数据见表 3 - 41）

表 3 - 41　　　　　　　农村少年受邻里及社会成员侵害情况

侵害情况	人数/占比	留守少年人数/占比	非留守少年人数/占比
遭受过	151/14.4%	110/17.3%	41/9.6%
未遭受过	897/85.6%	526/82.7%	371/90.4%
总计	1048/100.0%	636/100.0%	412/100.0%

　　访谈中三年级非寄宿学生 S11 说："我同班同学他们村有一个三十多岁的别人叫他'二傻子'的人，也不干活，非常邋遢，整天游手好闲的，经常在她放学的时候堵她，有一次从后面抱着她，她咬了他的手才松开了。每次放学她都特别害怕，不敢自己走，好在同村有 2 个小男孩一起做伴，她跑回家就锁上门，不敢再出门。后来她爸爸妈妈回来，她告诉了他们，他爸爸去教训了这个人，现在好点了，但是还是能经常在放学的时候看到他。"四年级寄宿制 S03 说："周末回家，住得离我家不远地方的一个我叫他爷爷的人，路过他家门口，开始几次给我好吃的东西，后来有一次在给我好吃的东西时先用手摸我的头，夸我长得俊，又摸我的肩膀和后背，让我到他家去，我当时特别害怕，把他给的东西扔了赶快跑回我二大爷家，我也没敢告诉二大爷。从那以后，我再也不敢从他家门口走了。后

来我从我一个村的同学那里知道，他经常会以这样的方式找我们这样父母都不在家的女孩子。"由此可以看到，尤其是父母都不在家的留守少年往往更容易受到来自村庄里动机不良的人的侵害。

问卷数据统计，有 7.8% 的农村少年对所居村庄缺乏安全感，缺乏安全感的留守少年占留守少年的比例为 8.2%，非留守少年的为 7.2%，留守少年高出 1 个百分点。（具体数据见表 3-42）

表 3-42　　　　　　　　农村少年所居村庄安全感情况

安全感情况	人数/占比	留守少年人数/占比	非留守少年人数/占比
很有安全感	650/62.0%	381/59.9%	269/65.3%
有些安全感	316/30.2%	203/31.9%	113/27.4%
不太有安全感	63/6.0%	41/6.5%	22/5.3%
很没有安全感	19/1.8%	11/1.7%	8/1.9%
总计	1048/100.0%	636/100.0%	412/100.0%

注：因四舍五入，百分比之和实际不为 100%。

总体来看，村庄给他们多数人以安全感，但是从不太高比率的缺失安全感来看，他们中的个别人可能遭遇了他人不知道的侵害事件。

（四）留守少年与非留守少年同样缺失参与村庄活动的机会与意识

主要通过了解村中是否开展过农村少年参与的活动，以及是否尊重农村少年意见等来了解农村少年社会参与方面的情况。

数据统计显示，有 27.3% 的农村少年表示所居住的村庄在寒暑假、周末等时间会开展一些适合他们参与的活动，大多数反映"没有开展过"或"自己不清楚"。（具体数据见表 3-43）

表 3-43　　　　　　　村庄开展适于农村少年参与的活动情况

开展情况	人数/占比	留守少年人数/占比	非留守少年人数/占比
开展过	286/27.3%	160/25.2%	126/30.6%
没有开展	594/56.7%	367/57.7%	227/55.1%
不清楚	168/16.0%	109/17.1%	59/14.3
总计	1048/100.0%	636/100.0%	412/100.0%

访谈中了解到，有不少留守少年假期会去父母打工的城市，所以对村里在暑期是否组织相应的活动不清楚。与乡镇或者学校距离近的村庄会在寒暑假开展相关的活动，以及个别回乡的大学生在村里举办学习班。三年级的寄宿制学生 S01 说："我们村有个姐姐是学习社会工作专业的，她有两个假期都组织我们村和邻村在家的同学一起学习和做一些活动，但是时间都不是很长，一般也就十来天的时间，暑期这个姐姐还带了外地的两个同学，我们都非常喜欢她们。"S01 所在村的村主任说："咱们村出去上大学的人不多，姑娘回来说想给孩子们组织个班，让我支持场地，这是好事儿，我就给她找了个地方，实际上假期留下来的孩子不多，他们几乎都去城里找爸爸妈妈了，不过还有一些在家的孩子不是?"S01 说："我都是参加完这个姐姐组织的班再去找爸爸妈妈，这样我的作业几乎都完成了，去爸爸妈妈那里就可以好好地看电视、去玩。感觉非常好。"由此可以理解调查所显示的数据情况了，有关开展过活动的数据非留守少年比留守少年的高，不清楚的数据留守少年比非留守少年的高。

在有关村里事务参与方面，问卷统计数据显示，有 82.0% 的农村少年表示村里的大人、邻居在一些事情上会尊重他们的意见，表示不被尊重的占 18.0%，其中留守少年中有 19.5% 的表示不被尊重，同样的情况中非留守少年有 15.7%，可见，留守少年的不被尊重感更强一些。（具体数据见表 3 - 44）

表 3 - 44　　　　　　　　　村庄是否尊重农村少年意见情况

尊重情况	人数/占比	留守少年人数/占比	非留守少年人数/占比
非常尊重	336/32.1%	191/30.0%	145/35.2%
有些尊重	523/49.9%	321/50.5%	202/49.0%
不太尊重	134/12.8%	91/14.3%	43/10.4%
很不尊重	55/5.2%	33/5.2%	22/5.3%
总计	1048/100.0%	636/100.0%	412/100.0%

注：因四舍五入，百分比之和实际不为 100%。

访谈中了解到，村里的事务农村少年参与的并不多，之所以他们认为村里的大人与邻居会尊重他们的意见，是因为他们很少与村里的邻居或者大人交往，往往是在家里，或者是与同龄人交往。只要是相安无事，就是尊重；如果有相应的矛盾与冲突发生，就是不尊重。一位村党支部书记讲："实际上村里也没有太多的事情，这些孩子基本上白天也不在家，也用不着这些孩子们做什么。"而这些孩子们也缺少参与村庄事务的意识，他们多数连与邻居交往都很少，村里的事情更不认为自己有份。

在具体村里事务的参与方面，24.4%的留守少年表示不会积极参与，这比非留守少年要高出10.8%。（具体数据见表3-45）也与上述留守少年很多人假期要去城里有关。

表3-45 留守少年参与村庄事务情况

参与情况	人数/占比	留守少年人数/占比	非留守少年人数/占比
积极参与	486/46.4%	258/40.5%	228/55.3%
有些参与	351/33.5%	223/35.1%	128/31.1%
不太参与	154/14.7%	117/18.4%	37/9.0%
很不参与	57/5.4%	38/6.0%	19/4.6%
总计	1048/100.0%	636/100.0%	412/100.0%

四 农村留守少年权益的自我保护状况

农村留守少年权益的自我保护情况主要了解留守少年自我生存与发展的意识与能力，对自我自主性与自我保护能力的认知与应用的情况。

（一）留守少年较非留守少年更需要自我生存的知识与能力

主要通过留守少年对安全知识需求以及生活能力等，了解他们生存权方面的自我保护的意识与能力基础。

1. 留守少年较非留守少年的安全知识需求高

问卷调查的八项安全知识需求的调查指标中，农村少年需求率排在前三位的是"防传染病""防盗""防诈骗"。除了"防盗"这一方面的需求率低之外，其余七项指标留守少年的需求率均高于非留守少年，其中，"防诈骗""防校园欺凌"方面的需求率均高出4.8个百分点，"防交通事故""防性侵害"方面需求率分别高出4.3个百分点和3.9个百分点，七项平均高出3.3个百分点。（具体数据见表3-46）

表 3 - 46　　　　　　　　　　农村少年安全知识需求情况

需求情况	人数/占比	留守少年人数/占比	非留守少年人数/占比
防传染病	310/29.6%	193/30.3%	117/28.4%
防盗	239/22.8%	145/22.8%	94/22.8%
防诈骗	229/21.9%	151/23.7%	78/18.9%
防校园欺凌	198/18.9%	132/20.8%	66/16.0%
防溺水	194/18.5%	118/18.6%	76/18.4%
防性侵害	134/12.8%	91/14.3%	43/10.4%
防交通事故	132/12.6%	91/14.3%	41/10.0%
防火	115/11.0%	78/12.3%	37/9.0%

　　需求背后意味着安全知识掌握的不足以及相应教育活动的缺失。访谈中了解到，学校进行的安全教育，只是强调大家要注意，但是如何进行防范的辅导做得还不够细致，也缺乏相关的校本教材与课程，围绕"生命教育"开展的安全教育活动不够充分。而监护人也只是强调要注意安全，但没有告知他们如何注意以及遇到一定情况应该怎么办。有些时候，监护人一方面教育留守少年要注意安全，另一方面其自身却表现出一些不安全的行为。在农村由于交通相对不方便，监护人到周末一般会开自己的农用三轮车接送留守少年离校、返校，有的时候可能也将邻里的孩子一块接送，这不但违反交通规则，而且安全隐患非常大。这种情况下，对留守少年的交通安全教育难以产生实效。当然这个事例的背后也说明，留守少年的安全教育需要相应的设施、资源予以配套，否则，很大程度上只能是纸上谈兵，面对现实也只能是无可奈何。留守少年安全知识与意识的不足往往会招致意外伤害的发生。胡洋等人的研究发现，中国农村地区留守儿童意外伤害发生率为 32.4%[1]；贾改珍等人的调研发现，鲁西南地区农村留守儿童意外伤害率为 40%[2]。这些研究所呈现的意外伤害率高说明了留守少年的安全意识不强，安全知识与安全教育的需求较大。

---

　　① 胡洋、宇翔、廖珠根：《中国农村地区留守儿童意外伤害发生率的 Meta 分析》，《现代预防医学》2015 年第 23 期。

　　② 贾改珍、宋龙笛、徐天和、王丽萍：《菏泽市东明县农村儿童意外伤害特征及其影响因素研究》，《中华儿童保健杂志》2014 年第 4 期。

2. 留守少年与非留守少年在家务担当方面略存差异

问卷统计显示，农村少年会做家务的情况，排在前三位的是"打扫卫生""刷锅洗碗""洗衣服"，分别占比82.4%、72.4%和66.1%。"打扫卫生""刷锅洗碗""下地干活"三项家务劳动，非留守少年高于留守少年；而"洗衣服""做饭""缝补衣物"三项情况，留守少年高于非留守少年。（具体数据见表3-47）

表3-47　　　　　　　　　农村少年家务能力情况

家务情况	人数/占比	留守少年人数/占比	非留守少年人数/占比
打扫卫生	864/82.4%	521/81.9%	343/83.3%
刷锅洗碗	759/72.4%	454/71.4%	305/74.0%
洗衣服	712/66.1%	445/70.0%	267/64.8%
下地干活	433/41.3%	261/41.0%	172/41.7%
做饭	424/40.5%	258/40.6%	166/40.3%
缝补衣物	217/20.7%	142/22.3%	75/18.2%

访谈中发现，寄宿留守少年几乎是不做饭的，如果是做饭也基本上在周末的时间，同时农忙的时候做饭也比较多；非寄宿留守少年多数不需要做饭，往往是爷爷奶奶和其他照顾人做，周末在家可能会做饭。但是多数留守少年会自己洗衣服，但还是有不少也是爷爷奶奶帮助洗。四年级寄宿生S03说："基本上周末我会回到自己家，但也都是等着二大爷过来做饭，或者直接去二大爷家去吃，但是衣服我会自己洗，在学校不方便洗，我都是周六回来在家里洗。"五年级非寄宿学生S17说："我基本上放学了，奶奶就会把饭做好了，吃完饭奶奶就让我去做作业，我的衣服也都是奶奶洗。农忙的时候，奶奶都是把饭都做好了再下地，有时我也就热一下就成，但是我不会做饭。"所以留守少年做家务并不比非留守少年多。

尽管由于寄宿制以及个别家庭的溺爱和教育观念问题，留守少年做家务的机会相对减少，但总体上看，由于周围大环境的原因，"穷人的孩子早当家"，相比于城市少年，留守少年在家务能力及家务劳动意愿上还是高出不少，如上海德育发展中心对包括初中生、高中生在内的青少年的家务体验情况进行的调查显示，扫地拖地的占46.6%，洗碗、收拾桌子的为

42.8%，用刀削果皮或切菜的为40.6%，自己动手洗衣服的为34.3%，做饭的为28.6%，钉纽扣的为16.2%①。如果做好时间、方式等方面的科学规划和安全防护，适当做家务对青少年的身心成长具有积极促进作用，如一项国外的研究成果显示，家务劳动可以促进青少年的创造力发展②。对留守少年来说，一定程度上的家务担当不但可以减轻监护和照顾压力，同时也是正向性自我教育的举措。通过承担家务，留守少年不但可以增强自信心、自豪感，还可以培养他们良好的孝道品质。有的留守少年表示："父母在外，爷爷奶奶年纪大了，他们照顾我的生活和上学不容易，我有时间就多帮他们干一些家务活，让他们少些辛苦。"所以，家务劳动是留守少年家庭责任心强化、自立能力培养的比较好的方式，是留守少年自我生存与管理能力提高的需要。

（二）留守少年与非留守少年同样面临着发展的困惑

问卷与访谈主要围绕着对自我品性发展的要求，以及学业与未来发展等认识与理解来了解留守少年自我发展的意识与未来预期，探究这些发展品质的形成、发展状况与留守少年成长环境间的关系，以及对留守少年生活成长的作用影响。

1. 普遍认同品性发展中友谊的重要性，但也存在相应的困惑

农村少年品性发展要求方面的数据显示，最高的指标是有"要好朋友"占74.2%，远远高出其他指标，其中留守少年为73.6%，非留守少年为75.3%。（具体数据见表3-48）

表3-48　　　　　　　　农村少年对品性发展要求的情况

品性要求情况	人数/占比	留守少年人数/占比	非留守少年人数/占比
要好朋友	778/74.2%	468/73.6%	310/75.2%
丰富爱好	575/54.9%	340/53.5%	235/57.0%
乐观精神	530/50.6%	326/51.3%	204/49.5%
卫生习惯	512/48.9%	305/48.0%	207/50.2%
作息习惯	460/43.9%	281/44.2%	179/43.4%
学习习惯	441/42.1%	260/40.9%	181/43.9%

---

① 裘晓兰：《成才与成人：青少年家务参与状况折射出的教育问题》，《当代青年研究》2015年第5期。

② 谭瑞欣：《西班牙：家务劳动可以促进孩子创造力发展》，《人民教育》2019年第1期。

　　访谈中亦发现，留守少年更加关注好朋友对自我发展的重要性，强调好朋友让自己具有坚定性与安全感，但表现出年级的差异，低年级愿意与朋友趋同，高年级则更愿意有自己的个性。五年级学生 S05 说："我的好朋友有 5、6 个人吧，感觉大家可以经常一起说笑，还能够相互帮助，感到非常温暖。"六年级学生 S08 说："我有 4 个要好的朋友，平时在学校的时间比较多，我的脾气不好，他们的性格脾气很好，和他们在一起我很开心，我们会聊一些游戏和以后想去哪里读初中这样的事情。周末有时间也会约着一起去网吧打游戏。所以我比较开心，爸爸妈妈即使在家，也不会了解我，有好朋友就非常好啊。"八年级学生 S29 认为："现在我面临着就是怎么好好学习，不再像在小学阶段喜欢和好朋友在一起了，现在大家都有自己的想法，原来与我还不错的朋友谈恋爱了，所以周末回家我一般学习一会儿，再玩会儿游戏，不会再和同学出去疯了，感觉没意思。"

　　访谈中了解到留守少年存在谈恋爱的现象，访谈的几个学生较为普遍性地认为谈恋爱会影响学习，当问到五年级的 S18 同学中是否有谈恋爱的现象时，他说"有，同学之间也会讨论谁喜欢谁这样的问题，也能观察到相互喜欢的同学会有一些可爱的昵称来称呼对方；在学校的交流和互动比较多，在网上聊天也很多。我觉得谈恋爱很正常，这是一种青春期的好奇，没有什么承诺，但是我不会去谈恋爱，要集中精力学习。"六年级的 S08 说："四五年级的时候班里比较多。现在因为要考初中了，还有老师管得比较严了，就少了一点。他们晚上休息的时候会利用上厕所的机会偷偷出来聊天，有男生还会给女生买一些玩具戒指，在学校表现得比较明显，老师和同学都能看出来。以前 80 个人的班里将近 10 个同学会谈恋爱，现在没有那么多了。"七年级的 S23 直接说："一个哥哥（堂兄）比我高一年级，他一年换两三个女朋友，他说他比较喜欢相互喜欢的状态，但他经常非常烦恼，学习成绩特别不好。我觉得吧，现在谈恋爱就是开玩笑！他们根本不会认真，也经常换男女朋友，我也看到他们有的很苦闷，没有心思学习，学习成绩下滑，我觉得这样非常浪费时间和精力，根本没有必要！"也有几位被访谈者避免谈有关恋爱的事情。

　　除了混合着男女同学正常交往因素，留守少年很大程度上存在着友谊与恋爱无法分清的困惑，存在着人际交往方面的问题。如有的留守少年因为家庭贫困、学习落后、生理缺陷等原因而自卑，不敢主动交往，甚至受到有些同学的歧视、嘲笑，从而变得孤独、消极；有些留守少年由于因为调皮捣乱或其他品行问题而招致教师的教育歧视，从而促成了他们之间不良小团体的建立，结成负面的友谊关系，容易使哥们义气、集体暴力等不良思想行为孳生和强化。

2. 对品性发展与自律能力关系的认识理解存在年龄差异

问卷调查统计数据显示，丰富爱好对品性发展重要性的平均指标为54.9%，留守少年为53.5%，非留守少年为57.0%，留守少年的指标低于非留守少年。访谈中了解到，丰富的爱好与兴趣、多才多艺会让农村少年感到自己在人群中有存在感，会受到同伴的羡慕，会结交到很好的朋友，他们将之作为自己品性发展的重要方面。因为有相当多留守少年曾有过在父母打工所在地求学的经历，这也在一定程度上使留守少年有了发展兴趣爱好与学习特长的机会。访谈中显示，低年级的留守少年对自己的爱好特长更是乐在其中，并拥有理想化的期待，如长大了要当画家、歌唱家等等。而高年级的留守少年尤其是九年级的留守少年则显得更为现实一些，把爱好特长与职业发展联系在一起，如有文艺特长的留守少年要考取艺校，为的是将来毕业后可以谋生求职。

有关乐观精神、卫生习惯、作息习惯、学习习惯指标，留守少年与非留守少年的差距并不大。访谈中了解到，低年级学生普遍还没有真正理解品性发展主要是相应的习惯养成与自律能力的提升。如当问到作息习惯的养成有什么好处时，五年级学生S06的回答是："是为了自己上课更能够集中精力。"S17也做出了类似的回答。乐观精神会给自己与别人带来好的心情与影响，卫生、作息与学习习惯会影响到他人对自己的印象与看法等等。而高年级学生在这方面的认识要比低年级更为深刻一些，七年级学生S26认为："良好的卫生习惯、作息习惯与学习习惯表明对自己有着较高的要求，会形成一个人认真、守规矩的习惯。"S31认为："乐观精神会让我们增强和战胜困难的信心，良好的习惯会形成一个人的做事的态度与风格。"

以上调查表明，良好的品质对留守少年健康成长具有积极作用，从这些品质的形成过程角度而言，需要长期、积极地进行教育培养。留守少年对品质发展意义、价值认识上的年龄差异性意味着对留守少年诸种品质的培育需要考虑到他们的心理与思想成熟度，把外在品质行为训练与内在的认识、接受心理有机结合起来，以提升留守少年权益保护和成长发展的主体性。

3. 部分留守少年与非留守少年对未来规划不明确

对读书的态度、求学的考虑是了解留守少年学业发展与未来规划的相关内容。问卷调查统计显示，对于"上学没啥用处"这一说法的态度，绝大多数农村少年不认同，但是还是有 5.6% 的农村少年表示认同，其中，5.8% 的留守少年与 5.1% 的非留守少年表示认同，两者差别不大。（具体数据见表 3－49）

表 3－49　　　　　农村少年对"上学没啥用处"说法的态度

态度	人数/占比	留守少年人数/占比	非留守少年人数/占比
完全同意	33/3.1%	19/3.0%	14/3.4%
有些同意	25/2.4%	18/2.8%	7/1.7%
不太同意	110/10.5%	78/12.3%	32/7.8%
很不同意	880/84.0%	521/81.9%	359/87.1%
总计	1048/100.0%	636/100.0%	412/100.0%

在访谈过程中，我们普遍感觉到监护人都是希望留守少年能够好好上学，只要是孩子学习好，哪怕砸锅卖铁，都要支持他们接受教育。主要原因在于监护人相对文化水平不高，有的还是文盲，吃够了没文化的苦，希望孩子将来能有出息，所以普遍有"读书有出息"的观念。另一方面，是怕孩子如果只是初中毕业，还达不到用工年龄，身单力薄，啥也做不了，所以，最好的选择还是继续上学，哪怕上不了高中，上职高、技校也行。所以大多数留守少年承载着家庭的教育期待与文化期待，以及未来美好生活的期望，他们认同上学与读书，认为学习对自己的未来发展有帮助。而那些不太认同或者很不认同的留守少年主要还是因为自己学习成绩不好，感到考学无望，才会有这样的想法；也有的是因为受父母观念的影响，认为早晚自己也会像父母一样出去打工。

家庭支持留守少年上学这种朴素的观念无疑是积极的，有助于留守少年正确人生观的形成以及积极学习行为的表现。如不少留守少年表示，自己一定要考上县里最好的高中，只有这样，自己才有可能将来上最好的大学，而且父母也是非常期待出现这样的结果。父母对学习好的期待，往往会给留守少年带来较大的心理压力，对那些学业成绩并不好的留守少年会使他们形成一定的逆反心理。如有的留守少年就表露，自己的学习成绩不好，但父母几乎有空就念叨要考好的成绩、考好的学校的话题，让自己厌烦和焦虑，甚至有要撕书发泄的感觉。

关于自身学业发展未来前途的具体规划和道路选择，大多数农村少年较为明确，有的还考虑得比较实际。如九年级的 S36 说："我的学习成绩差，特别是数学，所以我肯定考不上高中，我也不想上职中。我想初中毕业后学汽车修理，干个技术活，我不能像爸爸妈妈那样没有文化，只能当个保安和服务员，我们同学之间也会经常讨论未来的出路问题。还有一个和我不错的同学，他学习（成绩）和我差不多，估计也考不上高中，他想学安装电路。当然还有一个同学，他喜欢唱歌，整天嚷着要当歌手。"但是还有 22.1% 的农村少年的反映缺乏应有的明确性，其中留守少年为22.3%、非留守少年为 21.8%（具体数据见表 3 - 50），两者也相差无几。九年级学生 S33 说："我没有考虑自己未来干什么，我现在就是想把学习搞上去，考上高中，如果考不上怎么办？我也不知道，到时看看再说吧，像我爸那样整天离开家在外面打工，家里也顾不上，一年也挣不了多少钱，我还是不想走他的路，到底将来做什么，走一步看一步，还真没想好。"

表 3 - 50　　　　农村少年自身学业发展、未来前途的规划情况

规划情况	人数/占比	留守少年人数/占比	非留守少年人数/占比
非常明确	344/32.8%	199/31.3%	145/35.2%
有些明确	472/45.0%	295/46.4%	177/43.0%
不太明确	192/18.3%	117/18.4%	75/18.2%
很不明确	40/3.8%	25/3.9%	15/3.6%
总计	1048/100.0%	636/100.0%	412/100.0%

注：因四舍五入，百分比之和实际不为 100%。

调研初中毕业生的流向大致是三个三分之一。三分之一要考取高中，三分之一考取职高（专）、技校，三分之一走上社会。即不少留守少年初中毕业就不会继续求学，他们要面对离开学校、直接踏上社会的现实。这对于心智尚不成熟、处于自我意识增强时期的他们而言，无疑是一个很大的关口和挑战。他们中有的对自己未来的职业选择很明确，有的并不明确，有的还比较迷茫，所以有关职业选择与规划的支持应该是这一时期留

守少年发展的迫切需求。

（三）留守少年与非留守少年中都存有自我保护意识不强的现象

问卷与访谈主要通过对体罚的认知、面对欺负时的行为等来了解留守少年的自我保护意识与保护能力。

数据统计显示，大多数不同意"小孩子不打不成才"的观点，但是还是有16.2%的农村少年不同程度地同意这一观点，其中，留守少年与非留守少年的同意率为17.8%与13.9%，留守少年高出3.9个百分点。（具体数据见表3-51）

表3-51　　　　　农村少年对"小孩子不打不成才"说法的态度

态度	人数/占比	留守少年人数/占比	非留守少年人数/占比
完全同意	58/5.5%	33/5.2%	25/6.1%
有些同意	112/10.7%	80/12.6%	32/7.8%
不太同意	257/24.5%	167/26.2%	90/21.8%
很不同意	621/59.3%	356/56.0%	265/64.3%
总计	1048/100.0%	636/100.0%	412/100.0%

访谈中四年级学生S15说："长辈打孩子，还有老师打学生，只要打得对就是好的，那是恨铁不成钢，是为了小孩子好。当然要是对和不对都打，那是不对的。以前我哥哥就是因为不听话，我爸爸打他了，当时哥哥非常生气，私下和我说将来一定要报仇。可现在像我这样爸爸妈妈都不在身边，想让他们打还没机会呢。"从访谈中，我们感受到，少部分留守少年支持"不打不成才"的说法，主要不是一种基于道理上的判断，而是一种基于现实上的判断。若从道理上判断，学校教育的长期灌输以及日常生活中的礼仪教化，使得留守少年能够形成"打人不对"的观念，但是周围环境中存在的"恨铁不成钢"的体罚现实，会形成一种"观察性学习"，使留守少年耳濡目染、潜移默化地接受"不打不成才"的观念。这种观念的认同反映了留守少年道德判断上的不成熟性以及现实文化观念的影响，也间接地反映了留守少年对自身权益保护意识与观念的缺失。

调查数据统计显示，在关于"面对欺负时的做法"的问题上，72.8%的农村少年表示会报告家长或老师，14.8%的表示会当面反抗，而12.4%

的则表示会忍气吞声。(具体数据见表 3 – 52)

表 3 – 52   农村少年面对欺负时的做法

做法	人数/占比	留守少年人数/占比	非留守少年人数/占比
忍气吞声	130/12.4%	75/11.8%	55/13.3%
当面反抗	155/14.8%	88/13.8%	67/16.3%
报告他人	763/72.8%	473/74.4%	290/70.4%
总计	1048/100.0%	636/100.0%	412/100.0%

访谈中了解到四年级的 S16 谈到她被同班的一个女生欺负的情景,"主要是因为我没有注意踩了她的脚,我给她道歉了,她还是过来就给了我两拳,还骂了我,还说'对不起有什么用? 要不我踩你一下,再和你说个对不起?'。这事儿我没有告诉老师,也没有告诉家里人,因为这个女生特别厉害,很多同学都怕她,本来就是我不好,再就是我怕告诉了老师,会遭到她的报复。她曾经报复过一个女生,纠集了 4 个女生一起骂那个女生。我承认我是怕她了。"六年级的 S21 说:"我的一个好朋友被一个同学欺负了,我知道后我就替他出头,这种人如果你怕他,他就会经常欺负你,如果你不怕他,他就再也不敢了。"访谈中了解到,像这样替朋友出头的现象比较多,但是如果出头过了,也会由反欺凌者变成欺凌者。

大部分调查对象反映面对欺负会报告给家长或老师,这说明了学校防范校园欺凌的教育成效。但部分留守少年面对欺负或选择了忍气吞声的回避行为,另一部分留守少年选择了当面反抗回击的应激行为,显然,这两种表现是当事人当下权衡而进行的选择,但是从心理层面来看,这是两种基于不同人格基础的行为选择与自我评价态度,前者表现的是他们自我意识以及自我权益保护能力方面存在懦弱与退缩的倾向与状态,后者表现的往往是他们以自我保护为中心的非理性张扬与英雄主义。有对山东省部分中学的调查研究也显示,发生校园欺凌后,不向成年人报告的原因,18.5% 选择了忍让逃避,20.9% 选择了以暴制暴[1]。就本次调查对象而言,留守少年同样出现了这两种应对方式,既是传统文化影响的结果,也与留守环境有一定关系。研究发现,我国传统的"和"与"忍"的文化对欺凌

---

[1] 赵联:《校园欺凌行为的现实困境与破解之道》,《教育学术月刊》2018 年第 3 期。

行为起到无意识强化与确认作用，而家庭结构失能和不良家庭环境会助长欺凌性格的形成①。从家庭教育角度而言，留守家庭监护人或出于担心孩子在外边不要招惹是非，而要学会自我保护所进行的"顺从"教育；或出于担心孩子懦弱受欺负所进行的"人若犯我、我必犯人"的"反击"教育，都在一定程度上影响留守少年面对欺凌时的态度与行为选择。从家庭结构角度而言，父母外出务工带来的家庭结构不全与监护不力的现实，可能使有的留守少年因为缺失监管而出现不良的性情和失范行为，也可能使有的留守少年会更加逆来顺受。

（四）留守少年与非留守少年中同样存在参与主体意识不足的现象

问卷与访谈主要通过调查与成人交往过程中的参与态度、参与勇气来了解农村少年参与权方面的自我保护。

在关于"大人的事情，小孩子少管"这一说法的态度上，大多数农村少年表示不认同，说明大多数农村少年有参与的主体意识，但还是只显示出 20.0% 的同意率，其中留守少年与非留守少年的同意率分别为 20.6% 与 19.2%，说明农村少年在一定程度上缺乏参与家庭事务的主动意识。（具体数据见表 3 - 53）

表 3 - 53　　农村少年对"大人的事情，小孩子少管"说法的态度

态度	人数/占比	留守少年人数/占比	非留守少年人数/占比
完全同意	85/8.1%	52/8.2%	33/8.0%
有些同意	124/11.9%	79/12.4%	46/11.2%
不太同意	380/36.3%	243/38.2%	137/33.2%
很不同意	458/43.7%	262/41.2%	196/47.6%
总计	1048/100.0%	636/100.0%	412/100.0%

访谈中发现，不太愿意参加家庭事务的留守少年存有这些事情应该是大人的事情与自己无关的想法，一种是对这一观点的认同，二是对这一观点的不认同，如 S05："我妈妈有时候就愿意征求我的意见，但基本上都是已经决定好了的事情，我只能和她说，你们大人的事情我们小孩子不管。"

① 苏春景、徐淑慧、杨虎民：《家庭教育视角下中小学校园欺凌成因及对策分析》，《中国教育学刊》2016 年第 11 期。

在现实生活中，有很多父母常习惯地用"大人的事情，小孩子少管"来回应子女对大人事情的问询，很容易打击子女与父母沟通交流的渴望、压制子女参与家庭事务的热情，久而久之子女不但会在亲子关系上与父母有一定程度的疏远，而且内在的主体意识的发展也会受到相应的压制，或变得缺乏主见、唯父母之命是从，大人如何安排就如何安排；或变得逆反心理增强，既然"大人的事情小孩子少管，那么小孩子的事情大人也少管"，从而在行为上我行我素，难以服从成人世界的规约。在访谈中，有的留守少年就表示既然家里大人不让我管家里的事情，那我的事情他们（父母）也少管，他们有他们的事情，我也有我的世界。对于留守家庭来说，外出工作这样的大事情对孩子的生活与心理影响很大，如果父母不注意与孩子商量与沟通，不让他们参与进来、多倾听他们的意见和内心想法，就更容易对留守少年的自尊造成伤害，对他们的主体性造成不良的影响。

数据统计显示，有33.6%的农村少年在一定程度上给家长和老师提意见方面缺失勇气，如此的少年占留守少年与非留守少年的比例分别为32.4%和35.4%。（具体数据见表3－54）

表3－54　　　　　　农村少年给家长老师提意见的勇气状况

勇气状况	人数/占比	留守少年人数/占比	非留守少年人数/占比
很敢于	195/18.6%	122/19.2%	73/17.7%
有些敢于	501/47.8%	308/48.4%	193/46.8%
不太敢于	259/24.7%	155/24.4%	104/25.2%
很不敢于	93/8.9%	51/8.0%	42/10.2%
总计	1048/100.0%	636/100.0%	412/100.0%

注：因四舍五入，百分比之和实际不为100%。

比较敢提意见的往往是四五年级的学生，如四年级 S04 说："只要是老师真错的，我就敢提，老师都不知错就改，那他还怎么要求我们呢？"六年级及以上的学生有时有意见也不愿意提，如八年级的 S30 说："有意见我也不会提，一是因为提意见也没用，二是这些事情与我没有关系我也不提，三是即使有关，家长或老师要求他们的，我做我的。"实际上这也体现了处于青春期不同阶段的特点。

就那些不敢于给成人提意见的学生来说，对成人权威的尊敬或者恐惧是造成他们有意见不敢提的主要原因，这背后也映射出这些学生性格上的软弱，往往胆小怕事、过于谦和甚至是孤独封闭。相关研究显示，父母不在身边使留守儿童缺乏心理安全感和自我认同感，更容易表现出胆小怕事、行事萎缩等自卑消极的心理①。

访谈中对班级事务及活动的参与情况，被访谈学生一般性的回答往往是要积极参与、好好表现；有学生表示，需要参与的就参与，不需要参与的不会主动去参与；有学生表示如果感兴趣会参与，不感兴趣就不参与；当然还有的学生表示，参与的人多就参与，参与的人少就不参与。可见，他们的参与表现出一定的自主性，但是并不是所有的参与者都会是主动性参与，也不是所有的参与者都能够意识到参与的过程就是成长的过程。

总之，留守少年参与意识与能力并没有表现出与非留守少年的差异，就在于其所生存的文化环境缺失让他们进行参与的机会，使得他们没有意识到意见表达、活动参与都是自我发展的重要需求。

第三节　留守少年权益保护的需求分析

对留守少年的权益保护要建立在其应有的需求基础之上。留守少年的需求，既是他们生存、发展的内在驱力，也是对满足生存发展需要的权益保护条件的诉求。依据社会支持理论，从需求的内容支持来看，留守少年的需求包括作业辅导、学业规划、生活照顾、安全防护等工具性支持，心理慰藉、亲情辅导、接纳认可等表达性支持；从支持的提供者来看，包括家人、师长、朋辈、相关社会人员等构成的社会支持网络。留守少年权益保护需求既与留守少年特殊的家庭结构有关，又与农村的社会空间、教育环境有关，有些需求是留守少年能够意识到的迫切的显性需求，有些需求是留守少年意识不到但对他们的权益保护有着直接关系的隐性需求。对于留守少年权益保护需求特点、内容、成因等方面的分析是开展留守少年权益保护工作、社会工作介入的出发点。

---

① 邵艳、张云英：《农村留守儿童心理问题及对策：以湖南长沙市为例》，《湖南农业大学学报》2007 年第 2 期。

一　留守少年权益保护需求特点分析

留守少年群体权益保护需求的特点，既具有他们所处年龄阶段的共性特征，也具有因为留守所带来的需求方面的个性特征。

（一）留守少年权益保护需求的群体共性与群体特殊性

群体共性是指留守少年权益保护需求与非留守少年的需求具有一致性、相似性，共性需求是基于留守少年与非留守少年在共同的人生发展阶段、共同的教育环境下而产生的。而群体特殊性是指留守少年作为有别于非留守少年的群体在权益需求方面表现出的具体差异性。特殊性需求是由于留守少年因为父母外出务工而关联产生的，比如亲情的渴望、家庭安全感的需要等。要求在关注留守少年权益保护需求时，要针对留守少年与非留守少年的群体共性特征，采取促进他们共同发展的方式方法，形成相互支持与学习关系，因为他们都处于共同的在学状态，他们面临着同样的青春期发展困扰。同时，更要关注留守少年群体的特殊性，需要对留守少年存在的权益问题予以格外关注，所采用的方式方法要充分考量他们的生活境遇、个性差异与能力基础。因此，群体共性与群体特殊性的有机结合，要求把对农村留守少年群体的权益保护放到整个农村少年群体权益保护工作中进行，实现留守少年与非留守少年之间权益保护的平等对待，做到相互支持、融合发展，从而避免对留守少年的过度保护所造成的负向影响，如"留守"负向标签所造成的自尊心受到伤害等。

（二）留守少年权益保护需求的多样性与差异性

留守少年发展的丰富性决定了留守少年权益保护需求的多样性特征。留守少年的发展不仅需要物质帮扶，也需要精神关爱；不仅需要亲情陪伴，也需要自主发展；不仅需要批评纠偏，也需要认可称赞；不仅需要锦上添花，也需要雪中送炭。要充分考虑留守少年所处发展阶段的生理、心理与社会性发展的特点，去了解他们发展需求的变化与多元。留守少年权益保护需求的差异性主要是因为留守少年个体及其家庭的特殊性、个性化。留守少年的家庭经济状况、家庭结构、现实监护人情况，包括留守少年自身情况等方面的不同，均会使其需求有别于其他留守少年个体，所面临的权益风险也会有所不同，相应的权益保护必须要考虑和照顾到这种差异性。所以在留守少年权益保护工作中，需要综合考虑与评估留守少年群体需求的多样性与差异性。

（三）留守少年权益保护需求的稳定性与变化性

留守少年权益保护需求具有稳定性与变化性的有机统一。稳定性是指一定时期内留守少年的需求持续存在、没有出现较大的变化，这体现了留守少年身心发展、成长的节律性。对于稳定性保护需求，权益保护工作者要能够持续不断地予以供给，给留守少年带来稳固的安全感，促进留守少年有序进步、稳步发展。变化性是指因为环境因素的变化，以及留守少年自身成长的变化而使得他们在某些时候或阶段发生需求内容、性质等方面的变动。变化性需求一定程度上也是观察留守少年家庭境况、自身发展等情况变动的"晴雨表"。对于变动性的需求，权益保护工作者要及时予以发现和关注，以透过需求发现留守少年当下境遇，并对需求予以及时回应与满足。

（四）留守少年权益保护需求的理性化与非理性化

留守少年权益保护需求存在着理性化需求与非理性化需求之分，显然在留守少年权益保护工作中要积极满足留守少年的理性化需求，而对非理性化需求要进行相应的引导与澄清。所谓理性化需求是指真正合乎现实或者能够满足留守少年健康成长发展的需求，非理性化需求则反之。理性化需求是留守少年维护其自身权益的合法化与合理性表达，体现的是积极的维权意识与自主性，应该得到尊重与重视。非理性化需求体现的是留守少年不合理的欲望、不切实际的幻想等消极性因素，是留守少年处于抽象思维能力发展的青春阶段可能会出现的现象，表现为思想观念幼稚或偏激、言行不一等，需要加以疏导与限制。

（五）留守少年权益保护需求表达的公开性与内隐性

留守少年权益保护需求表达具有公开性与内隐性相结合的特征。权益保护需求的公开性是指留守少年能够把其需求清楚地向周围人表达出来，而表达的内隐性是指留守少年不能或不想把其需求公开地表达出来。需求表达的公开性与内隐性和留守少年身心发展的成熟度、个人气质性格有关，高年级的留守少年、性格内向的留守少年多为内隐性表达；低年级的留守少年、性格外向的留守少年多为公开性表达；而且他们可能会注意到现实的情境而选择是否公开表达。同时，留守少年权益需求表达的方式，与其父母、其他监护人、教师的关系性质有关，与周围环境氛围以及需求的自身属性等因素有关。在留守少年权益保护过程中，既要注意培养留守少年敢于表达其合理需求的意识、勇气与能力，也要悉心留意其不好或者不愿表达出来的需求，注意保护留守少年的秘密与隐私，并于其中反思背后的原因，寻找帮扶的措施。

二　留守少年权益保护需求内容分析

留守少年权益保护需求的内容，是留守少年权益保护社会工作服务开始前需要进一步了解的内容，是确保服务针对性的前提与基础。

（一）家庭保护方面的需求

家庭在留守少年权益保护中起到非常重要的作用，但是现实确实存在家庭保护力量薄弱的现象。从调查对象的人口数据来看，51.7%的留守少年属于父亲一方在外工作的情况，44.0%的留守少年属于父母双方均在外工作的情况，4.2%的留守少年属于母亲一方在外工作的情况。[①] 三种情况下的留守少年生存发展情况未见明显差异，但是在家庭安全感、作业辅导等一定程度上显现出不同。而相较于非留守少年，留守少年家庭保护的多方面数据上更偏低一些。从需求的角度来分析，留守少年的家庭保护需求如下：

1. 亲情陪伴的需求

留守少年不同程度地存在较长时间不与父母一起生活的留守经历，存在着家庭结构不完整、家庭保护力量薄弱与保护资源缺失的现实问题。父母均外出工作的留守少年一般跟爷爷奶奶等祖辈一起生活，父亲单方外出工作的留守少年一般跟妈妈一起生活。家中父母或父亲力量的缺失使得留守少年的权益保护力度一定程度上受到削弱，可能会受到来自安全方面的威胁，同时留守少年在面对这一力量缺失过程中，如果不能很好地进行调节与适应，难免会出现心理上的问题。家庭结构的不同会带给留守少年不同的心理感受，调查显示，父母均到外地工作、仅父亲到外地工作、仅母亲到外地工作的留守少年家庭安全感缺乏的反映率分别是7.2%、4.2%和7.4%。在访谈中，许多留守少年反映希望得到父母的陪伴，盼望家庭能够及早得到团圆，希望父母"能够在最重要的时候出现"，能够带自己去看外面的世界。有位八年级留守少年在作文中写道："从我记事开始，我

---

① 因四舍五入，百分比之和实际不为100%。

的爸爸就在外面打工，很少很少回来看我，有时候回来是因为家里有什么事情，但是在家过不了几天就会回到打工的地方，所以基本到逢年过节才能和爸爸待的时间长一些。有的时候我也非常怪他、恨他不常回来看我。在我生病、困难、心情不好的时候，不知道该给谁说，有时也会伤心地哭。"人生来具有依恋感，尤其是处在青春期早期的留守少年对亲情陪伴有着更为特殊的要求，父母远在外地，留守少年在情感上与父母面对面地交流呵护变得不现实，而在与父母有限的电话联系中，由于受客观通话条件限制，加上父母与孩子在情感交流、语言沟通方面的不顺畅，无法充分满足留守少年的亲情依恋的需要。即便在家照护留守少年的监护人，也因为家务的辛劳与代沟的存在使得他们无法与留守少年进行充分的沟通交流。

一位七年级留守少年在作文中这样表达他和父亲间的情感状况："我知道外面工作的爸爸很爱我，每次打电话我也很想听到他对我关心温暖的话，可是爸爸每次都是问我生活有没有困难、成绩好不好、听不听奶奶的话等问题。其实我也是这样，不会在电话里表达对爸爸的爱，也不怎么跟他说话，不过我想我只要默默地表达就好了。有时我的好朋友会问我，你喜欢、爱你的爸爸吗？我总是摇头，其实我的心里肯定是爱我的爸爸的，但是我不会表达这种爱的感情。"

另一位五年级的留守少年在作文中这样记叙："我现在成绩在班里是中游，可之前成绩还不错。不过父母外出打工给我的成绩造成了很大影响。去年寒假考试，我考了班级的第五名，当时父母都在家，他们鼓励我下次要考前三名。我也向他们承诺，下次要考第一！他们很是高兴。可春节后他们都出去打工了，整整半年都没有回来一次。我只好跟姥姥生活在一起，很不适应，那段时间几乎天天想着他们什么时候能够回来。但是一天天过去了，父母一直没有回来，而我的成绩也一天天下降。在后来的暑假考试中，我的成绩很不理想，从第五推到了第十二名，知道成绩的那天，我难过极了，同时也非常害怕父母会打电话问我考得怎么样，有没有考第一。"

所以，留守少年一定程度上存在"亲情饥渴"，希望父母能多与他们通话、常回家看看、多在身边陪陪自己，这种亲情依恋需要的满足状况对他们的学习、生活有着至关重要的影响。也有研究显示，外出打工的父亲三个月以上才联系一次的儿童，他们与父亲的依恋质量显著低于一周、两周和一个月联系一次的依恋质量，而对于双亲均外出打工的留守儿童而言，父母与之一周联系一次的留守儿童，他们对母亲的依恋质量显著高于两周、一个月、三个月以上联系一次的依恋质量[①]。与此同时，日常化、经常化的亲情陪伴、精神宽慰、情感支持对留守少年的心理健康成长、学业的进步、品行的孕育尤为必要。留守少年更需要的是在情绪低落时来自父母的鼓励和劝慰，而不仅是每周一次甚至是每学期一次的心理辅导；他们更需要的是对生活中每个安全隐患的不断叮嘱，而不仅是由公安、司法部门定期开展的法治教育[②]。骨肉亲情所带来的陪伴往往是无法取代的。

2. 平等尊重的需求

从发展成长的阶段看，留守少年基本上处于青春期，自主、叛逆、希望得到外界认同等心理倾向明显，但这些并没有很好地被父母所感知和理解。很多留守少年都觉得父母老把自己当小孩子来看待，不理解自己，希望父母能够换位思考，能够得到父母的尊重，给自己独立的学习和生活空间。不少留守少年反映，父母不尊重他们的个人隐私，随意翻动他们的东西，甚至私下看他们的日记；很多时候问题出现了，父母或其它监护人往往不分青红皂白，一味抱怨他们，把责任往他们身上推。父母或其他监护人对留守少年缺失平等与尊重，既违背了权益保护的原则，导致保护行为蜕变成了侵害行为，同时也制约了农村留守少年主体性的发展，抑制了他们自我保护力量的成长。而不容乐观的是，这种平等尊重的缺失比起家庭物质财富、家庭成员的缺失，更不容易被留守少年的父母或其他监护人所发现与感受到。

平等尊重缺失的主要原因在于父母或其他监护人教育理念和教育方式的落后。控制式、压服式、包办式是其教育理念和方式的主要特征表现。尽管大部分父母都想让子女好好读书，将来有一个好的前程，但是他们往往是从物质上尽可能给孩子提供好的生活学习条件，在心理上、精神上却没能给予他们应有的关照与支持。调查显示，52%的留守少年表示玩耍自由受到了家人限制；父母和留守少年之间的沟通和协商也存在薄弱之处，

---

① 范丽恒、赵文德、牛晶晶：《农村留守儿童心理依恋特点》，《河南大学学报》（社会科学版）2009年第6期。

② 董才生、马志强：《留守儿童关爱保护政策需要从"问题回应"型转向"家庭整合"型》，《社会科学研究》2017年第4期。

在关于自己个人学习生活事件的安排上、关于家庭生活方面的决定安排上、关于家庭重大事务方面的决定安排上，父母同留守少年缺乏商量的比率分别为 15.1%、20.8% 和 26.9%，均高于非留守少年。有留守少年表示："希望父母多听取自己的意见，在升学等方面不要代替自己进行事情的选择和规划"，又如"希望大人不要总是唠叨，不要总是训斥命令的口气说话，不要总是管得太严，要一些宽松与鼓励。"有位留守少年谈道："我爸爸在外面打工，妈妈在家照顾我，对我管得特别严，自从上初中后，更是厉害了。我星期六星期天回到家，（她）总是没完没了地询问我在学校的表现，学习情况怎么样了，只要有时间，就监督着我做作业，连电视也不让看，还经常说，要想考个好成绩，必须关上电视机，有的时候妈妈下地干活，怕我出去玩，就干脆直接把我锁在家里。我感觉在家里的时间都被无休止的作业给占据了，一点快乐和自由都没有。一次我考了班上第一名，妈妈可高兴坏了，又是给我做好吃的，又是给我买新衣服。在她感觉就像过年一样，可是我不知是为了什么却非常难过。"

包办、控制式的家庭教育方式是父母与留守少年之间不能民主平等交流的外化形式与必然结果，反过来又不断强化着不民主、不平等的亲子关系，这也是许多留守少年发生离家出走、自我伤害等极端行为出现的重要原因。这种控制与包办的家庭教育方式可能会因为物理空间的间隔得到缓解，也可能会使亲子关系更加隔膜与疏离。

3. 避免歧视虐待的需求

调查显示，4.4% 和 4.1% 的留守少年反映经常遭受家人的身体打击和辱骂挖苦，统计数据均高于非留守少年。访谈中发现，一定程度上的重男轻女思想的存在，使得女性留守少年相较于自己的哥哥或者弟弟更容易受到父母的偏心对待。有位七年级的女性留守少年在作文中诉说了她的委屈；"我是家中的老大，下面还有一个弟弟、一个妹妹。我感觉不管自己做了什么事情，都得不到家里大人的重视，尤其是妈妈。记得有次小学考试中我得了英语全班第一、总分全班第二的好成绩。回家后我自豪地告诉了妈妈，而妈妈却只是简单地说了一声'知道了'，没有什么高兴的意思。然后弟弟、妹妹只是会写了一个字，妈妈就高兴得不得了。妈妈瞧不起我的时候，我经常躲在厕所里偷偷地哭，一边哭一边会责问这是为什么！都说男女平等、人人平等，要善待女孩，可是大人们怎么就这么难做到呢?"外出务工使得父母不能有充足的时间来陪伴照顾，尽管这非主观有意为之，但客观上却给留守少年造成了父母对自己关心照顾不够的负向感觉。而主观上的疏忽照顾的情况也不同程度存在，例如，有留守少年抱怨说"希望妈妈多一些关心，不要每天都抱着手机，对自己的学习、生活不管不问"。

还存有部分家庭对留守少年歧视虐待的现象，这既有家庭教养观念与方式的原因，也有父母或其他监护人家务繁重、养育压力大造成的负面情绪等客观因素。作为虐待者的父母或其他监护人，其实很多时候自身也是受伤害者。原本留守状况已经使留守少年处于亲情缺失的状态，而生活在歧视虐待的环境中则无疑使留守少年的精神世界雪上加霜，他们会产生无助感与孤独感，家庭这一温暖的港湾成了让他们感到陌生、恐惧、想回避和逃离的地方。遭受来自家里大人歧视、虐待的留守少年都希望父母或其他监护人能改改自己的脾气，消除对自己的不满和偏见，使他们和其他幸福家庭的孩子一样得到应有的关怀和温暖。

4. 购买生活学习用品等消费的需求

父母外出务工的家庭大多并不是很富裕，在家庭开支方面相对较为节俭，相应留守少年生活、学习上的一些费用花销有的时候并不能充分予以供给，可供留守少年支配的零花钱并不是很多，有留守少年反映父母不能给自己买课外书等学习用品。不少留守少年身上一分钱的零花钱都没有，要是有用钱的地方就不得不向监护人要，但有些时候监护人并不能很好地予以理会。访谈中，有位留守少年说："我平时不会乱花钱，花钱的时候就跟奶奶要。但好像每次奶奶都要抱怨一番，说什么你爸爸妈妈临外出前也没给留下多少钱，供吃供喝的现在基本都给你花得差不多了，再要的话，直接打电话跟你爸爸妈妈要，我可是没啥钱了。"

调查发现，留守少年的花费除了用于购买生活、学习用品之外，其他还包括给好朋友买小礼物等交往性消费，自己买零食、饮料方面的饮食消费，购买身边同学有而自己却没有的东西的比较性消费等，大部分留守少年的消费需求有着合理性。这些需求的满足不但能够提升留守少年的生活水平，也有利于培养他们合理的消费观、相应的处理生活事务以及人际关系的能力。

当然，调研中也发现有的祖辈监护人对留守少年非常溺爱，对他们提出的消费要求从来都是有求必应，这样也导致不少留守少年养成了不良的消费行为。有相关研究显示，祖辈对孙辈越溺爱，其作为农村留守儿童的看护人对孙辈的影响力就越小，农村留守儿童越容易产生非健康食物消费行为①。如有位留守少年说："我有不少零花钱，有爸妈留给我的，也有爷爷奶奶平时给的。我也不太好管住自己，会经常乱花些钱。在学校里看到别人吃零食，自己嘴馋也想吃，身上只要带钱了在一天之内就能花完。我自己也不知道为什么会这样。奶奶总说我是馋猫，可是我这个馋猫的习惯总也改不掉，让我一天不吃辣食品就急得难受。"对于类似这样的不良消费需求与行为，则需要合理的教育疏导。

（二）学校保护方面的需求

无论是从保护力量还是保护成效来看，学校在留守少年保护方面具有很大的优势，是农村留守少年权益保护的核心力量。

由于义务教育均衡发展和中小学校园安全专项治理等工作的积极推进，国家不断深化留守儿童权益保护工作，农村中小学在留守少年权益保护工作方面取得了很大的进展与成效。94.3%的留守少年认为在校"非常安全"或"比较安全"，74.4%的留守少年反映学校经常开展一些安全教育活动且效果较好，在校遭受过意外伤害情况的留守少年占33.3%，比他们在家庭中遭受意外伤害的情况低5.6个百分点。78.9%的留守少年认为学校不存在交通安全问题，82.6%的认为不存在饮食安全问题，84.0%的认为不存在卫生安全问题，86.6%的认为不存在校园治安问题。

大部分留守少年对学校的工作比较满意，认为学校已经很为学生负责了，总体上老师们都能很好地对学生进行教育教学活动。调查数据也显示，开学以来跟老师谈话三次以上的留守少年为30.8%，占到了近三分之一；78.6%的留守少年反映班主任在关于班级事务安排上会和同学们商量；72.5%的留守少年反映任课教师在关于上课安排上会和同学们商量。

尽管学校保护总体状况还好，但是一定程度上还存在一些不尽如人意的问题。尤其是从学校的"学校无小事，事事皆教育；教师无小节；处处当楷模""为了每一位学生的发展"等教育理念来要求，从留守少年的特殊情况与处境来考虑，学校保护的很多地方依然不够理想与到位，不能很好地满足留守少年的需求，不能很好地协助他们解决自己的问题。留守少

① 刘贝贝、青平、肖述莹、廖芬：《食物消费视角下祖辈隔代溺爱对农村留守儿童身体健康的影响——以湖北省为例》，《中国农村经济》2019年第1期。

年对学校保护的需求主要表现在以下方面:

1. 人身安全保障的需求

留守少年人身安全保障的需要主要包括生命、健康、人格、名誉等。由于校园欺凌问题一定程度上存在,导致有些留守少年身心受到攻击与伤害,产生一定的校园不安全感甚至是恐惧感。调查数据显示,辱骂、歧视、身体打击等校园欺凌现象都不同程度地在留守少年身上发生,且发生率一定程度上高于非留守少年。这样的情况难说偶然,因为留守少年家庭成员的暂时缺失可能带来的性情退缩、照顾不良、学业落后等情况,也许跟留守少年遭受校园欺凌有着内在逻辑上的勾连。从对校园欺凌的态度上看,有的留守少年认为欺凌现象是学校最不好的现象,是给学校抹黑;有的留守少年希望学校管一管那些"坏学生",不要让他们欺负自己,希望学校能够加大对校园欺凌问题的处理力度,对那些很坏的学生,认为必须直接开除。校园欺凌是目前中小学校较为普遍存在的问题,尽管从学校教育态度上对校园欺凌是零容忍,但是如果防控措施不科学、不到位,很难实现校园欺凌行为的零发生。对于那些留守的学生,由于家庭保护力量的薄弱或自身性情上的不良等,遭受与引发校园欺凌风险的可能性会大一些,尤其需要学校层面给予关注与保护。

此外,寄宿的留守少年对学校食堂卫生情况以及住宿条件情况较为关注。不少留守少年反映,有时候食堂的碗筷洗刷得不干净,饭菜质量也比较差,宿舍楼里厕所的气味非常大;有的还反映个人的床铺存在安全隐患,所以对自己的健康、安全状况较为担心,希望学校能加强这方面的管理并进行设施条件上的改造。

以上反映出了学校教育管理在留守少年权益保护中存在的一些短板和漏洞,但从另一个角度来看这也是留守少年人身安全方面的迫切性需求。

2. 学业成长方面的需求

留守少年希望教师有时间多给自己辅导一下功课,能和自己多谈心,了解一下自己的学业情况和家庭情况,在自己需要的时候能给提供心理方面的辅导与支持。问卷调查结果尽管显示开学以来教师做到能够与30.8%的留守少年谈话三次以上,但也有31.6%的留守少年反映开学以来教师未同自己谈过话。在访谈中,我们也发现这样一种情况,教师同留守少年的谈话,不少情况下都是因为他们犯了一些学习和纪律上的错误而进行的训诫性谈话,真正的宽慰安抚式的谈话还是比较缺乏,真正地谈心交流更是缺乏。就留守少年自身而言，一定程度上也缺乏表达这方面需求的勇气与机会。有位留守少年说："我觉得我们班主任其实是很好的一个人，很负责的老师，遇到事情或者有困难了，我也想跟他说说情况，可总是觉着不太好意思跟老师说，也不知道如何去说，只好自己消化。老师要是能主动多找我谈谈话该有多好。"教师对学习成绩不好的留守少年关注度不足。一位有辍学想法的八年级留守少年曾说起："我上小学的时候成绩就不好，中间还转了一次学，成绩就更受影响了。上了初中后，感觉课程更难了，老师讲什么很多都听不懂。我不是不想学，是真的听不懂。渐渐地，老师对我们这些成绩不好的学生就不管了，把我们安排到教室后排，说只要我们上课不捣乱，干什么都好。我觉着真是没有意思了，就想着退学打工。可是家里人不让，说就是在学校里憋着，也要把初中给憋下来。这样说，我真是受不了了，真心我也是想学好，可老师又不能管用地帮助我，成绩不好，难道只能怨我吗？反正家里就这样让我憋着，我就是感觉很难受。"

　　也有不少留守少年希望教师上课能够再认真些，讲得知识更加生动有趣一些，上课的方式和内容再活泼多样一些，不要动不动就让学生自己看书、做作业。有些课程如心理健康教育、音乐、美术等活动类课程希望能多开一些。

　　在访谈学校的一位中层干部时，他也谈到："农村中学教师队伍存在老化现象，一些老教师退不下去，年轻的教师补不进来，一些教育观念、教学方法的确存在陈旧的问题，教育教学质量上难免受到影响。从生源角度讲，在我们这个地方，农村中学还面临着不少私立学校的竞争，学生的学习底子从总体上并不是很好，这也给老师的教学增加了难度。再有就是，班级学生成绩分化也比较严重，很大方面或许跟留守学生较多有关系吧。也不是老师们不用心，现实的困难、资源上的制约也是明摆着的。"

　　青少年期是求知欲非常旺盛的阶段，也是自尊心迅速增强的时期。访谈中也发现有不少留守少年都有很好的学业抱负，比如好好学习将来考上县里面最好的高中、再考上一所很好的大学；有的则表示父母在外打工不容易，要好好学习，用优异的成绩来报答他们、让他们放心。对于留守少年而言，学校的教育教学、教师的支持关怀对增强他们的学业信心、学业愿望的塑造养成具有根本性作用，对因为留守原因而造成的学业落后、学习资源匮乏有极强的补救性作用。

　　教师对留守少年的影响巨大，但通常的情况是，留守少年眼中的教师是一个，教师眼中的留守少年却是众多，如何拿出相应的时间给更多的留守少年以单独谈心谈话的机会、课业辅导的机会，如何通过相关培训进修及教育教研活动提高教育教学水平，考验着教师的职业道德和学校的教育教学管理水平。

3. 民主平等师生关系的需求

处于青春期的学生受关注与尊重的愿望强烈，他们崇拜自己所信服的教师，希望与教师形成一种亦师亦友、教导与陪伴相结合的别样友谊。访谈中，留守少年反映总体上和教师的关系还是不错的，但也反映有些教师的教育管理方式比较简单粗暴，在班级事务、教学事务上缺乏和同学们商量，总是一个人说了算，有些不民主；有些教师火气比较大，在教育教学过程有时会有打人骂人、讽刺挖苦人的现象。调研数据也证实，有的教师一定程度上存在对留守少年进行身体虐待、心理虐待以及剥夺受教育权利等错误教育行为，传统的教育惩罚方式——罚站、体罚在留守少年的发生率分别为 14.9% 和 9.8%；有些教师处理事情不大公平，有偏心、偏向优等生和女生的倾向；有些教师有时会暴露学生的隐私，不太考虑学生的个人感受。

尽管提出了以上不满的看法，但是总体上留守少年与教师之间的关系还是比较融洽，对教师的一些不好的态度行为甚至能够给予一定的理解与包容。在留守少年看来，教师的工作也很辛苦，有些不好的性情和火气也是人之常情，只是希望教师们能更好地认识和理解他们，不要有事没事地老是生气，朝着班级同学发脾气。

对于那些父母不在身边的留守少年而言，教师与他们的交往情况如何对他们的发展有着重要的影响，不仅仅是"亲其师、信其道"的问题。如果教师能够与留守少年建立一种民主平等的师生关系，在交往中能及时、积极地了解留守少年遇到的困难，倾听他们的心声，把握他们的思想动向，尊重他们的思虑想法，并做到支持性回应，不但会使留守少年感受到温暖、体会到帮助，而且更能以尊重、信任的态度接受教师的教育，同时又有效地避免、减少、消化青少年阶段容易出现的逆反抗拒、玩世不恭、愤世嫉俗等心理现象。

4. 休息娱乐的需求

调研发现，很多留守少年都反映在学校里学习太累了，生活较为单调乏味。如作业量较大，希望老师可以少布置一些作业，让他们适当放松一下，尤其是作为毕业年级的六年级和九年级，每天作业时间 2 小时左右及以上的学生达到了 61.1% 和 48.0%；课程开设不齐全，音体美等活动类课程开得少，图书室不能很好地开放，不能很好地满足他们课外借阅的需要。有位留守少年说："学校好像就是一座大大的牢笼，而老师们就是门前的看守。每天除了学习就是学习。但是老师们讲的课又很枯燥乏味，同学们也学得浑浑噩噩的，学不到多少知识。拿我来说，想学也学不好，不想学也有些不自在，感觉在学校里不是闷，就是烦。也有最高兴的事情，那就是盼着周五下午放学，可以暂时离开学校，在家里玩两天。"

以上留守少年学校保护方面的合理需求，从学校教育教学职责来讲应当予以积极的满足。学校方面也应当看到这些需求的背后，其实也反映出了学校教育教学工作存在的不足与问题。这些不足与问题的出现，有着主客观方面的原因。从客观方面而言，主要是学校教育教学工作的繁重，导致学校教师难以拿出足够的时间来专门进行留守少年的权益保护工作；学校缺乏留守少年权益保护方面的足够力量和资源方面的支持。从主观方面而言，主要是教育者对留守少年权益保护工作的重要性缺乏应有的认识，保护理念相对落后，教育方式较为传统，缺乏服务留守少年成长发展的专业化方式方法。

学校是留守少年的第二个家，是留守少年集中学习与生活的社会化重要场域，当留守少年的家庭保护有所缺失的时候，加强学校保护对留守少年的生存发展至关重要。尽管学校保护也存在一定的困难和限制，但教育者必须表现出应有的职责担当，能够从留守少年的角度关照到他们的内在需要与特点。

（三）社区保护方面的需求

农村留守少年所居住村庄的人文、自然环境等方面的资源与条件，直接或间接地影响着他们的生存发展。对于生养自己的家乡，农村留守少年有着深厚的依恋情感。调查显示，有 91.8% 的留守少年表示生活在自己的村子里有安全感，77.5% 的留守少年表示希望将来在家乡工作。尽管将来到底在哪里工作并无定数，但从目前他们的态度来看，起码显示了他们热爱家乡的情感。随着新农村建设进程的加快尤其是乡村扶贫、乡村振兴战略的实施，农村的条件越来越好，这为留守少年关爱、为他们更好地生存发展提供了更好的保障条件。调查显示，87.7% 的留守少年表示如果生病了，看病问题上非常方便或比较方便；61.2% 的留守少年表示村子里有供自己活动和娱乐的设施和场地；86.6%的留守少年表示村里不存在社会治安方面的问题。总体而言，这些方面均是农村建设成效、农民生活质量和福利水平提高的表征，一定程度上满足了留守少年生活与成长的需要。不过，相对而言，农村的经济条件、福利水平还较城市有较大的差距，还无法充分满足留守少年在学习、娱乐、安全保护方面的需求。

1. 学习、娱乐的需求

从现实的保护力量来看，随着城镇化进程的加快，农村在一定程度上出现了空巢化、空心化的现实，导致农村留守少年权益保护资源相对匮乏，缺少足够的人力、物力以及相应的组织来为留守少年的学习、生活和娱乐提供支持。从调查中得知，79.3%的留守少年反映村里没有图书馆（室），仅有25.2%的留守少年反映村里开展过适合他们参加的活动，而且基本上是在暑假。很多留守少年希望村里建设好公共图书馆（室）、娱乐场地，增加健身器材等设施，并能够经常地对外开放；希望村里可以建好道路，晚上开通路灯，让村庄的夜晚明亮起来，不再漆黑让人害怕；文化大院的设施再齐全一些，搞起活动才会更加热闹，这样村里的文化生活才会有基本的条件保证。

2. 人身安全、健康保障的需要

留守少年希望村里有良好的社会治安环境和卫生环境，以保证他们的身体健康和安全。不过，一些侵害农村少年权益、威胁他们健康乃至生命的事情也一定程度上存在，且时有发生。《未成年人保护法》第三十七条规定："禁止向未成年人出售烟酒，经营者应当在显著位置设置不向未成年人出售烟酒的标志"[①]，但调查显示，有9.6%的留守少年反映周围商店向学生售卖过烟酒，也有的留守少年反映村里的小卖部会贩卖很多"垃圾食品"。有17.3%的留守少年反映遭受过邻里或者某些社会成员不同方式的恐吓与侵害，希望不要再被歧视和伤害，这比非留守少年高出7.7个百分点。有21.1%的留守少年反映村子存在交通安全问题，比如村内外过往车辆多、速度快，道路经常被占用作翻晒粮食的场所，这都威胁到他们的生命安全，所存在的隐患很大。也有的留守少年反映村子里存在乱扔乱倒垃圾的问题，猫、狗等小动物饲养得不到有效管理，存在被动物咬伤的危险，希望村里增加这方面的管理人员。这些直接的侵害和间接的安全隐患

---

① 《中华人民共和国未成年人保护法》，中国民主法制出版社2013年版，第10页。

的存在，给留守少年心理上、精神上造成了不良的感受与不小的压力，留守生活因之被蒙上灰色的阴影。

通过建立制度、创造条件，在留守少年所居村庄、社区建立相关的组织和机构，积极开展丰富的活动，以使留守少年感受到来自社会、集体的力量，这是加强留守少年社区保护的关键。不少留守少年在调查中提议，希望村里能建立"少年儿童保护站""反家暴中心"等机构站点，经常开展一些权益维护方面的宣传和教育活动。如果一直没有这方面的作为，不但难以有效加强留守少年的权益保护工作，甚至会对他们造成负面的心理影响，形成消极的看法，影响他们积极健康的社会化过程，就如同在调查中，有的留守少年表示："一些事情村里根本管，不会再对村里和社会报多大希望，根本没啥指望头"。持这样的观点，不仅是一种失望的表达，而且更不会主动参与村里事务，相应的是留守少年村居归属感的降低。

（四）自我保护方面的需求

留守少年正处于自主能力提升的关键时期，他们理应成为自我保护的主体。作为主体，留守少年必须要掌握一定的自我保护知识、具有一定的自我保护意识与能力，这是他们健康成长的需要，是自我权益维护的需要。

1. 自我保护知识、意识方面的需求

总体来看，留守少年对相关自身的权益保护知识有一定的了解。调查数据显示，有 77.4% 的留守少年表示对《未成年人保护法》有了解，22.6% 的留守少年对《未成年人保护法》缺乏了解，比较了解的为 33.8%，只有三分之一。从具体权益的知晓情况看，"受教育权""隐私权""受保护权"的知晓率超过半数，但最高的也只是"受教育权"占 68.9%。留守少年"参与权""生存权""发展权"的知晓情况分别是 34.9%、32.2% 和 23.9%。（具体数据见表 3-55、表 3-56）

表 3-55　　　　　农村少年对《未成年人保护法》的了解情况

了解情况	人数/占比	留守少年人数/占比	非留守少年人数/占比
比较了解	346/33.0%	215/33.8%	131/31.8%
有些了解	462/44.1%	277/43.6%	185/44.9%
不太了解	183/17.5%	107/16.8%	76/18.4%
很不了解	57/5.4%	37/5.8%	20/4.9%
总计	1048/100.0%	636/100.0%	412/100.0%

表 3 - 56 农村少年权益知晓情况

权益情况	人数/占比	留守少年人数/占比	非留守少年人数/占比
受教育权	730/69.7%	438/68.9%	292/70.9%
隐私权	671/64.0%	407/64.0%	264/64.0%
受保护权	664/63.4%	409/64.3%	255/61.9%
参与权	354/33.8%	222/34.9%	132/32.0%
生存权	340/32.4%	205/32.2%	135/32.8%
发展权	237/22.6%	152/23.9%	85/20.6%

在安全保护知识的需求方面，所调查的防传染病、防溺水、防校园欺凌等八项安全知识，留守少年都有不同程度上的需求，同样也反映了安全防护方面的教育还未充分有效地普及。留守少年也反映对自身权益保护方面的法律法规，有些还不是很了解，有些只是一知半解，没有系统地学习过，显然这些需要要通过学校和社区加强留守少年权益保护法律法规方面的教育和宣讲来满足。

就自我保护的意识与态度来看，留守少年的需求表现出一定积极理性的特点，但也表现出一定程度上的不成熟性与片面性。例如，在关于自己的未来发展规划方面，77.7%的留守少年表示规划"非常明确"或"有些明确"，94.2%的留守少年对"上学无用论"表示了反对意见，82.2%的留守少年否认了"小孩子不打不成才"的说法，这些都表明留守少年在关乎自身生存、发展方面有着正确的判断和鲜明的立场，但与此同时，也可看出少数留守少年在认识上、观念上还不够全面与积极。比如，20.6%的留守少年同意"大人的事情，小孩子少管"这样的说法，比非留守少年高出 1.4 个百分点（具体数据见表 3 – 53）；22.5%的留守少年表示将来不想在家乡工作，比非留守少年高出 4.8 个百分点。（具体数据见表 3 – 57）这种"不想"，一是与他们的父母在外打工，不少留守少年小时生活在父母打工城市有关，二是可以看出他们对建设家乡的意愿性不强。

表 3 - 57 农村少年未来回家乡工作的想法

意愿情况	人数/占比	留守少年人数/占比	非留守少年人数/占比
非常想	453/43.2%	254/39.9%	199/48.3%
有些想	379/36.2%	239/37.6%	140/34.0%

意愿情况	人数/占比	留守少年人数/占比	非留守少年人数/占比
不太想	166/15.8%	105/16.5%	61/14.8%
很不想	50/4.8%	38/6.0%	12/2.9%
总计	1048/100.0%	636/100.0%	412/100.0%

留守少年自我保护意识存在一定的薄弱和偏差，这一定程度上与其年龄尚小、思想不成熟有关。例如，个别留守少年在如何保护自己时表达了一些"特殊需求"，比如"希望自己能够学习武术来防身""希望自己可以拥有枪支，这样心里就有了不怕被别人欺负的底气"，如此等等。这些需求的背后，尽管说明留守少年一定程度上存在的人身不安全感，却也反映了他们自我保护意识观念上存有幼稚和非理性化倾向。

而从社会学习理论的角度看，留守少年在自我权益保护方面的片面认识与态度的形成，很大程度上跟留守少年生存发展的具体环境有着直接的关系。如认为打骂孩子做法合理的留守少年可能生长在一个有着体罚风气的家庭里，在学校里遇到的可能也是具有专制作风的教师。同意"大人的事情，小孩子少管"说法的留守少年，可能在日常的家庭生活中父母就经常这样训诫他们，才引起他们的认同。将来不愿在家乡工作的留守少年，在一定程度上也是受到父母在外务工的影响。所以，具体的生存环境对留守少年的自我权益保护意识观念有着很大的影响。同时，也应当认识到，留守少年权益保护举措一定程度上的缺失也是造成他们意识观念出现问题的重要原因。

如果家庭、学校、社会方面不能进行积极、及时、正向的权益保护与教育，那么留守少年可能就会产生错误的权益保护意识，容易出现需求表达的极端化，在遭受权益侵害时可能就去寻求非理性、非正规的途径和方式去加以应对。

2. 自我保护能力方面的需求

就自我保护方面的能力，无论是在家务劳动还是品质与能力养成等，留守少年都有一定的积极表现，需要进一步通过教育培养得以强化、丰富与发展。

在家务能力表现方面，三分之二以上的留守少年均会"打扫卫生""刷锅洗碗""洗衣服"；品质养成方面，超过半数的留守少年均有"要好朋友""丰富爱好"及"乐观精神";74.4%的留守少年表示当遭受欺负时能够向家长或者老师报告,67.6%的留守少年认为自己是一个敢于给家长、教师等成人提意见的人。这说明多数学生具有一定的自我保护意识与能力,但是还有部分学生的自我保护意识与能力还较为薄弱。

在关乎自我生存与自我发展的学业、德性、心理多个层面,留守少年都不同程度地显现了对自我能力培养和发展的愿望。比如学业发展方面,"希望自己能够上好的上一级学校""希望自己能够成为对社会有益的人";意志品质提高方面,"希望自己遇到困难时能够顽强不屈""学会约束自己,变得勇敢些""遇事冷静不冲动";道德品质发展方面,"要改正自己说脏话的坏习惯""希望控制住自己不要和别人打架";人际交往方面,"不要封闭自己,多结交朋友""希望自己能够做到不叛逆";自我保护方面,"告诫自己不要做一些危险动作""要锻炼得高大、强壮,胆子不再小""提醒自己不要轻信陌生人";等等。

缺失农村留守少年参与、不能充分发挥其主体性的权益保护至多是一种外在性的保护,不足以保证能够促进留守少年积极的、自觉的自我保护,以及权益保护长效机制的形成。关注留守少年权益保护方面的自我意识和自我能力培养,才是加强权益保护工作的关键与核心。从发展心理学的角度看,留守少年正值自我意识发展的第二个关键时期,有着强烈的身份认同感,渴望受到别人的关注、尊重和承认,重视留守少年身心发展的特点,将他们的自我评价、自我感受、自我调控的意识和能力培养作为权益保护工作的重要内容,是社会工作者需要重点考虑的重要方面。

第四节　基于留守少年权益保护需求的
可利用资源分析

依据调查结果及相关需求分析,相对得出农村留守少年权益保护与留守少年需求情况的简要结论,并在此基础上对社会工作服务可利用的保护资源情况进行分析。

一　留守少年权益保护需求状况的评析

（一）农村留守少年权益得到一定保护，需求得到一定满足，但权益保护工作体系还有待加强与完善

父母外出工作总体上并没有导致家庭对留守少年监护责任的完全疏忽与放弃，与留守少年一起生活的爷爷奶奶、爸爸妈妈或其他监护人，基于血缘亲情在日常衣食起居、上学、娱乐等方面给了他们一定程度的照料和保护。在国家大力加强留守儿童政策的推进下，学校也不断加强留守少年保护工作的宣传与制度建设工作，自主开展以及协助政府相关部门开展了一些关爱保护活动。社会保护方面也在诸多部门和社会爱心人士的积极发动与行动下，在相关基层乡镇、村庄的支持配合下得到相应的开展。这些关爱保护行动的开展在一定程度上满足了留守少年权益保护需求。

但是，从留守少年权益保障工作的全面质量提升而言，无论是家庭保护、学校保护还是社会保护，均在一定程度上存在保护观念滞后、保护资源缺乏、支持力量薄弱、政策贯彻不彻底、保护措施不到位等问题，关爱保护工作力度不足、重点性不强，成效不太显著，有些保护活动流于表面形式，缺乏长效机制。对留守少年生存发展过程中容易出现的一些难点问题，如网络使用过度、亲子关系不良、心理疏导等还缺乏有效的干预措施和方法。各权益保护责任主体之间缺少必要的、有机的联系与配合机制。这些情况的存在均不能很好地满足留守少年的现实需求，无法深度地解决他们面临的现实权益问题。因此，基于政策保障的基础，加强权益保护体系的完善，促进权益保护机制的形成，充分发挥权益责任主体作用，是加强留守少年权益保护工作今后的重要任务。

农村留守少年需求背后是较大的城乡资源反差，全面加强农村经济社会建设是做好留守少年权益保护工作的基础保障。基于生态系统理论，农村少年的生存发展状况、素质能力表现如何既与微观的家庭、学校因素等直接关联，也与宏观的区域经济社会发展状况有着间接关联。从根本上而言，外出务工而形成留守问题的出现是因为农村经济条件的落后，不管留守的历程会产生促进或抑制自身生存发展的影响，留守少年不得不面对的事实就是农村资源的不足和条件的落后，而这既不能充分满足农村留守少年生存发展的需要，更无法保障农村留守少年权益保护体系建设工作的顺利开展。留守少年需求的背后潜藏的实际是农村经济社会条件的落后状

况。留守少年权益保护根本上还是要全面加强农村经济社会发展，积极借助农村扶贫脱贫的国家政策，加快实施乡村振兴战略，尽快推进扶贫、脱贫进程，提高农村劳动生产力，实现乡村富裕，完善农村文化设施与资源的建设，为留守少年权益保护工作创设条件，打下坚实的基础。同时，要把留守少年权益保护工作有机融入农村地方经济社会发展的战略布局，把其作为教育扶贫的重要组成部分以发挥其应有作用。

（二）农村留守少年权益需求与其权益意识、权益能力之间存在一定关联，权益需求与权益能力需要协同培育

随着年龄的增长、见识的丰富，农村留守少年的权益意识和权益自我保护能力逐步加强，但是，在某些权益方面的认识与维权能力还存在一定的薄弱之处，比如权益保护的法律知识、安全防护知识掌握得还不全面和不到位，维权的意识不强、方法不多，权益保护的自我效能感不高等，这些都在一定程度上限制了留守少年合理权益保护需求的感知、诉求的提出及愿望的实现。其实，权益需求的感知、表达也是权益能力的一部分，是权益素养的有机构成部分。因此，提高农村留守少年权益素养，使其能够理性表达保护需求、主动参与保护活动，是保证他们健康成长与良好发展的关键。为此，需要进一步围绕农村留守少年主体性培养这一基点或核心，开展主体发展视角下的留守少年权益保护工作，从家庭、学校、社区各个层面全面加强农村留守少年权益意识与权益能力的培养，使留守少年形成正确的权益保护需求观、意识观、能力观。

要通过社区教育、家校联动的方式切实帮助留守少年监护人转变亲子教育教养方面的理念，提高权益保护方面的能力水平，切实聆听留守少年的感受与诉求，关注留守少年精神世界、心理世界的变化与成长。农村中小学应加强留守少年权益保护相关的课程建设，围绕权益保护主题开发相关专门的校本课程与活动课程，将权益保护内容有机融入日常课程教学之中，开展相关的主题教育活动。尤其是要积极应用抗逆力、优势视角等理论来培养留守少年的自我权益保护能力。农村留守少年所在的社区、村庄要尽可能生产、协调保护资源，加强本地文化设施、资源建设，保证有足够的人力、物力来实现对留守少年进行社区开放教育。尤其把国情乡情教育、农村传统文化教育作为社区教育的重点，以留守少年易于接受、喜闻乐见的形式开展起来，从而培养他们的参与感、责任感，从家国同构、个人与社会协同发展角度形成更高层次的发展需求。

（三）要正确认识留守少年权益保护及权益需求问题，形成科学的留守少年权益观，有针对性、实效性地开展好留守少年权益保护工作

和非留守少年相比，留守少年群体不必然是一个问题群体，但的确是一个权益保护力量相对薄弱的群体。就本次问卷调查中留守少年与非留守少年的比较来看，在大多数负向问题指标上，留守少年均高于非留守少年，尽管还不能从统计学的角度认为二者之间的生存发展状况存在根本性差异，但是从权益保护的角度而言，留守少年在很多生存发展问题上更应当得到必要的、适切的关注与对待，其权益保护方面的需求应给予充分的重视与解读，根据实际情况予以满足，以更好地体现教育的公平性、差异性。

留守少年与非留守少年在发展问题的需求上既有共性，也有差异性。在留守少年权益保护工作中要防止过度保护和疏忽保护这两种错误的倾向。过度保护，往往只是看到了差异，而忽视了共性；疏忽保护，往往是漠视、消解了差异性，而注重了共性。防止过度保护，就是要避免受到不当新闻和社会舆论造成的针对留守少年的标签效应或污名化现象的影响，片面地认为留守少年一定就是问题少年，一定要下大力气加以教育帮扶的认识倾向与行为。防止疏忽保护，就是要避免把留守少年视为社会发展过程中出现的必然、正常现象，而无须加以关注帮扶的消极认识倾向与相应行为。

所以，关于留守少年的研究及权益保护的实践，需要以实事求是的精神、谨慎科学的态度，避免过度保护与疏忽保护的影响，避免一刀切的做法和以点代面的行为。要基于留守少年的生存发展的现实环境状况，发现其在权益保护方面的现实需求，哪些权益存在风险，哪些权益受到了侵害，哪些问题是留守少年自己能够予以积极应对的，只有在此基础上，才能全面掌握留守少年的生存发展状况，把握留守少年发展的特点和规律，形成科学的留守少年发展观。也只有在科学的留守少年发展观的指导下，才能针对性、适切性地开展好留守少年权益保护工作，切实取得工作实效。

二　留守少年权益保护可利用资源分析

社会工作的优势视角理论告诉我们，应该从困境中寻找机遇，从贫穷中寻找资本，从弱势中寻找优势，从现实中挖掘服务对象所处社会环境及

其本身的可利用资源与潜能，从而促进他们积极的自我发展、正向发展。留守少年所处的环境与自身都具有社会工作服务可以利用的资源优势，需要进一步的分析、挖掘与整合。

（一）家庭保护资源的分析与利用

家庭及监护人在留守少年权益保护中负有主要责任，也是给予留守少年支持保护的最基础、最重要的资源。

1. 留守少年祖辈监护人的资源优势

（1）能够满足留守少年依恋的需要。长时间的生活照料、关爱陪伴使得他们与留守少年之间有着深厚的情感依恋。这种依恋，既有传统的基于血缘关系的"隔辈亲"成分，也有着父母外出工作而使得祖辈监护人会基于感情补偿心理给予留守少年加倍的疼爱。这种祖辈监护人的情感投入对增强留守少年的家庭安全感，弥合因为父母外出务工而给留守少年造成的亲情伤害具有积极作用。

（2）对留守少年德性养成具有良好影响。祖辈监护人经历了大半辈子的风风雨雨，总体性情心态上会变得相对豁然达观、宽厚善良，这对留守少年的德性养成有着良好的熏陶和教化作用。在调研中，很多祖辈监护人都表示，尽管家里有一些经济、照看上的困难，但都还能过得去，也不用麻烦政府来予以帮助解决，显示了宽广的胸怀。

（3）有相对充裕的照顾时间。相对而言，大部分祖辈监护人家里、地里的活计不是很多，照看留守少年的时间较为宽裕。

2. 外出务工父母的资源优势

（1）可为留守少年提供生活与教育的保障。父母通过外出务工增加了家庭收入，提高留守少年的生活供给水平与生活质量，使留守少年具有接受当地优质教育资源的机会。

（2）父母外出眼界的开阔会形成对留守少年的积极支持。父母外出务工过程中眼界的开阔、观念的提升会在一定程度上给留守少年提供相应的支持与理解，尤其是在学业规划、理想追求方面带来积极的影响；假期中去父母务工地的短暂生活会开阔留守少年的眼界，丰富留守少年的成长生活，增加他们的人生阅历。

3. 资源的利用

资源的优势可以利用，而资源的劣势恰恰是需求通过社会工作服务来强化的方面。尽管留守少年有着权益保护家庭资源的优势，但是还存在着相应的劣势。一是祖辈监护人存在一定的不足和劣势，比如年老体衰、体力不济；文化程度低，课业辅导困难；教育观念上偏于保守、刻板，教育方式存在偏差，一定程度上与留守少年存在沟通交流上的障碍。二是外出务工父母的资源存在着劣势，他们往往存在与子女联系缺乏沟通或者沟通不畅的问题；在思想观念方面与留守少年存在一定的代沟，再加之距离因素的影响，容易在沟通交流中产生分歧、误解，从而影响到亲子关系的稳固；在多子女家庭，父母还可能出现偏心现象，导致家庭成员间矛盾关系的形成。

总起来看，家庭保护资源是留守少年最根本的依靠与最有力的支持力量，对于留守少年的家庭资源最需要做的工作就是做好家庭教育指导工作。《关于在农村留守儿童关爱保护中发挥社会工作专业人才作用的指导意见》指出：社会工作者"对农村留守儿童父母、受委托监护人开展家庭教育指导，引导其正确履行抚养义务和监护职责。配合调解农村留守儿童家庭矛盾，促进建立和谐家庭关系，为隔代照顾家庭提供代际沟通、关系调适和能力建设服务。引导外出务工家长关心留守儿童，增进家庭亲情关爱，帮助农村留守儿童通过电话、视频等方式加强与父母的情感联系和亲情交流"①。为此，社会工作要做好深入细致的家庭探访工作，了解留守少年家庭结构、关系与可能存在的家庭矛盾，以及不良的家庭教育观念和方式，在取得留守少年家庭信任、建立其良好服务关系的基础上开展好家庭教育指导工作。

（二）学校保护资源的分析与利用

1. 留守少年权益学校保护资源的优势

留守少年权益的学校保护资源具有如下优势：

（1）学校可提供留守少年发展的良好条件。学校具有促进留守少年全面发展的课程和教学资源，为留守少年的学业进步、心理发展、道德提升、人身安全防护提供了良好条件。充实的学校生活、良好的教育环境是保证留守少年健康发展的稳固基石，能够在很大程度上抵御留守环境带来的潜在风险。

（2）学校可为留守少年开展针对性的关爱教育活动。在上级部门的政

---

① 《关于在农村留守儿童关爱保护中发挥社会工作专业人才作用的指导意见》（民发〔2017〕126号），http://xxgk.mca.gov.cn：8081/n1360/144966.html，2018年8月11日。

策要求以及社会力量的支持下，学校能够根据留守少年的现实需求，针对留守少年存在的实际问题开展相应的关爱教育活动，可以为留守少年提供直接的物质和精神支持。

（3）学校教师可为留守少年提供心理上的支持。学校的教师尤其是班主任对留守少年的关心帮助，可以给予留守少年以心理上的支持和情感上的抚慰，一定程度上可以减缓父母不在身边给留守少年造成的情绪焦虑与不安全感。相关研究也证明，教师对农村留守儿童家庭的情感支持，不仅对留守儿童家庭亲子关系的促进发挥着重要的价值功能，而且还是解决留守儿童亲情缺失的根本途径，具有可靠的适切性与可行性[1]。

（4）学校可为留守少年提供同伴支持。学校、班级里的同学和伙伴能够给予留守少年一定的同伴关系支持，促进留守少年积极人际交往行为和友谊产生，而同伴接纳对他们的亲情缺失具有补偿作用[2]。

2. 资源的利用

留守少年权益学校保护资源有其优势，但是还存在着一定的不足，主要表现为：

在学校整体氛围上，可能由于"应试教育""分数主义"的不良影响，造成留守少年权益保护工作开展得不够全面与深入；在思想态度方面，学校领导与教师可能对留守少年权益保护工作认识不足，导致保护工作流于表面化、形式化，存在应付上级检查现象；相关的权益保护活动在组织上缺乏系统性安排，在内容上缺乏专业性设计，在成效上缺乏有效性评估；学校教师自身教学、管理工作比较繁忙，关爱留守少年的精力、时间不能很好地得到保证；由于受传统师道尊严教育观念的影响，学校教师在与留守少年交往中可能存在一定的专断和粗暴行为；学校在留守少年关爱保护方面尚缺乏应有的组织、人员安排，在与留守少年家庭联络沟通方面尚未形成长效沟通、协调机制；留守少年同伴群体体如不加以正确引导，一定程度上可能会出现负向发展。

针对留守少年权益学校保护资源的优势与不足，社会工作者要积极发

① 钟芳芳、朱小蔓：《重构爱的联结：乡村教师对留守儿童家庭的情感教育支持》，《教育理论与实践》2017 年第 4 期。

② 赵景欣、刘霞、张文新：《同伴拒绝、同伴接纳与农村留守儿童的心理适应：亲子亲合与逆境信念的作》，《心理学报》2013 年第 7 期。

挥协作者和引导者作用，协助学校落实好留守儿童关爱保护政策的要求，提高学校教师及相关人员关于留守少年权益保护问题的认识，建立健全留守少年权益问题的学校保护体系，并把其有机纳入学校整体教育管理系统中去；协同学校切实开展好留守少年的安全教育、心理健康教育，切实排查、消除安全隐患，对不良行为留守少年进行及时的心理疏导与行为干预；帮助留守少年切实建立起正向的师生关系、同伴关系。

（三）社区、社会保护资源的分析与利用

1. 社会保护资源的优势

留守少年权益的社会保护资源具有如下优势：

（1）邻里关系的支持。留守少年所居村庄、社区中的宗族关系、友邻关系，以及乡村淳朴的民风为留守少年社会支持网络构建提供了有利的外部大环境。

（2）外部帮扶资源的支持。当前扶贫攻坚、乡村振兴形势下，留守少年居住地获得了更多的外部物质资源与精神资源的支持，为留守少年权益保护工作展开提供了充足的条件，尤其是随着更多的农村社区服务中心的建设，更为留守少年权益保护活动的开展搭建了资源平台。社会爱心组织、人士尤其是大学生志愿者定期、不定期的关爱行动不断给留守少年权益保护工作输血助力。同时，还有关爱保护体系建构的民政系统、共青团系统、妇联系统等正式支持系统的资源支持。

（3）社会参与机会的提供。留守少年对相关乡镇村居活动、社会活动的积极参与，可以有效地培养他们的社会责任感、社会交往与社会适应能力。

2. 社会保护资源的利用

留守少年权益的社会保护有一定的资源优势，但是还存在一定的不足与劣势，主要表现为，农村基层乡镇、村居工作的繁杂影响了留守少年权益保护工作的应有投入；乡镇干部、村干部、村民总体上对留守问题、留守少年权益保护工作缺乏深度认识，影响了权益保护工作的推进；社会各方关爱保护力量一定程度上缺乏统一的组织协调，导致留守少年权益保护活动出现条块分割、零散化、重复化的现象；基层留守少年权益保护力量尚不充足，缺失常态化的保护队伍；社会关爱活动重在输血，留守少年权益保护活动的造血功能不足。

针对留守少年权益乡镇村居、社会保护资源的优势与不足，社会工作者应积极发挥资源链接者的作用，运用好政策以及现实留守儿童关爱保护系统的正式支持力量，积极建构留守少年权益保护的志愿组织、互助组织；协助构建基层乡镇村居留守少年权益保护队伍并加以组织化，开展丰富的权益保护活动以及乡镇村居建设活动，吸引留守少年积极参与其中。

（四）留守少年自身保护资源的分析与利用

1. 留守少年自身保护资源的优势

从抗逆力角度而言，在积极的关爱教育下，留守环境会促使留守少年去面对与接受父母外出务工的现实，主动担负起自理与家庭照料的相关责任，这会促进留守少年思想的成熟和能力的提升，形成良好的自身保护资源。突出地表现在以下方面：

（1）提供了留守少年自主自立发展的空间。父母的外出，使留守少年对父母的依赖性降低，他们的生活自理能力在一定程度会得到加强，有利于留守少年自立、自强品质的锻炼。留守少年正值自我意识加速发展时期，在对父母割舍亲情外出务工事件的感悟中，会激发留守少年产生勤奋学习的心向，树立自我奋斗的目标，容易产生积极的自我发展的心向，这可以成为促进留守少年摆脱困境、展现良好生活和学习状态的强大动力。

（2）强化了留守少年的家庭责任感。"穷人的孩子早当家"，父母的外出使留守少年参与家庭照料活动明显增加，有利于强化留守少年的家庭责任感、孝老爱亲的品质。研究显示，留守儿童成为留守老人在隔代家庭的居住模式下获得反哺养老资源的重要供给者①。有的留守少年还肩负着照顾弟妹生活与学习的责任。

（3）提高了自我面对与解决问题的能力。在对留守环境逐步适应与接纳的过程中，留守少年要面对与解决生活、学习中遇到的问题，在不断应对与解决现实问题的过程中，会不同程度上增强他们的心理承受能力和环境适应能力。

2. 留守少年自我保护资源的利用

除了留守少年自身保护资源所具有的优势，还存在着他们自我保护不足及相关问题，主要包括：总体上留守少年还处于身心发展不成熟的重要时期，还不足以靠个人力量理性地承担与解决留守环境下个人所需要面对

---

① 吴翠萍：《农村隔代家庭的养老功能——基于留守儿童养老支持的分析》，《安徽师范大学学报》（人文社会科学版）2018 年第 5 期。

的诸种问题；受制于年龄不成熟、教育不到位等因素，留守少年权益保护意识和能力在一定程度上还较为欠缺；一定程度上存在的亲情缺失、学业落后、交往封闭等问题，会给留守少年造成现实的生活困扰；青春期容易出现的叛逆、自负、自卑等心理现象，会影响他们正确的为人处世的态度与行为，如果不能得到及时地引导与支持，则可能会出现权益风险。

针对留守少年权益自身保护资源的优势与不足，社会工作者应从主体性角度把留守少年视为其自身权益保护的自觉、积极的发动者和参与者，积极培育其权益保护的意识与能力，引导留守少年一分为二地看待留守现象以及自身问题，在此基础上发挥其优势，挖掘其潜能，实现于留守困境逆境中的正向发展，提高自己的抗逆力。

第五节　农村留守少年社会工作服务的原则与举措

作为留守少年权益保护专业力量的社会工作服务，既要促进留守少年自我保护意识与能力的提升，又要充实整合与开发利用其家庭、学校、社区等各方面资源。针对留守少年权益保护不足状况，以及留守少年权益保护的现实需求，提出社会工作服务留守少年权益保护工作的原则与相应举措。

一　服务原则

服务原则的确定要遵循留守少年生理、心理与社会性发展的特点与规律，从关注其自主性发展的优势视角出发，而不是将他们变成被动的关爱对象。

（一）主体性原则

主体性原则是社会工作者要把留守少年视为权益保护活动的主体，是具有自觉能动性的个体，是具有一定的自我权益保护意识与能力的主体。通过培养其自主意识与精神，提高其自我权益保护的能力，并使他们能够作为积极有效的力量投入到权益保护活动中去。忽视留守少年对权益保护活动的主体性参与，往往会形成权益保护中的成人中心倾向，容易出现主观性猜测与臆想的所谓留守少年的愿望和要求，采用并不被留守少年所接受的方式，甚至会出现保护过度与不足的状况，这不但不会有效地促进他们权益保护意识与能力的提升，反而会制约他们的成长进步。

（二）差异性原则

留守少年生活状况和身心发展状况存在地域、地区、年龄、性别、家庭状况等方面的差异，这就决定了不同生存与发展状况与境遇的留守少年有着区别于其他留守儿童的发展特点与发展需求。只有从这种现实存在的差异性出发，才能保证留守少年权益保护服务的针对性、成效性。遵循差异性原则，社会工作者要事先对留守少年的状况有具体、深入地了解，在尊重共性的基础上根据留守少年差异性的需要进行相应的服务设计，分对象、分层次、分阶段地开展好权益保护工作。

（三）发展性原则

留守少年处于身体、心理与社会性发展的关键时期，这一时期是充满了无限发展潜能的重要人生阶段。促进留守少年权益意识与能力的提升，更好地保护他们的权益，是权益保障活动的最终落脚点。遵循发展性原则，就是要求在权益保护工作中不要搞浅尝辄止式的表面工程，而是要把权益保护工作落到促进留守少年身心发展的实处，稳扎稳打，循序渐进，长期坚持，直到问题得到有效解决。要以发展的眼光与视角来看待留守少年成长过程中出现的问题，能够为他们提供及时的支持与引导；对那些身心受到伤害或侵害的留守少年，要及时地跟进，做好心理抚慰与支持工作，避免他们受到二次伤害；要对那些具有偏差行为的问题留守少年做到不放弃、不抛弃，对他们的不良行为进行矫正，为他们建构良好的支持系统，确保不被歧视，能够较好地融入社会。从保护内容方面看，要能够保证促进留守少年生理、心理、社会性方面的协同发展和全面成长。

（四）协同性原则

留守少年权益保护是一项系统性工程，需要家庭、学校、社会等权益责任主体的共同努力与相互配合，从而形成关爱保护的良性机制，才能保证保护工作的深入、持续、有效。《关于在农村留守儿童关爱保护中发挥社会工作专业人才作用的指导意见》中进一步确定了专业社会工作人才的定位，要求在留守少年权益保护体系中，社会工作者要充实到基层，要做到因地制宜，发挥好专业作用。社会工作者在基层要充分发挥资源链接者、关系协调者与直接服务者的角色，在形成权益保护合力方面发挥积极的协同作用。

（五）因势利导原则

开展留守少年社会工作服务要直面留守少年的现实困境，要对留守少年权益问题进行具体分析，了解留守少年服务对象的需要与权益能力基础，分析现实保护资源利弊情况，确立问题解决、困境摆脱的具体目标和可行性路径，化劣势为优势、变逆境为顺境，在问题解决的过程中促进留守少年的积极发展。

二　服务举措

要以社会工作价值理论为指导，遵循留守少年社会工作服务原则，按照社会工作服务的规范性程序开展留守少年的权益保护工作，采用普遍性与个别化相结合的服务举措。

（一）进行全方位的留守少年需求评估

留守少年权益保护服务工作要依据留守少年的现实情况和实际需要，而不是服务者的主观想法和社会舆论。这就要求社会工作者切实做好留守少年的服务需求评估。

需求评估是社会工作服务开展的基础与前提，需求评估是否能够了解到服务对象的生活境遇与实际需要，会直接影响到社会工作服务所采用的方式方法与模式，直接影响到服务的成效。要开展好前期的需求评估，就是要全面而又深入地了解服务对象的现实需求。英国学者步瑞德山（J. Bradshaw）的需要理论对了解、评估留守少年的需要具有积极的启示意义[①]。他把需要分为感觉性需要、表达性需要、规范性需要和比较性需要四种类型。感觉性需要是服务对象真正意识到的需要，对于留守少年的感觉性需要，社会工作者要通过相关调查切实进行了解。表达性需要是将感觉性需要转换成个人表达出来的需要，服务对象是否有表达性需要取决于其对服务者的信任态度，只有服务对象认为服务者真正能够帮助他们解决问题时，才会有表达性需要产生。为此，社会工作者在需求评估时，首先要切实取得留守少年的理解、信任，表现出专业的权威性，与留守少年形成接纳与被接纳的关系即，接纳留守少年，同时也被留守少年所接纳。规

---

① 彭华民、徐愫：《人类行为与社会环境》，高等教育出版社 2016 年版，第 25—26 页。

范性需要是由社会工作者或社会科学研究人员根据研究所界定的最低需要标准而制定的，这种需要要求社会工作者要根据留守少年的现实生活和生存情况制定一套指标明确的服务指标体系，并据此开展服务，保证能使留守少年群体普遍地从服务中受益。比较性需要是基于不同服务对象群体的比较情况下所认定的需要。在留守少年权益保护过程中要考虑到这种比较性需要，要尽可能地维护服务的公平性，比如，要考虑到留守少年与非留守少年的共同性需要，男性与女性留守少年的共同性需要等。

只有切实做好需求评估，才能真正了解留守少年的所感所想、所求所愿，为设计切实有效的留守少年权益保护服务方案和措施提供现实参考和直接依据。相应，服务工作也有了能够深入而细致开展的可能性，才会针对性地解决留守少年的现实问题，避免目前留守少年权益保护工作中所存在的形式主义、主观主义等问题。

（二）切实加强权益保护知识、能力方面的教育

留守少年一定程度上存在权益保护知识、能力不足的状况，制约了他们应然的保护需求的感受与表达，导致他们在自身权益保护方面主体性作用的发挥受到限制。他们在很多情况下权益受侵害而不自知，自己觉知了也不知道如何去应对，甚至有时候视权益的受侵害为正常的、理所当然的现象。留守少年这种权益知识及相关自我保护能力的缺失，很大程度上与家庭、学校、社区方面缺乏系统而深入的教育有很大关系，与其所处的社群文化密不可分。留守少年所接受的权益保护方面的知识很多都是表面化、散点化和理论化的知识，对留守少年形成权益观念与意识、掌握权益保护技能、解决面对的权益受侵害问题等起不到很大的作用，也很难内化为他们的权益保护意识、外化为权益保护的能力。对于此种情况，社会工作者要做好留守少年权益保护知识的宣传、保护能力的培养工作，使他们的权益素养能够得到提升。社会工作者要从权益保护知识系统性的要求出发，结合学校教学计划设立相关的校本课程，根据学生的年龄、年级状况编写体现差异性的权益保护知识教材；从权益保护知识的应用性而言，运用社会工作专业的小组工作、历奇活动等方式，针对留守少年遭遇或可能遭遇的权益侵害问题开展参与式、体验式、问题解决式的权益保护知识和技能学习，这对于防范权益风险具有现实意义。

（三）对个别"问题突出"留守少年开展专门的服务工作

不可否认，留守少年总体上并非"问题少年"，但是不排除存在这样的现象，由于受父母外出工作，家庭生活结构发生变化的影响，一旦自身不能很好地适应这样的现实，可能个别留守少年在学业成绩、心理状态、品性行为等方面会出现较为突出的问题。这些问题从产生到慢慢放大，一定程度上是同留守少年留守时间的增长相同步，具有渐进性和隐蔽性的特点，一般不容易被周围人及时发现，或即便被及时发现了，也往往被忽视或者作简单处理。而一旦这些问题明显地显现出来或造成较大的后果，则成为较为难解决的棘手问题。在成人眼里，往往把出现这些较为棘手问题的主要责任归于留守少年自身的心性和品性不良，而不会考虑到这些问题产生的真正原因。于是，留守少年不单单成了留守问题的受害者，也成了问题产生的始作俑者或者是替罪羊。对"问题留守少年"的教育，往往就是对其主观认识上的劝诫和自身行为的矫正，这种简单化的方式既不能很好地对症下药，又会引发留守少年的逆反心理，教育成效往往不明显；对留守少年问题的识别、态度、观点与干预方法等往往存在着不同程度的滞后性、消极性、偏差性问题。

运用社会工作的方法对个别"问题突出"留守少年进行干预，是从"人在情境中"的视角审视留守少年问题产生的社会背景和生活缘由，把留守问题视为一种于留守环境下的"嵌入式生成"，从对留守少年与周遭环境中各种相关因素关系的梳理中剖析留守少年问题产生的前因后果、问题演变的源流脉络，进而采取个案社会工作、个案管理等个别化的专业方法，以及小组工作等共情性的专业方法，并根据留守少年个体具体问题的不同、问题显现的不同阶段和程度来采取与之相适应的干预模式，这样才可能使留守少年积极主动地流露心声、感悟觉醒、自主寻求问题解决的方法和出路。

（四）对"共性问题"留守少年群体开展专门的服务工作

留守少年既存在个性问题，也存在共性问题。共性问题的产生，既与留守的大环境有关系，也与留守少年的人口因素、学习成绩、性格秉性等个人表现因素有关系，比如亲情困扰、毕业焦虑、成绩落后、性别歧视等问题。具有"共性问题"的留守少年具有某些方面相似的特征，而"共性问题"的存在又往往使留守少年因之结成相应的"问题群体"，如经常欺负他人的留守少年往往形成"强强联盟"，合伙欺负弱小者；学习成绩不好的留守少年往往形成"自在逍遥派"，上课要么捣乱，要么睡觉。"共性问题"的产生和存在，不但在较大范围使留守少年受到不良影响，而且从"共性问题"到"问题群体"的演变关系看，"共性问题"是留守少年不良社会行为产生的重要原因。所以对留守少年"共性问题"的应对、"共性需求"的满足也是社会工作服务的重点。解决"共性问题"，可以把社会工作服务与学校教育管理活动有机结合起来，社会工作者配合学校教师开展常规化的报告、第二课堂、社会服务活动，为"共性问题"的解决提供思想、知识、信息、活动、关系等方面的资源与专业支持。还可以依据团体动力学理论，针对留守少年不同的"共性问题和需要"开展相应主题的小组活动。在活动中树立正面典型与榜样，激发留守少年群体的正能量与小组动力，因势利导地构建正向的同伴群体与支持。

（五）优势视角下留守少年抗逆力的培养

总体来看，留守少年群体中存在一定数量的"问题少年"，但相对而言，也有不少"优质少年"，他们学习刻苦、成绩优异、品德良好、意志坚强。从转化思想的角度来看，不少"问题少年"之初也本是"优质少年"，不少"问题少年"经过教育也可以转化为"优质少年"。也就是说，留守的环境未必一定会给人带来不良影响，相反，可能恰恰是激发与培育农村留守少年抗逆力的适宜性环境，是无需要特意设计的抗逆力培育场域。抗逆力是当人们遭遇挫折和困难等逆境时能够进行心理和行为调适的能力，或者在受到伤害等过程中形成的自我校正与复原的能力。留守的环境，使得留守少年不得不面对家庭结构的变化和亲情沟通受限制的困境，但留守环境也为他们提出了自我管理与关爱他人的必然要求，不能依靠父母的照顾，还要学会照顾弟弟妹妹、爷爷奶奶和自己，学会为他人和自己负责，学会承担自我和家庭的责任，学会与他人建构良好的人际关系，形成互助成长的态势。社会工作者要合理地挖掘农村留守少年生存环境所存在的抗逆力培育优势，为之提供必要的外在与心理的支持，使这种留守的状态成为他们为自我负责、自主性成长的优势环境。所以，抗逆力培育应成为农村留守少年社会工作服务的实践选择，它要求社会工作者能够重构农村留守少年成长环境的优势，关注他们自主性发展的特殊性，以社会工作专业理念与方法，通过培育留守少年自身的内在保护因子和家庭、学校、社区等外在保护因子的方式，来建构以留守少年自主性能力提升为核心的关爱支持体系，激发留守少年的内在潜能，提升其应对困境的抗逆力①。

（六）整合与构建留守少年权益保护社会支持网络

从系统化、宏观化的角度看，社会工作者加强留守少年权益保护的重要工作是整合社会资源、构建相关的社会支持网络。无论是留守问题的产生，还是留守问题的解决，都是一个结构化、系统化的问题。留守少年相关的家庭、学校、社区乃至整个社会是留守少年权益保护系统不可或缺的因素。社会工作者于其中要起到资源链接、关系沟通、机制协调的作用。从现实情况来看，留守少年权益保护社会支持网络的构建和运转还存在诸多问题。

首先，留守少年相关的监护人、教师、社区工作人员、社会爱心人士等诸主体和民政、群团等相关部门与组织一定程度上存在对留守少年权益保护意识不足、对留守少年相关国家政策了解和执行不够、权益保护能力不足的情况。

其次，社会支持网络诸成员、部门之间缺乏足够的有机联动，甚至彼此之间存在隔阂矛盾，比如，教师把督促留守少年做家庭作业的职责过多地安排给监护人。

再次，总体来看，由于缺乏一定的支持引导举措及相关的辅导培训，一定范围的留守少年社会支持网络规模还不够大，支持力量还不够强，支持成效还不够明显。

对此，社会工作者要有层次、有针对性地协助做好留守少年权益保护社会支持网络建设工作。要发挥宣传者和教育者的角色作用，开展多样的宣讲活动，辅导与普及留守儿童关爱保护知识和保护政策，促进相关责任人更好地履行保护职责，提升留守儿童权益保护人员的保护能力；通过家访、社区访问、座谈等方式，了解留守少年权益保护相关各方的资源状况并做好相应的协调疏通工作，实现保护资源的有效配给与利用。

---

① 王玉香、杜经国：《抗逆力培育：农村留守青少年社会工作服务的实践选择》，《中国青年研究》2018 年第 10 期。

第四章

农村留守少年学校社会工作服务研究

在对留守少年前期调研的基础之上，通过了解农村留守少年需求现状以及对所拥有资源的分析，利用与整合相关政府部门、群团组织、高校及当地资源，以留守少年集中的学校开展社会工作服务，探索以学校为核心，家庭、村居有机联动的农村留守少年社会工作服务模式，取得了一定的成效，但也存在一些亟待解决的现实问题。

第一节　农村留守少年学校社会工作
服务开展背景

经过前期的调研，在考虑留守少年社会工作服务项目点的地点时，经过反复磋商、普遍认为设在学校更为合适与有利，而在村庄设项目点则是不现实的，因为多数村庄都出现了空心化，白天无法见到服务对象，因为这些留守少年都在学；同时，这些村庄基本不具备开展相应活动的场地条件，无法辐射更多的服务对象。而学校是留守少年集中的场所，教师的素质相对较高，是可以利用的人力资源，也是未来农村关爱留守少年的可持续的中坚力量。通过整合资源，先后共开展了三个农村留守少年学校社会工作服务项目，三个项目服务开始的时间不同，开展的时间长度不一，所争取的服务资金来源也不同。项目服务承担方为济南山青社会工作服务中心、临沂山青社会工作服务中心、山东省社区发展与社会工作研究中心。济南山青社会工作服务中心由山东青年政治学院社会工作专业师生共同运作与发展的专业社会服务组织；临沂山青社会工作服务中心是临沂团市委主导下由山东青年政治学院社会工作专业教师协助成立的专业社会服务组织，是临沂市第一家专业社会工作服务组织；山东省社区发展与社会工作研究中心是由山东青年政治学院教师成立的省级社会服务组织。本研究团队成员为服务督导、学生实习指导教师和暑期学生志愿服务团队的领队教师，以便于不断跟进服务，开展服务研究和行动研究。

一　"有我在伴"农村留守儿童学校社会工作服务项目

"有我在伴"农村留守儿童学校社会工作服务项目是本研究团队联系山东省枣庄 Y 学校开展，并获得了香港凯瑟克基金、香港理工大学在资金与服务督导方面的支持，是北京大学与香港理工大学联合成立的中国社会工作研究中心设立的研究项目。项目秉持社会工作专业"助人自助"的理念，以能力建设为主旨，以 Y 学校这所全省首个农村留守儿童寄宿制学校为服务对象，面向留守儿童、留守儿童家庭主要照顾者以及项目学校教师开展社会工作专业服务，促进留守儿童所在教育成长环境的改善，使留守儿童健康成长。服务开始时间为 2014 年 7 月，结束时间为 2016 年 12 月。

Y 学校是山东省首家民办留守儿童小学，也是规模最大的留守儿童寄宿学校。项目落地时，在校生 1060 人，留守儿童 523 人，大多数学生寄宿，暑期不放假。该校教师共 34 人，师资整体水平不高，留守儿童对父母依恋需求等得不到满足。

二　"沂蒙菁梦家园·飞翔"农村留守少年社会工作服务项目

"沂蒙菁梦家园·飞翔"农村留守少年社会工作服务项目由本研究团队联系山东省临沂市 W 中学（初级）开展，并取得了共青团平邑县委、临沂山青社会工作服务中心提供直接指导与支持。服务开始时间为 2015 年 7 月，结束时间为 2016 年 6 月。

Z 中学（初级）所在地是外出务工人员最多的地区，外出务工人员大多流向上海、广州等南方城市，留守现象较为突出。服务开始时，全校 562 名学生，其中留守少年 338 名，占到学生总数的 60%。经过前期的需求评估及工作开展中的持续调研，把服务目标定位于 Z 中学学生，尤其是留守学生权益保护方面的专业服务，解决青春期留守少年学业、人际交往、家庭关系、心理适应等方面的问题。

三 "春风行动"农村留守贫困少年教育社会工作服务项目

"春风行动"农村留守贫困少年教育社会工作服务项目由本研究团队联系山东省菏泽市 W 小学开展，并取得了山东省社区发展与社会工作研究中心的支持。山东省社区发展与社会工作研究中心作为省管社会组织之一，牵手省派第一书记帮包村菏泽市定陶区孟海镇，助力脱贫攻坚工作。经与省派第一书记协商，在留守贫困少年居多的 W 小学建立社会工作服务站，以"扶贫扶志、筑梦聚力、保障安全、呵护成长"为核心理念，以"社会工作者 + 志愿者"工作团队为推进力量，通过专业服务助力留守贫困少年的健康成长。服务开始时间为 2018 年 7 月，结束时间为 2019 年 10 月。

菏泽市是山东省贫困人口最为集中的地级市，贫困人口绝对数量大，加之当地工业基础薄弱，大量居民尤其是青壮年夫妻双双外出务工，导致农村留守贫困青少年数量大增。服务时，W 小学共有学生 518 名，项目重点聚焦校内留守贫困少年共 99 名，其中父母双方均外出打工者 51 名，单方外出打工者 48 名。W 小学教师 23 名，其中正式教师 18 名、兼职教师 5 名。"春风行动"农村留守贫困青少年教育社会工作服务项目定位于留守少年课业辅导、生活自立能力培养与安全教育等方面的服务与支持。

第二节　"有我在伴"项目开展情况及成效

"有我在伴"项目以农村寄宿制学校的留守少年为对象开展服务。除了在校建立社工站，还链接了高校社会工作专业资源，以实习等方式助力项目开展。

一　服务对象简介

（一）留守儿童

校内共有留守儿童 523 人，主要由爷爷奶奶看护。他们是寄宿制学生，只有在周末的时间可以回家，有少数学生周末也在学校度过。

（二）学校老师

学校老师共有 34 人，青年教师工作量大、流动性大，容易对学生心理造成一定的影响。

（三）留守儿童家庭主要照顾者

留守儿童家庭主要照顾者主要是爷爷奶奶隔代监管，他们多为文盲或小学文化水平，难以了解孩子成长特点，无法辅导课业。他们除了要种自己的地，还要种外出打工子女的地，在教育孩子等方面存在一定的误区，基本的态度就是让留守儿童吃饱穿暖，安全不出事。

二 项目目标

（一）长远目标

建立留守儿童的社会支持网络，促进留守儿童与社会环境的良好适应，使其健康、快乐成长；促进儿童社会工作的本土化研究。

（二）中期目标

构建以留守儿童为本的社会工作专业服务实践模式。

（三）具体目标

1. 了解留守儿童的生理、心理及社会的需求，以及其面对的问题及自身的优势；

2. 为留守儿童提供个案、小组和社区社会工作服务，提升其自身的心理素质、与人沟通的能力、学习能力和应对意外伤害的能力；

3. 使留守儿童照料者了解留守儿童的特点及需求，并为照料者提供咨询服务，缓解他们的压力，增强照料技能；

4. 使教师了解留守儿童的特点及需求，与教师沟通为留守儿童提供更好的教育环境；

5. 使教育、民政、共青团、妇联等儿童福利政策制定的政府部门和群团组

织了解留守儿童的需求，为其制定政策提供依据；

6. 在项目点建立社会工作实习基地，为社会工作专业学生提供实习的机会。探讨儿童青少年社会工作人才培养的实践模式。

三 服务内容

（一）社工站直接服务

为项目的服务对象留守儿童、留守儿童的主要照料人和项目点学校的

老师提供社会工作专业服务；为留守儿童建立良好的社会支持网络。这主要包括：

1. 需求评估。以问卷和访谈的形式开展留守儿童和主要照料人的需求评估；

2. 开展以增强留守儿童心理素质、沟通能力、学习能力和应对意外伤害能力等为主题的小组活动服务；

3. 在项目开展期间为有需要的儿童提供个案工作服务；

4. 对留守儿童的主要照料人进行培训，采取参与式培训的方法；

5. 对学校教师开展培训工作，采取参与式培训的方法；

6. 建立留守儿童及其父母虚拟空间交流的平台，为他们交流提供网络空间，促进留守儿童与其父母的沟通交流；

（二）设立儿童社会工作实习点

1. 与项目点学校共同讨论开发社会工作专业学生实习岗位及数量，建立实习基地的管理机构，由山东青年政治学院社会工作专业负责实习工作的教师和项目点学校分管教师共同管理；

2. 建立山东青年政治学院和项目点学校共同督导的机制，即实习学生专业督导由山东青年政治学院社会工作专业教师担任，生活行政事务督导由项目点学校推荐具有资深教学工作经验的教师担任；

3. 建立实习基地的评估机制，对实习基地的运作和管理进行评估。最后，向有关院校的社会工作专业宣传实习基地，为山东省乃至全国的社会工作专业学生提供农村留守儿童社会工作的实习机会和实习督导服务。

（三）儿童社会工作服务模式探索

依托项目点的服务开展留守儿童社会工作服务模式的研究，为促进留守儿童的服务实践提供理论支撑；为政府制定留守儿童福利政策提供依据；为留守儿童成长探索社会工作服务模式与规律；为青少年社会工作人才培养探讨本土化的培养模式。

四　项目服务开展情况

项目开展顺利，目标达成情况良好（见表4-1）。

表 4 - 1　　　　　　　　　　　项目目标达成情况表

序号	原定目标	实现目标	超出工作量的百分比
1	个案 45 个	49 个	8%
2	小组 10 个	11 个	10%
3	培训及社区活动 10 次	33 次	230%
4	亲子沟通平台 1 个	1 个	0%

具体服务开展情况如下：

（一）个案工作开展情况

项目共开展 49 个个案，内容涉及留守儿童学习成绩、同伴关系、校园适应等方面。

以项目实施过程中一个个案 W 为例：

案例介绍：W，男，为山东某寄宿制留守儿童学校五年级学生，在其三岁左右父母离婚，W 跟随父亲；之后父亲再婚，W 和继母关系融洽；但两年之后父母再度离婚，之后其父亲与现任妻子结婚，并一直至今；但 W 与现在的继母关系一般，现任继母管教严格，W 至今不称呼其为"妈妈"，而是称呼"阿姨"。W 性格孤僻、内向，不善与人交谈，父亲和继母在外地务工，W 由奶奶照顾，存在严重的厌学情绪，每次返校上学时都表现得十分抗拒。

1. 个案服务初期

在 2015 年 12 月 20 日，W 由于厌学情绪严重，在家没做完作业害怕老师批评，藏于宿舍墙角床底下，导致学校老师在校园内找了一下午没有找到。驻校社工在得知此事之后马上介入该个案，首先与其班主任取得联系后得知 W 属于留守儿童，跟着奶奶生活，有些内向和自私，很少与同学交流，缺少朋友，存在严重的厌学情绪。

随后驻校社工尝试与其建立关系，在接案后，驻校社工观察到服务对象 W 性格孤僻，排斥老师，总是沉默不说话，有时抱着墙或者蹲在墙角，不进教室上课。接案初期由于 W 对社工抱有抵触情绪，每次个案访谈都蹲在墙角不说话、不回应，几次访谈之后，个案服务一度陷入困境，无法从 W 处了解到更多信息。

2. 个案服务中后期

在校园内与服务对象 W 交谈无法取得更多进展的情况之下，2015 年寒假放假前夕，社工联合班主任深入到该生家庭，在与他奶奶交谈中得知其父亲和继母在常熟务工，W 一直跟随奶奶生活。学校是寄宿制学校，W 每周回家一次，在家中也很少和奶奶交流，只是自己在屋子里玩，一般也不与同伴玩耍，只是很喜欢小动物，比如小猫小狗，W 都会对它们表现出很大的兴趣；W 每次返校时都十分抗拒，让奶奶很是头疼。他奶奶表示每次在 W 父亲回家时，他都很听话，表现得很好，他非常想念和父亲在一起的日子。不过在其父亲外出打工后又会变得很内向。

在了解到服务对象 W 在家和在学校的表现情况后，社工通过他的表现意识到在他成长过程中，父亲的两次离婚导致他可能缺失安全感，父亲又长期不在身边，隔代监管的奶奶明显力不从心，应该通过对其家庭进行干预，协助家庭发挥作用，让孩子感受到家庭尤其是父亲对他深深的爱。通过家庭环境的改善，进而影响 W 以促进他的改变。

了解情况后，社工认识到任何外界力量的介入都不如亲情的陪伴，家庭的作用不容忽略，解决 W 出现的问题非常需要其父母的参与尤其是父亲，只有融洽的家庭环境才能够最好地促进他的改变。于是，社工主动去 W 家，与其奶奶进行了积极的沟通，奶奶也表示自己力不从心，不知道该怎么办，一再地说："这孩子也不惹事，也不吱声，真是愁煞人。"社工耐心地给奶奶分析 W 所存在的问题：W 从小缺失母爱，父亲又常年在外地，父爱和母爱的缺失使他特别自卑，平日里不愿意与人交流，导致内心缺乏安全感，逐渐变得性格孤僻。社工给奶奶讲了家庭对孩子成长的重要作用，家庭环境和家庭教育方式对孩子的健康成长发挥着不可替代的作用，亲子沟通的缺失容易对孩子的身心造成不良的影响，容易使孩子变得自卑、孤僻等。希望奶奶尽量早与 W 父亲沟通，让他父亲了解这种情况，讲清楚利害，促使其尽量回家陪伴孩子成长。

通过给服务对象 W 的奶奶做工作，奶奶表示自己也认识到的确应该让 W 的父亲回家，也认识到孩子的健康成长是最重要的，至于家庭收入等问题不应该凌驾于孩子身心健康发展之上。随后奶奶与其父亲多次沟通商量，W 的父亲最终在寒假时辞去了外地工作，回到家庭陪伴 W。之后社工再次深入家庭探访 W 的父亲，其父亲表示常年在外地工作顾及不到孩子的成长，每次回家后 W 都表现得对父亲很依赖，并且表现得很好，但是没有想到每次离开家回到外地务工，W 就又变得内向、孤僻，而且不去上学，就算打一顿还是没用；现在回到家中能陪伴孩子成长，虽然没有了外地轻松的工作，但能够参与孩子的成长，他表示自己应该及时和学校以及社工沟通交流，矫正孩子的行为，对自己回家来的决定不后悔，认为孩子健康比什么都重要。

在 W 父亲回到家中陪伴 W 之后，他在校的表现得到了很大的改善，不仅不再"蹲墙角"，还变得比较阳光，懂得分享；社工和老师商量之后还对 W 适当的委以"重任"，W 每个周都会协助老师分发报纸，在发报纸过程中和老师同学交流增加了，也促进了 W 打开心扉，更有"存在感"。在平日里社工还鼓励 W 积极参与校园活动，和同学多交流。并且 W 在家的时候还和父亲一起跑步、打球，有父亲参与其成长过程，使 W 变得更加自信和阳光。

（二）小组工作情况

通过驻校社工链接志愿者资源，争取学校教师协助，共开展小组服务11 个，内容涉及教师团队建设、留守儿童能力提升小组、兴趣小组（例如绘画、下棋等）以及新生适应小组。在服务中，力争促使留守儿童能够积极自信地与人交往，增加他们自我展现的机会，让他们在互动中了解自己，学会与他人交流与沟通的技巧。以能力提升为本的小组活动，注重阶段性改变，从之初问题取向到后来优势取向，由前期的注重校园适应、同伴关系的改善到后期能力建设和提升，循序渐进，着力发掘留守儿童自身的潜能，提升各项发展性能力与素质。

（三）社区活动

服务开展过程中，共开展社区活动33 场，专家讲座以及培训14 场，邀请省内外知名专家向师生和家长授课，比如邀请山东省青少年研究所原所长 Z 教授，山东心悦心理咨询研究中心创始人 M 老师等省内知名专家为师生以及家长讲授家庭教育、成长规划等。

整合肯德基、中国电信、国网鲁研电力公司等爱心企业各项资源，展现社会力量对留守儿童这一群体的关注，同时也改善困境留守儿童生活水平，为他们的学习生活带来物质和心理上的支持。

（四）业务学习活动

在项目开展过程中，项目组成员一直致力于提高自身能力等工作，先后赴云南大学、北京大学参加项目汇报，向国内外专家学者学习经验，同时赴济南参加了儿童服务政策与儿童社会工作主题研讨工作坊（第二期），在滕州当地也是积极同本地社工机构以及志愿者组织密切交流，参加滕州市民政局社工培训等，努力提高自身水平。

（五）社工专业学生实习情况

项目开展过程中每年利用暑期社会实践集中组织山东青年政治学院政治与公共管理学院社会工作专业实习生进行专业实习，专业教师驻点进行指导，提升社会工作专业学生实务水平，加强社会工作实习基地建设。

（六）项目督导情况

多次邀请省内知名专家对项目进行督导，在专家实地督导与电话督导结合中纠正项目社工在服务中的认识和方法的偏差，提升项目社工工作效率。同时，香港理工大学专家6次实地督导支持。

五　项目成效

（一）服务对象的转变

1. 留守儿童的变化

项目通过常规服务如社工信箱等服务学校留守儿童478人次，服务163小时；开展个案49个，服务240人次，累计服务120小时；开展11个小组活动，共计71次，服务2160人次，累计服务133小时；开展社区活动33次，服务10650人次，累计服务168小时。通过一系列个案、小组、社区活动的开展，校内留守儿童生活自理能力、学习能力、动手能力、创新能力、抗挫折能力等各项能力得到显著提升，学习、生活更加积极阳光。

2. 教师的变化

项目先后在教师节前后开展教师团队建设、成长向导培训、小组活动以及教师急救培训活动，促进新入职教师更好地融入，提升教师应对各类突发情况的能力。随着项目的开展，学校教师由最初的怀疑社工，到认同社工，到支持社工的转变，他们发现班级里有特殊需求的留守儿童会第一时间联系社工介入，对社工的工作也更加支持。

3. 主要照料人的变化

项目累计探访留守儿童家庭31个，服务50小时左右；开展留守儿童照料人培训 12 次，累计服务 4900 人次。项目连续三年开展监护人培训，潜移默化地促进留守儿童家庭教养方式的转变，留守儿童监护人能够更加重视孩子教育、亲子沟通以及家校沟通，愈来愈多的家长重视孩子的心理变化，而不是简单地满足孩子的物质需要。

（二）项目点学校

项目的开展极大地促进了项目点学校的发展，形成了资源聚集、社会效益明显提高的良好的发展态势。

1. 项目点学校的社会声誉越来越好，规模不断扩大

Y 学校学生人数从项目落地时的 1060 人发展到结项时的 1645 人，由原来的 12 个行政班发展到项目结束时的 21 个行政班，并且在原来的基础上创办分校区。

2. 项目点学校得到各级党政机关、群团组织的关注和肯定

项目先后接待枣庄市关工委、滕州市民政局、滕州市社会工作者协会、共青团及妇联等党政机关及群团组织的领导参观调研，了解项目开展情况以及留守儿童关爱情况，项目受到各级领导的认可和支持。学校被滕州市委、市政府、市关工委评为"关心下一代工作先进集体"；被滕州团市委、教育局等授予"五项教育"先进单位；被枣庄市妇联、教育局评为"市留守儿童快乐成长示范站""枣庄市示范家长学校"；被滕州市关工委授予"全市关心下一代工作示范学校"。

（三）服务团队成长

1. 建立了稳固的社会工作实践教学基地，探索凝练了社会工作实习教学模式。有 68 名社会工作专业在校生、8 名社会工作专业教师进入项目点实习。

2. 驻校社工获得较大的专业成长和自我成长。项目累计有 4 名正式社工、3 名驻点长期实习的社会工作专业学生。项目社工参加北京大学 – 香港理工大学的中国社会工作研究中心主办的第二期"儿童福利政策与儿童社会工作"主题研讨工作坊，并作了《留守儿童家庭社会工作服务的理论和实务探索》大会发言。项目社工在省级以上学术刊物发表研究论文 3 篇：《驻校社工在农村留守儿童学校社会工作服务中的作用》《优势视角下留守儿童自我发展的学校社会工作实践探索》《留守儿童家庭社会工作服务的理论与实务探索》。

3. 整合志愿者资源能力得以提升。项目先后链接滕州市尚善志愿者服务队、滕州义工联盟、滕州市志愿者协会等志愿者组织协助开展服务，同时通过共青团等群团组织链接枣庄科技职业学院青年志愿者协会等参与活动的开展，与留守儿童建立关系，多次开展志愿服务活动。

（四）新闻媒体报道

项目被各级媒体报道共 26 次，其中"人民网"1 次，"光明网"1 次，《中国教师报》1 次，《齐鲁晚报》2 次，《枣庄日报》1 次，《枣庄晚报》2 次，"中国山东枣庄频道"1 次，"枣庄新闻网"1 次，《滕州日报》12 次，滕州电视台 4 次，济南山青社会工作服务中心 12 次。

六　项目总结与反思

（一）项目推进中的优点

1. 依托山东青年政治学院政治与公共管理学院社会工作专业优势以及济南山青社会工作服务中心实务优势，同时香港理工大学 G 教授等实地督导项目共 6 次，这在一定程度上保证了项目的专业性，使项目社工得到了成长，项目所在地学校领导高度重视。

2. 以能力建设为主旨，以优势视角替代传统的问题视角。在服务留守儿童过程中，注重能力建设，发掘留守儿童优势资源，强化留守儿童优势，注重来自家庭、学校与村居保护资源的应用，提升留守儿童自我保护能力及与他人建构良好关系的能力。其中，社工关注了留守儿童青春期的问题，开通了特别信箱，及时回答青春期生理、心理问题及现实中的苦恼，无形中提高了他们自我防范风险的意识与能力。

3. 链接社会资源，实行精准关爱。项目开展过程中，针对特殊困境留守儿童在努力为其争取学校支持的同时，积极利用媒体资源，整合社会力量进行捐助；响应国家精准扶贫号召，实行精准关爱举措，提升帮扶效率。如民政局对学校 3 名家庭贫困儿童给予了一定的资金支持，学校也采取了减免学费的方式，项目组开展了三次募捐衣物活动等。

4. 活动丰富多彩，促进留守儿童能力提升。在服务开展过程中，采用留守儿童喜爱的形式带领他们开展各类活动，包括兴趣小组、社交小组，以及外出春游、体验式活动等，促使他们交互成长与自我成长。

5. 注重家庭、学校、社区联动，全方位改善留守儿童生活环境。项目开展过程中，驻校社工联合学校教师多次深入留守儿童家庭进行探访，开办家长课堂，邀请省内外家庭教育专家等为留守儿童家长提供家庭教育方面的培训和问题咨询，促进家庭教育的良好发展，同时社工积极链接学校、社区资源开展有利于留守儿童成长的活动。

（二）项目推进中的困难与问题

项目尽管取得了较好的成效，但是还存在一定的困难与问题，主要表现为：媒体宣传力度不够，宣传多以大活动为主，日常服务几乎没有媒体宣传。社会工作者的服务经验较为欠缺，在与学校领导与教师相处时容易被权威化，人员不稳定。因为地理空间局限，专业督导无法及时与社工实行面对面的跟进指导。有关权益保护与权益能力建设只是其中的一部分内容，项目要达致立项时所要求的目标，应该继续强化的行动研究缺乏资金支持，但这随着项目的结束而不得不结束。

第三节 "沂蒙菁梦家园·飞翔"项目开展情况及成效

"沂蒙菁梦家园·飞翔"项目把服务目标定位于致力 Z 中学（初级）学生，尤其是留守学生权益保护方面的专业服务，解决青春期留守少年学业、人际交往、家庭关系、心理适应等问题。项目工作开展由 1 名驻校社工负责，并有 4 名社会工作专业实习生进行辅助推进，在学校领导的支持下，建立了驻校社会工作站。

一 服务开展情况

总体统计，围绕留守少年权益保护这一中心工作，在调查研究、专业关系建立、专业方法运用等方面开展了如下九项工作。

（一）服务推介

社会工作在我国还处于初步发展阶段，社会公众对于什么是社会工作、什么是社工并不是十分了解，开展学校社会工作也面临着这样的情况，工作顺利开展的第一步必须是让学校领导、教师、学生对社会工作、对学校社工站有一个大致的认识了解，与学校各方尽快建立起信任关系。为此，驻校社工专门印制了自我介绍、社会工作专业等方面的资料，通过走访学科教研室、走班宣讲、开座谈会、宣传海报张贴、板报制作等方式进行社工站工作的宣传介绍，与此同时，驻校社工与实习生发挥自身专长、爱心，积极参与学校方方面面的工作，力所能及地帮助学校、班级做一些事情，甘心义务劳动，以赢得对方的好感、信任。尽管这些工作不可能一下子使学校方面对社会工作全面、透彻地了解，也不能马上树立起社工的专业形象，却使得社工初步展现了自己的专业知识与专业角色，与校方建立起了初步的认可关系，为社工站活动的顺利开展打下了良好的基础，使得学生对社工接下来的工作充满了好奇与期待。

这样的工作推介在社会工作还不被人们广泛熟知、在民众头脑中还形不成清晰的职业工作印象的情况下尤为必要，尤其是在学校社会工作领域，面对学校由政教处、团委、班主任、心理健康教师等部门与人员组成的较为完备的学校思想政治教育体系，驻校社工如何去有效地宣传与展现自身的专业优势，被学校所接纳和认可，是对社工智慧和能力的巨大考验。就像社工开展服务时往往首先需要通过游戏活动来"热身"一样，学校社会工作的开展也需要通过这样的工作推介进行"热身"。

（二）调查研究

调查研究是社会工作的一种间接的服务方式，驻校社工带领实习生主要通过问卷、访谈等方式了解留守少年生存发展情况，形成留守少年权益保护方面的观点结论，并通过汇报、发表、发布等形式向学校、社会及有关部门呈现一手资料。主要的调查研究工作包括：

1. 留守少年档案建立与分析。以班级为单位对全校留守少年建立了包含性别、年龄、家庭成员、监护人、学习成绩等方面变量的数据库，结合对留守少年数据的分析来研究设计相关的服务计划、方案；

2. 农村少年权益保护状况调查。从生存权、发展权、受保护权、参与权四个基本方面对全校学生进行了权益保护状况的调查，通过留守少年与非留守少年数据的对比情况来发现留守少年存在的问题与服务需求；

3. 留守少年重点问题调查。对青春期异性交往、校园欺凌、性侵害、辍学、父母偏心偏向等留守少年的较为典型的、可能遭遇到的问题进行了调查，调查结果对相关研究提供了较有说服力的数据和材料支撑。

（三）入户探访

进行入户探访，了解留守少年家庭情况，为开展更有针对性的权益服务活动做准备。选择探访对象主要是选择典型性的留守少年与留守少年家庭。从选择留守少年而言，或选取问题较为突出的留守少年的家庭，或选取品学兼优的留守少年的家庭。从选择留守少年家庭而言，重点探访监护人为祖辈的家庭、经济困难的家庭、监护人为母亲但存在监护不力状况的家庭。探访过程中，重点了解留守少年监护人的监护能力状况，留守少年在家生活和表现的情况，以及留守少年家庭的利益诉求。在探访时间上，主要利用周末的时间进行。

通过入户探访，能够较为全面地了解到留守少年的家庭原生态、留守少年的成长经历以及家庭的监护情况，有助于较为客观地了解留守少年生存发展状况并科学地分析背后的原因，从而为留守少年问题解决、服务方案制定提供一手材料。探访过程中，社工与监护人积极沟通，对监护人在家庭教育、亲子关系方面的问题予以探讨，并恰如其分地与监护人交换意见，向监护人宣讲正确的、科学的监护方法。探访结束后，社工也会把留守少年家庭情况及时进行分析整理，并把留守少年家庭的困难状况及合理诉求通过合理渠道积极地向有关方面反映，争取相应的支持。

通过入户探访，也赢得了留守少年家庭对学校和社工的好感。因为之前学校对留守少年的家庭探访，或限于人手不足，或限于意识不足，次数很少，或根本没有，有的话也基本上因为留守少年犯了错误而进行的告状式甚至是兴师问罪式的探访。而有别于学校探访的社工探访，则是关心地了解情况，这为更好地开展家校合作共育活动创造了条件。除了入户探访，社工还根据个别留守少年的特殊情况与留守少年的监护人进行电话沟通来通报和了解情况。

在入户探访过程中，也存在一定的困难与问题，比如由于监护人年龄、身体、文化、语言等原因，社工与监护人之间的沟通交流存在一定程度的障碍；碍于情面，监护人会对社工隐瞒自己的一些不好的监护方式，掩饰留守少年的一些不良表现，这些都影响了对留守少年家庭真实情况和信息的了解与获得。社工一般会通过后续探访的方式来进一步加强与监护人的联系，取得他们的信任，了解到真实的情况。

（四）个案工作

针对问题较为突出而自己又无力解决且影响到个人学习和生活的个别留守少年开展个案工作。经服务后的统计分析，开展个案服务的留守少年的问题主要集中在学习适应、同学关系、异性交往、校园欺凌、家庭关系方面。服务对象的确定主要通过日常观察聊天、社工信箱、上门求助、入户探访等形式来发现。工作的地点是学校的心理健康教育工作室，因为心理健康教育工作室的辅导教育设施能够为个案工作的开展提供便利的专业条件。对服务对象问题的处理，一般分为两种情况。一种是对那些尽管存在但是对留守少年困扰和危害还不是很突出的问题，以一次或多次聊天或谈话的方式来引导帮助留守少年去分析问题和解决问题。另一种是对问题比较突出、持续时间较长、对留守少年产生较大困扰和危害的问题，采取专门的个案工作的方式来处理，一般是以多次谈话为主线，串联多样的干预方式。这样专门的干预服务需要花费社工大量的时间与精力，并且在心理咨询辅导方面专业知识要求较高，但的确能有效地解决这些留守少年的问题。在个案工作的基础上，及时发现与分析那些发生率较高的问题，并相应开展小组工作及更广范围的教育辅导活动，既做到防患于未然，同时也尽可能使更多的留守少年得到帮助，使他们的问题得到合理而有效地解决。

（五）小组工作

对于留守少年存在的共性问题采取小组工作服务的方式是比较好的选择。不过由于小组工作服务有一定的节次组合安排，时间和人手方面都有一定的要求，所以组织起来需要花费较多的人力与物力。社工站主要开展的小组工作是新生适应小组，此类小组活动主要针对刚刚入校的初一学生的适应问题。这里主要以此为例来介绍小组工作服务情况。

入校后的适应是每一名新生都会遇到的问题，对于寄宿制学校来说，适应问题更加重要。对于留守少年而言，已经承受了父母不在身边的家庭关系不圆满的压力乃至痛楚，如果学校不能创造条件让他们适应新的学习和交往环境，无疑会给他们造成更大的精神压力，严重影响他们的成长发展。通过开展适应小组、社工服务的介入，旨在使适应过程尽可能缩短，在适应过程中培养学生的良好情绪情感及人际沟通交往的能力。为达成此目标，此项小组工作在需求评估的基础上精心设计了"你我今相识""我们是一家""人际对对碰""看看我最棒""未来不是梦"等5节次活动，每节次活动都制定了详细的活动方案，进行了细致的活动效果评估与工作人员反思，以便及时了解和反思活动开展过程中的情况与问题，并及时总结、修正与完善。整个小组工作服务结束后进行了全面的活动成效调查评估，形成了规范的总结评估报告。新生小组活动，融合了活动性、趣味性与教育性，得到了绝大多数学生的欢迎，有助于他们在新的学习和生活中尽快更好地适应。但是，小组工作尽管有其功用成效，但不可能一下子就彻底解决全部问题。对于通过评估发现的小组工作所达不到的成效以及小组工作结束后所需衔接跟进的问题，社工都进行了全面而又深度的思考，并尝试从个案工作、学校社区活动等方面予以应对与解决。

（六）专题活动

根据留守少年普遍的需求情况以及权益保护工作的要求，通过开展专门的宣讲、教育活动来予以满足与落实，主要通过开展以下主题的活动来进行留守少年安全权、发展权、隐私权等方面的保护教育工作。

1. 青春期教育活动

针对学生中间较为敏感且一定程度上存在的男女生之间的异性交往问题，设计了"青春期不是播种爱情的季节"主题教育活动，主要形式包括案例观看、小组研讨、主题宣讲等，主要活动包括人生里程碑活动、剧情讨论、案例分析、早恋与爱情辨析、早恋危害的阐释、如何对待"小纸条"等环节。同学们对本次活动较为感兴趣，参与度比较高。通过活动，让同学们了解到了什么是恋爱，明确告诉他们现在不过是对异性的好奇与好感，这是青春期发展的必然规律，但是这种感觉需要适当调控，让它保持在一定的范围之内，保持它的美好。活动中还通过运用同理心的技巧，让学生明白要正确看待男女生之间的交往，要尊重别人的隐私，更不要去嘲笑、起哄、起绰号等，以形成不良暗示。

项目社工积极链接资源，邀请学校所在镇计生服务中心的工作人员对学生进行青春期教育讲座，指导学生了解自己的生理心理的变化，以及如何调整自己的状态，从而能更加健康从容地度过青春期。

通过以上专门的青春期教育活动，把那些学生感觉"难以启齿"的青春期问题搬上了教育的大雅之堂，解放了学生比较传统甚至封建的思想与闭锁的心理，对关于男女生之间异性交往的不良言论和思想进行了积极的澄清与消解，有效地引导了学生快乐健康地进行异性交往。

2. 安全教育活动

针对留守少年在环境卫生、饮食卫生、交通安全等方面知识和意识缺乏的情况，社工积极查阅《留守儿童教育手册》等书籍资料，结合现实的校内外环境中存在的安全隐患，比如宿舍卫生问题、上下学途中的交通安全问题、日常饮食安全问题、校园嬉笑打闹问题等，精心设计活动主题与内容，开展有关防范意外伤害的多次主题教育活动，在提高留守少年防范意外伤害和维护身体健康成长方面起到了积极作用。

积极链接资源，邀请县公安局、镇人大组织消防民警深入学校，组织学生参加应急消防演练活动，很好地进行了防火安全教育活动；邀请司法局、派出所等单位相关人士开展法治教育进校园活动，对学生进行普法教育和人身、财产安全危害方面的防范教育。

3. 职业规划教育活动

为了帮助初三年级学生更好地升学和就业，减缓他们在这方面的焦虑、困惑和压力，专门对他们开展了职业生涯规划指导讲座。主要内容包括认识到职业生涯规划的重要性；面临毕业，如何处理好升学与就业的关系；如何做好升学考试的复习准备；如果不能继续求学，那么在就业方面如何进行工作上的选择。

配合职业规划讲座活动，开展了"新年新规划"的征文活动，让学生通过笔端来描绘、梳理自己对今后学业规划和未来理想，强化了讲座的效果。

4. 考试减压活动

针对学生在期中、期末考试前一定程度上存在的惧怕和焦虑现象，以及由此可能引发的考试成绩不理想、考试作弊等问题，组织专门的考前减压活动。活动以团体心理辅导的方式进行，辅之以减压宣传单的发放、减压宣传海报的张贴以及对压力特别大的学生进行个案辅导的方式。活动手段主要包括播放聆听减压音乐、做减压体操、同伴倾诉支持等方式。团体辅导的考前减压活动寓教于乐，形式别开生面，受到了参与学生的普遍欢迎。

考试压力问题是整个学习活动链条上的考试环节容易出现的一般性问题，过度的压力说明整个学习过程中存在一系列需要调整的现实问题。认识到这一点，社工把考试减压教育与留守少年平时学习态度的端正、学习习惯的养成和学习方法的掌握等方面的服务活动有机结合起来，培养留守少年的学习习惯，增强他们的自信心，从而从根本上来解决考试压力问题。

5. 感恩教育活动

为更好地加强留守少年良好家庭关系的建构，引导留守少年表达与抒发对祖父辈的养育和关爱感情，社工站利用九九重阳节的机会，以"亲爱

的 XX，我想对您说"为主题，组织了全校性的征文比赛，并链接资源筹
措资金，购置了书籍、笔记本等奖品。学生参与热情高涨，在作文中诉说
了一个个的鲜活的生活、生命故事，内容包括对从小养育自己的祖辈的致
谢感恩、对外出务工父母的想念牵挂、对家庭暂时不能得到圆满团聚的伤
感、对家庭存在困难与不幸的诉说……根据征文质量情况，评选出了一、
二、三等奖，进行了专门的颁奖仪式，并对获奖作文结集成册进行了
印制。

通过此次活动，在一定程度上加强了对留守少年的孝老爱亲教育，增
强了他们的家庭情感，也使得他们因为留守而产生的心理压力得到了一定
程度的缓解与释放。从服务开展的角度而言，征文活动使得社工对留守少
年群体的家庭样貌、感情世界、心理状况有了更全面地了解和认识，从中
也筛选与识别出了需要重点关注的个别留守少年，确定了今后开展服务的
一些主题，比如优势视角下的留守少年抗逆力的培育、"爱家人、爱家庭、
爱家乡"为主题的思想品德教育。

（七）方桌沙龙

为更好地了解留守少年在校生活情况、学习发展情况，开展了日常性
的常规方桌沙龙活动。所谓方桌沙龙，就是与留守少年围坐在一起敞开心
扉、畅所欲言的集体性聊天活动。活动的地点是学校社工站，活动的时间
安排是周一到周五的中午课余时间。活动的负责人采取值班制度，由社工
和实习生各负责其中一天的活动安排。活动内容采取两种形式，一种是不
定主题，进行自由聊天，每周共四次；一种是根据学生的情况尤其是近期
出现的问题和服务工作开展的需要，事先确定好主题，进行"命题聊天"，
每周一次。活动开展过程中，少则三五人，多则二三十人，总有不少同学
来社工站找社工聊天谈心、反映情况、诉说情感、流露心声，比如，课程
的收获抑或无聊，考试后对成绩的欣喜抑或对试题难的吐槽，宿舍里发生
的事情引发他们的喜怒哀乐，对异地工作父母的离愁别绪、想念之情，如
此等等。

对于习惯了教师的正面规训、谆谆教导的留守少年而言，方桌沙龙使
得他们能与社工平起平坐、面对面地轻松聊天或拉家常，他们感受到的是
自我被充分尊重、理解与信任，所以也才会把社工当成自己的朋友、值得
信任依靠的人，也才能够在聊天中畅所欲言、不加以遮拦地进行言说。通
过方桌沙龙活动，社工不但能够时时了解到其他渠道无法知晓的一些发生

在留守少年学习、生活中的情况与问题，进而针对性思考解决对策与服务方略，而且活动也成了社工与留守少年建立友好信任关系的主要途径。而且，活动本身其实也是一种很好的对留守少年进行理解和教育的方式。

开展方桌沙龙活动，需要社工有很好的组织、调控与引导能力，以便能够保证沙龙活动过程中气氛的活跃、言路的通畅、话题的升华。在活动开展中，也发现了一个值得注意的问题，就是来参加活动的大都是性格外向、能说会道的学生，那些性格较为内向、沉默寡言的学生来得并不多，即便来了，大多也是作为性格外向同学的伙伴和朋友来旁听或捧场的。如何加强与这方面学生的沟通与交流是方桌沙龙需要继续思考的问题。

（八）社工信箱

为更好地了解留守少年的学习和生活状况，使留守少年能有更多更好的途径进行问题反映及困难求助，在社工站门口开设了专门的社工信箱，以收集与处理留守少年的来信。留守少年的来信方式包括实名与匿名两种。若是匿名来信，为了保证来信者能收到社工的回信，以代号来代替实名。对于来信，社工尽量做到每信必复。来信者可以在来信一两天后到社工站领取社工的回信。若是实名来信，留守少年可直接找社工领取回信，如果是匿名来信，留守少年需要自己到社工站专门的"回信角"，根据自己的来信的代号领取回信。

经过统计分析，留守少年的来信内容大致分为以下 8 类：

1. 家庭关系类。比如想念外地务工的父母；抱怨父母不了解、不尊重自己；父母偏心偏向；父母不能很好地照顾自己的生活起居；等等。

2. 学习类。比如成绩比较差，偏科，考试成绩糟糕；作业负担重，希望能有好的学习方法帮助自己迅速提高成绩；帮助自己管控好自己，不贪玩；希望教师能少布置作业，家长不要逼自己考学；等等。

3. 心理类。比如自己经常觉得烦闷、无聊；觉得自己的性格不是很好；感觉非常孤单，没有要好朋友。

4. 情感类。主要集中于男女生之间的交往问题，比如暗恋对方，不知道如何表白；被对方甩了，失恋了，很痛苦；不知道在女生面前如何表现自己，如何让对方喜欢自己；等等。

5. 同学关系类。主要表现在同学相互之间的矛盾冲突，比如感觉同学老是给自己造谣，说自己的坏话；自己被同学欺负了，不知如何处理是好。

6. 师生关系类。主要表现在老师对自己的态度行为方面，比如上课睡觉被老师骂，考试成绩不好被老师嘲笑，上课捣乱被老师赶出教室而心生怨恨、想找人聊聊。

7. 意见建议类。比如希望学校多开展一些活动，不要老是上课；要经常开放图书室，有更多更好的书籍供同学们阅读；学校能够经常进行家访活动等等。

8. 和社工关系类。主要表现为信箱设立之初的认识类与社工项目结束之际的感谢类。比如希望和社工认识成为朋友，希望得到社工的帮助，希望社工能多接触同学，希望能多了解一下社工的情况。感谢社工在学校做的工作，感谢社工的辛苦付出，感谢社工给自己的回信。

社工信箱的开设受到了留守少年的普遍欢迎，给社工信箱投信后等待社工回信，成了部分留守少年值得期盼的事情。有位留守少年在收到社工的回信后，一直舍不得打开读，直到晚上就寝钻到被窝里，才幸福地展开信件。

对于来信中的问题，一般以回信作为答复。而对于那些社工认为单凭一次回信不好解决的问题，社工一般会邀请来信者进行面谈。社工信箱这种一来一往的书面沟通形式，对于留守少年来说，既让他们感到了一定的新奇性和神秘性，同时于社工回信的字里行间的反复阅读中，更能品味出几多的亲切与关爱。

（九）寒暑假活动

尽管多数留守少年在暑期去父母打工的城市，但是仍然有部分留守少年留守家中。如果社工不能主动去介入开展针对性服务，留守少年的寒暑假期的时间就可能成为教育真空，甚至留守少年权益会受到不良侵害。所以，尽管项目周期才一年时间，但社工与实习学生还是尽力去做好假期的服务活动。项目伊始，正值暑期，刚刚驻校的社工与实习生克服高温炎热、人生地不熟的困难，对留守少年进行家庭走访了解情况，并根据留守少年实际需求，利用学校场地、设施等条件，开展了留守少年暑期夏令营活动。除了给留守少年辅导课业之外，主要开展了留守少年的历奇训练、兴趣小组活动，很好地丰富了留守少年的暑假生活。

寒假期间尽管社工无法驻校开展活动，但是也能够积极利用网络的方式、特殊假期作业的方式来开展服务。驻校社工通过开通专门的服务网站与邮箱，建立"外出工作人员子女 QQ 群"的方式来开展网络社会工作服务。社工站向留守少年发出了寒假社会实践倡议书，并布置了"寒假日记"征集比赛、"寒假读好书"活动等形式新颖的假期作业。

二　工作的主要成效、经验及不足

在短短一年的时间里，社工站不仅完成了"沂蒙菁梦家园·飞翔"项目制定的目标，还完成了一些相关的额外工作，不过也存在一些方面的不足。

（一）服务成效

量化服务指标方面，开展留守少年权益保护方面的调查，问卷调查人数达 1500 余人次，访谈留守少年 120 余人次，开展法律讲座 1 次，各类权益保护知识讲座 8 次，服务达 1500 余人次；开展新生适应小组 20 节次、考试减压团体辅导活动 6 次，主题性会谈 22 次；重点个案辅导 64 人次，入户探访 52 户次。

质性服务指标方面，通过专题报告、主题教育等活动，使留守少年普遍对权益保护知识有了更全面的认识，普遍提升了用法律维权的意识和能力；通过各方面的安全教育活动，使留守少年更加珍爱自己的生命，学会了遭遇意外危险和伤害时自我保护的方法；通过新生适应小组、青春期专题教育活动、职业规划专题活动、考试减压辅导活动，提高了学生的人际交往能力、环境适应能力、学习能力；通过方桌沙龙、社工信箱等活动，提升了学生的参与意识与能力；通过感恩教育、入户探访等形式，加强了留守少年与其家庭成员间的感情，促进了留守少年良好家庭关系建设。

（二）服务经验

1. 服务加研究、行动加反思的特色

社会工作服务是一个包括需求评估、方案制定、计划实施、总结评估的过程，这本身就含有问题研究的某些环节程序，具有实证研究的味道。在开展留守少年服务过程中，我们把这种特征进一步予以强化。具体来说，就是在服务过程中，不是单凭感觉、印象来发现与认定留守少年的问题，而是在直观感觉、印象的基础上进一步对发现的情况通过问卷或访谈等形式加以确证。而对于已经确证的留守少年的问题不只是就事论事作一般的服务性处理，而是对问题的性质和特点进行细致的研究分析，在此基础上提出针对性的解决策略与举措，然后再付诸行动。在服务的具体行动过程中，及时地进行多种形式的过程性反思评估活动。这些反思集中通过社工的工作日志、周志、月志的撰写来体现。对于最终服务结果、成效的认定与处理，不止满足于服务指标在留守少年身上得以实现的实践成效，同时也包括形成相关的调研报告、服务报告等一手资料，形成建立在一手资料基础上的本土化的留守少年权益保护方面的自护手册、研究报告、论文。

所以，我们开展的留守少年的权益保护服务活动是一种研究性服务，是一个行动加反思的行动研究过程。这样的特色保证了留守少年权益保护服务工作的顺利、深度地推进，有助于留守少年权益现实服务与研究工作的创新。

2. 计划性与灵活性的有机结合

项目化社会工作服务的开展运作，有着明确的服务目标、行动目标和成效指标，社会工作服务开展应以项目书为指导，计划性地开展服务活动。此次服务留守少年的项目方案，是在前期对项目实施学校的了解与需求评估的基础上制定的，对驻校社工站相关服务活动的开展具有指导意义，社工需要"按图索骥"依照项目书开展实务工作。但是，在计划性的同时，社会工作又具有灵活性的一面，因为一方面服务对象是活生生的人，其情况可能随着时间与事情的变化而发生变化，一方面服务开展后对服务对象情况的了解与最初制定项目方案时的需求评估可能存在一定的出入，所以，需要在服务过程中对开始确定的目标和计划实事求是地进行调整。从这个意义上来看，社会工作服务也是一个摸着石头过河的实践过程。

正是基于这种灵活性，在对留守少年进行服务的过程中，社工能够积极敏锐地对留守少年学习和生活情况进行观察了解，并以此为据，或充实丰富项目方案、计划，或对方案、计划做出合理调整。这样的做法避免了对项目计划的僵化执行，使当下的服务工作更能发现与针对留守少年的现实问题，以及迎合他们的实际需求，也有利于留守少年权益保护服务工作的创新。

3. 社会工作专业价值观的秉持

助人自助、平等尊重、同理接纳等专业价值观是社会工作专业性彰显的根本，社会工作专业价值观的存在使得社会工作服务与学校教育工作有所差别，特别是对受传统师道尊严思想影响较深的学校来说，社会工作专业价值观对留守少年的发展成长更具有重要的意义。留守的环境使得留守少年渴望得到关爱、理解、尊重，希望被周围人重视和公平对待，但是他们所处的现实环境往往将孩子认定为没有主体性的个体，他们所面对的可能是被忽视、被遗忘甚至是受歧视欺辱的现实，而这样的情况也往往发生在家人、教师、同学对待他们的行为之中。关爱保护留守少年，根本上是要从人格的尊重、心灵的理解上做起。在此次项目实施过程中，无论是驻校社工，还是实习生都能很好地秉持社会工作专业价值理念，对待留守少年能够做到在态度上以理解与尊重为本，在行动上以接纳和陪伴为先，从而赢得了留守少年的信任，为服务活动的顺利开展打下了坚实的基础。

（三）不足

限于人手不足，外界客观条件的限制，社工站的服务还存在一些问题。

1. 有些服务工作开展得不够彻底、连续、深入，有些方面的问题未能很充分地触及，部分留守少年未被纳入服务视野。

2. 有关留守少年权益保护意识、保护知识方面的活动开展得较多，能力提升方面的服务总体数量还偏少，还存在诸多薄弱之处。

3. 在服务过程中面对留守少年的诸多问题及需求，社工与实习生均存在不同程度的急躁情绪，反映在具体服务工作的开展上存在贪多求全的问题，服务成效受到影响。

4. 在工作队伍方面，由于开展的服务工作过多，人手不足，同时工作队伍也不太稳定。四位社会工作专业实习生在服务后半程，因为实习时间结束而返回了学校，而仅有的一位驻校社工也因为要备考公务员、事业编而使服务工作一定程度上受到了冲击，导致服务工作出现前紧后松的状况。

第四节　"春风行动"农村留守贫困少年教育社会工作服务项目开展情况及成效

菏泽市作为曾经的山东省贫困人口最为集中的地级市，贫困人口绝对数量大，区域性贫困问题突出，加之当地工业基础薄弱，当地居民普遍认为要想脱贫只能外出去大城市打工，导致农村留守贫困少年数量大增，由此带来两个突出的问题，一是留守贫困家庭中少年的思想缺乏关注、情感缺乏支持、学业无人辅导、安全风险较多、综合能力得不到有效培养，不仅为贫困家庭自身增加了负担，更使贫困家庭的少年失去自我提升和改变贫困现状的意识与能力，增加贫困代际传递的风险；二是留守贫困少年无法得到有效的照顾与培养，少年边缘化风险增加，给家庭和社会造成不安定隐患，使当地脱贫攻坚过程中的社会成本增加，精准扶贫工作的落实和脱贫攻坚任务的达成困难加重。社会工作介入脱贫攻坚要更加理性地发挥自己的专业定位和专业优势，按照"治贫先治愚、扶贫先扶智"的原则和"五个一批"中"发展教育脱贫一批"的指导思想，融入社会工作助人自助的专业价值理念，将精准扶贫和脱贫攻坚的着眼点放在对留守贫困少年的教育上来。

一　项目回应的问题

W 小学全体学生 518 名，本项目重点聚焦于校内留守少年群体共 99 名（其中父母双方均外出打工者 51 名，单方外出打工者 48 名）；学校教师 23 名（其中正式教师 18 名，兼职教师 5 名）。经山东省社区发展与社会工作研究中心派驻的项目团队调查，定陶区孟海镇的留守贫困少年存在以下四个方面的困境：

（一）课业辅导困难

因经济水平较低、家庭支持弱化，加之大部分年轻父母迫于生计外出谋生等原因，导致疏于照顾的留守少年数量较多，知识储备不足，课业完成困难。

（二）师资力量薄弱

辖区内 W 小学的师资力量匮乏、素质教育不全面、课程设置单一，较于一般少年，该校少年存在着教育资源较差、兴趣培养得不到满足等问题。

（三）安全风险突出

与一般少年相比，贫困地区少年存在着安全教育资源与成长环境相对较差、安全事故防范能力相对较低等问题，发生安全事故的可能性较大。

（四）支持资源缺乏

辖区内交通方式单一，对外联络较少，难以接触到社会资源介入的帮扶服务，特别是高等教育教学资源和社会服务专业力量。

二　项目思路

项目针对农村留守贫困少年的教育问题，以"社会支持理论"和"体验式学习理论"为指导，建构以学校为平台，以少年教育为主体的"社工＋志愿者"联动服务机制，满足其在知识提升、兴趣发展以及安全保护等方面的迫切需求，形成以"学业提升为基础、兴趣发展为补充、安全教育为重点、志愿服务为保障"的农村留守贫困少年教育扶贫服务模式，以常态化、规范化、创新化的教育扶贫服务，切实保障农村贫困少年教育活动有平台，素质教育及安全教育不缺位，从而通过发展教育来挖掘留守少年的潜能，在促进其健康成长的同时，为脱贫攻坚培育内生动力。

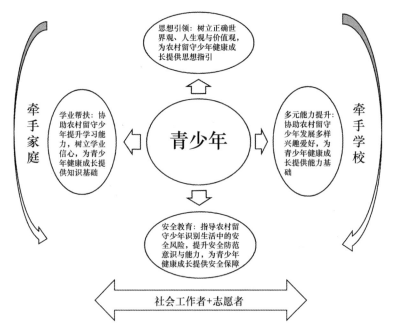

图 4-1　"春风行动"农村留守贫困少年社会工作服务项目逻辑图

三　项目团队

项目落地菏泽市定陶区孟海镇 W 小学，该学校位于 W 村，为一所非寄宿学校，驻校社工在住宿、交通、饮食等生活方面均有不便，无论是派驻还是招聘当地社工都存在一定困难，机构结合项目所需及所在地实际情况克服困难，组建了"专业督导＋驻校社工、兼职社工＋志愿者团队"的服务团队，保证了项目的有效落地和实施。

（一）实践操作团队方面

中心在当地招聘全职驻校社工1名，具体负责本项目的落地实施与推进、资源链接与整合等相关工作；派驻有3年以上社会工作项目服务经验的兼职社工3名，于寒暑假等重要时间段助力全职社工完成项目工作的开展，工作梯队构成较为合理得当。

（二）在志愿者团队方面

项目实施过程中，项目组积极招募当地及高校志愿者，对其进行专门培训，助其树立正确的志愿服务意识，提升志愿服务能力，以完成志愿者团队组建工作，夯实本服务项目的志愿服务基础。

（三）在专业督导方面

为保证项目有效落地实施与推进，1名社会工作专业教师和1名资深社工担任本服务项目专业督导。专业督导通过面谈、网络、电话等线上线下互动方式向项目实施团队成员传授社会工作服务的专业知识与技术，提升项目服务人员的实务能力，确保其能够胜任工作，在实现服务项目目标的同时，能够提升服务质量。

四　项目目标

（一）服务留守贫困少年不少于9000人次，为校内全部的重点留守少年建档立卡，形成精准服务个案管理档案。

（二）接受服务的留守少年在思想、学业、兴趣发展、自护能力、成长规划等方面有显著改善与成长，社会主义核心价值观进一步内化。

（三）接受服务的留守贫困少年家长更加了解青少年成长需求，家庭教育能力得以提升，家庭教育环境得到改善。

（四）联系牵手高校1所，通过线上线下多种途径，开展教师培训服务6次，提供情绪支持服务，提高教育质量，改善留守青少年教育环境。

（五）发展2支长效青年志愿服务队伍，形成面向留守贫困少年成长需要的特色化志愿服务项目；为志愿服务队伍提供服务培训及团队建设至少6次，提升志愿品质。

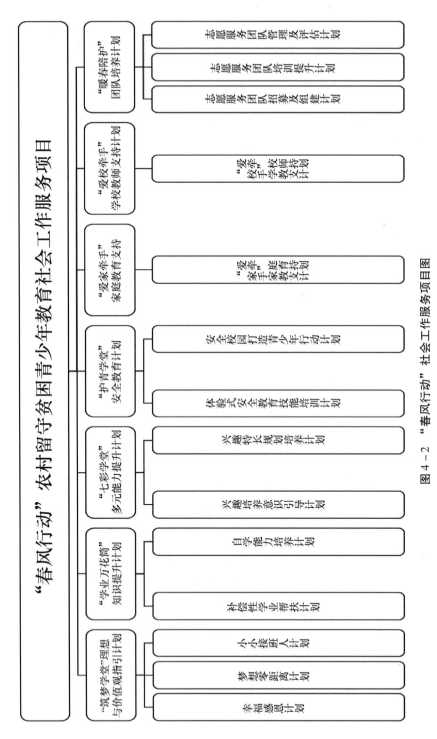

图4-2 "春风行动"社会工作服务项目图

（六）形成"学业提升为基础、兴趣发展为补充、安全教育为重点、志愿服务为保障"的农村留守贫困少年教育扶贫服务模式。

五　项目实施内容

"春风行动"通过综合运用社会工作专业理念和方法，统筹推进七个特色服务计划来助力脱贫攻坚战略，各服务计划具体服务内容如下图表：

表4-2　　　　　　　　　"春风行动"社会工作项目服务计划表

项目计划	项目子计划	服务指向
"筑梦学堂"理想与价值观指引计划	幸福感恩计划	协助留守贫困少年放大身边的幸福因子，引导他们在感受身边幸福的过程中体认身边人（监护人、教师）的付出，学会感恩，增强幸福正能量
	梦想零距离计划	通过引导留守贫困少年交流分享人生梦想，协助他们了解自我生涯规划路径，树立正确的人生成长目标
	小小接班人计划	通过该课程，培养留守少年爱国主义意识，提高自我修养，增强他们的国家与民族的自信心和自豪感。引导留守贫困少年树立正确的人生观、价值观，使其进一步了解祖国的伟大成就，激发爱国爱家乡的热情
"学业万花筒"知识提升计划	补偿性学业帮扶计划	项目针对学业状况有需求的留守贫困少年，在周末及节假日期间开展课业辅导计划，补缺腿科目，减少课业困难
	自学能力培养计划	坚持"以人为本"的教育理念，遵循留守贫困少年的学习规律，通过指导和管理，增强其自主学习意识，培养学习兴趣，引导其找到学习方法，养成良好学习习惯
"七彩学堂"多元能力提升计划	兴趣培养意识引导计划	引导留守贫困少年树立兴趣培养意识，挖掘他们的兴趣爱好建设潜能，注重他们思想道德修养和兴趣能力培养，补齐素质教育短板
	兴趣特长规划培养计划	培育留守贫困少年形成多渠道、多形式、多样态成长和发展意识，在文化学习基础上，进一步发展个人兴趣特长，掌握学习、发展与生存技能

续表

项目计划	项目子计划	服务指向
"护青学堂"安全教育计划	体验式安全教育技能培训计划	在校社联动的机制下,针对留守贫困少年开展五防教育(防性侵、防暴力、防拐骗、防灾害、防意外)宣讲活动以及各类学习和体验式的安全教育活动。将传统方法与创新理念教育有机结合,采取灵活多样、寓教于乐的活动方式,把体验教育、情景模拟和角色扮演融入服务之中,增强留守贫困少年安全自护意识和安全自救能力
	安全校园打造青少年行动计划	以学校为主要阵地,结合留守贫困少年群体特点,发挥其主动性,从环境营造的角度出发,带领留守贫困少年排查学校内安全隐患、进行学校潜在危险环境改造,加强学校生命安全宣传,营造安全的学习环境
"爱家牵手"家庭教育支持计划	"爱家牵手"家庭教育支持计划	入户走访,为留守贫困少年家庭提供家庭教育支持,改善他们的家庭教育环境,助力留守贫困少年健康成长
"爱校牵手"学校教师支持计划	"爱校牵手"学校教师支持计划	为学校教师提供情绪管理支持和教育方法培训等,与学校教师共同探索留守贫困少年全人成长的可持续服务发展路径
"暖青陪护"团队培养计划	志愿服务团队招募及组建计划	通过链接高校及社会服务专业资源,招募留守贫困少年陪护志愿者团队,并进行志愿者团队建设,建立长效服务机制
	志愿服务团队培训提升计划	在志愿服务团队专业服务资源的基础上,依据留守贫困少年及其家庭发展需求,对志愿服务团队成员进行针对性的专项技能培训,更好地为留守青少年提供服务
	志愿服务团队管理及评估计划	通过建立志愿者服务守则、制度及机制,进一步加强对志愿者团队进行管理的同时,保障其服务基础资源及人身安全,对志愿者服务队伍的服务成效进行评估及激励

六 项目成效

项目自 2018 年 7 月实施以来,全面投入阵地建设及需求评估,并结合暑期开展丰富多彩的夏令营活动,有效落实针对农村留守贫困少年的学业帮扶、兴趣发展以及安全教育服务,共计服务少年 9000 余人次,其中贫困、留守少年及监护人近 5000 人次,服务取得初步成效。

（一）建立社工服务站

在校建立社工服务站，派驻 1 名全职社工、3 名兼职社工，站点内配备图书、活动器材、桌椅、电脑等活动及办公用品，驻扎精准服务"阵营"。

（二）摸底建档立卡

对 W 小学的贫困少年、留守少年进行深入摸底调查，分类建档立卡，更新服务对象台账，其中留守少年 99 名（父母双方均外出打工者 51 名，单方外出打工者 48 名），贫困少年 39 名。

（三）开展需求评估工作

通过问卷、访谈、焦点小组等多种方法向农村留守少年、监护人、所在学校、镇政府、省派第一书记等多方了解该群体的现状和需求，出具需求评估调查报告 1 份，调整完善项目方案 1 份，保证项目真正符合需求、落地可实施。

（四）理想与价值观引领

一方面项目结合学校需求，社工协助各班班主任设计班会主题并在各班开展了"谢谢你的爱"——幸福感恩主题班会、"把握人生之舵"——目标管理主题班会、"播种美言善行，收获和谐春风"——社会主义核心价值观主题班会、"祖国在我心中"——爱国主义教育主题班会。另一方面，通过暑期夏令营针对不同年级开展了"有爱就有幸福""学会感恩""小小接班人""梦想零距离"等课程，共计服务 2600 余人次，引导农村留守少年在感受身边幸福的过程中体认身边人的付出，学会感恩；协助留守少年了解生涯规划的重要性，支持其树立人生成长目标；培养他们的爱国主义意识，增强他们对国家与民族的自信心和自豪感。

（五）知识提升

针对学业状况有需求的农村留守少年，在暑假期间开展了为期三周的夏令营，召集高校志愿服务团队为其补缺腿科目，培养学习兴趣，引导其找到学习方法，减少课业困难。

（六）多元能力提升

组织开展了国学达人、中华武术、手工、巧手绘画、竖笛、趣味体育等兴趣课程近 10 项，其中手工、16 人竖笛《上学歌》、舞蹈《学猫叫》代表 W 小学参加"孟海镇第十一届艺术节"获得"三等奖"。共计开展多元能力提升服务 2280 人次，引导农村留守少年树立了兴趣培养意识，挖掘了他们的兴趣爱好潜能，补齐素质教育短板。

（七）安全教育

在校社联动的机制下，在 6 个年级的 11 个班均展开了"五防"教育（防性侵、防暴力、防拐骗、防灾害、防意外）宣讲活动以及各类学习和体验式的安全教育活动，共计服务 5698 人次；设计印刷了《儿童安全技能提升系列课程》，分低年级及高年级两个版本，共 10 册；开设社工小信箱，社工通过小信箱的途径帮助学生从容面对成长中遇到的困惑、困难抑或问题，并针对具体情况，秉持社会工作的价值理念，运用专业服务原则和技巧挖掘学生自身潜力，帮助学生澄清其遇到的问题，并提出一些建议，由学生充分发挥其自助能力，决定采取解决问题的方式。团队成员充分扮演倾听者、陪伴者的角色，陪伴着学生，与他们共同成长发展。驻校社工累计收到学生来信 39 封，其中学习方面 11 封，人际关系方面（同学关系、朋友关系、师生关系、亲子关系等）18 封，成长困惑方面 8 封，其他方面 2 封，回信 37 封。

（八）家庭教育支持

驻校社工定期进行入户走访，共计走访 37 户次，为留守少年贫困家庭提供家庭教育支持，建构亲子良好互动关系，改善留守贫困少年家庭教育环境，助力青少年健康成长。

（九）志愿服务

项目联合山东青年政治学院政治与公共管理学院师生组建"麦田守望者"暑期支教团队，招募并筛选团队成员 28 人，高校指导老师 2 人，联合烟台大学"阳光爱心社"招募并筛选团队成员 16 人，组织大学生于 2018 年 7 月 14 日至 2018 年 8 月 5 日前往 W 小学开展为期三周的支教活动。自筹备到实施，项目为支教团队联系了大量线上、线下资源，定期开展志愿者培训与督导，不断提升志愿者的教学能力、个人素质以及团队的专业性。通过设立志愿者服务守则、制度及机制，进一步加强志愿者团队管理，保障其服务基础资源及人身安全，对志愿者服务队伍的服务成效进行评估和激励。在课程设计方面，从学生的需求出发，与支教团队研发出 11 门特色课程，积极推动学校建立健全生命安全教育系列特色校本课程，大力推进爱国主义教育和优秀传统文化教育的开展，采用拓展户外教育等趣味性教学方法，全方位提高学生的综合素质。

七 项目影响

项目对服务对象、落地社区、项目志愿者等形成更加全面的成效影响。

（一）对留守贫困少年及其家庭的影响

社工项目入驻 W 小学后，弥补父母照顾及学校教育的不足，全面了解留守少年现状及需求，通过项目化的服务，在学业知识方面，提升他们的学习热情、培养其良好学习习惯、弥补落后科目，从而建立了学业自信；在兴趣发展方面，丰富学生的课外知识量，开展多种文化娱乐、兴趣培养课程，注重学生思想道德素质、个性发展、能力培养及心理健康教育；在安全教育方面，建立"五防"教育校社联动机制，协助学校打造以留守少年安全教育为主题的富有本土化特色的校本课程，弥补教育短板，以创新性、实用性较强的服务助力"平安校园"建设，助力学校安全教育成为常规教育课程并得以推广，从而从根本上提升青少年的安全意识。

（二）对服务所在社区的影响

通过对留守少年家庭的摸底调查，全面了解家庭信息、需求与优势并开展精准化服务，助力社区对留守少年困境家庭的精准识别和精准帮扶。通过社区内外志愿者、驻区单位等资源的整合与引导参与，促进社区、社工、社区志愿者、省派第一书记的协同发展，形成关爱社区贫困留守少年家庭的合力。

（三）对参与服务的志愿者团队的影响

由专业社工跟进志愿者团队的日常管理与团队建设，社工对农村贫困少年、留守少年个别化需求进行了专业评估，保障志愿服务团队以专业化精准服务满足留守少年多样化成长需求，落实与志愿服务团队的工作对接，形成"社工＋志愿者"的农村贫困少年关爱服务保障机制。

（四）所产生的社会影响与效益

形成有效的少年教育扶贫机制与模式的探索，为推进社会工作介入农村贫困少年教育发展提供可行性建议；通过假期支教，归纳总结出一系列具有可推广性和可复制性的实践性经验，探索出一套扶贫支教新模式。

构建系统性农村学校社会工作团队，发展农村贫困留守少年及其家庭帮扶的志愿者团队，探索社会组织参与教育脱贫攻坚的新模式，走出脱贫攻坚新路子。

八　项目特色

（一）以深入的服务评估确保扶贫的精准定向

"精准扶贫"要求必须解决好扶持谁、谁来扶、怎么扶、扶什么和最终扶出哪些具体成效的问题。为全面落实精准扶贫的工作要求，山东省社区发展与社会工作研究中心自项目伊始便组建项目工作组，深入服务场域，进行服务需求评估，并在评估基础上，形成过程性评估与成效性评估方案与指标，为服务项目设计与效果达成提供了有效指引，更有针对性、更有效地对接扶贫需求，以专业服务为扶贫工作提供精准定向。

（二）以系统的服务设计来提供扶贫的持续路径

本服务项目在"优势视角理论"和"体验式学习理论"指导下，针对农村留守贫困少年的成长需求进行系统化服务项目设计，形成了针对青少年思想建设、学业帮扶、兴趣发展和安全能力提升的个人、家庭及学校共同合作的服务设计框架，发展层次清晰、目标明确、环环相扣的服务内容设计，从而保证扶贫服务的累加效果，为扶贫提供持续推进、深入拓展的工作路径，保证扶贫工作的有效工作成果。

（三）以拓展服务资源来提供服务的持续推进力量

本服务项目以"社会工作者＋志愿者"建构工作团队，并将志愿者团队作为工作的重要合作伙伴，开展"暖青陪护"团队培养计划，为志愿者提供团队建设和服务培训，为服务有效整合了社会服务资源，从而实现志愿者团队的可持续发展。

（四）以价值观教育筑牢农村留守少年思想基础

农村留守少年正处于世界观、人生观、价值观形成的关键时期，网络的普及使他们获取信息更为便捷，并极容易在缺少价值标准的状态下受到不良影响，家庭支持的弱化使得留守少年价值观成长风险更为普遍，因此，本项目在推进过程中，注重通过体验式学习来增强留守少年的主动参与意识与能力，使他们在服务过程中感受与认同正面价值观，接受并内化社会主义核心价值观，以价值观养成教育为留守少年筑牢思想基础，使其正确理解当前经济社会发展现状和扶贫工作的相关政策，正确理解家庭与社会的支持与关怀，从而具有一定的责任与担当意识与精神。

（五）以留守贫困少年成长潜能挖掘为精准脱贫提供内生力量

农村留守少年是扶贫工作中具有发展潜能和成长力量的服务对象。本项目在为留守、贫困少年提供专项帮扶的过程中，为他们提供职业生涯规划、学业成长辅导、兴趣拓展以及综合能力提升服务，旨在提升留守少年的发展动力和成长能力，挖掘留守少年自身成长潜能，变"输血"为"造血"，使留守贫困少年成为脱贫工作与乡村振兴未来的成长力量与内生力量，从而巩固脱贫工作的持续效果。

（六）以牵手家庭、学校来促进教育扶贫的可持续推进

面对农村留守贫困少年家庭教育支持较弱、家庭与学校整合力量不足的实际，项目不仅聚焦提升留守贫困少年自身成长能力，更关注留守贫困少年成长环境支持力量的增强。本项目注重入户探访和家庭服务，为留守贫困少年家庭提供教育支持，使家庭主要照顾者了解青少年成长特点，为留守少年提供更多家庭支持。项目注重对留守贫困少年的重点支持与所有学生普遍性教育支持相结合，建构学生之间的互助自助关系的建构与良好校风的强化；同时对学校教师的压力缓解与创新工作方法进行培训，为学校教师提供工作支持的过程中，改善留守贫困少年的学校环境，为留守贫困少年提供更好的学校教育支持。

第五节　农村留守少年学校社会工作服务项目实施的挑战

三个有关农村留守少年的学校社会工作服务项目的开展，其定位与主题存在着差异性，但无疑都是农村留守少年权益保护的重要组成部分。从基本权益的角度，三个项目都对农村留守少年的生存权、发展权、参与权等进行了相关内容的设定，都是以农村留守少年能力提升为主线而开展的针对性服务。可以看出三个项目时间不同，三个项目的呈现方式存在差别，三个项目所呈现的专业性存在着一定的差别，"有我在伴"项目是以三大具体方法的角度进行的项目呈现，从现在对专业性的要求来看，还是无法充分展现社会工作服务综融性方法使用的情况，主要原因在于该项目

社工更换较为频繁，他们对相关资料的梳理与总结相对较弱，强化方法的工具性特点，整合性方法的意识不强，尽管督导力量强大，项目成效不错。"沂蒙菁梦家园·飞翔"项目是最为聚焦本研究主题的项目，对服务的梳理与专业性表现得也不错，主要是因为本研究团队2位成员参与项目的前期需求评估与设计，其中1位成员在项目点带学生实习近4个月的时间，与社工、实习生天天一起工作，体现了真正的行动研究的特征，这种直接的感性体验比只是短时间的督导对项目的理解更为深入。"春风行动"项目呈现的是较为规范的项目总结方式，项目设计与实施表现出较强的专业性，研究团队成员直接参与项目的设计与督导，尽管所招的当地社工的专业性相对较弱，但是兼职社工与专业督导的经验较为丰富。三个项目只有"沂蒙菁梦家园·飞翔"项目是按照本研究的主题来进行的设计，其他两个项目都要符合购买方所要求的主题，因此有关留守少年权益问题与服务的呈现并不十分充分。

本研究在项目的争取、实施与研究过程中面临着一系列的困难与挑战。从项目研究的角度而言，本研究团队希望能够真正实现边服务边研究，真正有效地探讨综融性或整合性农村留守少年社会工作服务模式，能够有效地探索以农村留守少年自主能力提升为核心的关爱保护服务体系与机制。但由于留守少年社会工作服务还只是刚开始出现，项目购买方的诉求与本研究团队的研究目标存在一定的差异性，尽管三个项目都取得了不同程度的成效，但是我们能够切实感受到服务项目发展的不可持续性，推动农村留守少年社会工作服务的难度，以及留守少年权益保护的社会工作服务研究与项目实践展开的巨大挑战。

一　整合项目资金的困难

项目的开展没有资金的保障无法进行，我们只能通过整合相应的资源来开展服务研究。三个项目都出现了不可持续发展的现实。"有我在伴"项目开展了两年半的时间，因为项目到期不得不终止了服务，项目在当地已经具有较高的知名度，项目成效也较为明显；"沂蒙菁梦家园·飞翔"项目只有1年的时间，因为受政策影响，全省社区青少年社会工作示范工程无法再有省财政福彩资金的注入，也不得不终止服务，项目因为时间短，只是取得了初步较好的成效，但无法更好地彰显价值，更无法对所在学校产生更深远的影响。一般而言，社会工作服务项目的成熟时间要有3

年左右的时间，但是由于项目的结束，又无法寻找到资金不得不中止服务，使农村留守少年权益保护的社会工作服务探索与研究出现了时断时续的情况。

最后开展的"春风行动"农村留守贫困少年教育社会工作服务项目同样面临不可持续的现实，因为项目的周期按照协议只是 1 年的时间。因此，我们所开展的农村留守少年权益保护的社会工作服务项目在农村就如同孤岛般地生存，缺失认同与持续支持的外在环境，更无法针对处于一定年龄阶段的农村留守少年开展持续性的服务与跟踪性的研究。当然，我们也为服务的延续做了一些努力，为农村开展留守少年的社会工作服务燃起了星星之火，如我们的"有我在伴"农村留守儿童学校社会工作项目结束后孵化出 C 社会工作服务中心，成为当地服务留守儿童的专业社会工作机构，项目社工成为机构的主要核心人员。"春风行动"农村留守贫困少年教育社会工作服务项目也在开展过程中有效地整合当地及高校志愿服务资源，为结项后的持续服务奠定了一定的基础。但是受相关政策的影响，不可能持续获得项目经费的支持，加上农村当地的经济发展较弱，政府部门的资金压力很大，贫困问题成为制约当地经济社会发展的关键性问题，政府部门对社会工作服务还缺乏基本的认知，不可能拿出专门资金来购买社会工作服务，也很难真正形成农村留守少年权益保护的整体联动机制。

二　项目服务队伍的不稳定

社会工作者流失已成为多年来人们一直都在热议的话题，社工流失与其待遇、职业预期、职业地位等密不可分。但是这些社工的流失更多是从城市的社会工作服务项目或岗位上的流失，社工所应有的情怀与现实发展的利益需求之间似乎存在着不可调和的矛盾。城市尚如此，而真正能够或者愿意扎根农村的社工更是微乎其微。在我们开展的三个农村留守少年社会工作服务项目中可以看到，没有一个社工是从项目开始到项目结束走完服务的整个过程，绝大多数都是停留不久的过客，是经过一定的利益权衡而做出的临时性选择。

"有我在伴"留守儿童学校社会工作项目在服务期先后换了 4 次社工，我们采取了对社工增加外地补助的方式，但仍然无法解决这一难题。愿意去服务的有 2 名社工，最后了解到他们之所以选择去农村，是因为要复习考研，认为在学校服务会有大量的自我支配的时间，才选择了去项目点服务；有 1 名社工是因为找的婆家是当地的，有 1 名社工是因为就是当地人，这 2 名家是当地的社工都由实习生转化到后来的项目社工，后来 1 名社工考上了公务员也离开了项目地。在项目点工作时间最长的就是婆家在当地的社工，工作了一年多，后来项目结束后也成为 C 社会工作服务中心的核心专业人员。

"沂蒙菁梦家园·飞翔"农村留守少年社会工作服务项目只有 1 名专职的社工，真正用心服务的时间不到 9 个月，当社会工作专业实习的学生与老师返校后，他感觉自己开展服务势单力薄、力不从心，又动意报考公务员，他的这种选择使项目服务后期受到了很大的影响。

"春风行动"农村留守贫困青少年教育社会工作服务项目开始有 2 名当地的社会工作专业毕业的学生，工作不久 1 名考上了当地的事业编制，到中学去当老师，另外 1 名因为不甘心在农村工作选择了辞职，最后不得已的情况之下，我们只能招募当地的 1 名没有社会工作专业背景但是有社会工作助理师证书的社工，一切从头培训，给服务工作带来了极大的被动。

为了解决项目社工不稳定的问题，我们采用选派实习生协助专职社工开展服务的方式来建构服务团队，且将实习生的选派以当地生源为主，试图建构相对稳定的可持续的人员梯队，同时加强了本研究团队成员与专业教师团队的策划与督导力量，为社工提供应有的支持，为实习生提供指导。由于服务队伍的不稳定，使项目开展出现了需要不断地适应、衔接、调整等现实问题，加上从事服务的社工只有 1 名有服务经验，多数还是没有服务经验的社会工作专业刚毕业的学生，他们在项目执行的力度与创新服务方面存在一定的难度，在整合学校与当地资源方面存在一定的困难，因为太年轻还不具备让学校领导与当地相关部门、人员所信服的权威性，自然也会影响到项目实施的效果。所以一些社区活动的开展只能限于活动的举行，使本研究团队想要建构的以学校为核心、家庭与村居有机联动的服务模式的探索受到了很大的局限。

三　督导跟进的现实困难

因为农村留守少年社会工作服务项目都是在与本研究团队成员所在城市较远的农村，加上团队成员都有教学、科研和社会服务任务，不可能一直在项目服务现场及时地跟进督导，从而直接影响项目服务与研究的开展。为了解决这样的问题，本研究团队经过研讨，决定增加实地督导的时间与频次。我们曾经先后选派了3名团队教师前往项目点进行了为期2至4个月不等的跟踪督导与服务。跟踪督导的确非常有成效，而且能够使服务有条不紊地推进，包括与校方领导、教师、乡镇村居领导关系的建构，创新服务活动的开展，实地访谈调研等等，当然更包括对项目社工与实习生的指导与支持。但是因为地域的关系，不可能实现全过程的实地督导，且全过程的实地督导成本较高，无论是人力还是财力都不允许。后来我们采用的是每月1次的实地督导，多数还是采用网络远程督导的方式，了解服务推进情况，提供线上专业支持。与实地督导的体验式参与不同，这种网络指导的方式无法切实了解现实的状态，只能够根据社工与实习生的反馈来提供建议与指导，自然可能存在一定的主观性偏差，影响督导的现实判断与支持，也为行动研究带来了一定的难度。远程指导性地调整相应的计划与采取的行动策略，有的取得了实效，有的则是无法取得实效，相反因为指导的模糊性而造成相应被动的局面。如"有我在伴"留守儿童学校社会工作项目为了更好地了解留守少年需求和进行青春期教育，特别设立社工信箱，社工收到了一名学生实名反映个别教师体罚学生的事情，社工问督导这种情况怎么办，督导告诉他要进一步了解情况，可能的情况之下可以让校领导知道有这样的情况存在，以便更好地加强管理。但是社工在对学校领导汇报该情况的时候，没有很好地遵循保密原则，校领导气愤之下马上召开学校大会开除了该教师，让很多教师和学生都知道是这名学生和社工告的密，一度出现了该学生处于孤立的处境，社工被教师们疏远的局面，使原来建构的融洽关系出现了不和谐的现实状态。如果督导老师在服务地则可能会与校领导进行积极地沟通，采用更加恰当的方式，给校领导处置相应的问题提供有效的建议，可能就不会出现这种被动的局面。

第六节　农村留守少年权益保护社会工作项目服务的反思

　　回顾项目整个服务过程，社工及实习生都付出了很多，也非常的辛苦，也取得了积极成效。从态度而言，辛苦是值得肯定的，但是如果从成效的角度来看，有些辛苦究竟是有价值的奉献，还是无谓的付出？如果说项目取得成效的话，那么这种成效是从什么角度做出的判断？这种判断是否经得起追问推敲？服务项目实施过程中存在的一些问题与困难，是主观的无力、无为所造成的，还是客观因素限制所产生的结果，或者内外因素都不同程度地存在？存在的问题是社会工作者分内的、应该管的事情，还是分外的、无须社会工作者去处理的范畴？对这些问题的思考，有助于摆脱从表面化、形式化的角度来对社会工作服务项目的价值成效，以及服务开展情况做出浅层次判断的局限，从更为客观、理性的角度去探索留守少年社会工作服务的内在规律性问题。

一　留守少年权益保护社会工作服务的成效问题

对开展留守少年权益保护的驻校社会工作服务，项目购买方、校方、留守少年家庭、社会工作机构、留守少年等不同方面有不同的利益诉求。有些方面的诉求有合理之处，但有些方面的诉求却存在急功近利、追求表面文章与宣传效应等问题，这些问题的存在会在不同程度上使驻校社会工作服务成效受到不良影响与冲击。如"有我在伴"农村留守儿童社会工作服务研究项目，其项目购买方真正要实现的是建立社会工作专业学生实习实践基地与开展相关研究的任务，要将之变成社会工作专业学生参与式学习与教师开展研究的平台，所以项目购买方提供香港理工大学社会工作专业教师的督导与评估，来带动与促进项目目标的达成，也极大提高了本研究团队的专业督导与研究水平。而项目所在地校方希望服务项目能够给他们带来更多的社会资源，要求项目社工能够开展有影响力的活动，保持一定的新闻报道率，从而提升校方的社会知名度，获得更多更好的生源与社会资源。留守少年家庭希望孩子们能够在学校得到更好的教育与照顾，能够解决他们不懂与不会教育的问题，父母能够安心地在外打工挣钱。社会工作机构希望能够达致项目所规定的目标，等等。从根本上看，留守少年权益保护的社会工作服务的成效诉求，要出发与落脚于留守少年权益得到维护下的留守少年身心的健康发展，是要基于留守少年的主体性发展视角来建立和探索的现实问题。这也就意味着权益保护的驻校社会工作服务应体现"留守少年为中心"，把留守少年的合理服务需求的满足与自我权益保护能力的提升作为服务的出发点和目标，并作为服务成效判定的根本依据。在留守少年权益保护服务成效的实现问题上，要做到追求短期目标与实现长期目标的有机结合，要开展好过程性评估与绩效性评估，以及追踪性服务，使项目取得的良好成效能够得以持续巩固。但这三个项目在留守少年权益诉求与权益保护能力建构方面有所体现，而权益保护的联动机制方面的探寻皆表现不足，项目的评估往往是服务购买方评估与项目社工自我评估为主，尽管得到了服务购买方评估的较好成绩，项目社工的评估也相对客观，但是留守少年权益保护的社会工作服务评估体系并没有真正的确立。这既有条件不允许与项目不可持续等客观的现实原因，也存在着留守少年权益保护社会工作服务团队能力不足的问题，因此，如何确立科学合理、多维度的农村留守少年权益保护的社会工作服务的评价体系，以评价体系来导向服务成效，这为未来农村留守少年权益保护的社会工作服务开展提出了专业性的要求。

二　驻校社会工作者身份认同与定位的问题

社会学家王思斌教授曾经分析过，相比于其他领域的社会工作服务推进，学校社会工作的开展还面临很多问题与障碍，根本原因在于学校已经拥有了一整套较为完备的教育工作体系，社会工作者的介入将面临被这个体系进行身份接纳与认同的困难。而社会工作者要想融入学校教育工作体系之中，必须有一定的专业资本且契合学校教育工作体系的需要。只有通过专业力量的展现来实现身份认同，通过专业力量在学校工作中的有机嵌入来实现与教育力量的融合，才能为开展学校社会工作服务定好位。

从开展的三个学校社会工作服务项目来看，驻校社工一般都经历有是否被周围人认同的焦虑与纠结。因为三个项目的社工多数都是刚毕业的社会工作专业学生，学校的领导与教师开始只是把他们当成是实习的学生，或者是学校教育创新性活动的策划者与组织者，他们会通过观察、了解甚至委托这些社工和实习生做一些行政性的事务，考查与试验他们的能力与专业性，会带着好奇、探究的态度与眼光去了解与认知社会工作。如果社工能够将这些行政性的事务做好，甚至表现出一定的创新性，往往会得到他们的认同，也会为开展社会工作服务与项目的具体实施带来便利与支持，否则就会出现不被认同、支持的现象。而刚毕业的社工往往会从自己所学到的专业理论与知识的角度出发，对这些行政性的事务从内心产生很强的排斥感和边界感，会感到自己应该做专业的事情，而不应该做一些与项目无关的行政性事务，甚至有的会产生与校方领导、教师之间不十分融洽与相互不太接纳的现象。这需要督导对社会工作嵌入学校教育体系进行具体的指导，建议社工从可以被学校层面接受与理解的心理健康教育活动、策划、协助班主任和教师的工作，以及做好校领导交代的行政工作入手，逐渐建构、稳固支持与交互支持关系，寻找社会工作服务的可能性发展空间，从而获得校方与教师们的认同、理解与支持。

从三个项目点工作的开展来看，驻校社工的自我认同与自我定位非常重要，这是建构良好专业关系的前提与基础。社工不能简单地把社会工作服务项目的服务对象理解为只是留守少年及监护人，而要考虑学校场域的各种影响性因素，要具有系统性看待问题与处理问题的意识与能力。建构社会工作服务的共同行动系统更为重要，处理好与校方领导、教师之间的关系，是获取支持、开展好服务项目的关键。与校方领导、教师关系的建构绝对不是与专业无关的事情，而是专业关系建构的有机组成部分。如果社工认识不到这些，将会产生很强的边界感，会缺失主动、热情和站在他者角度考虑问题的自我中心倾向，会将学校领导布置的行政性事务当成是负担，自然会出现不适应与不被接纳的被动现状，且内心会充满了纠结与委屈，相应自己所开展的专业性的活动也会受到限制。

建构良好的协同、合作关系，整合学校内部的支持性资源，是驻校社会工作者开展好服务的前提与基础。社工不仅要认清与明确自己在学校教育中的角色、定位，善于借助自身的专业优势，较好地切入到学校的日常教育与管理工作之中，而且要具有较强的留守少年权益保护意识，要从关爱与尊重留守少年的角度考虑有关小组活动开展、个案管理与社区活动等方面的具体细节。既要有系统性地看待日常性问题和解决问题的意识与能力，又要具有细致、精准的考虑，具有关照留守少年特殊性的意识与能力。如此，才能更好地发挥社会工作在留守少年权益保护方面的作用。

因此，在"嵌入式"学校社会工作服务的过程，社会工作者对这些问题必须思考好：哪些工作是社会工作服务分内的事情，哪些是分外的事情？哪些事情应该做，哪些事情不该做？与学校教育力量以及作为服务对象的留守少年保持一个什么样的关系是恰当的？因为这涉及学校社会工作服务的边界问题。社会工作者既要有专业服务的边界感，避免被教育管理工作完全同化，又要争取与教育管理工作的协同融合发展。这种度的把握，需要社会工作者的专业意识、能力与一定的专业服务经验为基础，要求社会工作者能够正确地认知与理解自己的专业性，明确自己的专业身份、角色与定位，在和服务对象及相关人员的和谐关系构建过程中把握好自己的专业身份。

三　农村学校社会工作人才队伍建设问题

农村留守少年权益保护的社会工作服务，既属于农村社会工作的范畴，也属于学校社会工作的范畴，这两方面的事业发展目前都还比较薄弱，主要在于缺少足够的政策、资金的支持，难以形成一定数量的社会工作人才队伍，难以形成持续发展的社会工作项目。但处于特殊发展期的农村留守少年确实面临着更多的生存与发展性的问题，急需专业化社会工作服务的支持。在国家实施乡村振兴战略的大背景下，我们更应该将农村留守少年的发展放在突出的位置，以专业社会工作服务来助力他们的健康成长、自主性发展，使之成为未来乡村振兴的内生力量。

就三个社会工作项目实施来看，以学校为阵地开展留守少年社会工作服务是切实可行的做法，因为村庄往往处于空心化的状态，学校则是农村留守少年最集中的场所，而且有着一定数量的接受过心理学、教育学专业教育的教师。从现实情况来看，尽管在短期内难以实现农村学校社会工作人才普遍性、持续性供给和连续性的专业化服务。但是可以通过政府购买学校社会工作服务项目的方法，将之作为个别化试点发挥项目的示范引领作用，以点带面，以项目服务进一步推动农村学校社会工作人才队伍建设。主要可以通过如下两种途径：一是可以引进专业社工，增加社会工作专业实习学生数量，尤其是要注意将地方性生源的社会工作专业学生纳入其中，以增强其回乡服务的体验，成为农村社会工作人才队伍的储备力量；二是可以对农村学校教育工作者进行专业化的社会工作培训，使之了解与认同社会工作的专业价值、理论，掌握社会工作的专业方法，具有"准社工""半社工"的品质，甚至可以推动他们考取社会工作职业资格证书的方式，以此扩大社会工作人才队伍建设。如"有我在伴"项目就培养出了这样的"准社工"教师1名，也成为后来孵化机构的负责人，项目组为他提供了多次参加研讨会和培训的机会，他不仅对社会工作高度认同，而且与项目社工一起开展工作。因此，这种在地性培养专业社会工作人才的方法是目前比较切实可行的方式，也是农村学校社会工作得以持续发展、留守少年权益保护得以真正落实的有力保障。

第五章

农村留守少年社会工作者的
素质与能力建设研究

开展留守少年社会工作服务、使留守少年身心发展权益切实受到保障，关键是要建设一支高素质的留守少年社会工作专业人才队伍。但从我们所进行的留守少年社会工作服务项目开展的情况来看，愿意扎根农村从事社会工作服务的专业社会工作者很少。目前农村现实状况是：对专业社会工作服务缺乏认同，更缺乏有关专业社会工作服务的政府投入，缺少资金的支持；即使有一定的资金支持，农村经济文化生活贫乏的现实仍然对社会工作者缺乏吸引力，农村留守少年社会工作者数量更是远远不足、队伍不稳定且专业素质不是很高。从现有的理论研究来看，有关社会工作者素质构成与标准方面的研究探讨也还不够深入，无法为留守少年社会工作服务人才队伍建设提供能力建设的目标导向。从乡村五大振兴的角度来看，人才振兴在五大振兴中应该起到最为核心的地位，因为离开了人才，其他所有的振兴都无从谈起。正如英格尔斯研究发展中国家追求现代化过程中的种种表现后认为：人的现代化为第一也是根本性的因素，没有人的"心理、思想、态度和行为方面上都经历一个向现代化的转变，失败和畸形发展的悲剧结局是不可避免的"①。同样，没有留守少年这一乡村内生力量素质的提升，乡村振兴战略的实现也是不可能的。当然，服务这一内生力量的农村社会工作者也是乡村振兴战略中人才的重要组成部分。

加强农村留守少年社会工作者素质与能力建设研究，明确素质与能力方面的相关要求与标准，在政策层面予以规定，并采取相关支持保障措

---

① 殷陆君：《人的现代化》，四川人民出版社1985年版，第4页。

施，是加强农村留守少年社会工作专业人才队伍建设的重要内容，对有效提升农村留守少年社会工作者素质与能力、更好地促进留守少年权益保护政策的落实具有根本性意义。本研究结合项目开展过程中专业社会工作者素质与能力的现实表现，探讨农村留守少年社会工作者素质与能力的基本构成框架及相应标准要求，以及加强农村留守少年社会工作者素质与能力培养的相关措施。

第一节　农村留守少年社会工作者素质
与能力建设的必要性

党的十九大报告提出实施乡村振兴战略，"按照产业兴旺、生态宜居、乡风文明、治理有效、生活富裕的总要求，建立健全城乡融合发展体制机制和政策体系，加快推进农业农村现代化"，"培养造就一支懂农业、爱农村、爱农民的'三农'工作队伍"①。农村社会工作专业人才是"三农"工作队伍的重要组成部分，具有其独有的专业性，能够在农村留守少年权益维护、健康成长等方面发挥重要的作用。2017 年，民政部等五部门在《关于在农村留守儿童关爱保护中发挥社会工作专业人才作用的指导意见》中指出，社会工作专业人才是开展农村留守儿童关爱保护的新兴力量，要在农村留守儿童心理社会服务需求、促进农村留守儿童全面健康成长中发挥积极作用②。这是对社会工作专业人才在留守儿童权益保护方面作用的政策界定。

乡村振兴战略背景下，农村留守少年社会工作者价值作用愈发明显。乡村振兴关键靠人才，尤其是要靠当地人才。从年龄来看，现在的留守少年再过几年，他们的很大一部分将成为乡村振兴战略实施的生力军与内生力量，他们的素质与能力如何将直接影响到乡村振兴战略的实施与实现。通过社会工作者的专业化服务的开展，可培养留守少年热爱家乡、建设家

---

① 习近平：《决胜全面建成小康社会　夺取新时代中国特色社会主义伟大胜利——在中国共产党第十九次全国代表大会上的报告》，人民出版社 2017 年版，第 32 页。

② 《关于在农村留守儿童关爱保护中发挥社会工作专业人才作用的指导意见》（民发〔2017〕126 号），http：//xxgk. mca. gov. cn：8081/n1360/144966. html，2018 年 8 月 11 日。

乡的情怀，激励他们立志未来直接或间接地服务乡村建设。因此，提升留守少年生存与发展方面的综合素质，对农村劳动力的充分供给和作用发挥能够起到基础性保障作用。可以说，农村留守少年社会工作者同农村学校教师、其他基层青少年事务工作者一样，都是乡村振兴的重要力量与专门化人才，需要站在农村经济社会发展战略的高度着力进行队伍建设与素质培养。

在当下的农村，社会工作者在留守少年权益保护方面的专业作用愈发突出。由于父母外出务工导致其对子女监护、照顾不足，使得留守少年在身心发展方面容易受到不利影响甚至受到不法侵害。保护留守少年享有合法权益，保证他们得到健康发展是当务之急。不过缺乏专业性的一般保护措施，往往针对性不强，深入度不够，实效性差，造成留守少年权益保护工作一直处于低水平徘徊状态。而专业的社会工作服务要求秉承公平正义、赋权增能的理念，立足留守少年生理、心理、社会性发展特点，针对留守少年问题症结所在和实然需求，从优势视角出发，综合运用社会工作专业方法，围绕他们的学习教育、权益保护、安全教育、心理疏导、行为矫治等发展性问题和需求开展服务，解决留守少年成长过程中的困扰，保障他们应有的权益，培养他们的自主性、创造性、独立性和主动性等品性，提升他们的学习和生活能力，充分挖掘他们的内在潜能，整合内外在优势资源。提升留守少年权益保护成效与保护水平，关键是要进一步承认与确认农村留守少年社会工作者在留守少年权益保护体系中的应有作用和地位，发挥好社会工作者的专业优势与影响力。

农村留守少年社会工作专业人才队伍相当薄弱，无论是量的发展、还是质的提升都存在明显的不足，且相互影响。量的不足，导致社会工作者专业作用的发挥受到限制；质的不足，使得社会工作者队伍的壮大得不到应有重视。加强农村留守少年社会工作专业人才队伍建设，一方面要通过政策激发不断实现队伍的增量发展，另一方面要通过业界各方面的努力不断推进队伍的质量提升。只有质量上去了，留守少年社会工作者的作用才能有效显现，才能从根本上保证社会工作专业人才队伍建设的稳定与持续发展。

第二节　农村留守少年社会工作者素质与能力 建设的现状与存在问题

我国农村留守少年社会工作者素质与能力建设目前尚未形成单独体系，一直被囊括在农村社会工作人才队伍建设的整体性发展当中。尽管取得了一定成效，但还远未达到科学化、完善化水平。

一　农村社会工作人才队伍建设现状

2010 年，中共中央组织部、中央政法委等 19 个部委和群团组织联合发布的《社会工作专业人才队伍建设中长期规划（2011—2020 年)》，提出要采取多种方式培育农村社会工作的专业服务力量，推动解决农村的社会问题，特别强调社会工作在农村精准扶贫与治理方面的重要性。从 2007 年民政部发布第一批全国社会工作人才队伍建设试点地区开始，经过十多年的努力，农村社会工作人才队伍建设在政策保障、培养机制、人才与服务标准等方面都取得了巨大进步。

（一）政策保障

在政策保障方面，目前我国农村社会工作政策体系的发展表现在两方面：一是国家层面的政策引导。从政府工作报告到"十三五"政府规划，再到《乡村振兴战略规划（2018—2022 年)》等，国家发布了一系列政策文件，指导农村社会工作人才队伍建设。二是地方政府的政策指导。如江西省万载县出台社工职业管理四大方案，即《社会工作者职业水平评价实施方案》《社会工作人才教育培训方案》《社会工作专业岗位设置方案》《社会工作人才专业技术职位设置及薪酬待遇方案》，有效规范了社工的职业操守和职业技能标准，推动了社会工作人才队伍作用的发挥[1]。如广东省推出的"双百计划"，计划从 2017 年至 2021 年，在粤东西北地区和惠州市，肇庆市，江门市台山市、开平市、恩平市等地建设运营 200 个镇（街）社工服务站，开发近 1000 个专业社会工作岗位，孵化 200 个志愿服

---

[1] 《着力破解农村社会工作"三大难题"》，http：//www.chinareform.org.cn/Economy/Agriculture/Forward/201012/t20101208_ 54188.htm，2018 年 7 月 20 日。

务组织,培育 10000 名志愿者。"双百计划"的社工薪酬按照当地基层公务员的标准制定,年均 5 万元,并建立薪酬自然增长机制,此后每年递增5%[1]。通过政策保障,农村社会工作人才总量不断增长,农村社会工作专业组织机构、专业岗位逐渐增多,福利待遇水平逐步提高。

(二) 人才培养

在人才队伍培养方面,学历教育逐渐完善。全国现有 348 所高校设立社会工作本科专业,每年培养社会工作本科、硕士、博士毕业生近 4 万名[2]。与此同时,继续教育形式多样,包括学历教育与短期培训,网络教育与现场培训等。2009 年民政部发布《社会工作者继续教育办法》,对社会工作继续教育的形式、时间、考核等方面做了具体规定。随着社会工作服务的不断开展,社会工作者的继续教育也不断得以丰富与深化。在农村社会工作者继续教育方面,通过建立合作平台,链接高等院校、专家团队和专业协会等,开设工作坊、主题培训、实地培训、网络学习等培训课堂,为一线农村社会工作者提供实务培训、理论强化、技能学习等。《关于在农村留守儿童关爱保护中发挥社会工作专业人才作用的指导意见》也指出,鼓励城市相关事业单位、高校科研机构、社会组织和街道社区中的社会工作专业人才通过对口支援、实习实训、提供培训督导等方式支持农村地区社会工作专业人才队伍建设。

(三) 人才与服务标准研究

人才及服务标准建设方面,诸多研究者对社会工作者素质结构进行了探讨,为留守少年社会工作者素质与能力指标体系的构建打下了基础。如马灿指出青少年社会工作者的素质结构分为帮助与服务素质、专业素质和领域素质三类[3],费梅苹从专业价值和态度、知识范围和专业能力等几个方面对社工的专业能力进行了分析[4],刘斌志、梁谨恋认为儿童社会工作者核心能力具体可以表现为核心价值理念、核心学科知识以及核心方法技

---

① 颜小钗、李卫湘:《双百计划:加速全粤社会工作专业化、均衡化进程——访广东省民政厅厅长卓志强》,《中国社会工作》2017 年第 3 期。

② 徐健:《2018 年度中国社会工作发展报告发布》,《公益时报》2019 年 3 月 26 日。

③ 马灿:《青少年社会工作素质模型构建研究》,《青年探索》2012 年第 4 期。

④ 费梅苹:《上海青少年社会工作者专业能力建设的行动研究》,《华东理工大学学报》(社会科学版) 2007 年第 4 期。

术三个维度①。服务标准建设方面，《儿童社会工作服务指南》《青少年社会工作服务指南》《农村留守人员社会工作服务指南》等标准化文本不断出台，不但有助于农村社会工作服务的规范化、标准化，也间接地促进了留守少年社会工作者素质与能力标准化的建设。

二　留守少年社会工作人才队伍建设存在的问题

农村留守少年社会工作专业人才培养尚未独立化。目前，我国高等教育在培养社会工作人才方面还较为笼统，缺少专业建制与培养方向的细分。留守少年社会工作人才的培养被笼统地被涵盖于儿童、青少年社会工作专业人才培养之中。关于留守少年社会工作者的素质与能力建设尚不清晰，相应建设仍是借鉴社会工作、青少年社会工作和农村社会工作的素养与能力体系，着重培养他们掌握基础社会工作理论与实务，缺乏对特定领域的理论知识与实务技能的训练。从课程构建来看，尽管培养方向已经从"社会工作"转变为"医务社会工作""司法社会工作""青少年社会工作""老年社会工作"等，但具体的培养方案并未作实质性改变，还无法针对性地帮助学生建立系统性的农村留守少年社会工作领域的理论知识与实务技能。

农村留守少年社会工作者人数不多，流失率高，专业水平有待提升。农村社会工作者的薪资水平、认可程度相对于城市来说竞争力严重不足，尤其是缺乏高等院校和社会工作机构的专业力量支持，导致农村专业社会工作人才流入不足、流出频繁，人才极为缺乏。即使有高等院校等支持，也会因为地域原因出现督导不及时的情况。此外，由于农村地区缺乏对社会工作、社会工作者的认知，以及存在复杂的社会环境和差异化的留守状况，增加了对社会工作者素质与能力的要求。农村社会工作尚处在初始发展阶段，社会工作的专业定位以及社会工作者的角色定位还不明晰，具体表现在：在农村留守少年社会工作项目中，社会工作者进行的服务多以小组活动和"四点半课堂""五点半课堂"学习辅导为主，再辅以文明礼仪、道德观念和价值观的学习引导。学校社会工作多以小组活动开展与个体辅导的方式进行。社会工作服务表现不出与志愿服务的明显区别，专业性难

---

①　刘斌志、梁谨恋：《论儿童社会工作者的核心能力及培育策略》，《青年探索》2018年第4期。

以呈现，使得家长、社区居民、留守少年、教师等对社会工作的认知不充分，将社会工作者的角色简单理解为教育者、监督者和暂时的陪伴者。

农村留守少年社会工作者素质与能力的标准体系尚未完全建立，这与留守少年社会工作还未从整体性农村社会工作中完全分化出来，没有形成特定的专门化的服务领域有关。而尚未独立分化的根本原因在于目前留守人员虽然众多，留守问题虽然层出不穷，但是与之相匹配的留守社会工作专业化队伍还较为薄弱，无论是现实的留守社会工作服务的开展，还是相关的经验积累、理论研究都尚未形成气候，从而使得农村留守少年社会工作者素质与能力建设方面的研究滞后。

第三节　农村留守少年社会工作者素质与能力框架分析

概括而言，社会工作者的素质与能力不外乎专业价值理念、知识理论、能力技术三个方面。以此为核心，社会工作者的素质又具体表现为公平、正义、尊重、保密等价值层面的理念，社会学、心理学、人类学、管理学、社会政策等知识层面的理论与知识，个案社会工作、小组社会工作、社区社会工作、社会工作行政等能力层面的具体方法技术。本研究认为，留守少年社会工作者素质与能力基本上是以上几方面的具体化。本研究围绕情、知、能这三个层面，对留守少年社会工作者素质与能力进行提炼，认为以下三方面的素质与能力对社会工作者保护留守少年权益、开展相关服务具有重要价值，应成为留守少年社会工作者素质与能力框架的主要内容。

一　留守少年社会工作者的情感观念

情感观念是社会工作者开展服务的心向，是社会工作"助人自助"价值理念的内化。情感观念决定了他们对工作、对服务对象的投入程度，也决定了他们对自身角色、身份的判定与认同，以及对服务对象的态度与服务方式方法的选择，所以良好的情感观念是留守少年社会工作者做好工作的基础。

（一）具有热爱留守少年、服务其发展的情怀

热爱留守少年、服务留守少年，就是要关怀、同情、爱护留守少年，能够将服务他们的健康成长、维护他们的合法权益视为己任。能够理解他们留守的现实与生存的状态，理解他们留守的深层根源不是简单的个体家庭问题，而是整个社会结构性问题在现实的具体表现，是由于现代社会快速发展、城乡发展不均衡所造成的。要能够以优势视角来看待他们所处的生活现实，发现并能够很好地利用现实中的积极影响因素来提升留守少年的抗逆力，寻求与把握留守少年自立自强的成长契机。要能够全面了解与感受留守少年可能遭遇到的伤害与问题，对留守少年施以专业性的支持帮助，让留守少年真正从内心感受到来自社会工作者带来的温暖关怀，感受到他们并没有被忽视，而是被接纳与重视；没有被歧视，而是被公平公正地对待。使留守少年不因生存条件的落后而自叹自怜，不因父母的不在身边而自卑自弃，而是能够积极进取、正向发展。

热爱留守少年、服务留守少年，就是要理解、尊重留守少年。留守少年是弱势群体，但他们并不是被动地接受外部关爱支持的客体，而是有着自身个性特点、价值尊严、主动精神的发展着的人，他们正处于自主性快速成长的关键时期，成人感和存在感明显增强。这就要求社会工作者能够把握他们对理解与尊重的迫切需求，能够采用他们能够接受的方式进行沟通与交流。

热爱、服务留守少年，就是要求社会工作者能够成为留守少年健康成长道路上的陪伴者、支持者、知心人与引路人，能够全方位、深度地了解留守少年身心发展的特点，尊重他们的发展需求和意愿，能够以发展性的眼光看待他们发展中存在的问题，协助他们做出及时调整与改变，帮助他们更好地发掘自身优势与潜能，在摆脱弱势地位、成为生活强者的过程中培育良好的抗逆力，使自己成为主宰自身命运的主人与生活的强者，能够和自己的家乡故土共同实现改变与成长。

热爱留守少年、服务留守少年，就是要切实维护留守少年的权益。要求社会工作者能够发挥自己的专业优势和特长，树立专业自信，积极投入到维护留守少年权益保护工作当中，做留守少年权益保护政策的宣传者、倡导者，留守少年权益的支持者、保护者、资源链接者，促进留守少年与非留守少年一样共享生存发展之权益，开发他们的智慧潜能，把他们培养成未来乡村振兴的高素质建设者。

（二）具有热爱农村、服务乡村建设的情怀

热爱农村、服务农村，就是要求留守少年社会工作者具备践行公平、正义的理念和情怀。留守少年问题背后折射出的是我国城乡建设间的差异、经济社会发展的地域不平衡。国家大力开展脱贫攻坚、乡村振兴战略，根本上就在于消除这方面的差异，实现城乡人民群众的共同富裕、城乡社会的协同化、一体化发展，这其中体现的正是以公平正义等为内涵的社会治理的价值理念。能够扎根农村、服务留守少年的成长，就充分体现了留守少年社会工作者的这种情怀与初心。

热爱农村、服务农村，就是要对乡村社会发展的美好前景有着热切的期待。关于乡村振兴勾画的美好蓝图，寄托了党和国家对农村经济社会发展的美好期盼。对于农村留守少年社会工作者来说，应该认识到农村目前存在的问题是暂时的，是由于先天自然环境等条件的不足、人才的缺乏，以及相应的建设投入不足所致，坚信在党和政府的领导下，在社会各界的积极支持下，只要明确自己的职责，做到很好地服务于留守少年，做好促进农村人才内生性发展的工作，一定会迎来农村翻天覆地的变化，城乡一体化协同、有机和谐发展的愿景一定会实现。只有心怀这样的情感与理想，才会更加认识到作为社会工作者在乡村振兴伟业进程中的责任担当，认识到社会工作在实现乡村振兴过程中的重要而独特的作用，也才能不断激励自己扎根农村、服务农村的心向。

热爱农村，服务农村，就是要在乡村振兴的过程中拼搏奉献、建功立业。乡村振兴是农村经济社会发展的总体性工程，不仅要实现乡村物质生活的高度富裕，同时还要实现精神生活的深度发展，促进乡村社会关系的良性变迁与新时代文明实践的深化发展。留守少年社会工作者于其中大有用武之地。留守少年社会工作服务的开展，要求社会工作者能够积极地建构留守少年的社会支持系统，能够有效地整合资源以更好地促进他们的健康成长。留守少年社会工作服务不仅仅是社会工作者和留守少年之间的互动，还要涉及与监护人、学校教师、基层干部、村民等的沟通与交流；不仅是关注留守少年权益保护，而且还要建构权益保护的体系与机制，会涉及学校、群团组织、民政、公安司法等多个部门；不仅仅能够促进留守少年个人的发展，而且还会直接影响留守少年所在家庭、学校、村庄的发展。所以社会工作者在服务留守少年、致力乡村振兴建设进程中需要扮演好服务提供者、资源链接者、政策倡导者与实施者等多样化角色，发挥

"全能社工"的应有作用。要以服务留守少年为契机，充分发挥学校育人功能，形成以学校为依托或者以重点村镇为依托的家、校、社共育机制与权益保护联动机制。同时，要积极培育乡村社区社会组织参与乡村事务服务和管理，共同关爱留守少年，更好地实现乡村自治，培育乡村社区精神。引导留守少年积极参与服务弱势留守老人、关爱年幼留守儿童等活动，向村民宣传睦邻友好、乐于奉献、诚信互助等优秀传统文化，培育和谐、有爱、互助、团结的社区精神。只有把留守少年的健康成长和美好乡村建设视为己任，秉承专业价值理念，社会工作者才能更好地发扬拼搏奉献精神，促进个人的专业性成长，实现自己的个人价值与社会价值。

二　留守少年社会工作者的理论知识

留守少年社会工作者应掌握留守少年身心发展、福利政策、关爱保护服务三个方面的理论知识。

（一）留守少年身心全面发展的理论知识

留守少年正处于青春发育期，处于身心迅速发展的关键时期。这一时期的个体身体发育快速，成人感不断增强，但心理发展相对滞后，使得他们关注自我，自我意识增强，自主能力逐渐提升，但是容易出现自我中心化倾向；情绪情感强烈丰富，但容易出现波动甚至是两极化的情况；渴望理解与友谊，但也会因为友谊而缺失理性的判断；人际交往能力处于发展的过程之中，可能会出现无法融入群体，人际关系紧张的现象；具有理想主义情怀，但容易有不切实际的行为，甚至出现冒险行为；对异性敏感，可能出现有关生理现象与性相关的困扰，容易出现早恋现象，等等。国际学术界界定这一时期为人生发展的重要成长期与过渡期，表现为生理、心理与社会性发展的过渡。这一时期是充满成长的烦恼与发展困惑的时期，是他们追求自我认同的重要时期，更是易受外界影响的时期。因此，这是教育的关键时期，也是他们容易出现认知问题与行为偏差的时期，较为容易出现同伴群体的不良行为，如群体欺凌行为，可能引发一些伤害与被伤害事件。这样一个特殊的时期加上留守的现实状态，使得留守少年更容易出现权益受损或者侵害他人权益的现象。社会工作者要了解这一时期留守少年生理、心理与社会性发展的特点、规律，掌握生理学、心理学和社会学中有关青少年期发展理论与知识。整体上，留守少年的全面发展知识表现在两方面：一是内部提升上，要关注留守少年的自我提升，包括他们的行为选择、价值观念、思想品德、生活习惯以及学习教育等发展的需要和知识；二是外部环境上，从家庭亲子关系建设、家庭关系改善到学校教育、行为规范，再到社区文化、娱乐、照料、安全教育等需求，并且明确家庭、学校与社区三者对留守少年成长发展的影响。社会工作者要以促进留守少年全面发展为原则，满足留守少年内在与外在的发展需求，掌握自霍尔以来所有社会学、生理学、心理学、教育学、人类学等有关青少年发展的理论知识，从而为更好地服务留守少年奠定理论知识基础。

（二）留守少年福利政策知识

社会福利政策引导社会工作的发展，并已成为社会工作者知识体系的重要组成部分，是社会工作者开展专业服务的重要依据，或者说社会工作者就是福利政策的输送者、落实者与实施者，就是要以福利政策为据来开展专业性社会工作服务。社会福利政策知识，主要包括四个方面的内容：

1. 少年儿童基本权益政策。例如《联合国儿童权利公约》中提出儿童生存权、发展权、受保护权和参与权及具体的权益保障内容，我国《未成年人保护法》中未成年人权益的相关规定等。通过这方面的政策知识，把握留守少年基本权益及构成。

2. 留守少年权益保护政策。例如《2015 年中央政府政府工作报告》中将"建立未成年人社会保护制度"列入国务院工作要点，成立专门的未成年人（留守儿童）保护处，并指出保护处的主要职责。2016 年《关于加强农村留守儿童关爱保护工作的意见》对留守儿童保护问题做出新的要求与规定，通过这方面的政策知识，把握留守少年权益保护的基本要求与根本任务。

3. 社会工作人才建设政策。包括专业社会工作人才队伍建设的指导原则、主要任务、组织保障等。如共青团中央等六部门 2014 年印发的《关于加强青少年事务社会工作人才队伍建设的意见》，2017 年国家《中长期青年发展规划（2016—2025 年）》，通过这方面政策知识的了解，进一步明确开展留守少年社会工作服务的人才条件与基本要求。

4. 留守儿童保护专项行动和报告。例如《我国农村留守儿童的现状报告》对留守儿童的现状及特点进行的全面调查，提出组织农村留守儿童"百场宣讲进工地"活动，增强父母尽责、家庭监护的主体意识；开展农村留守儿童"合力监护、相伴成长"关爱保护专项行动，强调落实强制报告责任。通过这方面政策知识的学习，了解留守少年权益保护的最新动向和经验做法。

（三）留守少年关爱保护知识

根据《关于在农村留守儿童关爱保护中发挥社会工作专业人才作用的指导意见》的指示，社会工作者还需要掌握留守少年关爱保护方面的知识。

1. 家庭服务方面，社会工作者应能掌握家庭社会工作方面的知识，提供家庭教育、亲子关系调处、监护责任意识培育、法制教育等服务；对留守少年的家庭情况进行调查评估，保证其在家庭里得到妥善照料；帮助农村留守少年及其家庭链接社会资源，引导社会力量为他们提供物质帮扶和关爱服务。

2. 学校服务方面，社会工作者要掌握学校社会工作的理论知识，应能增进留守少年及其家庭与学校的联系，协助做好心理健康教育与心理能力建设，通过心理援助、成长陪伴、互助共享和危机干预等来疏导他们的心理压力和负面情绪，建构和谐校园环境，促进其心理与人格的健康发展；具有开展生命教育、青春期教育、人际交往能力提升等活动的知识；能够通过成长性小组活动与主题活动的设计与开展，建构丰富多彩的校园文化；具有个案管理的知识与能力。

3. 社区建设与社会融入方面，社会工作者要掌握社区工作方面的理论知识，应能增进社区对留守少年及其家庭的支持和监督，改善社区环境，提供有益于其成长发展的社区环境。应能组织人际交往活动与邻里互助等活动，建构社区支持体系，增强农村留守少年的社会交往与社会适应能力。

三 留守少年社会工作者的实务能力

留守少年社会工作者应当具有整合性社会工作实务能力，既要掌握社会工作行政、社会政策等间接方法，又要掌握个案工作、小组工作、社区工作三大直接方法，在现实中能够根据实际情况将直接方法与间接方法整合性应用，在此基础上，更应当针对留守少年特点，强化发展专项服务能力，才可能真正充分发挥社会工作者在留守少年权益保护工作的应有作用，有效满足留守少年的现实需求。

（一）综合评估能力

对留守少年进行综合评估是指根据评价标准对留守少年生理、心理、社会性发展情况，以及因为留守而造成的问题和困难而做出的全面评价与分析。从性质来看，既包括问题性评估，也包括发展性评估；从过程来看，既包括服务之初的需求评估，也包括服务结束后的成效评估；从功能来看，综合评估既是社会工作者开展服务的前提基础，也是开展服务的主要方法工具。在留守少年权益保护过程中对留守少年开展综合评估，可以对他们身心发展状况是否达到正常标准进行科学判定，对他们遭遇到的问题和困难进行全面深入地了解与把握，对他们发展的现实需求和期望进行准确细致地把握与导引，对留守少年社会工作服务及成效情况进行全面检测与精准评定。对留守少年进行综合评估，要求在权益保护工作中坚持留守少年主体性的原则，要有效解决目前留守少年权益保护工作存在的调研不充分、保护措施针对性差、成效评价主观化等问题。所以综合评价能力是留守少年社会工作者必须具有的一项基础性能力。

对留守少年进行综合评估，需要社会工作者能够做到以下方面：

1. 具有青少年相关理论知识基础。社会工作者要较好地掌握青少年相关理论知识，尤其是青春期研究的理论与知识。要全面掌握青少年生理、心理、社会性发展等方面的理论知识，了解留守少年生存与发展的现实情况，了解他们的发展特点与需求。这是制定操作化评估指标和进行客观评估的基础。

2. 熟练掌握留守少年综合评估的方法与工具。社会工作者要掌握问卷设计、统计分析的知识与技术；掌握访谈调查的要求，包括焦点小组、个体访谈的组织和技巧；具有参与式观察过程中捕捉信息的敏感性与准确性；具有行动研究的行动与反思、再行动再反思的自觉；具有多维度验证与分析问题的习惯与能力。只有具有这些能力，才能够较好地对留守少年进行综合评估，才能够使服务更加有针对性，取得服务的实效。

3. 具备在综合评估基础上个案管理的能力。社会工作者要具有为留守少年建立个人发展性档案的能力，尤其是那些特殊的留守少年个体，如有一定问题行为或者特定问题的留守少年，能够对他们进行综合性评估，建立个人成长档案，一是可以综合性判断其问题的根源与现实状态；二是可以更好地追踪与再现留守少年个体的发展与变化，对留守少年起到一定的评价激励作用；三是可以为督导提供更好的针对性依据，从而能够为社会工作者提供有效支持；四是可以很好地呈现社会工作者行动研究的轨迹；五是可以为相关性留守少年个体问题的解决与社会工作者培训、研究提供案例示范。

（二）安全教育能力

对留守少年进行安全教育是指向留守少年传授防范人身意外伤害、校园欺凌以及其他形式的人身伤害和财务安全等方面的知识与技能，提高留守少年自我保护的意识与能力。由于监护的不足，加之农村地区自然条件存在一定程度上的安全隐患，容易使农村留守少年遭受意外伤害与欺凌等。从留守少年身心发展特点来看，相比于低龄留守儿童，总体上留守少年的行动敏捷性与技能大大提高，而监护人也相应对他们更加放心一些，但是留守少年的冒险性、自负性同样大大提高，这更容易招致意外伤害的发生，如溺水、触电等；尽管他们处理问题的能力比低龄儿童有很大提高，但是存在理性不足、冲动有余的特点，他们更容易出现冒险行为与冲动行为，他们往往会运用自己正在增长的能力来昭示自己的力量，来处理同伴间的矛盾与冲突，这一时期也是校园欺凌的高发期。有研究证实：初中阶段是校园欺凌的高发阶段，而各国各地少年受欺负率是在11—13岁达到峰值①。显然，从年龄来看，留守少年有着更大的遭受人身伤害或者伤害他人的概率。

目前农村留守少年安全教育普遍存在以下问题：相关的安全教育责任人安全教育知识缺乏、安全教育意识淡薄；安全教育的形式较为单一，大多以简单的口头提醒、告诫为主；安全教育的内容还不够全面，缺乏针对性；留守少年被置于安全教育的被动受众地位，安全防护方面的主观能动性得不到调动与培养。针对这些状况，需提升留守少年安全教育的专业化水平，创设安全保护的良好空间与氛围，消除安全隐患，有效降低留守少年遭受身心侵害或侵害他人的概率。

对留守少年进行安全教育，要求留守少年社会工作者具备以下方面的能力：

1. 具备安全教育方面的理论知识。要根据留守少年发展阶段的特点，了解他们可能面临的安全问题。要具有日常性安全知识，包括饮食安全、交通安全、用电安全等衣食住行方面的安全问题及应对知识；遇到火灾、水灾、地震等灾害性事件预防与应对的知识；网络使用可能出现问题的预

---

① 《校园欺凌是全球现象：看看你的孩子在几岁时最有可能受欺负？》，http://mini.eastday.com/bdmip/180202082926866.html#，2018年7月10日。

防与干预，如网络使用过度、网络交往安全等的理论与知识；校园欺凌、人身侵害等预防与干预的理论与知识；青春期身心健康及安全知识。

2. 留守少年自我保护能力提升的支持。安全自护对留守少年来讲非常重要。要求社会工作者必须让留守少年了解自我防护的基本知识，提高他们自我保护的意识与能力。社会工作者能够运用社会工作专业方法，遵循主体性原则，采取参与互动的教育方式，如可以通过小组活动，通过情景剧、案例再现等方式来增强相应活动的场景模拟与实际演练，让留守少年在遇到突发事件时能够把握要遵循"生命第一""安全第一"的原则，增强他们的自护意识及自我保护的能力。组织建构留守少年日常性自我保护与相互保护的支持系统，及时发现安全隐患，做好预防与干预工作。

3. 建构留守少年安全支持体系。社会工作者要能够充分链接相关资源，积极消除与防范安全隐患，同时可以与相关部门共同开展专项的安全教育，如能够与相关部门、学校合作，针对留守少年年龄发展特点，开发相应的安全教育方面的校本教材、图书等文本资料。联系公、检、法、消防等相关组织和部门，真操实练地开展安全演练活动、防校园欺凌活动，切实锻炼留守少年安全保护技能。整合学校、社会组织、社区等资源共建日常性防护的安全机制，确保能够及时应对相关安全问题的发生。

（三）学业规划指导能力

学业规划是指学生根据自己的兴趣、能力、志向等情况对自己的学习内容、学业道路、未来职业等做出选择与定向、计划与设计。科学、及时的学业规划有助于不同阶段的学生有效管理好自己的学习活动，能够把个人的身心成长与学业道路充分有机地结合起来，促成良好学业观、职业观、价值观的形成。留守大环境下，由于父母外出务工所带来的家庭教育的缺失，以及因教育资源问题所带来的学校教育质量不高等，造成留守少年在学业发展方面存在一定的困难和问题，尤其是学业规划意识与能力一定程度上存在不足，在学业观、生涯观方面存在着一定的困惑和指导上的不足，需要对他们及时开展学业规划指导方面的教育活动。

留守少年在学业发展上有着和其他学段留守学生不同的情况。留守少年在学业发展上要经历小升初、中考两个大的事件，其中要面临报考上一级学校的选择，同时，要面临着入学前的复习备考和入学后的学校生活、学业等方面的适应问题。一些学习成绩较差、无心继续追求学业的九年级学生还要面临着职业选择的现实问题。部分留守少年由于缺少监护人的充分监护和学业上的指导，学习方面未能养成良好的学习规划与学习习惯，导致学业成绩较为落后，由此而带来对自己要求上的降低与放松。由于到了小学高年级阶段功课难度的加大，以及初中课程和小学课程相比较，课程门数多，对学生的认识水平要求相对提高，容易导致留守少年成绩的落后，尤其在小学高年级和初一这一时期表现得较为突出。与成绩落后相伴随的往往是留守少年的辍学思想。由于学业成绩落后，升学无望，学习对有些留守少年来说简直是特别难以忍耐的苦差事，加之周围环境中存在的"外出打工挣钱""读书无用论""务农没出息"思想的影响，学业落后的留守少年一定程度上存在辍学打工的思想而无心学业，由此可能引发在学校里的纪律问题、在校外的闲散状态，成为影响学校与社会正常秩序的不安定因素。

对留守少年进行学业规划指导，就是帮助留守少年养成良好的学习习惯、理性的升学诉求、积极的职业定向能力，从而使他们顺利度过小学高年级、初中的学业生涯阶段，为顺利地升学到高一年级或步入社会奠定坚实的基础。对留守少年进行学业规划指导，要求社会工作者有能力依据不同的学段为留守少年做好指导工作。

1. 提高学习效率的支持。对小学高学段留守少年提供掌握科学的学习方法、养成良好的学习习惯、形成坚强的意志品质等方面的教育帮助，全方位提高学习成效，从而避免学业成绩的落后，为他们以良好的成绩与心态进入中学提供支持。

2. 做好学业发展关节点的适应支持。社会工作者要把握留守少年学业发展的关节点，做好学业发展的适应工作，并指导留守少年进行学业规划。如帮助初一学段的留守少年积极主动适应初中学习生活，为以后三年初中生活做好规划，为即将升入初中与高中的学生做好升学的支持。

3. 提前做好职业规划指导。社会工作者要结合相关的职业指导课程，指导初二学生对相关社会职业情况进行一定程度的了解，并指导他们根据个人兴趣、志向情况为将来自己从事何种职业进行初步的认识与思考。

4. 做好初三学生的职业和学业选择支持。要做好初三学生的指导，必须了解初三学段留守少年的特点与现实处境，能够给予他们现实合理性的分析与指导，从而使初三学段的留守少年以积极的态度与行动迎接毕业工作。具体到学习考试方面，要帮助他们缓解中考复习压力，消除考试焦虑，提高复习效率。

在贯穿留守少年不同学段的学业规划教育指导过程中，社会工作者还应当自始至终地对留守少年进行正确职业观和求职观的培养、奉献社会和服务家乡意识的教育。

（四）青春期性教育能力

青春期性教育，狭义来讲是指对青少年进行性知识的教育，广义来讲不仅向青少年传授性生理、性心理的知识，对青少年进行有关性科学的教育，还要对青少年进行性道德、性法律、性文明的教育①。在我国，青春期主要指年龄在 11－18 岁的青少年②。如果从这一年龄规定来衡量，绝大多数留守少年即将或正处于青春期阶段，由于生殖系统的快速发展，第一性征与第二性征得以呈现，他们的身心发生了显著性的变化，在性生理、性心理方面产生了新的需求，他们渴望了解青春期到来自己身体的变化是否正常，与同伴是否相一致，如果不一致往往会带来心理上的不适甚至是恐慌；渴望了解异性，愿意与之交往，但是不知道如何进行交往；由于处于同伴依恋期，在感受到同伴友谊的同时，可能会怀疑自己是不是同性恋；当出现了对异性懵懂的好感，不知道是不是爱情，等等。因此，当留守少年青春期到来，面临生理剧烈变化的问题时，因缺乏这方面知识的传授和引导，他们常常陷入尴尬或迷惑的境地。有研究者指出，农村留守少年儿童青春期性教育的基本缺失是一个不容忽视和回避的社会问题③。

留守少年青春期性教育是家庭、学校、社会多方面合力而为的事情，不过对于许多农村留守少年而言，各方面在青春期性教育方面都难以提供及时有效的指导帮助。家庭中父母对子女进行性教育应当是最自然不过的事情了，不过相比较而言，在农村地区家庭中的性教育对许多父母来说是一个难以启齿的话题，很多情况下都是简单处理、应付了事。而对于留守少年而言，家庭中的性教育更是雪上加霜，尤其是对于那些父母都外出打工，或者同性父母外出打工的留守少年而言，几乎难以受到来自父母那里的青春期性教育，不仅仅青春期性知识缺乏，自身性别意识、角色的发展也受到影响，甚至自身受到伤害还不自知。研究表明，学生性别角色的社

---

① 高雪梅：《中小学生心理学》，西南师范大学出版社 2013 年版，第 62 页。

② 曾燕波：《青春期性教育问题与探讨》，《当代青年研究》2016 年第 3 期。

③ 蒋平、阳德华：《农村留守少年儿童青春期性教育的缺失及对策》，《中国青年研究》2008年第 3 期。

会化在小学四年级有较大发展，到初中三年级时稳定成型①。对留守少年来说，父母不在身边导致他们在形成符合自身性别的社会角色方面受到直接影响。农村学校中的青春期性教育也较为无力，做得稍微好一些的学校，会开展青春期性教育方面的讲座，但缺乏学生积极主动参与的性教育形式；差一些的学校，青春期性教育工作仅仅是流于形式，甚至呈现空白状态。青春期性教育的社会教育方面，由于缺乏积极、科学的正向导引，许多留守少年往往容易被来自网络传媒的负面性知识、甚至是淫秽内容所俘获，直接影响到身心的健康发展，甚至因为不适宜刺激而出现侵害他人权益事件的发生。

由于青春期性教育存在多方面教育力量的薄弱和缺失，导致留守少年总体上科学的性知识较为缺失，在性观念、性道德方面还存在认识与判断模糊甚至是错误之处，在与异性同学交往方面还缺乏正确的态度和积极的能力，在应对性侵犯、遭受性侵害时缺失应有的防范与保护措施。

对留守少年开展健康和科学的青春期性教育需要留守少年社会工作者具备以下素质与能力：

1. 具备科学的青春期性教育观念。社会工作者要了解青春期可能产生的各种与性有关的问题，具有较好的理论与知识储备，并能够通过正确而恰当的方式消除留守少年对青春期的错误认识，避免不适宜刺激，形成留守少年积极向上的青春期身体观念、男女交往观念、安全观念。

2. 具备链接多种资源的能力。社会工作者要能够积极联系教育、卫生等组织和部门，提供有针对性的讲座、咨询等服务；可以联合编写针对留守少年青春发育期特点的青春期性教育教材，供留守少年自学；联系心理咨询师为留守少年个体提供针对性的心理咨询。

3. 采用多种形式进行日常性指导与宣传。社会工作者要能够设计、组织并实施相应的活动，引导留守少年积极参与，在参与过程之中增长青春期的知识，确立正确的观念。如可以通过情景剧的方式，展现可能遇到的困惑以及正确的处理方式；能够采取现场、网络、信箱等多样方式及时对留守少年有关青春期的问题和困惑进行答疑疏解；能够以行之有效的方式向留守少年宣传、传授青春期生理健康、身体保护、防范性侵害等方面的知识和技能。

---

① 黄煜峰、雷雳：《初中生心理学》，浙江教育出版社 2002 年版，第 289 页。

（五）危机干预能力

危机是指人在外界环境发生负面变化时对人造成的身心打击及伤害，使人的生存发展受到威胁的不良状况。对于留守少年来说，可能遭遇的危机从发生缘由来看，往往表现为衣、食、住等生存条件上的严重缺失，物质滥用，身心遭受欺凌、虐待，家庭关系、社会关系中的剧烈矛盾冲突，受外部不良力量的控制摆布等等；从发生的结果来看，往往表现为恐惧、羞辱、抑郁、愤怒、绝望等负面心理状态的出现，以及外部行为上的离家出走、自残自杀、报复外界。若从发生范围而言，因为不利的监护条件与环境可能会引发留守少年在生理、心理、学业、交友等方面的危机。

留守少年上述危机的产生有着主客观方面的原因。客观方面，由于留守少年监护缺失与不利，给这些危机的产生创造了条件；主观方面，由于留守少年身心发展尚不成熟，自主性能力不强，危机出现时缺乏足够的身心应对能力，危机造成的伤害后果会更大。特别是留守少年正处在自我意识加速发展的青春期，自尊心强，渴望被外界尊重认同，对未来生活充满美好期待与向往，如果受到外部的不良刺激和影响，严重冲击、压制和否定了留守少年这样的内部心理需求，他们往往会出现心理上的严重失衡，极可能导致负面甚至恶性事件的发生。2015 年毕节四兄妹服毒自杀事件中，最大的哥哥 13 岁，上六年级，他在遗书中写道："谢谢你们的好意，我知道你们对我的好，但是我该走了。我曾经发誓活不过 15 岁，死亡是我多年的梦想，今天清零了！谢你们的好意，我知道你们对我的好，但是我该走了……"[1] 可以想象，正是因为出于对他的父母、家庭以及未来世界的绝望，才选择离开这个世界。在他选择轻生之前，内心经历了严重的心理折磨与巨大的心理创伤，而对于这样的危机，相关的监护人以及老师、当地干部因为缺失干预的专业知识与能力而不是责任与热情，这才导致了悲剧的发生。在我们调研的访谈中，一个初二的女生给我们讲了她"不幸"的故事。她的父亲在外地打工，常年不回家，根本管不上她，母亲是后妈，两个人在一起的时候基本就是吵架，所以关系越来越僵，以至于她对她的家庭没有任何感情，周末学生们返家封校，她也基本不回家，而是一个人跑到县城的网吧里过夜生活。对此，学校并不知情，后妈知道了也

---

[1] 《警方披露毕节自杀儿童遗书：死亡是我多年梦想》，http：//news. sohu. com/20150612/n414937767. shtml，2018 年 7 月 19 日。

好像不曾发生过一样。她跟我们说，她所期望的就是赶快把初中熬下来，然后就直接到社会上去混，认为只要脱离了这个让她觉得冷漠的家庭，到哪里去、干什么都好。听了她的故事，在对她的不和谐的家庭关系同情的同时，也对她的前途与未来产生了几分担忧。类似这样的留守少年，很需要进行危机干预。

危机干预，又称危机介入、危机管理或危机调解，是给处于危机中的个体提供有效帮助和心理支持的一种技术，通过调动他们自身的潜能来重新建立或恢复到危机前的心理平衡状态，获得新的技能，以预防心理危机的发生①。留守少年社会工作者应当具备良好的危机干预能力，以便在留守少年遭遇苦难挫折时，积极进行干预。从危机干预的短期效应与长期效应、内部干预力量与外部干预力量相结合的角度来看，留守少年社会工作者的危机干预能力及策略主要包括四个方面：易遭受危机的留守少年的识别，危机发生时留守少年情绪情感的调控处理，危机干预支持系统的构建及相关资源的链接，留守少年危机应对能力的培养。

1. 易遭受危机的留守少年的识别。社会工作者要能够通过日常观察、需求评估、心理测量等方式对易遭受危机的留守少年进行识别，以便在危机发生前积极采取措施来预防危机的发生，在危机发生时能够在第一时间对留守少年提供物质和心理方面的援助。

2. 留守少年情绪情感的调控处理。社会工作者要能够了解与体验留守少年在危机发生时所产生的痛苦、愤懑、恐惧、绝望等负面情绪的应激反应，并且以积极的共情能力对留守少年进行心理与生活上的陪伴，科学引导留守少年化解、消除负面情绪情感。

3. 危机干预的社会支持系统的构建。社会工作者要能够将家庭、学校、社会、友伴等与留守少年相关的力量给链接起来，形成一个危机发生时的有机的社会支持系统与机制。如在学校内建构班、级、学校三级干预体系与机制；在学校外建构学校、家委会、乡镇村居相关单位等构成的干预体系与机制。

4. 留守少年危机应对能力的提升。社会工作者要加强留守少年抗逆力、自助互助能力的培养。运用积极心理学与优势视角理论，转变留守少

---

① 姚军、张文海：《大学生心理健康辅导理论与实践》，苏州大学出版社 2016 年版，第174 页。

年看待困境的视角，以积极的心态应对现实的问题与处境；通过专门的抗逆力训练，培养留守少年危机发生时的保护性因子，提高其心理韧性，使他们在创伤、打击中正向成长；通过同伴互助方面的意识和方法训练，加深与提高留守少年相互间的关爱情感与支持能力，在危机发生时使他们能够抱团取暖、倾力相助、同舟共济。

（六）家庭教育指导能力

家庭是社会的细胞，是一个人生活与发展的基本依托，在人才培养的社会功能方面具有不可替代性。家庭的教育功能不能得到充分发挥，将会对子女的健康成长产生直接影响。从留守少年权益保护责任的分担来看，家庭应该是留守少年权益保护最主要的责任主体，要为留守少年的生存发展、健康成长提供应有的物质与精神方面的保障。但由于留守造成的家庭保护资源的缺失，使得留守少年家庭教育存在诸多问题，不利于留守少年的发展，这些问题具体表现为：

1. 亲子沟通存在时空障碍。父母外出务工的状况下，由于时空上的阻隔导致父母在家庭教育方面严重不足，父母既不能及时、全面、真切了解子女的生活和学习情况，亲子间感情的交流与支持又相对减少，使得子女不能从父母那里得到应有的情感关爱和建议支持，长此以往，容易造成亲子关系淡漠。

2. 教育理念落后、教育方式不当。留守少年的照顾者大多为年迈的祖辈，在家庭教育理念、教育方式上比较传统，在思想观念上容易与留守少年产生严重的代际隔阂，留守少年很难听从他们的教育劝导。而留守少年的父母也存在不正确的认识，诸如认为孩子只要孩子学习好就成，别的好不好无所谓；或者认为读书没啥用处，孩子与自己一样都不是读书的料；或者觉着很亏欠孩子，一味地只进行经济上的满足。这些观念与相关做法都会对留守少年产生直接的不利影响。同时，留守少年处于青春叛逆期，容易在思想观念、生活方式上与成人产生矛盾隔阂，不太服从成人规范与管教，容易招致成人采取或暴力或放纵等不正确的管教方式，从而造成有的留守少年为所欲为、离家出走、自残自杀、参加社会不良群体等负面事件的发生。

所以，加强对留守少年及其家长、监护人进行家庭教育方面的指导，增强家长、监护人的家庭教育能力，培养留守少年正确维护亲子关系的能力，整体上提升留守少年家庭教育水平，对保护留守少年生存发展权益具有积极作用。对留守少年进行家庭教育指导，要求社会工作者具备以下方面的能力：

1. 具备丰富的家庭教育理论与知识。社会工作者要了解不同类型家庭的特点、家庭教育的功能与规律、正确的家庭教育态度、科学的家庭教育理念、适当的家庭教育方式、家庭教育所存在的教育误区及应对技巧等方面的理论与知识，为更好地指导留守少年家庭教育奠定良好的理论基础。

2. 具备良好的家庭社会工作方面的知识与技能。社会工作者要能掌握家庭治疗、家庭辅导方面的专业技能，帮助留守少年家庭成员认识到自身在家庭中的合理角色身份，自身言行对家庭其他成员产生的影响，从而有效地提升家庭成员的自我反思、换位思考的意识与能力，化解家庭矛盾，促进家庭成员关系的和谐。能够协助留守少年解决与父母分离所带来的家庭教育缺失的问题，建构留守少年父母与其他监护人的家庭教育支持体系。

3. 建构家、校、社合作共育机制。家、校、社合作共育是为了更好地提高家庭教育能力，弥补家庭教育不足而建立的合作教育机制，尤其对留守少年来讲，更具有现实意义。社会工作者要善于整合学校、乡镇村居资源，协助学校、村居以建立家长学校、亲子学堂的方式，促进家庭教育指导的正规化、常规化、规模化。其中，社会工作者要注重对监护人家庭教育日常支持关系的建构，要把握好留守少年父母返乡的关节点，开展面对面的家庭教育指导；平时可以通过建立网络信息交互平台，以网络沟通方式提升父母对留守少年关爱支持的能力，促进亲子的沟通交流。

4. 注重留守少年家庭主体建构功能的发挥。从理论上讲，家庭教育是家庭成员之间交互影响与作用的过程。但一般而言，家庭教育是指长辈尤其是父母对未成年孩子所实施的单向度的教育和影响。对于留守少年而言，他们正处于自主性增强的关键时期，他们的自主意识与能力明显增强，他们的文化程度往往比祖父母辈要高，所以在家庭中具有一定的自主能力。社会工作者要注重激发留守少年家庭的责任感与主体意识，能够理解父母外出打工的不易，祖父母辈的辛苦付出，主动积极地建构家庭良好关系，促进家庭和谐。

（七）人际交往指导能力

留守状况下，留守少年所拥有的社会人际支持网络情况如何至关重要。如果留守少年具有良好的人际交往能力，能够和周围相关人员建立良好的人际关系，则其遇到困难、遭受伤害时会得到及时的帮助。从留守少年身心发展特点来看，在建立良好人际关系方面，其优势在于留守少年的交友圈逐步扩大，参加集体活动尤其是加入朋辈群体的心向显著增强；不利之处在于留守少年处于青春叛逆期，在交往活动中容易意气用事，不善于灵活、理性地解决交往中发生的矛盾，同时内心在对外开放的同时也表现出比较明显的闭锁性特征，开始不会轻易向外部敞开自己的心扉，包括自己的亲人，这些都影响了他们良好人际交往关系的建立。在留守少年家庭关爱照顾不足甚至缺失的情况下，社会工作者应当帮助留守少年加强正向人际交往，建立与完善起良好的亲子关系、师生关系、同伴关系、友邻关系，防止留守少年加入不正当小团体或者离群索居、封闭自我，以免误入歧途。

对留守少年进行人际交往指导，要求社会工作者具备以下方面的能力：

1. 把握青春期人际交往的基本特征。社会工作者要了解青春期人际交往的特点，了解青春期早期同伴依恋与异性排斥的表现与特点，了解青春期不同年龄段个体与父母交往的特点，亲子矛盾与冲突的原因，同伴交往的特点，同伴交往矛盾处理的特点，学校人际关系的特点等。只有把握青春期人际交往的特点，并与留守少年所处的现实有机结合起来，社会工作者才能很好地把握留守少年人际交往的特点与需要，为留守少年人际交往的指导奠定好的基础。

2. 具有以直接社会工作方法指导留守少年人际交往的能力。社会工作者应该能够以个案社会工作、小组社会工作与社区社会工作三大直接方法有效地指导留守少年人际交往，引发留守少年以参与互动的方式，更好地体验人际交往的自我成长，如以小组活动的方式，设计以提升人际交往能力或者自我成长为目标的小组活动方案，增强小学高年级男女生正常交往的能力，倡导正确的交往观念。当然，这种小组活动可以是以班级为单位，也可以是跨越班级、年级，甚至是覆盖学校所有班级。以社区工作的方式，如组织反校园欺凌等活动，设定宣传发动方案，增强师生反校园欺凌的意识与能力，建构和谐校园；组织健康有益的课余活动，吸引留守少年参与其中，积极锻炼合作、沟通、协调等人际交往能力。以个案工作的方式，针对留守少年个体出现的人际交往问题提供有针对性的指导与支持。

3. 建构留守少年人际交往的社会支持系统。社会工作者要关注留守少年尤其是他们所处的小团体是否正向发展，如果存在问题，就要积极进行相应的转化或分离工作，使留守少年的同伴群体产生积极的正向影响。社会工作者要积极联系资源，整合学校、社区与相关单位开展反诈骗、反拐卖等报告会或活动，增强留守少年人际交往安全意识与能力。引导留守少年参与组织在乡镇村居开展有益于当地的文化活动，提高他们的社会参与意识与能力。

（八）资源链接与协调能力

从社会工作"人在情境中"的理念来看，留守少年权益保护是一项系统工程，需要全社会的资源力量予以参与，社会工作者只有取得周围环境与相关保护力量的支持，才能有效发挥自身的专业作用。如若单打独斗、自我封闭，社会工作者势必无法把工作真正开展下去。目前来看，由于留守少年权益保护体系尚未得到完善，机制尚不健全，不仅社会工作者的服务由于社会认知度、认同感不高而曲高和寡，缺失相应理解与支持，而且其他留守少年权益保护力量间也缺乏有机的组织、难以实现有效的联合，很多情况下往往处于各自为政、自说自话的状态。为此，社会工作者应具备权益保护方面的资源链接与协调能力，以保证各方面的保护力量得以协同整合，具体表现为：

1. 正式保护力量的联系协调。农村留守少年的成长发展涉及不同的机构或组织，民政、教育、司法、妇联、共青团、学校、乡镇政府等部分与组织作为正式保护力量在留守少年权益保护工作中各负职责，但在现实的权益保护工作中又有各自的利益取舍和工作重点，一定程度上会出现工作中的利益碰撞与推诿扯皮现象。除了宏观政策上加强相互间的分工合作外，留守少年社会工作者应从微观层面发挥自身的资源链接与协调优势，使正式保护力量相互间有机协同、彼此支持，形成多元主体的联动协同机制，从而更好地保护留守少年权益。

2. 非正式保护力量的链接协调。留守少年的监护人、朋友伙伴、左邻右舍等非正式保护力量的作用还未被充分开发出来，很大程度上呈现分散状态，需要社会工作者发挥专业特长，一方面通过相关权益保护知识和方法的宣传、传授，提高非正式保护力量的保护素养与能力，另一方面要发挥协同与支持作用，实现非正式保护力量与资源的有效联系，构建留守少年的"朋友圈""保护圈"。

3. 具备与相关部门和人员进行沟通、谈判、协商的能力。社会工作者在维护留守少年权益、争取他们的权益利益过程中，需要争取相关部门的支持才能有效地解决问题；同时在服务的过程中，也有可能要面对留守少年家长、学校、所在村庄的各种矛盾与冲突，只有具备良好的沟通和谈判能力，坚持留守少年权益获得最大保障的原则，才可能为留守少年争取更多发展资源，赢得更大的发展利益。

第四节　农村留守少年社会工作者素质与能力的培育策略

农村留守少年社会工作者素质与能力非短期训练而成，需要长期培养，而培养也非某一方面的单独投入，乃是一项系统工程。从历时性角度而言，需要专业教育和在职教育前后有机衔接；从共时性而言，需要通过社会工作政策、服务、教育等方面多管齐下。从系统性而言，需要高校、社会组织、政府相关部门等多方面共同作用。其中，专业教育是留守少年社会工作者素质与能力建设的根本与基础，在职服务与教育是素质和能力建设的关键与支撑，相关政策的制定与实施是素质和能力建设的重要推手与保障。

一　强化高等院校社会工作专业教育，培养留守少年社会工作服务人才

根据《2018 年度中国社会工作发展报告》，我国社会工作专业学历教育总体规模不断扩大：全国现有 82 所高职院校开设了社会工作专科专业，348 所高校设立社会工作本科专业，150 所高校和研究机构开展了社会工作硕士专业教育，全国范围内共有 17 个社会工作方向的博士点，每年培养社会工作专业毕业生近 4 万名[1]。而社会工作人才队伍的建设应该是量与质的协同发展，在高等院校大量开设社会工作专业的同时，培养高质量的、符合社会需求的专业社工人才极为关键。针对目前留守少年社会工作服务人才总量不足、专业化程度不高的情况，高等院校社会工作专业应根据经济社会发展的现实需要，尤其是推进乡村振兴的需要，根据留守少年生存

---

[1]　徐健：《2018 年度中国社会工作发展报告发布》，《公益时报》2019 年 3 月 26 日。

发展的现实需要，积极变革创新人才培养模式，将留守少年社会工作人才培养作为教育教学工作的一个重要方面来加以开展。

（一）加强留守少年社会工作在高校社会工作专业人才培养体系中的分量与地位

目前来看，在专业方向、培养目标、课程体系等方面，留守少年社会工作方面还显得不够突出。留守少年社会工作服务人才的培养往往被笼统地包含于儿童、青少年社会工作服务人才当中，而且并未作为一个单独的方面被充分予以重视。换言之，留守少年社会工作人才培养元素在目前的高校社会工作人才培养体系中占的比重还非常小，不足以支撑合格的留守少年社会工作服务人才的培养。针对此情况，在培养目标方面，建议有条件的研究生层次的院校设置留守少年社会工作服务方向，以培养留守少年社会工作的高级服务与研究人才；本专科层次的院校要加强留守少年社会工作服务人才的委托或定向培养，并为留守少年社会工作服务人才的培养制定专门的人才培养方案，明确具体的培养规格与培养任务。通过留守少年社会工作服务人才专业教育的重视，从源头上为服务人才素质与能力的发展打下坚实的基础。

（二）完善留守少年社会工作服务人才培养的专业课程体系

开展留守少年社会工作服务需要专业课程体系的支撑，以便保证留守少年社会工作者相关知识、理论、技能的掌握。从目前国内高等院校开设的专业课程来看，多以社会工作通用理论与方法为主，辅以《儿童社会工作》《青少年社会工作》《农村社会工作》等选修课程，现有的课程体系已不能满足农村留守少年社会工作服务开展的需求，需要加强留守少年社会工作服务的课程研究与开发，丰富与完善留守少年社会工作服务人才培养的专业课程体系。建议设置以留守少年服务为主题的专门化课程模块，供有志于服务农村留守少年的学生选修；充分从基础课程、核心课程、选修课程等各门类课程中渗透和挖掘留守少年社会工作服务因素，实现留守少年服务社会工作课程的贯通；针对留守少年身心发展特点，强化《游戏辅导》《心理辅导》《艺术治疗》《亲职辅导》等实务技巧性课程的开设。

（三）创新留守少年社会工作服务人才培养的方式方法

从留守少年社会工作服务人才的应有素质与能力的角度考量，现有的高等院校社会工作服务人才的培养方式相对封闭落后，所培养的学生从事社会工作服务的人数尽管逐年增加，但是有志于去农村开展社会工作服务的则更少，对农村留守少年的生存、发展还缺乏应有的现实认识与感受，相关的社会工作服务实务技能技巧的掌握还不够全面，运用得还不够熟练。就这些问题产生的根源来看，主要是目前社会工作人才培养的"场域"很多学校还是局限于教室、实验室，无论是在知识传授还是在技能训练方面，培养方式方法"实践感"较为缺失。针对此种情况，应围绕留守少年社会工作者的"农村性"实践经验和能力这一核心来创新服务人才培养的方式方法，强化留守少年社会工作服务人才的本土化培养和在地化培养。就变革社会工作人才培养模式而言，有研究者从社会工作专业教育的角度进行了本土化社会工作人才培养的探索，提出由课程实践、隐性课程实践、认知实习、综合实习和农村社会工作实习构成的社会工作专业实践教学模式①。这方面的想法和建议的实质就是消除高校专业化培养与农村现实服务之间的隔阂屏障，以农村社区为平台来实现社会工作人才的在地化培养。以此为导向，高等院校培养留守少年社会工作服务人才，要做好以实务素养提升为核心的教育教学方式方法的改革，尤其是要强化实习环节，大胆突破原有的实习模式，推行服务乡村治理、留守少年权益保护的"驻村模式""驻校模式"等实习模式，即把学生派驻到留守少年数量较多的乡村社区、中小学校，开展相关的田野调查、项目服务。高校要把社会工作专业实习与大学生假期社会实践调查、基层挂职锻炼、支教等形式有机结合起来，保证学生有充足的时间和机会在农村开展留守少年社会工作服务，让学生真正进入农村，了解农村现状、农民需求、留守少年需求以及农村社会工作服务的进展情况，锻炼他们为留守少年提供社会工作服务的实务技能，培养他们扎根农村、服务农村的价值观念与情怀。

二　强化在职服务和在职培训，提升留守少年社会工作者的素质与能力

通过高校社会工作专业教育，可为社会工作专业人才更好地服务留守少年打下了坚实的素质与能力基础，但留守少年社会工作服务人才作用的发挥是在现实服务留守少年过程中实现的，在职服务与在职培训对留守少年社会工作者素质与能力的拓展、深化、提升起着决定性作用，所以强化

---

① 史铁尔、刘静林、朱浩：《探索社会工作专业实践教学模式培养中国本土社会工作人才》，《长沙民政职业技术学院学报》2004年第4期。

在职服务和在职培训与专业教育相辅相成，是进一步提升留守少年社会工作者素养与能力的重要路径。

（一）强化留守少年社会工作者的在职服务

在专业性的在职服务过程中切实提升留守少年社会工作者的素养与能力，根本上是要强化现实服务的专业性，这就需要根据留守少年权益保护的现实需求，进一步明确社会工作者的专业岗位职责与服务角色、厘定专业服务标准、选用专业服务方法与评估方法。在开展专业服务过程中，社会工作者要自觉遵从专业操守，严格按照专业标准与要求去审视、判断、处理留守少年问题；要自觉加强专业反思，把留守少年社会工作专业服务开展与个人专业素质能力的提升有机结合起来，并进行统一的考虑与谋划。作为留守少年社会工作服务者的坚实后盾的社会服务组织或专业社会工作机构要为他们开展专业性服务提供支持保障，如配备专业督导，为他们争取更多的专业服务机会；同时也要警惕行政性工作对专业化工作的干扰与侵蚀，创新本土化专业服务特色。社会工作机构及相关部门也要关注留守少年社会工作者在乡村服务过程中所面临的困境，不仅要提供专业上的支持，而且要提供心理支持，要做到及时交流沟通，帮助他们排解、宣泄负面情绪及其影响，协助他们建立健康、积极正向的心理状态，并协助他们进行自我规划，为其未来的发展提供发展空间。

（二）强化留守少年社会工作者的在职教育

要依照《社会工作者自我教育办法》，不断加强和完善社会工作者的在职教育培训体系及相应的评估标准。要加强社工机构、其他社会服务组织、高校、政府部门间的合作，形成工作坊培训、网络培训、脱产培训、学历提升等多样方式相结合的培训体系。目前各地招收 MSW 高校大多数都有招收非全日制社会工作专业硕士研究生的名额，对提升在职教育水平起到了很好的带动作用。社会工作机构要积极通过多方面措施鼓励与督促留守少年社会工作者考取社会工作职业资格证书，提升学历水平，以促进职业能力的提升。要通过政策调控，把留守少年社会工作者素质能力水平与薪金待遇、职业晋升之间挂钩，建立相应素质与能力培养的激励机制。要创设与提供良好条件，实现留守少年社会工作者的自我教育，使留守少年社会工作者自觉完善和提升自身的理论水平和实务技能，积极主动地学习新的知识，提升职业认同感和工作方面的自我效能感。专业社会工作机构要建设好留守少年社会工作者的在职教育档案，以更好地对他们在职教育情况进行指导、督促与考评。各地社会工作行业协会要建构社会工作者在职教育网络信息平台，实现学分统计、培训共享、继续教育管理等的信息化，为留守少年社会工作者提供更多的在职教育资源。

三　完善社会政策，助力农村留守少年社会工作者的素质与能力建设

社会政策具有引领社会工作发展、规划社会工作人才队伍建设、引导和支持社会工作服务推进的作用，留守少年社会工作者素质与能力的建设离不开社会政策的支持。目前，政府出台《关于在农村留守儿童关爱保护中发挥社会工作专业人才作用的指导意见》的指导文件，已经明确了农村留守少年社会工作人才队伍的建设原则和发展方向。随着留守少年社会工作服务项目在农村地区的推进，服务中出现的新需求和新问题不仅对社会工作者提出了挑战，而且需要社会政策的进一步完善，以推动社会工作者的素质与能力建设。

（一）进一步出台培养与吸纳高素质留守少年社会工作人才的政策

针对留守少年社会工作服务人才培养总量不足、农村地区留守少年社会工作者招聘困难的状况，建议政府部门要加强投入，进一步加大政府购买的力度，加强留守少年社会工作岗位开发的力度，以项目与岗位为依托来建构留守少年社会工作人才队伍。同时，要加大留守少年社会工作人才激励方面的政策力度，如建立留守少年社会工作者的荣誉体系，激励更多社会工作者愿意献身服务留守少年事业；实施留守少年社会工作者的农村基层工作补贴制度，一定程度上提高他们的收入水平；从制度上拓宽留守少年社会工作者职业发展渠道与空间；效仿免费师范生培养制度，相关地方部门与高校签订委托培养协议，为农村地区定向培养留守少年社会工作服务人才，学生在校期间减免学费，毕业后由地方部门提供相关留守少年社会工作服务岗位，毕业生按照培养合同完成相应工作期限。

（二）进一步出台留守少年社会工作者素质与能力标准方面的政策文本

目前，政策明确了社会工作专业人才在农村留守儿童关爱保护中发挥作用的指导原则、主要任务、组织保障和培养使用力度，明确了社会工作专业人才的培养方向。然而，农村留守少年社会工作者的素质与能力体系

建设仍有待政策引导，需要政府出台相关政策来促进留守少年社会工作标准化建设，建构一个统一的、完善的指标体系，明确社会工作者在留守少年服务中的具体内容、职责要求、评估标准等，以便为留守社会工作服务人才的分类细化培养、分类岗位编制的设定提供依据，为留守少年社会工作者素质与能力的提升提供指引，为相关服务的开展提供标准与规范，从而有效地促进留守少年社会工作服务的标准化、规范化与专业化。

第六章

农村留守少年权益保护与社会工作
服务政策建议

通过整合资源开展针对留守少年的社会工作服务项目，的确有针对性地解决了部分留守少年生存发展中面临的一些问题，也取得了一定的成效，但同时本研究团队深刻感受与认识到目前农村社会工作者力量极度薄弱所带来的现实约束性。专业社会工作人才队伍建设可谓任重道远，以专业力量保护留守少年权益、建构关爱保护体系与机制还只是处于政策倡导与实施的起步阶段，专业化权益保护工作因为现实主客观条件的限制很难得到持续性发展，更难以在现实中真正形成有机整合的关爱保护合力，从而造成有些留守少年乃至留守儿童群体权益受损问题不能有效地加以解决的现实状态。留守少年权益保护问题，既是一个需要进一步解决的现实问题，更是一个亟需进一步精准聚焦的政策问题。加强农村留守少年这一留守儿童高龄群体的权益保护工作，对未来乡村振兴战略的实施，对社会发展的和谐稳定，对留守少年权益意识与能力的培养具有深远而现实的意义。发挥政策的统领与导向的作用，厘清权益保护主体的责任，建构专业社会工作力量介入，以留守少年权益意识与能力建设为本的关爱保护政策与机制，势在必行。

第一节　农村留守少年权益保护活动的现实问题

尽管留守少年权益问题早已被政府、社会广泛关注，且相关的权益保护政策和制度也在不断地制定与实施，但是总体来看，农村留守少年权益问题仍然是现实亟需要解决的重要问题，权益保护观念、方式、内容等方面都还存在一定不足，保护工作的开展力度与保护力量队伍建设方面还较为薄弱，相应，留守保护政策也存在一定程度缺失。除此而外，有关留守少年权益保护活动还存在着缺乏针对性的现实问题。

一 保护理念偏差，缺乏发展眼光

权益保护理念是对权益保护这一活动的深层次、本质性的思考，对保护活动起着指导性作用。留守问题存在的长期性、复杂性要求人们必须对相关的保护活动有着理性的认识，要透过留守的表面现象来探寻其背后的产生机制以及问题解决机制。但是如果人们的认识水平、思维方式存在一定问题，尤其保护理念存在偏差，就必然会出现权益保护方向上的偏离。通过留守少年社会工作服务项目实施中的观察、体验及相关研究的梳理，概括而言，主要表现为如下三方面问题。

（一）短视化保护理念

此种理念，认为留守问题的严重性并不是那么大，相应问题的解决也无须特别复杂，比如只要加强一下对父母的监护教育、对学校教师在关爱方面的要求就可以了。此种理念具有极大的局限性，一是可能会将权益保护工作视为一种形式化的、被动性的、可有可无的工作，二是可能只限于一时一地一人等具体问题的解决，而看不到留守少年群体与社会建设、发展之间的关联，以及留守问题产生的深层社会结构方面的原因，因而对留守问题的发生机制及长远发展思考不足。持这种理念，只能局限于现实表象问题的解决，就事论事，或者只是满足于留守少年不出问题的简单要求，而忽视留守少年权益保护工作的全方位要求与功能的充分发挥。留守问题的出现，有着复杂的社会层面的背景及原因，是现代化社会发展到一定的时期而出现的一种必然现象，这就决定了留守问题的解决、留守现象的消除是一个比较漫长的过程，绝不是靠搞几次帮扶、举行几次关爱活动就能够解决的简单问题，也不能靠简单的程式化方式来处理。造成这种短视理念的根源主要是由于认知上的不足而出现的盲目乐观与简单化思维。

（二）消极化保护理念

从观念上对留守少年保护活动的价值作用认识不足，表现出对留守问题解决的消极对待。此种观念在现实中有两种表现形态：

第一种表现，是把留守情况的出现视为理所当然，认为没有必要对留守问题大惊小怪。因为有所得必有所失，农村经济的相对落后，使得家庭要想增加收入，势必要付出相应的代价。农村存在的问题相当多，不只是留守问题，相对其他问题来说，留守问题只不过是一个常见的问题而已。这样的认识与观念作用下，留守少年权益保护问题势必不会被重视，消极应付的状况自然难以避免。

第二种表现，其出发点也是基于农村经济的落后，认为留守问题解决的根本性措施就是大力发展当地经济，使农村青壮年劳力不外出务工，若不解决此问题，其他任何措施都是徒劳。固然，这样的认识的确触及了留守问题产生的根本原因，具有一定的理性成分，但是也在一定程度上表现出对问题的回避与消解，是非此即彼的绝对化思维的体现。外出务工，是农村青壮年为了改善生活而做出的现实选择，这是现代化发展必然出现的一种社会流动现象，短时间内不可能对这一问题彻底解决，但不能因为不能彻底解决问题就放弃解决的努力，而是要尽可能通过关爱保护将父母外出务工对留守少年所造成的负面影响降低到最低程度，与此同时，能够因势利导，变不利因素为有利因素，这才是对待与解决留守问题的应有态度。显然，拥有消极化保护理念，不可能有积极应对的意识与行为。

（三）单向度的保护理念

此种理念把保护行为看成政府、社会、教师、监护人等的事情，把保护仅仅理解为"施与""管控"，只把留守少年视为被保护的对象或客体，而没有将他们视为保护行为的主体。这种单向度的保护理念及相应行为，是父权主义观念的一种表现，一种成人中心主义的视角，既不能有效保证保护行为真正符合留守少年的实际需求，更不利于留守少年主体性的培养和参与家庭、学校、社会事务方面能力的提高。持这种理念的主要根源在于传统文化中的父权主义思想，将留守少年特殊群体简单地视为"孩子"这种弱势的、需要关爱的对象，而没有关注到这一群体正处于青春发育与快速社会化的特点与现实。

以上几种保护理念的产生根源，或者在于对留守问题性质、特点等方面认识上的不足，以及相应在态度作为上的保守和消极，或者就是父权主义观念忽视留守少年正在成长的自主能力的直接表现。在本研究过程中，我们逐步认识到与周围相关部门、人员在保护理念上的差异，才是阻碍留守少年专业社会工作开展的最大问题。很多时候，围绕项目的服务，我们有时深切地感受到和其他保护力量难以展开专业对话，专业理念、方法有时不被认知与认同。留守少年社会工作专业化服务的开展需要秉承的是主体性和发展性的理念，承认留守少年的自我保护在权益保护中的重要价值作用，强调留守少年在逆境中的潜能激发、抗逆力的提升，主张把留守少年的生命历程与家庭的现实处境，以及社会发展变迁过程统合起来进行研究与服务。而从现实的保护事实来看，这样的保护理念在政策层面就存在着一定的缺失，有关留守少年群体并没有作为一个特殊的成长性群体得到应有的重视，而在基层保护工作中更是缺失相应的意识与观念，这也是导致保护工作消极被动、保护措施简单粗犷的重要原因。所以，从政策角度而言，应加强关于留守少年权益保护问题的倡导以提升人们的认识观念，与此同时，也要针对留守问题的特殊性，设计与制定更加科学、全面、细致的留守少年权益保护措施。

二　保护内容泛化，缺乏精准聚焦

留守少年权益保护问题有着复杂性、多样性、发展性等特点。从横向的共时性维度来看，留守少年会由于地域、家庭、性别等方面的差异而表现出不同的发展样态和特点。每一名留守少年都有着独一无二的留守背景，有着发生在自己身上的特殊留守故事，也相应有着特定的问题解决与身心发展的需求。从纵向的历时性维度来看，留守少年正值青春发育期，具有与其他留守儿童群体不同的发展特征和需求。留守少年权益保护工作应该做到因地制宜、因时而动，根据客观环境与留守少年的特点、个性而有针对性地进行，根据他们的现实需求来设计保护内容与相应形式，这样才可能使保护内容与方式合乎留守少年的需求与特点，才能被留守少年所接纳，产生好的效果。但目前来看，留守少年权益保护内容一定程度上存在泛化现象，这种泛化现象主要表现为两个方面：

（一）对保护对象未能很好地进行相关维度和层次上的区别

主要表现为保护内容偏重于生活照顾、身体安全、学业督促、物质提供等方面，从权益角度而言，主要侧重于留守少年生存权、受保护权的内容，而在发展权、参与权方面涉及较少，更为突出的问题的是现有保护未能依据留守少年监护情况、年龄、年级情况形成具体化、阶梯化、差异化的保护内容，造成保护内容的大而化之的一刀切现象，致使相关的保护内容出现简单、浅显的情况，相关的保护形式也因此显得单调与趋同。聚焦现有的留守儿童政策，可以明显地发现这样的特点。

现实权益保护活动之所以出现保护内容泛化的问题，最主要的原因在于相关政策主要针对低龄留守儿童群体及困境留守儿童群体，缺乏高龄群体——留守少年群体的针对性内容。此种政策导向性直接影响现实开展的保护活动，势必无法关照到留守少年的实际情况，更无法满足他们的内心需要。在访谈中，不少留守少年反映，现有的关爱保护活动有些单调、空洞和重复，有些活动根本不是他们所需要的，感觉有些被迫与无聊，而他们的真正想法和需求很少有人去主动了解，他们想要的帮助却很少有人能够提供。

（二）将留守少年的特殊问题等同于留守儿童的一般性问题

留守少年正处于青春发育期，他们的自我意识、自主能力明显增强，但他们面临着身心发展与社会性发展所带来的种种挑战，这些问题与留守因素的结合往往形成留守少年所独有的特殊问题，需要各关爱责任主体能够给予更多的关照与重视，正是由于政策缺乏对保护对象的细化区分，缺乏相应的规范标准，未能形成系统化、权威化的保护文本，而现实的关爱保护中自然很少关照到留守少年这一群体的特殊性，造成保护内容设计上缺乏与留守少年特殊问题之间的关联，导致关爱保护行动内容泛化，缺乏留守少年与低龄留守儿童适用性上的细化区分。表现在具体的留守少年权益保护工作中，就是简单把解决留守儿童问题的普遍性内容和方法直接照搬运用到留守少年身上，没有考虑到留守少年的发展特性与需要，留守少年这一特殊群体未被认识和重视，他们的问题往往被裹挟在普遍的留守问题或者一般的青少年问题之中加以处理，而没能有针对性地加以对待。

三　保护方式简单，缺乏专业设计

目前的关爱保护活动确实在一定程度上解决了部分留守少年的现实问题，但是这种关爱保护方式较为简单化，主要表现为偏重于物质方面的关怀、解决留守少年的具体困难，而精神关怀缺失与不到位、忽视留守少年长远发展；偏重于群体性、大型化宣传教育活动，微观化、个别化的保护活动不足；偏重于外部的照管、看护活动，促进留守少年内在心理、精神成长的活动不足；保护活动及相应内容较为零散化，系统化的保护方式方法不足。例如加强寄宿制学校的建设，是为了解决农村学生上学路远、交通不便以及监护人照护困难等问题而实施的一项举措，体现了政府对农村留守儿童福利的重视。在调查中，项目地学校领导也普遍认为，寄宿制实行封闭式管理能较好地解决父母监护不足的问题，有效降低安全事故的发生。但通过对住宿学生的访谈，却了解到一些如宿舍里的欺凌事件、住宿条件的不良、吸烟饮酒等不良习惯的传染等问题，而相关的研究也印证了访谈对象的说法。有学者调查显示，现实农村寄宿制学校中的欺凌水平高达31.5%，高于国内城市地区的中小学校，也远超过国际平均水平；在农村寄宿制学校住校明显提高了学生遭遇欺凌的可能性[①]。而对寄宿制所带来的负向影响，还包括其不仅造成了未成年人家庭生活经验的缺失，也阻隔了与父母等家人的亲情交流[②]。有学者研究指出，寄宿制学校有利于提升学生的受教育质量，促进他们的社会化，

但学生过早与家人隔离也不利于他们的性格养成和心理发展[③]。

寄宿制学校确实在一定程度上解决了留守少年缺失照顾与课业辅导等问题，但是由于主客观方面条件的限制，同样存在着相应的负面影响或问题，尤其对于处于青春期的留守少年而言，他们正是处于自我认同、学习与人交往的关键时期，这也是成长性烦恼最多的时期，人际交往容易引发矛盾与冲突等现实问题。同时，也是校园欺凌事件发生的高峰期。寄宿制学校如果对此不高度重视，不加强有效引导，很容易出现相应的问题。而对于非寄宿制的留守学生而言，强行报告制度、应急处置、评估帮扶、监护干预等方面的工作缺乏专业力量的介入。2015年贵州毕节四兄妹一起自杀事件的发生，引发了人们对"关爱机制为何失效"[④] 的思考，在保护者看来，该做的都做了，但是却没能阻止悲剧的发生，不是保护者缺失责任心，而是他们缺乏识别心理问题与干预技巧的专业能力。

其实以上问题及结果，很大程度上与留守少年保护方式、机制的专业性不足有关。留守少年问题的发生与解决，涉及教育学、心理学、社会学等多学科的知识和方法，需要对这些学科知识与方法加以整合形成专业化的留守少年权益保护的方法。但是在目前的关爱保护工作中，由于较为缺乏专业性的知识、科学规范的运作方式以及受过专门训练的专业化保护力

① 陆伟、宋映泉、梁净：《农村寄宿制学校中的校园霸凌研究》，《北京师范大学学报》（社会科学版）2017年第5期。

② 杨春华：《农村留守儿童与寄宿制教育——试析生活经验缺失对未成年人的影响》，《南开学报》（哲学社会科学版）2018年第12期。

③ 李勉、张平平、王耘：《国外中小学寄宿制学校的办学管理经验及其影响》，《河北师范大学学报》（教育科学版）2017年第9期。

④ 王煜：《"关爱机制"为何失效》，《决策探索》（上半月）2015年第7期。

量，导致了保护活动的浅层化、表面化，尽管实际做了很多工作，但无法有效应对现实的问题，实效性往往不佳。当然，现实保护方式的简单化也与政策在保护方式的科学化、专业化方面的要求不足，以及相关保障缺失支持有着直接的关系。

四　保护力量薄弱，缺乏系统构建

农村留守少年关爱保护应当是全社会的行为，各权益保护主体都应积极参与到保护活动中来并形成保护合力，在不断发展壮大保护力量过程中，逐步形成系统健全的留守少年权益保护的社会支持网络和多元福利供给体系。这些应然性的期望转化为实然性现实的过程并不是那么顺利，不少地方，留守少年权益保护力量一定程度上只存在于基层部门落实上级政策的各种文件当中，以及相应的宣传展示材料中，相关保护人员的名单往往是"印在纸上、挂在墙上"，难有实质性保护行为产生。留守少年保护队伍建设仅仅停留于政策性构建、形式化构建，难以在现实生活中充分实现。无论是政府的扶持政策，还是共青团、妇联、学校、社区，以及社会服务组织、企业等，对留守少年的关爱工作都是零散个案性质的，尚未建构起完整、完善的留守儿童救助服务体系①。留守少年权益维护存在"九龙治水"的现象，各方对农村留守少年的救助帮扶一定程度上夹杂着本位主义的做法，导致保护体系难以有效协同合作和规范管理，存在机械结合建构的情况，造成保护资源难以实现有效链接与配置。就专业化社会工作力量而言，《中国儿童发展纲要（2011—2020 年）》指出："每个街道和乡（镇）至少配备 1 名专职或兼职儿童会工作者""90% 以上的城乡社区建设1 所为儿童及其家庭提供游戏、娱乐、教育、卫生、社会心理支持和转介等服务的儿童之家"②。单要实现这一方面的目标就存在很大的困难，最主要是缺乏专业人才队伍。若是作比较的话，我国香港地区的中小学早已实现了"一校一社工"，并于 2019 年拟推出在中学实现"一校两社工"制度，而内地在学校社会工作发展方面只是呈零星状态。总体来看，关于留守少年权益保护队伍方面，无论是正规保护力量，还是非正规保护力量都

① 陆士桢：《建构我国留守儿童生存发展保障体系》，《青少年研究与实践》2015 年第 1 期。
② 《中国儿童发展纲要（2011—2020 年）》，http：//www.nwccw.gov.cn/2017 - 04/05/content_ 149166.htm，2017 年 7 月 30 日。

存在较为薄弱的问题，有力的保护支持网络尚未完全形成。现实保护力量的壮大，保护力量觉悟的提高、保护积极性的调动，以及潜在保护力量及保护资源的开发挖掘等，都需要进一步加强权益保护政策的建设。

五　保护力度不足，缺乏深度投入

农村留守少年权益保护工作一定程度上存在表面化、形式化、形象化的问题。表面化主要是指保护工作做得不够深入细致扎实，不能深刻认识留守少年权益问题本质，只看到表面化、浅层次的问题，抓不住问题的根本，头痛医头、脚痛医脚，难以从长计议。形式化主要是指保护工作仅仅是出于应对政府要求、应付上级检查而不得不为之的消极被动的行为做法。形象化主要是指保护者的工作初衷主要不是为留守少年权益着想，而是出于对自身工作业绩的考虑，往往保护工作的重心会放在搞形象工程、博人眼球、追求轰动效应上面，表面文章做得多而实际工作做得少。据我们的调查过程中的观察，实际的留守少年权益保护工作不力状况也往往是以上几种不当保护行为的混合体。表面看好像是权益保护工作做得不少，实则工作开展得比较空泛、浅尝辄止。留守少年需求的满足与问题的解决，不仅需要现实的物质条件支持，比如吃穿、医疗、娱乐场所，更需要内在心理和精神层面的支持，比如亲情慰藉、抗逆力培育、成长烦恼的解除等，所以单靠简单外显的物质利益输送活动难以满足留守少年的全部需要，尤其是关键性需要。留守少年更需要鼓舞其思想、同理其心理、共鸣其情感等深层次关爱行动的介入。从成长发展角度而言，留守少年的发展是一个持续、渐进的过程，对于他们的保护工作不能简单了事，而是要深度关注、持续开展、追踪进行，但恰恰这样的权益保护工作并未普遍地得以开展，这很大程度上透射出留守少年权益保护政策上的缺失。

六　保护成效模糊，缺乏科学评价

目前对留守少年权益保护工作成效的评价，若从新闻报道、工作汇报、领导讲话的角度看，一定程度上存在夸大模糊之处，例如所用的评价之词多是"成绩喜人""圆满解决""有效保障"，这样的表达用语既让人产生大而化之、模模糊糊的感觉，同时也让人对成效的真实性产生怀疑。尽管有时其中也出现一些数字化表述，但往往缺乏对数字来源、统计分析方法与路径的精准阐述和说明，让人难以充分信服。之所以如此的原因，除了留守少年权益保护工作上的好大喜功而唱高调，或者对权益保护工作的不作为有意进行掩盖外，主要是政策缺乏对权益保护成效评定的要求与内容的设定，相应现实中自然缺乏对权益保护明确的评价意识和科学的评价方式。从成效评价的过程性角度而言，保护工作之初对工作目标缺乏正确、具体、细致的确定，保护工作之中缺乏对保护举措实施情况的监测与调控，而保护工作之末仍然缺乏与保护目标相应的成效评价指标体系与评价活动。在研究的过程中，我们对项目实施成效的评价是按照需求评估、过程评估、成效评估的专业评估方式来判定留守少年权益保护的成效，遵循的是社会工作的专业逻辑，但对于一些基层留守少年权益保护主体而言，其工作思维逻辑往往表现为：既然相关工作已经开展了，那必然是有成效的，而成效的具体评价也自然是就高不就低。这样的工作逻辑显然是一种主观本位主义的体现，脱离了具体保护事实的客观评价，自然难以客观，也难以反映保护活动的实际情况与成效。要保证对留守少年权益保护工作成效的科学评价，必须有专业化的评价工具与评价方法，同时也需要从政策层面对成效评价工作予以规范和考评。显然，这方面的政策性内容还不够具体充实。

第二节　加强留守少年权益保护的政策建议

政策的统领与导向作用，决定了政策完善的治本地位。政策过程包括制定政策、实施政策、评估和总结等环节。与其他政策一样，留守少年权益保护政策的完善，需要进一步精准聚焦留守少年群体，通过进一步梳理分析已有的留守儿童政策，更加明确科学分层、分类推进的政策发展方向。

一　设立针对留守少年的权益政策

在留守儿童政策中设立专门针对留守少年权益保护内容的政策，或者设立单独针对留守少年的权益政策。因为留守少年群体是留守儿童群体中的高龄群体，其正处于青春发育期，处于身心快速发展、自我意识飞跃发展的关键期，也是自主能力快速成长的时期。这一群体的青春特征与留守因素的有机结合，可能会使之成为侵害他人与受侵害事件的高发群体。对这一特殊群体的关照与政策设定，会有效地预防农村留守少年犯罪、保护他们的权益、促进他们的健康成长。

政策中除了要强调有关留守儿童一般性的关爱保护要求，需要再进一步设定促进留守少年人际交往技能、社会参与意识与能力、职业规划与培训等社会化的内容与规定；设定留守少年心理健康发展与自主能力成长的外在支持体系，以及相关责任主体所应该负有的责任与义务，尤其要设定社会工作者在留守少年成长与关爱保护体系中的专业地位与作用；设定留守少年自我成长与自我保护意识增强的内容与要求。

总之，政策要体现对留守少年主体性的承认与尊重，体现留守少年不只是受关爱与保护的群体，而且也是自我关爱与保护、关爱与保护他者、参与和奉献社会的责任主体。

二　加强政策倡导

政策倡导本身就是政策工作、社会工作服务的组成部分。在目前基层民众对留守少年关爱保护政策及社会工作服务还不很了解、理解的情况下，需要强化政策倡导，实现留守少年权益保护各责任主体观念的一致与融合，才可能有效推进权益保护工作。哈贝马斯曾言，"社会实践之所以成为可能，是因为参与各方不是传统意义上的主客体关系，而是交互性主体之间的关系；社会群体只有通过理性沟通，批判和反省被社会系统所扭曲的现实，在相互尊重、彼此了解的基础上，追求真理共识，形成共同意志，才能够很好驾驭行政设计与技术设计的发展"①。通过政策倡导以有效调动起各方面的留守保护力量并促成相互间的认同、沟通与合作，是充分发挥各权益保护主体间性，使留守保护政策得以顺利实施的关键。社会工作者在政策倡导中一定要有所担当，有效扮演好"倡导者"角色，积极联系政府、社会等多方面资源共同参与政策倡导之中，以充实政策倡导力量，有效丰富政策倡导的内容与形式。政策倡导内容要切实体现留守保护政策的意义和内涵，起到思想、价值引领作用。政策倡导形式上要喜闻乐见、生动活泼，容易被基层民众接受。概括而言，就是要使留守保护政策

---

① Habermas, J., *The Philosophical Discourse of Modernity*, Cambridge：Polity Press, 1987, p. 32.

倡导实现思想性与艺术性的结合、灌输性与引导性的统一，切实提高留守少年权益保护政策的社会认可度、基层民众的政策参与度。通过政策倡导，为留守少年社会支持网络的构建奠定坚实的基础。

三　增强政策的发展性导向

通过增强政策的发展性导向，以确认留守少年在政策保护中的主体身份地位，从积极主动的视角认识与对待留守少年，增强其抗逆力，做好留守少年成长发展的跟踪研究，为政策的制定提供前期调研与数据基础。

目前来看，留守儿童政策主要是保护性导向，基本上是基于留守儿童身处生活困境的认知前提而作出的判断，这种判断有着充分的现实依据。的确，现实中许多农村留守儿童处于生活无人照料、基本生存成为主要问题的生活困境，但并不是所有留守儿童都面临着这样的困境，还有许多留守儿童面临着并非生活困难问题，而是正常发展与成长的问题，是成长的烦恼与发展的困惑无法获得真正支持与帮助的问题，是其正在形成的自主意识与能力无法得到正确引导的问题。强调留守儿童政策的保护导向，是遵循差别对等原则的必然要求，对这样一个特殊的成长群体的关爱与保护，在一定程度上会进一步强化社会与成人的责任，有利于形成现实保护与支持体系，对一些留守儿童贫困生活状况的改变与改善有所帮助，但同时也存在着对留守儿童主体性消解与发展潜能忽视的可能，会对其成长带来消极甚至不良的影响。留守儿童是弱势群体，但是他们也是正在成长与发展中的特殊群体，尤其是留守少年群体，我们要关照这一群体的特殊性，要预防对留守少年"标签化""污名化"所带来的现实伤害，需要在政策制定时考虑这一群体的主体性、其承担相应责任的能力与基础，而不是将他们当成是完全被动接受关爱的对象，使之缺失自主意识与能力提高的机会，以致形成被动依赖性的惰性人格特征。

同时，对出现偏差行为的留守少年，也要以发展性的理念，以积极处置的政策规定与处理方式，使其行为矫治能够得到及时与到位的回应。为此，留守保护政策中要基于主体性发展对留守少年在其权益保护活动中应有的角色与身份予以承认与规定，对如何保障其发展权、参与权、表达权等主体性权益进行明确规定与具体说明，以实现留守儿童在留守保护政策中保护对象与保护主体两种角色的有机融合。尤其是对留守少年，更应该强化他们的自我权益意识与能力的建设，以及强化他们服务社会的责任意识与能力的建设。

四　增强政策的权威性与约束力

政策具有合法性、权威性等特征。通过增强政策的权威性与约束力，赋予政策执行主体更多的权力与工作保障，明确执行主体的责任，从而更好地培植、提升执行主体的执行力。从理想化角度来看，留守儿童问题的最终解决关键在于城乡二元体制的彻底打破、社会经济与产业结构的重新调整，但这是一个漫长的发展过程。即使二元体制被彻底打破，原有体制固化所带来的一系列问题也不可能一下子被颠覆与改变，留守儿童问题在相当长的时间里依然会是一种现实的存在，需要我们从政策上进一步完善、从行动上进一步落实。目前，我国的留守儿童政策的权威性与约束力明显不足，其呈现的样态是一种带有导向性的"意见"倡导形式，只能是政府层面的一种行政性号召与要求。在加强社会主义法治建设的今天，我们更应该进一步探讨如何就留守儿童问题进行立法，将留守儿童问题解决的应然性要求转化为实然性的政策规定，将现实所形成的机制真正变成法律的条文和规定，乃至现行的制度，增强留守儿童保护工作的权威性，强化各执行主体的主体责任，推动留守儿童社会问题的进一步解决。建议我国建立专门的儿童福利、权益保护机构，制订专门的儿童福利法，来统领调控儿童的保护工作，以更好地明确政策执行主体身份确认，理顺福利多元主义下福利供给间的利益和权能关系，以此来充分发挥政策的现实执行力与关爱行动的整体合力。同时，不仅要将留守儿童与困境儿童的福利与权益放在重要的位置，而且也要将留守少年这一特殊留守儿童群体放在重要位置，制定针对性的福利与权益政策。

五　增强政策内容的层次性与细致性

在政策逐级落实执行过程中，政策内容越细致、越明确、越有针对性，就越能对留守少年权益保护工作产生积极作用。对于留守少年权益保护这种专业性要求较高的工作而言，不同层次、不同类型、不同地域的留守状况与问题的出现，要求政策内容更为科学、精准与细致性。

从留守问题的差异性而言，应增强政策服务不同留守儿童群体的针对性，以满足不同特征、发展水平留守儿童主体的维权与发展需求。留守儿童有其一般的、普遍的现实问题，如缺乏亲情陪护与关照，容易受侵害与侵害他人，等等，对于这些共同存在的普遍性问题，需要政策给予普遍性的回应。目前，我国留守儿童政策在这些普遍性问题方面皆有一定的回应与规定，但是还没有关照到留守儿童群体之间的差异性与特殊性，诸如地域、年龄、学龄等方面。显然，以一种普遍性的政策回应留守儿童群体多样性与复杂性的发展需求与现实，难以产生政策的精准效应，难以有效地实现对现实资源的整合与利用，势必会给当前留守儿童政策的实施带来现实困境。增强政策结构的层次性及相应的细致化要求，是留守儿童政策完善的必然取向，而留守少年群体政策也必将是重要的留守儿童群体政策的有机组成部分。

应当从留守儿童权益保护政策上去构建适合不同类型、不同需求留守儿童的多样化、阶梯化、差异性的保护策略体系。比如，从监护人差异的角度来看，监护人为祖辈的留守少年保护工作要与老年社会工作有机结合起来，加强隔代教育的支持；监护人为母亲的留守少年保护工作要与妇女社会工作有机结合起来，加强亲子关系的辅导；监护人为非直系亲属的其他人的留守少年保护工作应从社会支持网络建设角度来开展。从年龄差异的角度来看，学前留守儿童的权益保护要较多考虑给予他们以亲情的替代补偿，让他们感受到来自身边人的精神呵护，保护他们的依恋心理；对于小学低年级的留守儿童，要注重保护他们的自信心，根据他们的兴趣与特点开展活动，培养他们的求知欲，用充满奥妙的科学知识充实他们的精神世界；对于小学高年级与初级中学阶段的留守少年，要注意加强他们的交友观、择业观、学习观的引导，增加青春期教育内容，强化职业规划的设计与职业培训，培养他们多样的生活和服务技能。

当然，政策内容具有细致性一面的同时，相应也具有弹性、模糊性的一面。政策的模糊性是决策者故意设计和安排的，即为了调动政策执行者的积极性、提高政策的适应性、探索解决问题的创新途径等，而对政策目标、政策标准以及政策工具等进行模糊化的处理①。政策模糊性不应当被理解为是对政策细密化的否定，而恰恰相反，政策的模糊性给政策执行者具体细致地落实政策提供了可以发挥自身自主性、创造性的空间。但是政策精准性要与模糊性有机地统一，精准性要求所面对的政策目标群体要精

---

① 韩志明：《政策执行的模糊性及其治理效应》，《湘潭大学学报》（哲学社会科学版）2018年第7期。

准，政策至少要能够反映目标群体的普遍性需求。就留守少年的政策适用性来讲，目前只能是应用留守儿童的普遍性政策，缺失政策的精准性，缺失针对留守少年发展需求与特点的政策规定，容易使留守少年权益保护主体缺失政策的指引。

六 增强政策的评价规范功能

政策执行是政策过程的重要实践环节，是解决政策问题、实现政策目标的唯一途径①。留守少年政策实施的规约性条款的增加，会增强留守少年政策的评价规范功能，对现实执行主体职责、权限、资质、服务水平等方面做出全方位、标准化的确认与规范，是留守少年政策较好执行的根本保障，是留守少年关爱工作的现实导向，更是政策实效取得的规范要求。留守少年政策的评价规范应该表现为对留守少年的现状评估、关爱与服务过程性考核、阵地载体建设、队伍构建、主体责任、绩效评估等方面的指标设定与质性规定，要与现实的留守少年关爱体系与机制形成一种呼应性的对应关系，对不同执行主体的责、权、利及行为进行界定与规范。尤其需要注意的是，要注重对留守少年主体性的确定与要求，其主体意识与能力提升的评估评价指标的建构。当然，有关政策中评价规范的完善不可能一蹴而就，而是需要在原有留守儿童关爱现实体系与机制不断完善的基础之上进一步调整与细化，进一步增加针对留守少年关爱的评价内容与机制，不断完善评价方式和技术，增强评价的科学化水平，从而充分发挥政策评价所应有的监测与调控功能。当前，不少地方正在从"互联网＋"角度着力建设留守儿童关爱保护工作平台，利用大数据分析技术为留守儿童政策的制定及实施提供支持。大数据要求对相关的所有数据而非样本数据进行分析，使对政策方案所做出的评价更加接近事实本身②。类似大数据技术以及第三方评估等较为先进、科学的评价依据和方式应被积极吸纳到留守少年权益保护政策实施的评估中来。

---

① 朴贞子、金炯烈、李洪霞：《政策执行论》，中国社会科学出版社 2010 年版，第 2 页。
② 魏航、王建冬、童楠楠：《基于大数据的公共政策评估研究：回顾与建议》，《电子政务》2016 年第 1 期。

第三节　农村留守儿童社会工作服务政策的检视

　　如同留守儿童保护政策缺乏对留守儿童群体的分层一样，留守儿童社会工作政策同样存在这样的问题，即留守少年这一高龄留守儿童群体的社会工作服务政策仍然未被重视。

　　在留守儿童关爱保护政策发展之初，社会工作还没有作为一种专业力量被纳入关爱体系之中，是处于不被政策重视的力量。伴随着社会工作事业的整体发展以及留守儿童关爱保护工作的逐步深化，留守儿童社会工作服务得以开启。目前，我国已经建立起一个包括政府和社会力量在内的留守儿童社会工作服务多元化主体[①]，社会工作在留守儿童关爱保护方面的内容框架、标准框架逐渐显现与成形，现实留守儿童社会工作服务的开展也推进了相应政策的丰富与深化。2017 年《关于在农村留守儿童关爱保护中发挥社会工作专业人才作用的指导意见》出台，这是国家在留守儿童社会工作服务方面首次进行顶层设计。该《意见》的出台，无疑是留守儿童社会工作服务政策的巨大进步，对于促进社会工作服务留守儿童权益保护的标准化、专业化建设具有积极作用。不过该政策出台时间还不长，其实际成效如何还有待今后检验，其内容规定如何进一步加以科学化、完善化也有待来自留守儿童社会工作现实服务的回应。2019 年 5 月国家十部委出台的《关于进一步健全农村留守儿童和困境儿童关爱服务体系的意见》，其重点聚焦的仍然是低龄的留守儿童与困境儿童，确定了儿童主任与儿童督导员的职责，社会工作者是关爱体系力量中的专业力量与重点培养的力量。留守少年社会工作并没有引起政策制定者的关注。

　　实事求是地讲，目前留守儿童社会工作服务政策还相当薄弱，远未形成系统化体系，其实施也难有充分保障性政策的支持。而从留守儿童社会工作服务存在的不足进行透视，一些政策方面的不科学、不完善之处也不同程度地显现出来，勾画出了农村留守儿童社会工作服务的薄弱现状，比如留守社会工作专业人才凤毛麟角，留守社会工作项目昙花一现，留守社

---

　　①　吴帆：《我国农村留守儿童社会工作服务发展现状与主要问题》，《中国民政》2016 年第 12 期。

会工作服务杯水车薪。留守儿童社会工作服务方面政策存在的具体问题，既有留守儿童权益保护政策存在问题的共性，也有着自身的特殊性。

一　农村基层社区社会工作专业岗位开发不足

尽管各省市不断强调开发社会工作专业岗位、壮大社会工作专业人才队伍，尤其支持边远落后地区发展社会工作事业已被纳入国家政策，尽管社会工作专业人才队伍建设也取得了积极成效，但是总体来看，我国社会工作专业人才力量依旧比较薄弱，尤其是农村地区，很多地方专业社会工作人才几乎是空白。由于农村社会工作人才一直处于匮乏状态，留守儿童社会工作尽管政策有规定，但现实依然没有太大的改观。如果按照每800名留守儿童配备1名社会工作者的理想状态，那么全国需要1.1万名社会工作者，但目前在农村从事留守儿童社会工作服务的社会工作者不足千人[1]。本研究开展实务项目的社会工作者只限于项目存在时的在岗，而没有资金支持社会工作者不可能在原项目地继续工作。这是目前我国农村社会工作发展的现实情况。

从政策角度而言，农村留守少年社会工作专业岗位开发不足的主要表现及相关原因有以下几点：

（一）农村留守少年社会工作岗位开发没有进入政策视野

农村基层缺乏对留守现象及专业社会工作的科学认识，社会工作专业岗位难以被纳入地方政府部门的决策。在当前农村扶贫、乡村振兴的大背景下，专门投入资金、大力扶持与发展农村地方产业的经济扶贫被充分重视，但像教育扶贫、社会工作扶贫等直接经济效益不明显的扶贫却不被充分接纳。就留守少年服务而言，人们不能很好地认识到留守问题的有效解决和地方经济社会事业发展的内在关联，留守问题更被看成一种负担，而看不到留守问题的有效解决对未来地方发展所带来的人才支持与精神文化支持。如此，有关社会工作专业岗位的开发自然不被重视，难以纳入决策与政策视野。

（二）专业岗位开发缺乏系统、长远规划与设计

从社会工作事业发展的稳定性和留守现象的长期性而言，地方部门要

---

[1]　周小燕：《立足儿童利益和需求，落实好关爱保护留守儿童政策》，《中国社会工作》2017年第25期。

根据当地留守人员数量及分布情况，针对性规划社会工作岗位，培养当地留守儿童社会工作专业人才。但目前来看，由于观念的落后、态度的不积极以及相应财力方面的限制，在农村基层很少设有稳定的社会工作岗位以及当地社会工作人才。留守少年社会工作服务的开展基本以购买外部的社会工作机构服务为主。以本研究开展的社会工作项目为例，三处项目点的项目社工均是由远在省城的社会工作机构外派，项目到期结束，社工就只能撤回，当地社会工作力量又回到原点。这样的购买方式给人以"打游击"的感觉，只能是权宜之计，根本不利于留守少年社会工作专业服务的长期稳定开展。

（三）资金投入不足，专业岗位薪酬待遇较低

政府资金投入不足，专业岗位薪酬待遇较低，直接影响了社会工作者的入职积极性及入职后的工作积极性。拿留守少年社会工作服务来说，由于留守少年居于农村地区，交通、生活等方面都不太方便，所以相应服务花费要多一些，而且如果由城市的社会工作服务机构派驻社工去农村服务，在人工成本方面还要多一些，社工个人生活方面也会受到一些影响。原本社工的薪酬就不高，而这些方面的问题及困难在很多地方也没有相关的政策予以满意地解决。社会工作者不愿意到边远落后的农村工作，绝大多数都希望留在城市，认为城市有更多的发展机会与空间，有较好的文化氛围。

二　留守少年社会工作服务的政策倡导不足

由于政策制定者、政策执行者和政策对象在立场原则、意识观念、文化形态等方面的差异，往往会使政策在执行过程中遇到种种挑战。好的政策也需要通过政策的宣传倡导来加以推进与实现，而且政策宣传倡导的过程也是政策执行相关各方彼此了解情况、交换立场看法的过程。政策的倡导有利于营造更好的政策执行、落地的氛围，有利于政策的调整、修正和完善。由于存在强大的政府能力，我国的公共政策制定和执行通常是自上而下的，这容易导致政策制定者的理念与执行者的认识之间存在较大差距[①]，政策的宣传倡导更有必要，因为只有很好地把握政策，才能谈得上

---

　　① 杨舸：《留守儿童政策和社会支持评估——基于江苏省的调查分析》，《社会治理》2016年第6期。

很好地落实。

在本研究的社会工作项目开展过程中，我们非常明显地感觉到在留守儿童保护政策尤其是相关的社会工作服务政策方面，宣传倡导工作做得还非常不够，无论是对留守少年保护的价值和路径的认识，还是对社会工作专业服务的认知与认可都还比较薄弱。就对留守少年问题的理解认识而言，在基层调研中发现，人们对留守少年问题的认识很大程度上等同于对家庭贫困儿童的认识，看不到留守少年问题的特殊性。谈到留守少年遇到的具体问题时，大多是一些共性化问题，比如作业较多、迷恋网络、交通安全等等。无论是留守少年，还是与留守少年相关的人员如教师、家人、村委会干部等对未成年人权益方面的知识了解甚少，对留守少年所处的青春期知识了解得也不多。有些地方只是在上级检查的时候才会组织相应的留守保护政策的学习。就对社会工作（者）的了解而言，项目实施中发现基层民众对社会工作（者）的认识可以说是一片空白，不管是文化程度相对不高的父母，还是文化程度相对较高的学校教师和领导，对社会工作（者）的认识都是微乎其微的，不知道社工到底是做什么的。驻校社会工作项目开展过程中，很多时候，社工被当作来学校实习的学生，经常被要求帮助学校做一些行政性事务，他们的理解只是多了一个人帮助工作，仅此而已。

政策的宣传倡导无论在形式上还是内容上都存在一定的不足。宣传的形式往往是以文本简单宣讲、传达、标语粉刷为主，不能很好地针对不同的对象设计相应的宣传倡导形式。在宣讲的内容方面往往流于表面化，缺乏科学化的深度加工，一定程度上也存在内容不当的问题。如有研究者指出，基层工作者为了强调留守儿童工作的重要性，常常给"留守儿童"这一符号灌注强烈的价值评判，使留守儿童现象进一步问题化。在农村走访过程中，看到竖立在学校、村庄和乡镇中心的一些宣传展板上醒目地标识出留守儿童的群体特征，如"不自信、不合群、悲观消极、抑郁自卑、自暴自弃、难以管理"等字眼频繁出现在公共场所。这使留守儿童在得到关注的同时也承受了更大的心理负担与压力[1]。类似这样的倡导宣传，其作用往往适得其反，其所表现出来的是对留守儿童的刻板印象与歧视，是将留守儿童等同于问题儿童，如此宣传所呈现的价值理念同专业社会工作的

---

① 潘璐：《留守儿童关爱政策评析与重塑》，《社会治理》2016 年第 6 期。

公正、平等、尊重等理念相差甚远，甚至背道而驰。而对正处于青春期的留守少年来讲，这种不尊重的刻板印象，更会引起他们的自卑、不安、愤怒与叛逆。这其实从侧面也说明基层权益保护力量对留守少年群体、对社会工作专业保护认知上的薄弱甚至是空白。

总体来看，对留守儿童权益保护工作宣传与倡导的缺失与存在的问题，导致基层民众缺乏对相关知识及政策的合理认知与有效接受，甚至会产生误读误解，各方面保护主体与力量在对留守儿童权益保护问题上还不足以形成一致的认识及相应的价值判断，所以也就难以积极主动地去接纳、理解与执行政策。目前社会工作还不被社会广泛认知、认同，要想实现社会公众对留守儿童社会工作服务政策充分理解与接纳，还存在很大的难度。

在项目实施过程中，我们深深地感受到社会工作及留守儿童政策宣传倡导不足所带来的现实影响。人们在思想观念、利益抉择方面对留守少年社会工作表现出来的漠视态度，直接映射出人们思想深层的观念——重视现实的立竿见影的经济效益，无视长远的社会效益，所以表现出对相关政策的不了解、不理解与不接纳，自然也就无法形成对现实留守少年社会工作服务的支持，更谈不上对自我承担的关爱保护责任的履行。或许，这是比留守少年生存环境不利、留守保护资源不足等问题更能阻碍社会工作服务的限制性因素。

三　政府购买留守少年社会工作服务政策的实施力度不足

《民政部　财政部关于政府购买社会工作服务的指导意见》中指出："政府购买社会工作服务，是政府利用财政资金，采取市场化、契约化方式，面向具有专业资质的社会组织和企事业单位购买社会工作服务的一项重要制度安排。"[1] 当前我国社会工作事业发展还处于起步阶段，政府购买社会工作服务对社会工作事业发展起到了关键性的支持作用与积极的引导作用。在政府购买留守儿童社会工作服务方面，主要有购买服务项目和社工岗位两种。目前最突出的问题是购买力度不足，大部分项目及社工岗位基本是一次性购买，服务期结束，购买也随之结束，导致服务缺乏持续

---

[1] 《民政部　财政部关于政府购买社会工作服务的指导意见》（民发〔2012〕196 号），http://www.gov.cn/zwgk/2012-11/28/content_2276803.htm, 2018 年 2 月 20 日。

性。一次性购买服务的主要原因是留守儿童大量存在的地区基本属于经济不发达地区，地方财政力量有限，甚至拿出一次性购买留守儿童服务的资金都很困难，更难有持续性购买服务资金投入上的保障。在有限的财政资金面前，基层地方政府要面对如何分配的抉择取舍，像社会工作这种难以直接产生现实的经济效益、与地方经济社会发展缺乏直接关联的事务往往不被安排在优先解决的位置，留守儿童群体社会工作服务像留守儿童一样也成为弱势的财政支持对象。在基层政府购买社会工作服务政策方面，还缺乏依据当地留守儿童数量、类别、规模而测算购买社会工作服务资金方面的具体规定及硬性要求，所以地方购买留守儿童社会工作服务方面的政策还较不成熟。如在山东，山东省民政厅推行社区治理创新实验区试点，在全省 17 个试点区要求有每个试点区要拿出 400 万必须购买三类社会工作服务，即"快乐同行"青少年社会工作服务、"情系桑榆"老年社会工作服务及"暖心港湾"弱势家庭社会工作服务。正是有任务考核和资金支持，经济落后的试验区也不得不购买社会工作服务。但试验区项目结束后，有的试验区确实起到了撬动地方资金购买社会工作服务的作用，有的则是不可持续，因为没有资金支持，只有无能为力。政府购买缺乏持续性的不良影响是多方面的，由于项目结束后没有后续的人才支持，工作难以持续，对留守儿童二次伤害的风险反而增大[1]。不仅如此，一次性购买社会工作服务也导致服务成效不易得到巩固，随着时间推移，留守儿童所做的相应改变也会因为环境的不变而回到从前，导致服务成效大打折扣。另外，一次性的购买方式，还让人们对政策自身的合理性产生怀疑，甚至产生是形象工程、形式主义的不良印象。有研究者指出，政策应该为社会提供稳定而明确的预期，以发挥"指挥棒""信号灯"的作用，但有的政策朝令夕改，半途夭折，政策执行也是忽冷忽热，时紧时松，给社会传递出难以捉摸的模糊信号[2]。政府在购买社会工作服务项目过程中的不连续性或许也造成了这种不良后果。

除了购买缺乏可持续性之外，政府部门购买社会工作服务还在一定程

---

① 黄红：《发挥优势、提高成效——解读〈关于在农村留守儿童关爱保护中发挥社会工作专业人才作用的意见〉》，《中国社会工作》2017 第 25 期。

② 韩志明：《政策执行的模糊性及其治理效应》，《湘潭大学学报》（哲学社会科学版）2018 年第 7 期。

度上对项目购买投入的资金不足，从而影响了项目的深度开展；政府部门对社会工作服务项目进行不当行政干预，从而导致项目运作缺乏自主性等问题。如在项目开展中，购买方往往会出于项目的社会影响、轰动效应考虑，对服务的专业性开展进行一定的干预，甚至真正需要服务的群体无法得到相应的服务。政府购买留守儿童社会工作服务政策方面的不足，一定程度上反映了政府和社会组织之间的关系还未得到很好的理顺，从而一定程度上社会组织开展社会服务的独立性得不到应有保障，社会工作事业的发展还缺乏足够的政策支持和推动的条件，同时也说明留守儿童权益保护工作还未得到切实的深度开展，针对留守少年群体的社会工作服务更是少见。

英国经济学家刘易斯曾说，政府遭遇失败缘于两种可能，要么是做得太少，要么是做得太多[①]。就留守儿童社会工作服务的政府资金购买力度而言，相对于存在大规模的留守儿童的现实状况，的确政府部门还做得不够，主要是因为地方一些政府部门没有真正树立治理的理念，基层的政府部门缺乏应有的资金支持，更缺乏对专业社会工作的认识与理解。

四　留守少年社会工作政策的保障性、支持性不足

社会工作事业在我国发展较晚，社会认知度、认可度较低，尽管近年来国家大力支持发展社会工作事业，并且在政策上给予社会工作事业发展较为充分的支持，比如《关于加强社会工作专业岗位开发与人才激励保障的意见》等文件的颁布。但就目前来看，社会工作者在薪酬待遇、职业升迁、业务培训、工作稳定性等方面还不能得到良好保障，在具体的工作开展中缺乏应有的政策、权责、条件等方面的支持，出现了社会工作人才总量不足，社会工作人才队伍不稳定，服务质量不高、成效不显著等系列现实问题。

在本研究的社会工作项目开展过程中，我们也一定程度上感受到留守少年权益保护工作中得到的支持并不充足，有时候甚至会遭遇障碍。比如项目的驻校社工在开展服务时，被委婉告知最好不要在毕业年级开展活动，以免影响他们的升学考试；项目社工与村干部商量具体如何开展保护活动，被直接告知村里没有什么人手和相应条件给予配合；当整个的项目

---

① ［英］阿瑟·刘易斯：《经济增长理论》，商务印书馆1996年版，第411页。

接近尾声，项目地的主管部门希望我们再次能够投入资金，而他们不会为项目想方设法筹措资金，他们认为这不是他们的责任，而且他们也没有这样的能力。从项目购买的角度而言，这样的情况反映了项目购买方、服务提供方、服务对象三者间的关系并没有得到很好地理顺。作为项目购买方的政府部门与群团组织并没有能够在项目实施过程中给予足够的行政力量等方面的保障性支持，购买社会工作服务方面的政策和制度建设还不尽完善。在政府购买社会组织服务过程中，社会组织与政府部门不只是简单的购买与被购买的关系，社会组织于政府购买服务中可以是伙伴、代理人、管家、盟友等多重角色①，当然这是从应然的角度而言。从有利于促进留守少年社会工作服务的角度而言，政府购买社会工作服务，应该考虑到经费的可持续性，项目推进的保障性条件的提供，以及对专业社会工作机构的扶持政策的落实，更为重要的是对社会工作专业人才身份与作用的界定与认可。

在《关于在农村留守儿童关爱保护中发挥社会工作专业人才作用的指导意见》中承认了社会工作专业人才在农村留守儿童关爱保护中的作用，在定位作用发挥时使用了"协助""配合"等高频词汇。固然这样的定位也间接强调了家庭、学校等保护主体的责任，强调了留守儿童保护是一项系统工程与合作行为。不过稍显缺憾的是，对社会工作专业力量的承认力度还不够充分。从专业性角度而言，社会工作专业人才应该是留守儿童关爱保护工作中的正式关爱保护力量而不是非正式力量，尽管从总体协同的角度讲，需要社会工作者去配合与引导家庭、学校、社区开展保护工作，但是从专业性而言，社会工作在留守儿童关爱保护中是有着专业权威性地位的，尤其是家庭、学校在留守儿童保护方面责任意识不强、专业方法不足的情况下，社会工作更应具有主导性地位。社会工作的这种专业权威性、主导性地位要从政策上先被充分予以承认。与此同时，对于落实这种权威性、主导性地位的相关保障条件也要在政策执行过程中予以具体规定与落实。比如《意见》中规定："教育部门要支持社会工作专业人才在农

---

① 句华：《社会组织在政府购买服务中的角色：政社关系视角》，《行政论坛》2017 年第 1 期。

村中小学校、幼儿园发挥作用，为在校留守儿童提供相关社会工作服务。"① 那么，在《意见》逐级落实过程中，必须更加清晰地明确教育部门支持的具体做法和措施，其赋予社会工作专业人才的具体工作权利。同样，在《关于进一步健全农村留守儿童和困境儿童关爱服务体系的意见》中，社会工作者也是作为其中的专业人员之一，但对于服务的内容及提供关爱服务的要求则是模糊的，无法从中看到社会工作专业性的要求，即社会工作的专业性在政策中没有充分地体现。这也意味着社会工作专业人才在留守儿童尤其是留守少年保护工作的开展将得不到实质性的支持保障，其专业作用的发挥必然会受到相应的限制。

五　留守少年社会工作服务标准缺失

近年来，为加强社会工作服务专业化水平与推进社会工作服务的有效开展，国家有关部门先后出台了《关于政府购买社会工作服务的指导意见》《关于做好政府购买青少年社会工作服务的意见》《儿童社会工作服务指南》《青少年社会工作服务指南》《社会工作服务项目绩效评估指南》等行业制度与基本规范，在社会工作服务专业化、标准化方面起到了极大推动作用。但留守儿童服务方面的微观、具体的服务标准尚未从政策、制度上得以完善构建，导致留守儿童权益保护工作缺乏应有的专业性指导与精准化运作。无论是政府购买的社会工作服务组织的专业化服务，还是社会爱心组织、人士自觉自愿的关爱行动，都不同程度地存在关爱和服务积极性有余、专业性与标准化不足的情况，更谈不上专业化的评估，必然带来留守儿童关爱保护的低效甚至无效。

当然，留守儿童社会工作服务标准不是简单机械的程式化架构，也不是社会工作通用服务模式在留守儿童权益保护方面的简单套用，应当是考虑到留守儿童的年龄、学段、性别等因素，至少要区分低龄与高龄留守儿童两种类别，即要区分低龄留守儿童和留守少年的不同，基于他们生存发展的现实情况以及相应需求而设计的系统化、专业化的服务规范体系。服务标准的制定，也一定是建立在对留守现象产生根源、问题性质、表现特征等根本性问题的科学把握基础之上，需要在业内专家、政府工作人员、

---

① 《国务院关于加强农村留守儿童关爱保护工作的意见》（国发〔2016〕13 号），http：//www.gov.cn/zhengce/content/2016－02/14/content_ 5041066. htm，2016 年 7 月 20 日。

留守相关当事人等共同参与和商讨的过程中酝酿形成。而从目前留守保护工作的现实情况以及相关研究情况来看，对留守问题及相关政策还存在不少争议与批评，比如，认为"精准关爱"带来无法回避的道德风险、关爱政策实践有相应负面作用①，认为留守儿童关爱保护政策需要从"问题回应"型转向"家庭整合"型②，这说明留守儿童社会工作服务标准化构建方面还缺乏一致性认识的达成、科学性认识的形成，导致相关服务标准上不能得以确立与完善，而针对留守少年群体的社会工作服务标准更是处于缺失状态。

服务标准的不健全、不规范，容易导致留守少年社会工作服务出现意气行事、各自为政的杂乱情况，难以保障保护、服务内容与措施的紧密细致、科学有序，会大为降低留守少年权益保护的质量水平。

第四节　加强留守少年社会工作服务的政策建议

社会工作作为专业力量在留守少年权益保护工作中发挥着重要作用，如何加强社会工作这一专业保护力量已被纳入政策视野，留守少年社会工作人才岗位开发、农村学校社会工作的推进等主要议题日益得到关注，2019年5月民政部等十部门发布了《关于进一步健全农村留守儿童和困境儿童关爱服务体系的意见》，对农村留守儿童和困境儿童关爱服务体系从机构、工作队伍建设、共同参与格局与保障性措施等方面进行了较为精准性的制度安排，现实的可操作性明显增强。为更好地推进留守少年社会工作服务政策的科学制定与有效实施，针对政策发展过程中存在的不足，结合本研究实践过程中的经验及遇到的问题提出如下建议：

一　切实开发留守少年社会工作专业人才岗位

社会工作是政府部门自上而下强力推进的一项重要的事业。目前农村留守现象比较突出，社会工作专业人才比较短缺，政府部门需要从乡村振

---

① 潘璐：《留守儿童关爱政策评析与重塑》，《社会治理》2016年第6期。

② 董才生、马志强：《留守儿童关爱保护政策需要从"问题回应"型转向"家庭整合"型》，《社会科学研究》2017年第4期。

兴的战略高度，加大政策力度，切实保障社会工作专业岗位的开发、人才的使用与培养，制定系统长久的留守少年社会工作专业岗位开发政策，加强专业化队伍建设。

要继续加大财政资金投入，支持开发社会工作岗位，壮大社会工作专业人才队伍力量，提升社会工作者权能地位。有研究者指出，如果学习某一专业的人工作之后普遍获得了较高的薪酬，过着比较体面的生活，说明其专业知识和技能创造了较多的社会价值，这一专业也就会因此被人们所重视和追捧，其专业权威也就自然而然地得以建立[1]。提高社会工作专业人才的薪酬待遇，增加吸引社会工作者从事留守少年权益保护社会工作服务的相关政策，是岗位得以开发、壮大社会工作人才队伍的前提与基础。要采取政府财政资金为主与社会资助资金为辅相配合的资金筹措机制，筹措更多资金，以项目购买社会工作服务，进行专业社会工作机构培育等方式，开发社会工作岗位。通过提高人才待遇，改善其生活及工作条件，增强农村留守少年社会工作者的权威感与幸福感，保证其在留守少年保护工作中充分发挥专业才能，用得上、干得好、留得住。通过资金等多方面保障条件的投入，逐步实现留守少年社会工作专业人才的增量发展，达到服务需求规模。

加强留守少年社会工作专业人才与项目的示范引领作用的发挥，培养当地社会工作人才队伍。激励更多诸如教师、乡镇村居干部等在当地从事留守少年权益保护的工作人员考取社会工作职业资格证书，或对他们进行社会工作专业知识、能力的培训，使其通过理论学习、现实服务等方式成为社会工作专业化、半专业化人才，在短时间内切实充实到留守少年权益保护的专业岗位，保障人才队伍的稳定。这可更有效地避免因为地域、交通等原因造成的社会工作人才流失的现象。

二　完善政府购买留守少年社会工作服务制度

在我国，政府购买社会工作服务以上海、广东、深圳等地较为成熟，其他很多地方政府购买社会工作服务时间相对较短，不同程度缺失相应的规范，存在着一些现实问题，如有研究者指出，项目购买模式的最大缺陷

---

[1]　陈友华、许加明：《社会工作专业权威建构：现状、问题与思考》，《人文杂志》2017年第6期。

在于购买协议中对出资方和服务方的权利义务关系界定不够明确，购买合同的稳定性差[①]。从中可推测，无论是项目购买方还是服务方，在项目购买、实施过程中都可能遭遇一定的风险，会直接影响到项目的实效。因此，要进一步完善政府购买留守少年社会工作服务制度，需要在购买规划、购买关系、购买内容、购买评估、资本保障、过程监控等全面加强政策建设。

要完善政府购买社会工作服务的长远规划。目前广东省政府购买服务已经由原来的 1 年购买周期根据服务的需要转变为 3 至 5 年，这样的购买方式符合社会工作项目运作的特点，能够保障项目实现最佳效果。但是目前很多地方政府购买社会工作服务仍然是 1 年的购买周期甚至时间更短，难以实现项目的可持续化发展，容易造成政府购买资金的浪费，因此，政府购买留守少年社会工作服务一定要考虑到社会工作要有需求评估的专业性要求，要考虑到留守少年成长向度上持续支持的需求，将购买服务的周期时间相对延长，科学合理地从长远的角度进行购买规划。

要科学规划政府购买社会工作服务的内容。政府购买服务过程中要明确所购买的服务内容是否必须购买、服务内容边界是否明确、社会工作机构是否有能力承担等问题，基于现实需求、实事求是地确定购买内容，避免服务内容空洞、不合实际需要，服务内容超载、社会工作机构无力承担却大包大揽等问题的出现。就留守少年社会工作服务购买而言，建议购买学校社会工作服务项目，可以开展针对留守少年青春特点与社会化培养内容的活动，因为学校是留守少年最集中，也是可以利用资源最丰富的重要场域。如果条件允许，可以对留守老人、留守妇女、留守少年等"三留守人员"社会工作服务进行一揽子购买，从而加强社会工作专业力量实现对留守少年的系统化服务。当然，在乡镇村居购买留守少年社会工作服务项目，也可以在项目规划中突出系统化服务的内容；如果条件欠缺，可以缩小购买服务范围，或者购买某一个方面的服务，比如购买留守少年课业辅导服务、家庭关系调适服务等等，以保证有效解决留守少年的具体要求与问题。

要完善购买服务的需求表达机制、督导与评估机制。政府购买服务的

---

① 黄春蕾、刘君：《绩效视角下政府购买社会工作服务模式的优化：济南市的经验》，《中国行政管理》2013 年第 8 期。

目的最终是服务民众、造福社会。所以在留守少年社会工作服务购买上要坚持"需求为本"的原则,充分听取留守少年及其监护人的意愿诉求,畅通需求表达渠道,从而有利于完善购买清单。要加强对购买的留守少年社会工作服务项目的督导跟进,保证项目的专业化与最终效果的达成。要完善评估机制,形成过程评估、效果评估的有机结合,逐渐实现第三方评估。目前我国还缺乏留守儿童社会工作服务评估的理论和方法,缺乏独立的评估机构和专业人才①,这是我们必须正视的现实问题。因此,加强留守少年社会工作服务的第三方评估,是提高评估的效度、建立科学评估机制的基础。

在政府购买的基础上,要广泛发动社会力量、支持社会资金与资源投放到留守少年社会工作服务中来,建立政府购买为主的多渠道资金投入机制,为留守少年社会工作服务开展和社会工作服务机构发展提供更有力、更丰厚的支持条件。

三　构建留守少年社会工作服务标准

政策的无效和失效一定程度上是因为缺乏现实的可操作化的制度与标准造成的主观随意性,反过来说,即政策执行的标准与规范是保障政策实施取得实效的要件。目前,民政部出台的《儿童社会工作服务指南》《青少年社会工作服务指南》,都是最基础的规范标准,而有关留守儿童社会工作的基础性标准尚缺,更谈不上留守少年社会工作的标准。就留守少年社会工作服务而言,还是处于初步发展阶段,基本上是摸着石头过河,或者是走经验主义的路子,缺乏较为完备、科学的服务标准及成效评估标准。所以,构建科学、规范、完备的服务与评估标准是开展留守少年社会工作的当务之急。标准构建的过程中要吸纳相关政府部门、社会组织、业内专家、基层保护力量、留守当事人等相关方面人员参与其中,融合八方智慧与经验,充分听取多方面意见建议尤其是留守少年监护人、留守少年本人的看法及现实需求;要聚焦近年来留守儿童、留守青少年问题研究,整合社会学、心理学、教育学等多学科相关研究成果,认真总结已有留守少年社会工作服务的实践经验,摸清地方留守问题的现实状况,并且充分

---

① 吴帆:《我国农村留守儿童社会工作服务发展现状与主要问题》,《中国民政》2016 年第 12 期。

考虑地域、年龄、性别、学段情况等因素变量对留守少年带来的影响。在此基础上，制定目标明确具体、措施方法操作性强、内容针对性强的服务标准体系。

在服务标准体系的内容构建方面，除了整体性、系统性的服务内容指标的构建外，更要针对留守少年易发问题、高风险问题加强重点服务内容指标的构建，比如住宿制学校宿舍欺凌问题、留守少年早恋问题、亲子关系不良、辍学问题的干预规范。留守少年社会工作服务标准体系的构建，可以为现实的社会工作服务开展、政府购买社会工作服务项目提供具体而科学的规范依据。

四　强化留守少年社会工作服务能力培养机制

当前政府购买社会工作服务成为社会工作机构生存发展的根本保障。作为公共服务供给的社会服务组织，要不断提升专业素养和服务能力，完善社会组织内部治理结构，提高财务管理、项目运作能力，成为公共服务合格的"供应商"[①]。就留守儿童社会工作这一具体服务领域而言，政府部门应进一步加强相关政策方面的支持与监管，促进社会工作机构全面加强自身组织建设、服务能力建设，提升其回应政府及社会诉求的能力。其中，留守少年社会工作服务者能力建设尤为关键，因为留守少年有着和其他留守儿童不一样的发展特征，且留守与家庭问题、学校教育问题、社会发展问题相勾连，可能更容易遭遇特殊的发展问题，所以需要社会工作者具有多元的综合服务能力。这方面能力的培养，需要在构建社会工作职业胜任力标准、留守少年社会工作服务标准基础上，于留守少年社会工作现实服务的过程、各个环节之中加以强化。同时需要加强留守少年社会工作服务能力的教育培训工作，加强社会工作者对留守少年特点、需求及可能出现的发展性问题的把握能力，强化他们的专业价值观与伦理操守，使他们能够采用优势视角与系统性视角，采用整合性社会工作方法开展服务。

从社会工作人才培养的源头着手，加强高校社会工作专业建设，要求高校围绕社会工作应用型人才培养方向，改革与优化培养内容与方式，开

---

① 吴磊、徐家良:《政府购买公共服务中社会组织责任的实现机制研究——一个利益相关者理论的视角》,《理论月刊》2017 年第 9 期。

设留守儿童社会工作方向，开发与丰富留守少年社会工作课程，强化实习实训环节；加大社会工作培训的力度，鼓励与支持高校、社会组织、科研机构开展社会工作服务方面的培训工作，支持跨地区的交流与合作，提升留守少年权益保护社会工作人才队伍的素质与能力；加大对留守少年社会工作者能力培养的激励力度，加强对高校社会工作专业、社会工作服务机构、社会工作者在留守少年社会工作服务方面投入的激励政策，对在留守少年社会工作服务、人才培养方面做出卓有成效的单位和个人予以表彰奖励，以起到树立标杆、争先创优的作用。

五 强化社会工作者在留守少年权益保护中的专业地位

社会工作专业地位的确立受主客观等多方面因素的影响。固然社会工作者自身专业知识、专业能力的强化是确立专业权威性的内在条件，但是外界的条件创设与支持也是必不可少的，尤其是人们对社会工作的认知度、认同度还不高的情况下，更需要通过政策提供强有力地支持来提高社会工作的专业地位。在留守少年社会工作服务中，社会工作的专业地位、社会工作者的专业身份还未被尊重与认识，比如，政府部门作为购买方可能对社会工作服务有过多的行政干预，却没能给予应有的支持，社会工作者往往因为年纪轻、阅历不足而在留守少年关爱保护支持体系中受到忽视，甚至缺失专业发声的机会。社会工作如果不被认同与承认，其所谓的专业权威性只能表现为"自说自话"。

因此，要从政策上强化留守少年社会工作者的专业地位，除了要提高社会工作者的薪酬待遇外，更要赋予社会工作者行动、发声的权能与机会。进一步推进留守儿童权益保护网络体系建设，强化基层留守儿童关爱保护工作联席会议制度建设，并于其中赋予社会工作者以相应的权能地位，从而为社会工作者发挥专业优势营造良好场域、提供专业作用发挥的平台。在政府购买留守少年社会工作服务项目中，也要加强政府对项目进行行政支持的相关条款，这对于目前发展较为缓慢、遇阻较多的留守儿童尤其是留守少年社会工作的推进具有现实的作用。

六 积极推进农村学校社会工作

从本研究实践经验来看，开展农村留守少年社会工作，比较好的方式是通过学校社会工作服务的方式来进行。经过我们的调查了解，在农村日益空心化的现实中，很难建立县、乡镇、村居完整的留守少年社会工作服务网络，以村居为单位的社会工作服务往往存在缺失服务对象与社会工作者的现象。留守之家、社会工作服务站以靠近学校或者在学校设立比较现实可行。因为学校是留守少年相对集中的场域，且不少地方学校实行寄宿制，开发中小学校社会工作人才岗位，或者开展学校社会工作服务项目，社工能有与留守少年更多交往接触的机会，并且学校诸多教育教学资源能够很好地被加以利用，这样就易于节约成本，能够充分发挥社会工作专业服务作用，提高保护成效。学校社会工作可以更好地发挥对农村社区留守少年保护工作的辐射带动作用，建构以学校为核心的家庭、学校与社区社会工作服务的有效联动机制。

推进留守少年学校社会工作，在政策上要建立合理的社会工作岗位薪酬制度，保证社工的薪酬不低于学校同级别人员的待遇，享受同级别人员的福利，根据服务绩效适当给予相应补贴；要明确学校社会工作岗位职责、服务标准及内容，厘清社会工作服务项目与学校教育工作之间的关系，二者既独立又合作；要建立"既输血，又造血"的社会工作服务示范与引领机制，社会工作者要通过政策倡导、服务引领、教育培训等方式带动学校及周围社区相关人员增强其社会工作服务能力，总体上增强地方留守少年社会工作服务力量。例如，本研究在实施过程中就很好地发挥了示范引领作用，成功孵化了一个当地的留守儿童社会工作服务机构，展现了良好的专业工作成效。本研究所开展的学校社会工作运行基本顺利，这得益于地方相关部门的积极支持，尽管在项目过程中曾经存在一些小的阻碍，但都是正常工作之间的探讨，是相互了解与适应的过程，服务项目取得了在地师生的认可与欢迎。不过这也引发了我们对运用何种模式来开发学校社会工作岗位、开展学校社会工作服务才是比较优化与可行的思考。在学校社会工作发展模式方面，社会学家王思斌教授认为主要有两种模式，一种是"外嵌式发展"，指通过政府购买服务和公益服务支持等方式，由学校外部的社会工作服务机构或社会工作团队进入学校开展社会工作服务，社会工作力量是进驻学校的合作者和协同者；一种是"内嵌式发展"，指在学校内部发展社会工作要素，培养社会工作人才，将社会工作与学校工作相结合，整合性地发展学校社会工作。从发展方向的角度看，应积极推进"外嵌式发展"与"内嵌式发展"的结合与融合，发展"大学校社会工作"，进而建立有中国特色的学校社会工作制度①。

从学校社会工作发展的渐进性角度而言，我们认为两种模式无优劣之分，要根据当地经济发展情况和对社会工作认同程度加以选择。经济条件和社会工作基础较好的农村地区的学校，可以选取"外嵌式发展"模式，以更好地发挥社会工作的专业特性；经济条件暂时达不到购买社会工作岗位、社会工作基础还较薄弱的农村地区的学校，可以选取"内嵌式发展"模式，对学校内部人员进行社会工作素养与能力的培养，以更好地增强学校管理者服务学生的能力。无论选择哪种模式，都需要相关政府部门在政策上予以支持与推进。

基于我们研究的范围及需要，以上对农村留守少年权益保护的社会工作服务相关政策问题的分析与探讨主要集中于政策微观层面。关于从农村经济社会发展、乡村振兴等宏观角度的政策探讨不作为重点，但就宏观政策方面而言，我们非常认同有关学者的观点，比如留守儿童关爱政策和关爱服务应发挥国家、市场、企业、学校和社会的协同作用，从根本上重建和恢复劳动力再生产及儿童发展所必需的家庭和社区环境②等观点。留守少年权益保护的社会工作政策与服务，也只有从微观与宏观两个方面加强建设，才能够有力地保证留守少年的身心健康发展与农村经济社会良性发展的协同并进，做到在乡村振兴的征程上持续努力，确立积极优势的发展视角，有效整合资源，积极培育留守少年的抗逆力，不断增强他们的权益福祉，使之成为未来农村发展的优质人力资源，逐渐调整产业结构，从根源上消除规模化的留守现象。

---

① 王思斌：《积极促进我国学校社会工作的发展》，《中国社会工作》2018 年第 28 期。
② 潘璐：《留守儿童关爱政策评析与重塑》，《社会治理》2016 年第 6 期。

附　　录

附录一　调查问卷：关于农村少年
权益保护状况的调查

亲爱的同学们：

你们好！每个人都应该享有吃饭穿衣、娱乐交友、学习教育、身心成长方面的权益，都应该生活得幸福美好。为了能够更好地保护大家的权益，使大家更好地享有权益，专门进行本次调查。下面的这些调查问题，跟我们的家庭、学校、村子在保护大家权益方面的情况有关。对这些问题的回答，绝对为同学们保密，所以请同学们一定要真实回答。如果在权益保护方面，你想得到相关帮助，可自愿留下姓名：＿＿＿＿＿＿＿＿。

注意事项：

1. 在符合自己情况的选项的对应数字上画圈。选项中"＿＿＿＿"地方，视情况在横线上填写相关内容，比如：学校名称：XX 学校。

2. 所需回答的题目，千万不要漏掉，一定要细心些。

3. 大部分题目，都是单选（只能选一个选项），个别注明"根据实情选一项或多项"的题目，可根据实际情况选择一个或多个选项。

1. 性别：（1）男　（2）女

2. 学校名称：＿＿＿＿＿＿＿＿＿＿＿＿＿＿＿＿＿＿＿＿＿

3. 年级：（1）四年级　（2）五年级　（3）六年级　（4）七年级

　　　　（5）八年级　（6）九年级

4. 年龄：（1）10 岁　（2）11 岁　（3）12 岁　（4）13 岁　（5）14 岁

　　　　（6）15 岁　（7）16 岁及以上

　　　　你的出生年月：＿＿＿＿＿年＿＿＿＿＿月

5. 是否独生子女：（1）是　（2）否

6. 目前，你跟谁生活在一起？（根据实情选一项或多项）

　　（1）爷爷　（2）奶奶　（3）爸爸　（4）妈妈　（5）哥哥　（6）姐姐

　　（7）弟弟　（8）妹妹　（9）其他亲戚

7. 你的父母是否在外地工作、干活？（外地指本县之外的地方）

　　（1）父母都在外地工作　　（2）父母都不在外地工作

　　（3）仅父亲在外地工作　　（4）仅母亲在外地工作

　　（如果你的父母一方或者双方都在外地工作，那么请继续回答，如果你

　　的父母都不在外地工作，请从第 11 题开始回答。）

8. 你的父母，从最早到外地工作，离现在大概多长时间了？

　　（1）半年　（2）1 年　（3）2 年　（4）3 年　（5）4 年

　　（6）5 年　（7）5 年以上

9. 今年以来，在外地工作的父母回家几次？

　　（1）1 次　（2）2 次　（3）3 次　（4）4 次　（5）5 次　（6）5 次以上

10. 你一般多长时间与在外地的父母打一次电话？

　　（1）几乎天天　（2）隔几天一次　（3）差不多半个月

　　（4）差不多一个月　（5）一个月以上

11. 近一年来，你身体的情况怎样？

　　（1）经常生病　（2）偶尔生病　（3）没生过病

　　如果你生过病，具体是什么病呢？＿＿＿＿＿＿＿＿＿

12. 近一年来，在家里及家附近，你是否遭受过以下情况？（根据实情选一
　　项或多项）

　　（1）跌摔伤　（2）割伤/刺伤　（3）烧烫伤　（4）碰撞/挤压

　　（5）交通事故　（6）食物中毒　（7）其他遭受伤害＿＿＿＿＿＿＿＿＿

　　（8）没遭受过以上情况

13. 近一年来，在家里吃饭的时候，总体上你觉得吃得好吗？

　　（1）吃得好　（2）吃得一般　（3）吃得不好

14. 在上学方面，你的家人是否有过让你不上学（辍学）的打算？

　　（1）有过　（2）没有过　（3）不清楚

15. 在家里，主要由谁来辅导你的功课？

　　（1）爸爸妈妈　（2）爷爷奶奶　（3）哥哥姐姐　（4）其他人＿＿＿＿＿

（5）没人辅导

16. 家里人是否限制了你玩耍的时间、自由？

　　（1）严重限制　（2）有些限制　（3）不太限制　（5）完全不限制

17. 你的家人有过辱骂、挖苦你的情况吗？

　　（1）经常有　（2）偶尔有　（3）从来没有

18. 你的家人有过打你的情况吗？

　　（1）经常有　（2）偶尔有　（3）从来没有

19. 从家人对你的保护能力来说，你在家里生活，安全感怎样？

　　（1）很有安全感　（2）有些安全感　（3）不太有安全感

　　（4）很没有安全感

20. 关于你个人学习、生活方面的决定安排（如升学、上辅导班、职业选择等），家人会和你商量吗？

　　（1）经常商量　（2）有时候商量　（3）不怎么商量　（4）从不商量

21. 关于家庭生活方面的决定安排，（如购买家庭用品、走亲访友、娱乐活动），家人会和你商量吗？

　　（1）经常商量　（2）有时候商量　（3）不怎么商量　（4）从不商量

22. 关于家庭重大事情的决定安排（如购房、搬迁、父母外出工作等），家人会和你商量吗？

　　（1）经常商量　（2）有时候商量　（3）不怎么商量　（4）从不商量

23. 学校里经常组织一些安全方面的教育活动么？

　　（1）组织过，效果较好　（2）组织过，效果不太好

　　（3）没有组织过或自己不清楚

24. 你认为学校及学校周围存在的安全问题是什么？（根据实情选一项或多项）

　　（1）交通安全问题　（2）饮食安全问题　（3）卫生安全问题

　　（4）校园治安问题　（5）其他安全问题_____

　　（6）不存在问题

25. 近一年来，在学校里及学校附近，你遭遇过意外伤害情况吗？

　　（1）遭受过　（2）没遭受过

26. 开学以来，老师主动找你谈心的次数是多少？

　　（1）0次　（2）1次　（3）2次　（4）3次　（5）3次以上

27. 目前你每天做作业的平均时间为？

（1）0.5 小时左右　（2）1 小时左右　（3）1.5 小时左右

（4）2 小时左右　（5）2.5 小时及以上

28. 周围同学对你有过什么样的行为？（根据实情选一项或多项）

　　（1）索要钱物　（2）辱骂　（3）歧视嘲笑　（4）踢、推或打

　　（5）恫吓、威胁　（6）损坏东西　（7）造谣诽谤　（8）孤立排挤

　　（9）其他_____　（10）无以上行为

29. 周围老师对你有过什么样的行为？（根据实情选一项或多项）

　　（1）辱骂　（2）歧视嘲笑　（3）教室内罚站　（4）赶出教室

　　（5）身体打击　（6）忽视、不理不睬　（7）其他_____

　　（8）没有以上行为

30. 你在学校里生活，安全感怎样？

　　（1）很有安全感　（2）有些安全感　（3）不太有安全感

　　（4）很没有安全感

31. 关于班级事务的决定安排（如活动组织、班级评优等），班主任会和你商量吗？

　　（1）经常商量　（2）有时候商量　（3）不怎么商量　（4）从不商量

32. 关于如何上好课的决定安排（如采用什么教学方法，布置什么作业等），老师会和你商量吗？

　　（1）经常商量　（2）有时候商量　（3）不怎么商量　（4）从不商量

33. 学校或者班级里是否有信箱或别的方式，以便让同学们更好地提供建议、反映问题？

　　（1）有　（2）没有　（3）不清楚

34. 你觉着村子及村周围存在的安全问题主要是什么？（根据实情选一项或多项）

　　（1）交通安全问题　（2）饮食安全问题　（3）卫生安全问题

　　（4）社会治安问题　（5）其他安全问题_____

　　（6）不存在问题

35. 如果你生病了，看病方便吗？

　　（1）非常方便　（2）比较方便　（3）不太方便　（4）很不方便

36. 你的村里有文化馆或者图书馆吗？

　　（1）有　（2）没有　（3）不清楚

37. 你的村里有供活动、娱乐的设备和场地吗？

（1）有　（2）没有　（3）不清楚

38. 你的村里在寒暑假、周末等时间开展过一些适合你参加的活动吗？

（1）开展过　（2）没有开展　（3）不清楚

39. 据你所知，你村里或学校周围的商店是否卖给过学生们烟酒？

（1）卖给过　（2）不清楚

40. 你在你们村里生活，安全感怎样？

（1）很有安全感　（2）有些安全感　（3）不太有安全感

（4）很没有安全感

41. 你的村里或社会上的人员对你有过什么样的行为？（根据实情选一项或

多项）

（1）索要钱物　（2）辱骂　（3）歧视嘲笑　（4）踢、推或打

（5）恫吓、威胁　（6）损坏东西　（7）造谣诽谤　（8）孤立排挤

（9）其他_____　（10）无以上行为

42. 村里的大人、邻居在一些事情会尊重你的意见吗？

（1）非常尊重　（2）有些尊重　（3）不太尊重　（4）很不尊重

43. 你在参与村庄事务上面，参与情况如何？

（1）积极参与　（2）比较参与　（3）不太参与　（4）很不参与

44. 你了解《中华人民共和国未成年人保护法》吗？

（1）比较了解　（2）有些了解　（3）不太了解　（4）完全不了解

45. 你听说过下面的哪些权利？（根据实情选一项或多项）

（1）生存权　（2）发展权　（3）受保护权　（4）参与权

（5）受教育权　（6）隐私权　（7）以上都没听说

46. 你觉得自己比较缺乏哪些方面的安全知识？（根据实情选一项或多项）

（1）防交通事故　（2）防诈骗　（3）防溺水　（4）防火　（5）防盗

（6）防传染病　（7）防校园欺凌　（8）防性侵害

（9）其他_____　（10）都不缺乏

47. 你同意"上学没啥用处"这样的说法吗？

（1）完全同意　（2）有些同意　（3）不太同意　（4）完全不同意

48. 你同意"小孩子不打不成才"这样的说法吗？

（1）完全同意　（2）有些同意　（3）不太同意　（4）完全不同意

49. 你同意"大人的事情，小孩子少管"这样的说法吗？

（1）完全同意　（2）有些同意　（3）不太同意　（4）完全不同意

50. 你会做哪些家务？

　　（1）洗衣服　（2）缝补衣物　（3）做饭　（4）刷锅洗碗

　　（5）打扫卫生　（6）下地干活　（7）其他_____　（8）都不会做

51. 下面这些方面，你具有什么？（根据实情选一项或多项）

　　（1）良好学习习惯　（2）良好卫生习惯　（3）良好作息习惯

　　（4）丰富的爱好　（5）有要好的朋友　（6）乐观向上的精神

　　（7）其他_____　（8）以上都没有

52. 你对自己的学业前途、未来发展，设计规划得明确吗？

　　（1）非常明确　（2）有些明确　（3）不太明确　（4）很不明确

53. 如果别人欺负你，你会怎么做？

　　（1）忍气吞声　（2）当面反抗　（3）报告他人

54. 你是一个敢于给家长、老师提意见的人吗？

　　（1）很是敢于　（2）有些敢于　（3）不太敢于　（4）很不敢于

55. 将来你想在家乡工作、建设好家乡吗？

　　（1）非常想　（2）有些想　（3）不太想　（4）很不想

56. 在保护你的权益方面，你希望你的家庭、家人能为你做些什么？

　　_____

57. 在保护你的权益方面，你希望你的学校、老师能为你做些什么？

　　_____

58. 在保护你的权益方面，你希望你的村里或者社会上能为你做些什么？

　　_____

59. 在保护你的权益方面，你希望自己能够做些什么？

　　_____

●到此，问题回答已经完毕，感谢你的认真填写，也请再检查一下，看是否漏答问题。

附录二　访谈提纲

（一）留守少年访谈提纲

1. 你了解权益这个词的意思吗？你认为你应该享有哪些方面的权益？

2. 对父母外出务工这件事，你怎么看，对你有什么影响？

3. 目前谁照顾你的生活，感觉照顾得怎么样？

4. 关于自己的安全方面，受到过什么伤害？目前有什么担心的吗？

5. 平时你和外出务工的父母如何交流，关系怎样？

6. 学校教师平时对你关心吗，关系怎样？

7. 你和周围同学、朋友的关系怎样？有没有得到过他们的帮助？

8. 你觉得自己的学习情况怎样？学业上有什么打算？

9. 你觉得自己有什么优势、特长？

10. 在学习、生活方面，目前你存在什么困难？有什么需求？

（二）留守少年监护人访谈提纲

1. 您是否听到或者知道权益这个词？你能说说大概是什么意思？

2. 您觉得孩子应该拥有哪些权益？

3. 平时您是怎么照顾孩子的生活的？存在什么困难？

4. 对孩子的学习、品行方面，您是什么样的态度和要求，有什么样的做法？

5. 你对孩子的内心想法、情绪等心理方面会关注吗？会经常开导孩子吗？

6. 孩子的安全教育方面您是如何做的？

7. 在个人事务、家庭事务方面，是否尊重孩子的想法，遇事是否和孩子商量？

8. 孩子在学习、生活方面有什么好的习惯、能力？

9 您是否了解目前国家关于留守儿童的相关政策？对社会工作、社工了解吗？

10. 总体上，您在照顾、教育孩子上有哪些困难？希望得到什么帮助？

（三）留守少年学校领导、教师访谈提纲

1. 您认为留守学生应享有哪些权益？

2. 您对留守学生学习、品行以及心理状况等方面怎么看？他们有什么优点特长？

3. 您觉得留守学生在权益方面有没有受到过侵害？

4. 学校在留守学生的关爱保护方面是如何做的，有何成效，有什么困难？

5. 您在留守学生的关爱保护方面是如何做的？

6. 您觉得在学校、班级、教学事务方面，留守学生的需求、想法是否能到尊重？

7. 在与留守学生的关系方面，您是如何处理的？

8. 在留守学生关爱保护方面，您觉得学校和家庭应该如何结合起来？

9. 您是否了解目前国家关于留守儿童的相关政策？对社会工作、社工了解吗？

10. 关于留守儿童关爱保护工作，您有什么好的建议？

（四）留守少年所在村庄村干部、村民谈提纲

1. 您了解权益这个词吗？您认为留守儿童应享有哪些权益？

2. 您觉得服务外出务工，对孩子有什么影响？

3. 您对当地留守儿童的生活、学习、品行等状况如何看待？

4. 您觉得目前当地留守儿童在哪些方面受到过侵害？

5. 您认为当地留守儿童和家庭最需要得到什么样的帮助？

6. 你是否了解当地政府、社会以及村里在留守儿童关爱保护方面做了哪些工作？

7. 你自己参与过留守儿童关爱保护方面的活动、工作吗？

8. 您认为目前留守儿童关爱保护工作的开展存在什么困难？

9. 您是否了解目前国家关于留守儿童的相关政策？对社会工作、社工了解吗？

10. 对当地留守儿童的关爱保护工作，您有什么好的建议？

附录三 儿童安全技能提升系列课程之 防意外伤害教育（4—6年级）①

随着社会不断发展，社会暴露出的各种问题也逐渐增多，有些问题会危及我们的未成年人，未成年人权益保护形势严峻、迫在眉睫。尤其是对于父母外出工作的青少年来说，他们在成长过程中缺少了父母的陪伴和指导，自我保护意识更加薄弱，对此，"春风行动"农村留守贫困青少年教育社会工作服务项目特别联合菏泽市定陶区孟海镇 W 小学开展了"五防"教育系列课程，让每个孩子都能成为"五防"教育的受益者和参与者。本次"五防"教育课程分为防意外事故、防性侵、防拐卖、防校园暴力、防自然灾害。主要是通过课程知识的讲授，使农村留守贫困青少年，更加了解身边危及生命的事情，提高对自身生命安全的重视，提高自我保护意识，掌握自救的方法。

"留守儿童"与"打工父母"

孩子们应如何看待父母外出打工？

爸爸妈妈外出打工，把自己留在老家，并不是因为爸爸妈妈不喜欢我们，爸爸妈妈是为了给我们更好的生活以及未来的发展才去打工的。虽然我们的父母外出打工，把我们留在这里了，但是我们还有爷爷奶奶照顾着呢。所以，我们并不孤独，我们要调整好心态。

我们要相信父母非常爱我们，当我们想念父母的时候，我们可以打电话告诉他们，并让他们放心，自己一定会听爷爷奶奶的话，照顾好爷爷奶奶，好好学习，将来帮助爸爸妈妈，孝顺爷爷奶奶。

如何看待"留守儿童"的标签？

我们并没有意识到自己还有一个称呼是"留守儿童"。这让我们感到自己似乎是与其他人不一样，甚至我们中有的小朋友不愿意被贴上这样的

① 本研究人员与山东省社区发展与社会工作研究中心联合开发了包括防意外事故、防性侵、防拐卖、防校园暴力、防自然灾害留守儿童"五防"教育课程，限于篇幅，仅选择防意外事故课程作为附件材料。

标签。对我们而言，正确看待"留守儿童"的标签很重要。

一、要明确"留守"是一种称谓，不是贬义词。留守只是对我们现在所处状态的一种描述。因为父母外出打工，我们无法跟随父母外出，而是要留在家乡、守在家乡，所以"留守"一词没有褒贬之说。

二、对留守儿童的统计和给予的特殊待遇，是国家对我们的关照和爱护。因为爸爸妈妈为城市建设贡献了力量，他们无法在身边照顾我们，无法随时了解我们的学习情况。教育部门会了解留守儿童的情况，希望能够给我们更多的支持与帮助，希望我们能够健康成长和成才。

三、要成为有爱心、有责任心的青少年。如果我们享受了政府部门和其他社会人士的爱心帮扶，不能把它看成是一种理所当然的事情，我们要心存感激。当我们有能力的时候，要回馈社会，帮助那些需要帮助的人。

四、要树立自信心。留守是因为无法每天与爸爸妈妈生活在一起，这不是我们的错，更不是我们可以对自己降低要求的理由。爸爸妈妈对我们的爱一直存在，我们要做得比爸爸妈妈在家时更好。同时更要有责任担当意识，好好地照顾爷爷奶奶，让爸爸妈妈放心。

学习内容

一、认识意外事故
二、意外事故之踩踏事故
三、意外事故之用电事故
四、意外事故之火灾事故
五、意外事故之溺水事故
六、意外事故之煤气泄漏事故
七、意外事故之烫伤事故

据公安部统计，意外伤害已成为世界各国0—18岁青少年第一"杀手"，中国青少年死亡原因中26.1%为意外伤害。而且这个数字还在上升。但是诸多意外事故中大多可以通过预防和应急处理得到规避。

一　意外事故之踩踏事故

（一）你知道什么是意外事故吗？

1. 突发意外事故，指在瞬间造成的事故，没有较长的过程，如落水、触电、跌落等。

2. 体育课、课间活动午休时发生的意外伤害，既包含躯体组织的损伤或功能障碍，也应包括精神创伤或心理障碍。意外伤害的发生原因及危险因素是可以弄清楚的，因而可以加以预防和控制。

（二）常见的意外伤害

交通事故、用电事故、踩踏、烫伤、动物伤害、火灾、运动伤害、煤气中毒、溺水、烟花爆竹事故等。

二　意外伤害之踩踏事故

（一）易发生踩踏事故的情形

1. 人多拥挤时，若有人被挤倒未及时爬起来，就容易被他人踩在脚下或压在身下，引发踩踏事故，造成伤亡。

2. 有学生搞恶作剧，遇有混乱情况时会狂呼乱叫，推搡拥挤，以此发泄情绪或恶意取乐，易引发踩踏。

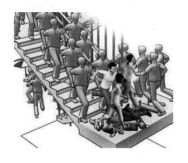

3. 上下楼梯过程中跌倒易引发踩踏

4. 节庆活动中人流量大而易引发踩踏

（二）如何避免踩踏事故及自我保护？

1. 在楼梯通道内，上下楼梯都应该举止保持文明，不拥挤、不起哄、不打闹、不故意怪叫制造紧张或恐慌气氛。

2. 在人群中走动，遇到台阶或楼梯时，尽量抓住扶手，防止摔倒。

3. 顺着人流走，切不可逆着人流前进，否则，很容易被人流推倒。

4. 发觉拥挤的人群向自己行走的方向来时，应立即避到一旁，不要慌乱，不要奔跑，避免摔倒。

5. 若身不由己裹入人群之中，一定要先稳住双脚。切记远离玻璃窗，以免因玻璃破碎而被扎伤。

6. 当发现自己前面有人突然摔倒时，要马上停下脚步，同时大声呼喊，告知后面的人不要向前靠近。

7. 若自己不幸被人群拥倒后，要设法靠近墙角，身体蜷成球状，双手在颈后紧扣以保护身体最脆弱的部位。

8. 拥挤踩踏事故发生后，有机会的话要赶快报警，并且拨打120，及时救援

三　意外伤害之用电事故

（一）哪些行为可能会导致触电？

1. 攀爬电线杆。

2. 湿手触碰插座插头或电器。

3. 家用电器同时使用造成总功率超载。

4. 在变压器室等供电场所燃放烟花爆竹

5. 在高压线等其他电线下放风筝。

6. 雷电等恶劣天气时使用电器。

7. 高压线等电线下钓鱼。

8. 把铁质品等导体放在插座眼里玩。

（二）预防触电的措施有哪些？

1. 认识了解电源总开关，学会在紧急情况下关断总电源。

2. 不用湿手触摸电器，不用湿布擦拭电器。

3. 不随意拆卸、安装电源线路、插座、插头等。哪怕安装灯泡等简单的事情，也要先关断电源，并在家长的指导下进行。

4. 插拔电源插头时不要用力拉拽电线，以防止电线的绝缘层受损造成触电。电线的绝缘皮剥落，要及时更换新线或者用绝缘胶布包好。

5. 不用手或导电物（如铁丝、钉子、别针等金属制品）去接触、探试电源插座内部。

（三）触电的急救处理

1. 脱离电源方法

（1）如开关箱在附近，可立即拉下闸刀或拔掉插头，断开电源。

（2）如距离闸刀较远，应迅速用绝缘良好的电工钳或有干燥木柄的利器（刀、斧、锹等）砍断电线，或用干燥的木棒、竹竿、硬塑料管等物迅速将电线拨离触电者。

（3）若现场无任何合适的绝缘物可利用，亦可用几层干燥的衣服将手包裹好，站在干燥的木板上，拉触电者的衣服，使其脱离电源。

（4）对高压触电，应立即通知有关部门停电，或迅速拉下开关，或由有经验的人采取特殊措施切断电源。

2. 对症救治

对于触电者，可按以下三种情况分别处理。

（1）对触电后神志清醒者，要有专人照顾、观察，情况稳定后，方可正常活动；对轻度昏迷或呼吸微弱者，可针刺或掐人中、十宣、涌泉等穴位，并送医院救治。

（2）对触电后无呼吸但心脏有跳动者，应立即采用口对口人工呼吸；对有呼吸但心脏停止跳动者，则应立刻进行胸外心脏挤压法进行抢救。

（3）如触电者心跳和呼吸都已停止，则须同时采取人工呼吸和俯卧压背法、仰卧压胸法、心脏挤压法等措施交替进行抢救。

四　意外事故之火灾事故

（一）预防火灾安全小常识

1. 不玩火，不玩弄电器设备。

2. 炉灶附近不可放置可燃易燃物品。

3. 明火照明时不离人，不要用明火照明寻找物品。

4. 利用电器或火炉取暖，烘烤衣物要注意安全。

5. 发现燃气泄露，要迅速关闭气源阀门，打开门窗通风，切勿触动电源开关和使用明火。

6. 不在禁放区及楼道阳台柴草垛等地燃放烟花爆竹。

（二）当发生小型火灾时，我们该怎么办处理？

1. 家中一旦起火，不要惊慌失措，如果火势不大，应迅速利用家中的简易灭火器材，采取有效措施控制火灾。

2. 油锅着火，不能泼水灭火，应关闭炉灶燃气阀门，直接盖上锅盖或用湿抹布覆盖，令火窒息。

3. 身上着火，千万不要奔跑，可就地打滚或用厚重的衣物压灭火苗。

4. 燃气罐着火，要用浸湿的被褥、衣物捂灭火，并迅速关闭阀门。

5. 家用电器或线路着火，要先切断电源，再用干粉或气体灭火器灭火，不可直接泼水灭火，以防触电或电器爆炸伤人。

6. 救火时不要贸然开门窗，以免空气对流加速火势蔓征。

（三）当发生大型火灾发生时，我们怎么逃生？

1. 发现火灾要迅速拨打火警电话119。报警时要讲清详细地址、起火部位，着火物质，火势大小，报警人姓名。

2. 逃生是争分夺秒的行动，一旦听到火灾报警或发现烟火时，要听从大人指挥，有序、快速地逃离火场。

3. 火灾袭来时要迅速逃生，不要贪恋财务。

4. 遇火灾不可乘坐电梯，要向安全出口方向逃生。

5. 受到火势威胁时，要当机立断披上浸湿的衣物、被褥等向安全出口逃生。

6. 穿过浓烟逃生时，要尽量使身体贴近地面，并用湿毛巾捂住口鼻。

7. 如果室外着火，千万不要贸然开门，以防大火蹿入室内，要用浸湿的被褥，衣物等堵塞门窗缝，并泼水降温。

8. 若所在逃生线路被大火封锁，要立即退回室内，用打手电筒，挥舞衣物，呼叫等方式向窗外发送求救信号，等待救援。

五　意外伤害之溺水事故

（一）预防溺水安全小常识

暑期孩子们容易发生溺水事故，孩子要对此提高警惕。

暑假期间，天气炎热，没有了学校老师的监督，家长忙于工作又疏于管理，很容易让孩子前往某些池塘或河水里游泳，为预防发生溺水事件，希望孩子们要做到"六不"。

1. 不私自下水游泳；

2. 不擅自与他人结伴游泳；

3. 不在无家长或教师带领的情况下游泳；

4. 不到无安全设施、无救援人员的水域游泳；

5. 不到不熟悉的水域游泳；

6. 不熟悉水性的学生不擅自下水施救。

（二）预防溺水的口诀

　　　　　游泳戏水夏日到，偷偷下水不得了。

　　　　　擅自结伴不能保，大人陪护不能少。

　　　　　没有救援不要去，陌生水域不可靠。

　　　　　水性差的不救人，安全六不别忘掉。

（三）如果发现有人溺水怎么办？

1. 如果发现有人溺水，首先要大声呼救，叫更多的人来帮忙。

2. 如果你不会游泳，千万不要下去，即使你会游泳，也要看清水的情况，然后再下去救人。

3. 如果溺水人离岸边不远，可以就近寻找绳子或竿子把人拉上岸。（也可以将衣服连在一起当做绳索）

4. 需要下水救溺水的人的时候，一定要大声告诉他，不要惊慌，有人在救你。

5. 待人救上来之后，要根据具体情况进行相应的救援，比如说人工呼吸或者是心肺复苏。

六　意外伤害之煤气泄漏事故

处理煤气泄漏安全小常识

1. 首先应绝对禁止一切能引起火花的行为，比如打开或关闭电灯、抽油烟机、排风扇等家用电器。因为火花会引起煤气的燃烧，容易发生火灾。

2. 立刻关闭煤气的总阀门，停止煤气的继续泄漏。

3. 用湿毛巾捂住鼻子和嘴，并尽快打开窗户，让新鲜空气进来，这样可以大大降低室内煤气的浓度。

4. 赶紧去找家长或小区物业，然后他们帮忙打电话给煤气公司。

七　意外伤害之烫伤事故

烫伤处理安全小常识

第一步：烫伤急救的第一步是立即用大量凉水冲洗至少 15 分钟。

　　第二步：将烫伤部位的衣物慢慢褪去。这时一定要小心，如果伤势严重，皮肤和衣服可能粘连，不小心会撕毁皮肤，造成严重感染。注意不能强撕衣物，可用剪刀剪开衣物。

　　第三步：冲洗伤口表面完毕之后，用一盆凉水浸泡约30分钟。记住只能用凉水，不要用冰块，更不要在伤口上抹任何东西。

　　第四步：冲洗完伤口后，用清洁敷料覆盖以保护创面。

　　第五步：如果烫伤的部位已经起泡，一定要小心对待，不要把泡弄破，否则会造成感染。

　　第六步：如果烫伤面积非常大，受伤情况严重，我们在初步降温之后要及时到附近的医院治疗，千万不要耽搁，以免加重病情或以后留疤。

附录四 "有我在伴"项目 2016 年
第四季度进度报告

一 项目基本数据

项目名称	"有我在伴"——农村留守儿童学校社会工作服务项目
项目理念	此项目的开展秉持社会工作专业助人自助的专业理念,以能力建设为主旨,全面提升留守儿童、留守儿童主要照料人和项目点学校教师的能力,促进留守儿童与社会环境的良好适应,使其健康、快乐成长
项目目标	建立留守儿童的社会支持网络,促进留守儿童与社会环境的良好适应,使其健康、快乐成长;促进儿童社会工作的本土化研究。同时构建以留守儿童为本的社会工作专业服务实践模式。包括: 1. 了解留守儿童的生理、心理及社会的需求,面对的问题及自身的优势; 2. 为留守儿童提供个案、小组和社区社会工作服务,提升其自身的心理素质、与人沟通的能力、学习能力和应对意外伤害的能力; 3. 使留守儿童照料者了解留守儿童的特点及需求,并为照料者提供咨询服务,缓解他们的压力,增强照料技能; 4. 使教师了解留守儿童的特点及需求,与教师沟通为留守儿童提供一个更好的教育环境; 5. 使教育、民政、共青团、妇联等儿童福利政策制定的部门了解留守儿童的需求,为其制定政策提供依据。 6. 在项目点建立社会工作实习基地,为社会工作专业学生提供实习的机会。探讨儿童青少年社会工作人才培养的实践模式
项目预期直接受惠人数	实习学生 45 人,服务对象 523 人 儿童照顾者 500 人,学校教职员 47 人
项目年期	2014 年 3 月 1 日至 2017 年 2 月 28 日
资助金额	人民币 252150.00

二　报告内容

（一）实务

1. 个案服务

- 本季度共开展 2 个个案。
- 个案一：闫同学。共开展 2 节。

内容：涉及留守儿童校园适应、生活自理能力等问题。

成效分析：

1. 服务对象在校园内哭，天还下着小雨，社工劝他到办公室来，对其进行情绪疏导；社工引导服务对象说话并积极倾听，从他不太流利的话语中得知他是一年级二班的，刚刚老爷爷来看他，他不想在学校住校，想回家和老爷爷说话；之后由班主任劝导服务对象回班上课，基本上不哭了。

2. 社工从班主任那得知服务对象妈妈离家出走，爷爷和奶奶在南方打工，爸爸在监狱服刑，他由老爷爷照顾，很不容易。服务对象的衣着不太整洁，学习用品和生活用品也不是很好。据其班主任说，服务对象的老爷爷年纪大了，对其生活和学习等方面照顾也是心有余而力不足。服务对象在上一年级之前一直在南方生活，开学之后才回到老家，生活习惯和生活环境以及周围的人都是他所不熟悉的，老爷爷是他新环境中最值得信赖的一个人，服务对象有些不适应住校的生活。

3. 社工认真倾听服务对象的诉说，积极疏导他的情绪。

所遇到的问题以及解决方法：

服务对象口音有些重，社工与其交流有些障碍。寻求服务对象的班主任帮助，进一步了解服务对象的情况。

跟进事项：

继续跟进个案，和服务对象建立关系，获得其信任。进一步了解服务对象的家庭情况，联系服务对象的家人，帮助改善服务对象的生活和学习环境。

- 个案二：马同学。共 2 节。

内容：涉及留守儿童校园适应以及行为矫正等问题。

成效分析：

班主任发现服务对象最近比较容易哭，情绪不太稳定。恰逢期中考试前夕，班主任推荐她来到社工办公室。

社工在与服务对象交流的过程中发现服务对象性格有些内向，说话声音比较小。服务对象是今年刚刚转到这个学校的，对于周围的同学和老师都不认识、不熟悉。班上有好几个男生欺负她，自己也没有太多好朋友。由于服务对象是第一次住校，不太会整理床铺，班里的班长为了班级卫生能够达标，经常让她回宿舍重新叠被子，她觉得是班长在故意刁难她。

帮助服务对象建立前后桌的同伴关系，方便她和同学交流，锻炼服务对象与人交往的技术和水平，改善服务对象的人际关系。跟班主任交流服务对象说的这些事情，帮助服务对象适应班级生活。对于叠被子的技能，社工建议服务对象周末回家多练习几次。帮助她正确理解班长的用意，不再误会班长。

所遇到的问题以及解决方法：

服务对象性格内向，不太喜欢表达自己。积极引导、鼓励她多参加班级和校园活动，多与同学、老师交流。

跟进事项：

继续跟进，及时了解情况并进行引导。

2. 小组服务
（1）兴趣小组：美丽校园，彩绘童年

- 2016 年 10 月 30 日—11 月 16 日
- 活动开展 6 次，共 36 人次
- 内容：开展 6 次小组活动，提升留守儿童美术能力、与人交往能力以及对校园的热爱和归属感。

1. 招募组员。挑选绘画能力较好的学生参与此次活动。

2. 简单培训。驻校社工联合美术老师就粉刷墙面及井盖注意事项、简单彩绘技巧、防止弄脏衣服等方面对组员进行简单培训。

3. 驻校社工和美术老师前期先对井盖进行简单构图，然后指导学生对具体区域涂色和创作，防止被乱画。

●小组评估及结果分析

1. 本次小组活动，平均参与人数为6人，参与率百分之百。

2. 通过本次小组活动，能够提升小组成员的美术水平，提升了色彩的整合能力。

3. 通过此次小组活动，提升了小组成员对美丽校园的热爱，以及对学校的归属感。

●小组过程评估

1. 小组前期筹备情况基本顺利，协商美术老师前来指导。

2. 彩绘过程中由于地面不平，色彩搭配复杂，需要耗费时间较长，所以在总体时间上还需进一步把握。

3. 虽然天气较冷，但小组成员对活动的热情丝毫不减，并且吸引了很多孩子观看。

(2) 轻泥小组

●2016 年 11 月 15 日—12 月 25 日

●活动开展 5 次，共 40 人次

●内容：开展五次小组活动，通过热身游戏以及轻泥制作、缤纷动物世界、创意大比拼等活动激发留守儿童创作欲望，提升想象力、创造力等。

●小组评估及结果分析

1. 本次小组活动，平均参与人数为 8 人，参与率完全符合预期。

2. 让学生感知到手工制作的创意空间是无止境的，使学生有强烈的学习和创作欲望。形成对自己的控制能力，尤其是手眼脑的协调运用。使学生养成独立思考的习惯，并通过想象力、创造力的培养，促进学生个性化发展。

3. 通过此次小组活动，加强了小组成员的动手能力，促使小组成员发挥想象力自己动手制作自己喜欢的作品。

●小组过程评估

1. 小组前期筹备比较充分，各种前期物资的准备很充足，包括彩泥、卡纸、各种工具应有尽有。

2. 前期社工带领成员先捏型，通过动手捏自己喜欢的形状，发挥想象力，体验其中过程。

3. 后期小组中期成员开始体验来做自己喜欢的作品，小组成员不怕弄脏衣服，表现出了极大的兴趣，纷纷体验制作过程，做出拥有自己创意的作品。

4. 社工在小组过程中更多是扮演一个倡导者，引导成员打破隔阂，发挥想象力，参与到活动中来，提升小组成员对手工艺的兴趣。

3. 社区服务

（1）活动一："守护平安幸福童年"交通安全进校园活动

- 2016 年 10 月 9 日
- 开展一次，参与人数 500 人。
- 内容：

1. 10 月 9 日，滕州市交警大队东郭中队赴学校开展"守护平安幸福童年"交通安全进校园活动，东郭中队交警一行五人，为孩子们上了一堂生动的交通安全知识课。

2. 该中队指导员为孩子们讲述到 12 岁以下儿童禁止骑自行车，提升了孩子们的安全意识。谈及酒驾的危害，苏指导员教导孩子们在家劝导父母切勿酒后驾车，防止道路交通安全事故的发生。随后苏指导员拿出道路交通指示牌，通过互动问答的形式为孩子们讲述道路安全常识。

- 参与者的表现与成效：

此次交通安全讲座，进一步提高了小学生的交通安全意识和自我保护意识，保证学生出行的安全，营造了和谐文明的校园文化氛围。

- 活动之中遇到的困难与措施：无
- 可改善之处：增加互动环节。

（2）活动二：胸怀祖国，放眼世界——第三届山青外教关爱留守儿童进校园活动

- 时间：2016 年 11 月 24 日
- 开展一次，参与人数 1500 人。

● 内容：

1. 活动前期驻校社工链接山青外国语学院，邀请外教参与活动并获得学院领导支持。

2. 学生英语节目展示，与外教进行口语交流。

3. 外教与学生进行合影留念。

4. 外教分组进班级，教授学生外语知识以及讲解外国文化，开拓学生视野。

● 参与者的表现与成效：

1. 参与学生包括留守儿童能够亲切地和外教进行交流和沟通。

2. 经过前几届的外教进校园活动一些学生的英语口语进步非常大，本次活动有一名五年级的孩子主动做起外教翻译。

3. 活动非常受学生喜欢，在校园内纷纷追着外教合影交流。

● 活动之中遇到的困难与措施：

有部分外教没有翻译，在刚开始进行沟通的时候有点困难和尴尬，还好有学生主动做翻译，消除尴尬。

● 可改善之处：

请学生做翻译，既能锻炼学生，又能调节气氛，营造一种亲切的氛围。

(3) 活动三：公益体彩，快乐校园捐赠活动

● 时间：2016 年 12 月 1 日

● 开展一次。

● 内容：

1. 11 月初，驻校社工从齐鲁晚报上得知体彩为全省 71 所学校捐赠体育器材和图书，立即进行申请。

2. 在申请得到批准的一个月后，12 月初，山东体彩为学校捐赠的图书和体育器材运到学校，完成交接程序。

● 活动中参与者的表现、成效：

1. 校领导对链接到图书和体育器材等资源表示非常认可，极大程度上改善了学校体育器材老旧、种类单一的局面。

2. 校内学生对新的体育器材非常喜爱，在体育老师的协助下，将

体育器材统一支配和管理；对图书分发进班级，充实班级图书角，以供学生阅读。

●所遇到的问题以及解决方法等：由于物流无法运抵学校，由学校派车将捐赠物品运回学校。

●可改善之处：无

(4) 活动四：绘青春 暖童心

●时间：2016 年 12 月 24 日
●开展一次，参与人数63 人。
●内容：

1. 爱心小使者与留守儿童在枣庄科技职业学院青年志愿者的带领下一起互动游戏。

2. 为留守儿童赠送爱心包裹。

3. 为爱心小使者颁发爱心证书。

4. 媒体进行采访，合影留念。

●参与者的表现与成效：

1. 参与活动的留守儿童与爱心小天使亲密互动。

2. 志愿者和留守儿童能够很好地交流互动。

3. 留守儿童与爱心小天使亲密的拥抱在一起。

●活动之中遇到的困难与措施：

1. 因为是参与活动的孩子很多，现场的活动秩序需要得到维护。

2. 由于周六进行活动，家住远处的留守儿童不能到场。

3. 因为是周六的活动，参加活动的同学需要家长接送，前期需要一个个地联系参加活动人员的班主任及其家长，确保周六能参加活动。

●可改善之处：

时间上可以改善，但也可以协调留守儿童时间。

(5) 活动五：留守儿童照料人培训

●主题一：爸爸妈妈，再不陪我，我就长大了

● 时间：2016 年 12 月 27 日

● 主讲专家：尹燕科（男，35 岁，大学讲师，国家二级心理咨询师、家排师、EAP 高级咨询师、EAP 高级执行师。从事教育和心理咨询工作 11 年，接手案例 4000 余例，时间超过 10000 小时，系统学习短焦心理咨询技术、自性教练技术等 EAP 咨询技术、精神分析治疗、系统排列、催眠、绘画心理学、色彩分析学、叙事疗法、心能技术等。擅长婚姻关系、亲子关系、情感问题、神经症等问题的咨询与治疗，在少儿语言口才训练和大学生职业规划等方面也多有涉猎。根据实战经验和后天思考，自创"系统动力自然平衡法"教育和心灵成长理论，在塑造儿童美好心灵和培植健全人格方面有很大的促进意义。）

● 开展一次，参与人数 400 人。

● 内容：

首先从一则在朋友圈里被转发无数次的微信引出讲座主题并结合自身家庭向家长交谈亲子沟通关系。

2. 专家指出孩子是种子，家庭是土壤，学校是肥料，社会是天气，孩子的起跑线从来都是父母，父母的高度就是孩子的起点。

3. 有了爸爸妈妈的陪伴，孩子才不会孤单，才不会害怕！父母要陪伴孩子的成长，家校沟通，不要等孩子长大了才明白父母的责任。

● 参与者的表现与成效：

参与者能够认真听课，更有一些家长拿手机拍照和录像，以便日后学习。

● 活动之中遇到的困难与措施：

有家长带孩子听课，现场秩序有些乱。

● 可改善之处：

在秩序上对家长多提醒，保证现场安静。

● 主题二：做一个尽职尽责的好家长

● 时间：2016 年 12 月 28 日

● 主讲专家：张华（山东青年政治学院教授。山东省青少年研究所原所长。长期从事青少年与青少年工作理论研究。独立承担和主持完成省部级重点课题 11 项，合作完成国家级、省部级重点课题 14 项。出版著作、教材 30 多部，发表学术论文 210 篇，科研成果 470 多万字。45 项科研成果分获山东省社会科学成果奖、高校人文社会科学成果奖、团中央全团调研奖、优秀教材奖、国家级学会奖，4 项合作成果分获团中央"五个一"工程奖，中国优秀青年图书奖。主持开通山东省第一条青少年心理咨询热线，带领团队义务服务 18 年，为上万名青少年和青少年家长提供公益服务。)

● 开展一次，参与人数 300 人。

● 内容：

1. 专家指出，能做家长和会做家长是两码事。现代社会，家长的责任可以分为三个层次：一是抚养保护的法律责任；二是第一任教师的教育责任，三是为子表率的道义责任。并围绕这三个层次展开讨论。

2. 每个孩子都有自己的兴趣和能力优势。体能优势、智能优势、技能优势都有可能发展成为孩子的"核心竞争力"。成功的家庭教育不是把每一个孩子都送进名牌大学，而是让每个孩子都有机会成为他想成为和本来应该能够成为的那种人。

3. "孩子心目中的好家长"往往不同于成人世界的判断标准，它们更多的可能不是家庭"硬件"，而是两代人之间的心灵互动的水平，是亲子关系带给双方的幸福感。好家长应当是理解孩子、尊重孩子、在需要的时候陪伴孩子、指导孩子的良师益友，而不仅仅是生命的孕育者、生活的供养者、行为的裁判者。

● 参与者的表现与成效：

参与者能够做到耐心听课，结束之后仍有家长在校园内向专家请教家庭教育技巧和方法。

● 活动之中遇到的困难与措施：

有部分家长带的孩子聊天讲话，工作人员进行劝导。

● 可改善之处：

尽量不要让家长带孩子进入会场，以免影响秩序，可以提前告知要求。

4. 探访留守儿童照料人

● 探访留守儿童 12 人，留守儿童照料人 10 次，涉及 10 个家庭。

五一班	赵同学	滕州市东郭镇邵疃村
六三班	张同学	滕州市东郭镇前村
五一班	徐同学	滕州市东郭镇九老庄村
五二班	张同学	滕州市东郭镇上户主村
四一班	李同学	滕州市东郭镇马庄村
四一班	张同学	滕州市东郭镇九老庄
五三班	岳同学	滕州市东郭镇东坞沟
四三班	张同学	滕州市东郭镇屯里村
三二班	李同学	滕州市东郭镇马庄村
五二班	赵同学	山亭区冯卯镇南赵庄

● 内容涉及留守儿童照料人的基本情况和对于照顾留守儿童有什么困难和困惑以及留守儿童的家庭状况、留守儿童厌学、逃学等问题，探访留守儿童照料人意在了解其家庭情况，探寻厌学原因等问题。

● 所遇到的问题及解决方法：

因为学生大多是农村，村庄比较分散，交通不便，社工链接学校资源，通过老师带路并开车一同前往。

在时间上，社工尽量提前与家长取得联系，双方协商好再进行家访。

（二）学生实习、督导与实习点发展

● 实习

本季度有一名实习生驻点实习。

● 督导

本季度共督导 2 人次。

11 月 24 日，山东青年政治学院国际交流处、外国语学院专家来项目点督导。

督导主要内容：

1. 督导首先听取驻校社工对外教进校园活动准备工作的汇报，并询问驻校社工在该项工作遇到的困难；

2. 协调外教参与社工组织的活动，并与校领导交流沟通，对驻校社工的工作表示肯定。

（三）研究

继续做好留守儿童数据统计和更新工作。

（四）本季度计划完成情况

● 本季度完成计划

1. 完成 2 个个案。

2. 完成 2 个小组活动。

3. 完成 5 次社区活动。

4. 探访留守儿童照料人 10 次，涉及 10 个家庭。

5. 完善留守儿童资料。

6. 印发"我型我塑 其乐陶陶——陶艺小组"、"关爱留守 拥抱春天"踏青活动、"月饼 DIY 留守不孤单"中秋特别活动和"外语带你看世界"感恩节特别活动四种折页。

7. 驻校社工参加北京大学－香港理工大学的中国社会工作研究中心主办、山东青年政治学院政治与公共管理学院和北京大学社会学系协办的"儿童福利政策与儿童社会工作"主题研讨工作坊（第二期）并就"留守儿童家庭社会工作服务的理论和实务探索"发言。

8. 参加滕州市民政局组织的社会工作者培训。

● 本季度未完成计划

计划全部完成

（五）下季度预期开展的活动计划和目标

1. 继续做好个案跟进工作。

2. 做好项目资料总结整理工作。

3. 做好项目宣传工作，印制总结宣传材料。

（六）附件：相关活动照片

"美丽校园，彩绘童年"兴趣小组　　　　　　魔法太空泥小组

"守护平安幸福童年"交通安全
进校园活动

外教关爱留守儿童进校园活动

公益体彩，快乐校园捐赠活动

"绘青春 暖童心"活动

留守儿童照料人培训照活动

探访留守儿童照料人活动

驻校社工参加专业培训活动

驻校社工参加专业培训活动证书

相关活动宣传折页

附录五　留守少年个案工作服务案例

留守初中新生学校适应不良个案工作一例

父母外出务工，如果监护方式不当、亲子关系不佳，留守青少年在社会适应等方面容易出现不良问题。本咨询案例的服务对象为一名留守初中新生，其自入学以来出现生活、学习等方面的不习惯、不适应，情绪低落、抑郁，同时伴有肠胃疼痛等躯体症状，不愿在学校学习生活。经诊断，为一般心理问题。通过采取针对性的现实疗法，同时辅之以行为疗法进行咨询辅导，该名学生不良情绪、不良身体反应基本消失，对学校学习、生活的适应程度明显提高。

一　个案资料

（一）一般资料

人口学资料：姜某，男，14岁。初一新生，独生子，体态中等，无不良嗜好，无家族精神病史，性格内向，比较敏感。

家庭资料：母亲在家务农，父亲外地务工偶尔回家，家庭经济状况尚可。

生活状况：由走读变成住校，由在家备受父母照顾转为独立生活。

（二）个人成长史资料

从小到大一直小病不断，上初中之前没有学校住宿的经验，生活方面一切由父母料理，记忆较为深刻的是五年级暑假期间遭受意外致使腿部骨折，治疗、休养一段时间后康复，父母对其照顾得更加周到细致。

（三）精神、身体、社会等状态

精神状态：情绪低迷，眼圈泛红，感觉身体不适。

身体状态：近一个月之内出现头疼、腹痛、胸闷等身体不适症状，曾去医院检查，未查出躯体疾病；五年级时摔落导致骨折，休养后康复。

社会活动状态：与同宿舍同学关系紧张，很少和他们交往；每个星期都要回家待两三天，对学习和生活产生了一定影响；家庭较为和睦，和父亲关系更为亲近。

二 主诉和个人陈诉

（一）主诉

人际关系紧张，躯体化症状严重，不适应新学校的环境。

（二）个人陈诉

现在就是胃痛得难受，想给父母打电话接我回家，一点也不想在学校呆下去了，不知道怎么办才好。自军训结束之后，学习生活也不愉快，座位周围都是女生，和她们没有什么能说的。感觉和宿舍同学聊天没什么意思，小学熟识的同学在这里上学的只有2个人。

三 观察和他人反映

（一）社会工作者观察

姜某第一次求助没有直接说明缘由，是采用借用手机的间接方式，自称胃痛想给家里打电话。一只手紧紧捂住腹部，低着头眉头紧锁，眼圈泛红，说话时不时落泪，步子比较缓慢沉重。

（二）重要他人的反映

父亲在外地不了解具体的情况，称最近孩子老是生病，去医院检查也没有什么事，回家往往就没事了，也不知道怎么办；据班主任反映，该生最近两周内因身体不舒服已经回家数次。宿舍同学说他会装病，有次他问舍友如何才能生病，舍友说你用凉水洗头就能生病了，然后姜某就用凉水洗了头。舍友还反映姜某在学校不脱毛衣和袜子睡觉。

四 状态评估及判断

（一）心理状态的评估和需求状态评估

1. 症状自评量表（SCL-90）：躯体化因子分2.8，抑郁因子分2.2，其余各因子分<1；（2）艾森克人格问卷（EPQ少年版）：内外向（E）41，精神质（P）40，神经质（N）55，掩饰性（L）43；（3）需求评估量表显示：认为最需要处理的问题主要包括解决身体上的疾病困扰如头疼、胃疼、胸闷等，改善生活环境，加强人际交往。

（二）初步判断

1. 判断结果：属于一般心理问题，具体诊断为学校适应不良。

2. 判断依据，第一，姜某并无器质性病变。第二，依据正常与异常心理活动的"三原则"以及姜某家庭健康史、成长史，可以排除精神病性心理障碍。第三，姜某的心理障碍是心因性的，与人际关系不适因素有关，因持续时间不长，内容没有泛化，社会功能基本没有受损，排除神经症的诊断。第四，姜某症状表现，主要为情绪低落、兴趣减退、抑郁、人际关系紧张、食欲消退，且以上症状持续时间不超过一个月，尚未泛化，人格无明显异常，自知力完整，也有求助的愿望，结合心理测验结果诊断为一般心理问题。

（三）原因分析

1. 生理原因：消化系统方面不适，症状表现得很夸张，主要为胃痛。但经医院检查发现身体健康，不适的主要原因在于抑郁等不良情绪造成的一定程度上植物神经紊乱导致头痛、消化系统功能紊乱等躯体症状。还与姜某身体柔弱、抵抗力差存在一定关系。

2. 心理原因：第一次远离家，集体生活并不如意，所以在学校感觉不适就想用生病来逃离学校生活，退回到舒适温暖的家庭环境中去。因为装病被同学嘲笑，人际关系更加紧张，进而产生逃离学校的想法更加强烈。

3. 社会原因：初中第一次住校，失去了父母在身边的关心与照顾，自身社会交往能力、生活的自理能力有限，不习惯住校生活，不知道如何处理同学关系，导致产生不安全感与孤独感。

五　服务目标的制定

根据以上的评估与判断，社会工作者经与姜某协商，确定如下服务目标。

（一）具体目标

促使姜某在学校生活正常，提高其对学习的兴趣；不再因为暂时的学校不适应而装病；引导姜某合理安排自己的学习和生活，提高生活自理能力；提高心理健康水平，目标是 SCL－90 量表躯体化因子低于 2 分，抑郁因子低于 2 分，提高需求满意度 2—3 分。

（二）长期目标

增强姜某自理自立的生活能力，提高人际交往适应能力。

六　服务方案的设计与实施

依据医院诊断结论及姜某表现，社会工作者主要运用现实疗法、辅之以行为疗法来开展具体的咨询辅导过程。方案所依据的原理：

现实疗法：该疗法由美国心理学家威廉姆格拉瑟创立，该疗法是具有人本主义取向的行动疗法。现实疗法的操作目的是帮助姜某觉察自己的问题，探索需求，评估、分析当前的行为，协助姜某制定计划，学习负责的行为，以便达到对自身生活的控制。该疗法具有强调关系与价值判断，强调责任与当下，重视行为、否定心理疾病等特点。

行为疗法：对不良行为不予注意，不给予强化，使之渐趋削弱直至消失。建立、训练某种良好的治疗技术或矫正方法，通过及时奖励目标行为，忽视或淡化异常行为，促进目标行为的产生。

依据上述原理，制定了 8 次咨询辅导活动，每次活动大约 50 至 60 分钟。具体实施过程如下：

（一）第一次咨询辅导

1. 目的：了解基本情况；建立相互接纳的关系；确定姜某的主要需要及改变意愿；作出诊断。

2. 方法：摄入性会谈、心理测验。

3. 过程：①填写咨询登记表，询问基本情况；介绍咨询中的相关事项与规则。②EPQ（少年版）和 SCL - 90 测验，同时了解其成长经历，包括发生重大事件和平时习惯。③关注躯体症状，体现尊重，引导其进行自我披露：姜某自述小学时为了不去上学而假装发烧，把水银体温计泡在热水里以提高温度，结果温度计爆裂、水银泄出。④摄入性交谈，鼓励、启发其倾诉，在咨询关系中表达共情。收集临床资料，探寻姜某的心理矛盾及改变意愿。⑤约定今后咨询时间为每周 1 次。

（二）第二次咨询辅导

1. 目的：加强信任关系；探索咨询服务需求。

2. 方法：会谈、需求量表、现实疗法。

3. 过程：①回顾上一次会谈的内容，关注姜某最近的状态，给予一些鼓励和支持，加深相互信任。②针对姜某的需求，社工表示愿意与其共同面对问题，通过真诚地表达加强彼此信任关系的建构。同时针对姜某需要做一个需求评估的量表。③与姜某探讨其需求，共同寻找导致身体不适的原因，并表示社工与其目的是一致的，使姜某相信经过双方的共同努力会得到想要结果。④对姜某说明要求监护人前来的必要，约定下一次的访谈要有监护人的参与。

（三）第三次咨询辅导

1. 目的：与姜某的监护人建立关系；说明咨询规则和注意事项；与姜某及其监护人说明姜某当下的情况；共同商定咨询目标及咨询方案。

2. 方法：会谈、行为疗法、现实疗法。

3. 过程：①与姜某监护人建立关系，鉴于姜某是未成年人，必须征得监护人的同意和理解。②说明咨询辅导的时间和规则，尤其是针对涉及姜某的保密问题，向姜某及其监护人说明保密规则和保密例外的规则，并确保一切以姜某利益最大化为保密原则。③简单说明现实疗法，和姜某讨论其在校生病的行为和自己的想法。④商定辅导的目标和方案，通过具体化技术将姜某最感到困扰的方面评分，并确定拟降低的分数。⑤向姜某监护人说明阳性强化法和消退法，要求监护人在姜某在校生病期间不得接其回家、不来学校探访，而一旦姜某在学校表现进步时，来校探访1次，并且会给予适当的精神和物质鼓励。目的是针对姜某的不良行为不给予重视，使之得不到强化而慢慢消失；同时促进姜某在校时间延长。

（四）第四次咨询辅导

1. 目的：改变姜某态度；评估姜某行为。

2. 方法：会谈、现实疗法、行为疗法。

3. 过程：①引导姜某思考为了得到自己想要的，需要做些什么。②运用语言，刺激姜某思考，是什么导致其现在容易生病，是什么干扰了其在学校正常的学习生活。③强化合理行为，针对姜某最近一周的良好表现，对其提出表扬，利用反论技巧坚定地相信姜某一定可以达成目标。④布置咨询作业：在情绪问题出现时，练习放松和正强化。放松训练，指导姜某学习缓解抑郁情绪的方法。

（五）第五次咨询辅导

1. 目的：巩固咨询辅导效果；为姜某建立有效的行为方式；与姜某讨论有效的控制。

2. 方法：会谈、角色扮演。

3. 过程：①对姜某最近一周的良好表现进行表扬。②运用角色扮演，将姜某引入未来的理想情境，当其以优异成绩考入县重点高中，体验其中成功的快乐。③讲解选择控制理论，如果姜某现在控制自己的生活，保持良好的学习成绩，将来一定可以考入县一中。④与姜某讨论所面对的现实，使其明确学校的环境不可改变，和舍友与同学的关系可以改变。与姜某讨论有效性的含义，探索有效的行为方式：接受学校生活不可改变的现实；不再生病，淡化同学的态度；为了考上县一中而主动学习；试着和同学交流，聊天。⑤布置家庭作业，在接下来的一周内，尝试上面 3 个有效的控制行为，并填写"我的进步表"。

（六）第六次咨询辅导

1. 目的：为姜某建立有效的行为方式（WDEP），促进提高姜某的独立品质。

2. 方法：会谈、现实疗法。

3. 过程：①反馈作业：在姜某填写的"我的进步"中，其基本做到了 3 个有效的控制行为，对待学校不再选择逃避；最近几周没有发生什么躯体化的症状，并和班级中一个同学建立了良好关系；作业基本完成并获得了相应表扬和鼓励。②引导改变姜某的（WDEP）系统，与其讨论：你想得到什么？你在做什么？为了想得到的能够做什么？这样做是否可行？③举行承诺仪式，要求姜某当场作出书面承诺坚决执行计划。④帮助姜某完成一节课的课业辅导，采用步步跟进的技巧，督促其执行计划。不作判断，坚定相信姜某的改变。

姜某首次 WDEP 如下：

W（欲望探索）：不再生病，适应学校的生活，争取成绩进步。

D（方向与当下行为）：在学校有规律地学习和生活；每天练习微笑；按时完成作业，请教同学；每天发现身边一个同学的优点；每周三让父亲或母亲探望一次。

（七）第七次咨询辅导

1. 目的：巩固有效的行为方式（WDEP）。

2. 方法：会谈、现实疗法。

3. 过程：①反馈计划：姜某顺利完成计划，对其进行鼓励支持。引导姜某重视现在的行为所带动的思维和心理感受的变化。强调姜某的潜能，引导其体会改变后的力量。②与姜某讨论这一周的收获和计划是否需要调整，以及接下来一周内能够做什么，以适应学校的生活。③完善姜某的WDEP表格，并举行承诺仪式。④布置咨询作业：完成指定的WDEP表格的计划，提醒姜某对自己的行为负责。

最终WDEP表格内容如下：

W（欲望探索）：不再生病，适应学校的生活，争取成绩进步。

D（方向与当下行为）：在学校有规律的学习和生活；每天练习微笑；按时完成作业，请教同学；每天发现身边一个同学的优点；每周三让父亲或母亲探望一次。

E（行为评估）：效果良好，计划可执行，但需要适当调整。

P（重新计划并承诺）：在学校有规律的学习和生活；每天看一个笑话；每天总结一次自己在学校的进步写成日记；在宿舍找两个舍友进行了解，并和他们打一次乒乓球；按时完成作业，向同学请教生病落下的课程；周三由父亲或母亲前来探望一次。

（八）第八次咨询辅导

1. 目的：巩固咨询辅导效果；分享收获；结束咨询辅导。

2. 方法：会谈、心理测试。

3. 过程：①反馈作业：姜某全部完成了WDEP的计划，引导其体会计划成功带来的力量并进行相应鼓励。②进行需求量表和SCL-90量表再测。③引导姜某分享最近的进步和收获。④宣布咨询辅导过程结束，感谢自己做出的改变，指导其把咨询辅导中学习到的技巧融入到生活当中，并给予相应鼓励及期待。让其相信自己有能力改变自己的生活，并能够让其更加美好。

七　咨询辅导效果评估

（一）姜某自我评估

感觉自己最近身体健康状况好了很多；解决了自己的一些心理困扰，抑郁情绪基本消失，对生活充满期待；基本不再想家；与同学的关系日益融洽，交到了一个好朋友；能够处理自己的基本生活；学习成绩有所提升，觉得自己只要努力肯定能考上县里最好的高中。

（二）社工的评估

姜某现如今在学校生活状态良好，遇到困难会想办法自己解决，不再退缩，也会直接求助他人。班主任反应现在其晚自习都在学习，不再趴桌子上发呆，情绪比较稳定，学习也比较努力；同学反映其学习和生活状态良好，有自己的计划打算，不再装病，也愿意和同学们一块玩；监护人反应姜某不再强烈要求每周一次的探访，很多家务活也会自己去做。

（三）姜某前后心理测验比较

心理咨询后，SCL - 90 中抑郁因子为 1.47，躯体化因子为 1.67 分，显示躯体症状明显消失，抑郁症状明显缓解；需求量表显示：解决头疼、胃疼、胸闷等疾病困扰 1 分，座位周围都是女生和宿舍人不熟 0 分，没有人愿意和自己聊天 0 分，尤其想家 1 分，衣食住环境差 2 分（0 代表没有困扰，5 代表最困扰）。

八 咨询感悟

比起普通青少年，留守青少年对学校适应不良的情况更加难以应对与解决，原因在于他们出现问题时难以及时获得父母的支持。如果问题一直持续，可能会导致厌学、辍学等不良后果。所以通过心理辅导，帮助他们及时获得父母的支持，并掌握人际适应、生活适应方面的技能技巧，提升心理抗逆力，就显得尤为重要。

附录六　留守少年小组工作服务案例

"扬帆初中，启航未来"——中学新生适应小组活动

一　计划书

小组名称：扬帆初中，启航未来

小组理念：小学升入初中，繁重的学习压力会导致新生不适应。

理论基础：沟通分析理论，场域理论，自我概念理论。

小组目标：通过新生适应小组，使新生建立较好的人际关系，认识自己的潜力，能够面对生活和学习上一些困难。

小组成员：全体新生

小组性质：封闭式小组

组员招募方式：以班级为单位招募

活动方案：

活动方案设计

节数	小组主题	小组目标	时间	地点
1	你我今相识	相互认识，共同制定小组规范。	9月上旬	初一教室
2	我们是一家	加深组员相互认识，增强小组凝聚力	9月中旬	初一教室
3	人际对对碰	发现自我在人际中的交往模式，学会更加积极主动地与人交往。	9月下旬	初一教室
4	看看我最棒	发现自己的优点，欣赏他人的优点，增强自信心。	10月中旬	初一教室
5	未来不是梦	小组活动结束，巩固组员经验，处理离别情绪，评估小组工作。	10月下旬	初一教室

第一节　你我今相识

▼活动目标：让组员相互认识，并尝试共同订立小组规范及澄清组员期望和目的。

活动名称	活动安排	活动物资	用时
1. 自我介绍	工作员自我介绍		5 分钟
2. 动作签名	每个人做出属于自己的一个独特动作，并说出自己的名字，其他人跟着做这个动作并大呼这个同学的名字。		15 分钟
3. 订立规范	分小组，设定队名和口号，共同协商制定规范。	大画纸、笔若干	20 分钟
4. 总结	以问答的方式，了解组员的自我形象和他们参与小组的感受，总结本次活动并提醒下次活动内容、时间。		5 分钟

第二节　我们是一家

▼活动目标：加深组员认识，形成小组凝聚力。

活动名称	活动安排	活动物资	用时
1. 大风吹	热身活动，打乱座次，以便于活动的分组和男女比例的平衡		5 分钟
2. 排生日线	将组员出生年月按早晚排序，年龄按从大到小排好，期间组员不许说话。		10 分钟
3. 汪洋中的一条船	故事叙述，每个小组都会在洪水来的时候拥有一条船（一张报纸），所有的组员必须全部都挤到船上去，下一次报纸对折，以此类推		20 分钟
4. 总结分享	以问答的方式，了解组员的自我形象和他们的参与小组的感受，总结本次活动并提醒下次活动内容、时间。		10 分钟

第三节　人际对对碰

▼活动目标：培养组员人际沟通的能力，加强人际交流。

活动名称	活动安排	活动物资	用时
1. 进化论	活动前的热身，保证活动的顺利进行。每个人都是一个等待孵化的鸡蛋，都需要找到同级的对手，用剪刀石头布的方式进化。等级从低到高依次是：鸡蛋、小鸡、凤凰、人。		5 分钟

活动名称	活动安排	活动物资	用时
2. 我是小厨师	大家围坐成一圈，主持人站在圈外说明规则：现在我是一个小厨师，待会我会绕着大家走，并挑选我这道菜所需要的东西和佐料，当我说到某样东西并点到你的肩膀时，麻烦那位伙伴起立，大声说：xx 是 OO，并跟在我的后面走，我做什么动作，跟在后面的人也请跟着做，当我准备好我要烹调的东西时，我会喊："下锅！"此时请大家以最快速度找到空缺座位坐下，若没抢到位置的就当下一任小厨师。		10 分钟
3. 圆圈讲故事	所有人围成一个圈，顺时针顺序每个人一句话，联系上下文共同编著一个故事。		20 分钟

第四节　看看我最棒

▼活动目标：通过活动挖掘自己的意志潜力，增强自信心。

活动名称	活动安排	活动物资	用时
1. 观看视频	播放永不放弃的励志短片，分享自己的感受。边看视频边举手，看谁能坚持的时间最长。		10 分钟
2. 你真的很不错	让组员同时竖起左右手拇指，在胸前顺时针环绕，并喊口令："你真不错"，然后逆时针环绕，并喊："我真的不错"，最后顺时针环绕，两手放于胸前，与肩同宽，并喊口令："我们大家都不错"。分享游戏时的感受。		5 分钟
3. 千斤顶	一个人躺在桌子上，周围八个人每人用两个手的食指发力，将躺着的人平托起来。		15 分钟
4. 最后分享游戏的感受	分享并告知下一次的小组活动是最后一次。		5 分钟

第五节　未来不是梦

▼活动目标：小组活动结束，巩固组员经验，处理离别情绪，评估小组工作。

活动名称	活动安排	活动物资	用时
1. 笑口常开	由主持人示范关于"笑口常开"四个字所代表的手势，"笑"：双手的食指指向自己的脸，嘴巴微笑，做开怀大笑的样子，"口"：双手放在嘴边做呼叫状，做嘴巴的样子，"常"：双手拍两下手掌，"开"：双手张开举过肩膀。	PPT 材料、图片	5 分钟
2. 我的收获	以 PPT 的形式观看之前小组的照片，引导组员说出小组活动的收获是什么，与全体组员分享。比如"小组中我学到的三四件事"、"小组对你最有帮助的经验是什么"、"怎样才能将小组中学到的运用到日常生活中"。	PPT 材料，纸张	10 分钟
3. 真情祝福	处理离别情绪，给予彼此祝福，小组的每一个成员为其他人写下祝福的话或者建议，相互分享，并分享看到别人祝福后的感想。	A4 纸、曲别针 * 40	15 分钟
4. 小组结束语	回顾小组中走过的岁月，一起回顾自己的成长，彼此的友情与影响。为大家留下美好的祝福，同时发下问卷。顺便提一提个案的服务，自愿参与。	问卷 * 40	10 分钟
5. 合影留念	小组工作员和全体组员合影留念。	照相机、工作员	5 分钟

二　新生适应小组工作服务报告

小组基本资料 *

小组名称：新生适应小组

小组性质：封闭式小组

小组对象：初一全体学生（按班分组）

小组人数：班级全体学生

小组节数：5 节

小组缘起（需求评估） *

在需求评估中，我们采取访问的方式。通过对一些主要人物的访问，比如班主任以及班长等班级同学为访问对象。谈论他们对一些问题的认识及他们对各方面的需求。比如我们要做针对初一新生的小组，所以找到代表性的新生，询问一些问题，仅举 3 例。

1. 刚进入初中，一个新的环境，你觉得困难的事情有哪些？

2. 在这个问题上，你希望我们可以为你做什么？

3. 在未来，你希望可以有哪些改变？

在这些问题中我们要发现首要需求，先解决主要问题。就像是初一的新生，他们大多数是第一次开始住校生活，对于在宿舍的生活还不能快速适应，还有很多孩子有想家想父母的情绪。所以这些都是亟待改善的问题。这也是我们此次新生适应小组的初衷。

小组内容（即活动方案）*

我们此次新生适应小组针对初一四个班级，逐一针对四个班级的实际情况，进行五次有主题有目标的小组活动，每次活动方案及相应实施、评估过程如下：

第一节　活动——你我初相识

活动方案*

1. 首先是工作员自我介绍、工作介绍。让组员们对此次活动有初步的认识。

2. 动作签名活动：首先是小组工作员讲解规则，并做示范。每个人都要做一个专属于自己的动作，并大声说出自己的名字，其他同学模仿他的动作并喊出做动作同学的名字。全班同学做完之后再让大家分享感受。

3. 大风吹，小风吹：工作员讲解规则，并带领大家预热一轮。主持人喊大风吹，组员们问吹什么。由主持人指定一个很多同学共有的特征，比如吹短头发。那么所有短头发的同学要全部交换座位，长头发的则不动。游戏共进行六轮。之后换规则玩小风吹，规则与大风吹相反。游戏结束后，请没有抢到座位的和抢到座位的分享感受和经验。

4. 总结此次小组活动。

效果评估*

1. 目标达成情况

我们开展了第一次小组活动，你我初相识。在此次活动中，我们达到了预期的目标，实现了组员之间、组员与工作员之间的相互认识与信任。

2. 对组员影响的测量：用问卷的形式或者口头表达的方式让案主自我陈述对自己的影响。

动作签名游戏结束后，由参与者分享自己的感受。刚开始分享时，大家都很害羞，有一位同学主动分享后，经过工作员鼓励，大家开始踊跃参与发言。大风吹小风吹结束后，当过主持人的组员和每次都抢到座位的同学分别分享自己的感受。有人觉得当主持人特别开心，也有同学觉得要抢到座位就要眼疾手快。

3. 周围重要他人的意见反馈

参与活动班级的班主任唐老师对活动进行了反馈，班主任认为此次活动非常的有意义，缓解了学生的学习压力。

工作员反思＊（优势与不足，专业技巧的应用）

由于是第一次带小组活动，所以在刚开始的时候有些紧张。但随着同学们的积极配合，缓解了我的紧张情绪。而且在活动开始时，班主任老师在班级里，让我有些紧张，随着动作签名的进行，老师也参加了互动，同学们也变得更加配合。但是还是有一些同学很害羞，重复以前同学的动作，到讲台上很紧张，这可能是第一次参加这种活动的原因。在随后的分享中，我找到一个特别积极的小姑娘，由她开始，以她为示范，鼓励其他同学积极参与。

在大风吹小风吹的活动中，大家除了第一次不太熟悉规则之外，其他五次都特别活跃。甚至有几个同学表现出了很强的领导才能，主动帮助一个一直找不到座位的一个小姑娘。换到小风吹的时候，对于规则的转变，大家适应得都很快。有个别不太明白的同学，周围的同学也很兴奋地对他们进行讲解。

由于准备不足，还是忽略了时间的因素，导致活动最后拖延了五分钟。

在最后的分享过程中，记录员分享了自己的感受，引导组员们转到学校适应方面的问题上，引发了同学们的共鸣，积极地分享自己的新生生活。

在活动开始前，我们从班主任老师那里了解到班级里面的一个特殊情况。班里有一位同学腿脚行动不便，无法自己正常站立走路。所以我们的活动对他来说是困难的。在动作签名的游戏里我们鼓励他在座位上做出动作，但是在接下来的大风吹小风吹的活动中，他没有办法参加。我也想照顾他的身体，但是如果不让他参加活动，感觉对他是种伤害。但是活动中，他没法参与只能看着大家互动，对他也是一种伤害。所以对于这位组员，我不知道应该怎么办。在以后的小组活动中我该如何对待他？

第二节　活动——我们是一家

活动方案 *

1. 首先是工作员引导大家回顾上一次的小组活动，并且介绍此次活动内容，让组员们对此次活动有初步的认识。

2. 大风吹，小风吹：首先是小组工作员带领大家进行三轮大风吹游戏进行预热，打乱组员的座次，实现接下来的分组中每个小组中男女比例要协调的目的。然后按照游戏后座次进行分组，八个人一组，分为五组。

3. 排生日线：工作员讲解规则，将组员按照出生年月的早晚排序，年龄按照从大到小排列，期间组员不许说话，进行肢体交流。不分排名先后，鼓励过程中最安静的小组和组员的准确记忆。游戏结束后，分享过程，反思：从排生日线中获得了什么，如何不用语言交流，却又能排好，小组成员是否又加进了彼此的关系。

4. 汪洋中的一条船：工作员讲解规则，进行故事叙述：每个小组都会在洪水来的时候拥有一条船，所有组员必须挤到船上，每组八个人。第二次活动报纸对折，以此类推。游戏结束后，组员分享，反思：如何才能做到全体组员都不落水，从这个过程中体会到了什么，引导组员往团结、协作方向思考。

效果评估 *

1. 目标达成情况

在此次活动中，达到了预期的目标，实现了组员之间、组员与工作员之间的进一步熟悉与信任。

2. 对组员影响的测量

用问卷的形式或者口头表达的方式让组员自我陈述对自己的影响。

排生日线游戏结束后，由参与者分享自己的感受。刚开始分享时，大家都很害羞，有一组成员主动分享后，经过工作员鼓励，大家开始踊跃参与发言。小组组员对自己身边的组员更加熟悉，进一步增进了对同班同学的亲近感，有的小组组员还能记住自己小组全部成员的出生日期。

"汪洋中的一条船"调动了组员活动的热情，所有的组员最后都感到很热很累。组员感受良多，分享的都很积极，大家进一步明白了，只有通过团结协作才能共同站起来，团结就是力量。

工作员反思＊（优势与不足，专业技巧的应用）

优势：经过了第一次带领小组活动，第二次小组前经过充足的准备，变得游刃有余了。在小组活动开展之前就对组员心理预热准备着，提前排好座位，留出空地以便活动。

不足：在活动刚刚开始的时候，强调纪律时，没有很严肃，导致后来活动过程中纪律很乱，我在维持纪律浪费了很多的时间和精力。没有提前考虑好同学们的心理。在最后的总结过程中因为此次活动控制不当，所以部分同学认为此次活动没有上次的有趣。而且认为活动比较累。这在下次活动中是我要改进的。

在活动过程中，组员的纪律很差，我也未有及时地制止他们，令活动开展时有些混乱，这是此次开展活动的不足之处。

在最后的分享过程中，记录员分享了自己的感受，引导组员们转到学校适应方面的问题上，再次引发了同学们的共鸣。大家积极地分享自己的新生生活。

专业技巧的应用：在活动刚刚开始的时候，工作员强调纪律时，某位组员捣乱，我们没有考虑他的感受，让其到讲台罚站，导致在活动开展的时候该组员表现得比较沉默，甚至有和工作员对抗的表现。我们运用共情的专业技巧，同该组员沟通，相互之间取得了进一步的了解和支持，他对活动开始时发生的事情致以歉意，最后该组员成功融入小组的活动之中。

在下午给三班班主任唐老师说明了那个行动不便同学参与活动困难的情况后，在活动开展之前我们不知情的情况下，唐老师把该学生带到办公室。虽然很感激唐老师能明白我们的难处，但我内心充满了对该学生的内疚。如果我的专业能力够优秀，那么这样的情况就可以避免。

第三节　活动——人际对对碰

活动方案＊

1. 首先是工作员对此次活动更换场次问题进行解释，然后介绍此次活动的名称和主题，让组员们对此次活动有初步的认识。

2. 进化论：首先是小组工作员讲解规则，并做示范。一共有四个进化级别，分别是鸡蛋、小鸡、凤凰、人。活动开始时每个人都是鸡蛋，大家开始找与自己同等级的人进行石头剪刀布的比赛，赢了的同学进化一级，输了的同学不进化，以此类推，首先进化成为人的同学可以回到自己的座位。活动做完之后分别让首先进化的同学和未完成进化的同学分享自己的感受。

3. 我是小厨师：工作员讲解规则，并带领大家预热一轮。主持人说自己做什么菜，然后随意点同学做食材，被点到同学跟在小厨师后面模仿小厨师的动作。然后小厨师喊下锅后，所有同学包括小厨师在内要抢到座位坐下，而没有抢到座位的同学当下一轮的小厨师。游戏结束后，请没有抢到座位的和抢到座位的同学分享感受和经验。

4. 圆圈讲故事：同学们围成圆圈坐好，由第一名同学开头，然后每人接前面同学的话说上一句话，最后连成一个完整的故事。此次活动共进行了两轮。两轮过后请同学们总体分享一下此次活动带来的感受。

效果评估＊

1. 目标达成情况

在此次活动中，基本达到了预期的目标，实现了组员之间、组员与工作员之间的进一步了解，而且在活动过程中打破了只有熟悉的人坐在一起的局面。

2. 对组员影响的测量：用问卷的形式或者口头表达的方式让案主自我陈述对自己的影响；

进化论、我是小厨师等游戏结束后，由参与者分享自己的感受。经过此前三次活动的经验积累，大家不再害羞，而是主动举手要求分享自己的感受。

工作员反思＊（优势与不足，专业技巧的应用）

在这第三次活动中，因为活动的需要，我们更换了活动场地，选在舞蹈教室举行。由于场次变大，没有课桌之类的阻挡，所以此次活动非常顺利。所有的同学都积极参与，对活动有很高涨的热情。在进化论、我是小厨师等游戏结束后，参与者积极分享自己的感受。因为此前大家虽然对活动都很感兴趣也很配合，但是在分享的过程中很不积极。但是此次活动结束后的主动分享，我认为是活动开展至今一个很明显的进步。

不足的地方就是在活动结束后，没有充足的时间分享，因为更换场地，结束后大家还要把凳子放回教室，所以有些同学想分享却没有得到机会。所以在以后的活动中要留好充足的分享时间。

第四节　活动——看看我最棒

活动方案 *

1. 首先是工作员介绍此次活动的名称和主题，让组员们对此次活动有初步的认识。

2. 播放"永不放弃"视频：根据此次主题内容及其目标，我们选取了一个时长十分钟的视频"永不放弃"，主题是关于人的潜力和鼓励的力量。要求组员观看视频的同时举手，并在视频播放结束后分享举手十分钟的感受以及看完视频的感受和想法。

3. 你真的很不错：让组员同时竖起左右手拇指，在胸前顺时针环绕，并喊口令"你真不错"，然后逆时针环绕，并喊"我真的不错"，最后顺时针环绕，两手放于胸前、与肩同宽，并喊口令"我们大家都不错"。

4. 千斤顶：活动刚开始选择一名同学做志愿者，躺在桌子上，周围八个人每人用两个手的食指用力，将躺着的人平托起来。在第一轮示范结束后，继续邀请组员主动上来做志愿者。男女生分开做。

5. 最后分享总结，并告知下一次的小组活动是最后一次。

效果评估 *

1. 目标达成情况

此次活动中，大家团结协作、互相鼓励，完成了一开始认为不可能完成的任务，提高了组员的自信心，让他们认识到自己身上还有许多潜力没有发掘出来。

2. 对组员影响的测量

用问卷或者口头表达的方式让组员自我陈述该活动对自己的影响。视频观看和千斤顶等游戏结束后，由参与者分享自己的感受。经过此前四次活动的经验积累，在分享的过程中大家都很积极参与。但在视频观看后大家的分享态度比较消极，有的同学认为视频不好看没意思。所以在分享环节中不够积极。

工作员反思 *

在此次活动中优势是活动内容很连贯，与主题契合很好。在实施过程中每个环节都紧扣主题，使得这次活动的意义和主旨得到很好发挥，而且也使得组员们建立起了对自己、对团队的信心。这次活动从刚开始单纯带组员活动开心到此次深化主题，是新生适应小组一次质的飞跃。另一方面，在这次小组的活动中，组员参与的积极性很高，据小组记录员的观察，全班同学基本上都参加了此次活动。组员参与的程度高，是保证本次小组活动成功的一个因素。

然而在此次活动中也暴露了许多问题。事前没有和三班沟通好，原计划于三班开展第三次活动，因三班突然有其他事情，只能到一班带领第四次活动。由于事先没有充分准备，到一班属于临场发挥。导致最后时间不足，分享总结只能写在黑板上等学生吃饭之后再来看。这是属于工作上时间安排的失误。

还有就是视频的反响问题。在一班的第四次活动对视频反响很好，但是在三班的播放及观后感上出现了问题，这是始料未及的。我没有提前的备选方案，所以在视频结束的分享环节中，对超出自己预期的问题反应不及时，导致了在接下来的千斤顶调动方面也很困难。

这个问题的出现使我意识到，随着活动的开展，班级之间的差异也日益明显，不同的班级要用不同的方法。在最后一次活动的计划中，首先要将活动的内容扩大，选取出一些合适的备用活动内容，而且要根据班级里的实际情况开展活动。就像在三班有一位同学特别活跃，他在班级中的带动作用也很强，无论是好的带动还是坏的带动都很有影响，这既是活动的劣势也是优势。在接下来的活动中，可以利用这位同学的优势发挥他的良好带动作用，来调节班级的气氛。

第五节　活动——未来不是梦

活动方案 *

第一部分是缓解情绪的小游戏，由主持人示范关于"笑口常开"四个字所代表的手势。

"笑"：双手的食指指向自己的脸，做开怀大笑的样子。

"口"：双手放在嘴边做呼叫状，做嘴巴的样子。

"常"：双手拍两下手掌。

"开"：双手张开举过肩膀。

第二部分是回顾小组的成长，观看小组成长的照片，思考"小组中我学到的三四件事""小组对你最有帮助的经验是什么""怎样才能将小组中学到的运用到日常生活中",引导组员进行分享。

第三部分是真情祝福。将纸用胶带粘在背后,小组的每一个成员为其他人写下祝福的话或者建议,相互分享,并分享看到别人祝福后的感想。

第四部分是回顾小组走过的历程,一起回顾自己的成长,彼此的友情与影响,引导组员们畅想未来。

第五部分是小组告别仪式,合影留念。

效果评估 *

1. 目标达成情况

此次活动中,巩固了前四次小组活动的成果,处理了组员之间,组员和工作员之间的离别情绪。

2. 对组员影响的测量

用问卷或者口头表达的方式让组员自我陈述小组活动对自己的影响。通过设计问卷,让组员填写,用量化指标看评估效果。

工作员反思 *

优势:合理的达成了最后一次的小组活动的目标,组员的离别情绪得到很好地处理。本次活动每个环节的设计都是围绕着小组的目标,在实际开展的过程中,组员的参与较好,小组工作员的带领与引导还是起到了很大的作用。

不足:小组环节的衔接存在不是很流畅自然的问题。解决了小组组员的大多数问题,但对个别成员的不适应、不参与还是没能很好解决。中间的真情祝福环节的游戏时间明显不足,时间整体不足还是一个很重要的问题。

三　新生适应小组活动效果评估报告

2015 年 9—10 月,沂蒙菁梦家园·飞翔项目社工为 Z 中学新生开展了适应小组活动。为了解新生小组活动的效果,以改进、完善小组工作方式方法,进一步推进下一步的新生适应服务工作,特进行本次问卷调查评估。

1　问卷发放、回收情况

本次调查,对初一新生进行了小组成效调查问卷的发放,共收回问卷146 份,其中男生 62 份,女生 84 份。

2　调查结果分析

2.1　小组游戏的趣味性程度

75 人认为游戏非常有趣，38 人认为有趣，26 人认为一般，6 人认为无趣。总体上认为小组游戏有趣味的为 113 人，占 79%。

2.2　个人活动参与度

41 人表示非常投入，33 人表示比较投入，43 人表示一般投入，20 人表示较少投入，4 人表示没有投入。总体较投入情况占 51%。

2.3　小组工作人员评价

95 人表示非常满意，34 人表示满意，15 人表示一般，2 人表示不满意。总体上对工作人员满意的为 129 人，占 88%。

2.4　小组活动前适应状况

17 人表示非常适应，29 人表示相当适应，75 人表示有些困扰，25 人很不适应。

2.5　小组活动后适应状况

47 人表示非常适应，69 人表示相当适应，33 人表示有些困扰，4 人表示很不适应。

2.6　小组活动的收获

106 人表示和同学关系更加亲密，79 人表示拓展了兴趣爱好，59 人表示通过小组发现了自己的潜在力量，45 人表示增强了自身责任感。

在"通过活动学会了如何应对面临的挑战"的回答方面，有 24 人提到了"团结"（合作），16 人提到了"勇敢"（勇气）。

2.7　小组活动的意见建议

小组活动内容、形式方面：游戏量较少，有的游戏有些难，有些略显幼稚。要适当增加有趣味的游戏，比如撕名牌等等。

小组活动的组织方面：有的时候场面有些混乱，个别游戏指导语同学没有听明白；适当增加室外游戏；尽量动员积极性不高、内向的同学参加到游戏中来；是否有权利不参加游戏；游戏时间占用了写作业的时间；工作人员总体态度和蔼，但个别时候要控制脾气；希望老师也参加到游戏活动中来。

3　调查结论

3.1　小组活动在新生适应方面取得了一定成效

小组活动前，17 人表示非常适应，29 人表示相当适应，总体适应率为32%；小组活动后，47人表示非常适应，69人表示相当适应，总体适应率为79%，说明学生适应情况有了良好改善。尽管这种改善，也与学校领导与老师们的教育、与学生自身适应能力的调控有直接的关系，但我们还是非常欣喜地看到学生的进步。

3.2　小组活动总体得到学生认可但还有诸多改进之处

从调查结果看，绝大多数学生对小组活动表示了认可与支持，也从中在适应方面得到了锻炼，但是小组活动还存在着诸多亟待改进、完善之处，比如进一步增强活动的针对性、目的性、趣味性；适当控制小组活动的规模；协同好小组活动与学校整体教育活动、班级教育活动的关系；进一步加强与细化小组活动开展前的需求评估；注意开发游戏的教育性价值等等。

4　讨论与建议

小组活动是新生适应活动的第一步，尽管取得了相应成效，但仅仅靠5次小组活动不能彻底解决新生的适应问题，所以在小组活动的基础上，继续跟进做好下一步的新生适应工作。

4.1　对个别适应情况不良的学生进行个案工作

对目前依然存在较为突出的适应不良问题的个别同学进行筛查、发现并开展个案工作，提供有针对性的心理辅导、励志教育、资源链接等服务，以有效提升这些同学的学校适应能力，改善他们目前的适应不良状况。

4.2　对具有一定普遍性的适应问题开展专门小组工作

对课程不适应、住宿不适应、人际关系不适应等同学进行筛查、发现、招募，针对以上问题建立起"课程适应""宿舍适应""人际关系适应"等小组，真正利用团体动力学等专业理论开展好小组工作服务。

4.3　在学生初步适应基础上进一步开展学业规划、职业规划等发展性活动

对适应情况良好的同学，要建议、配合学校开展学业规划、职业规划等发展性活动，以使学生在适应学校生活的基础上进一步通过学习习惯养成、未来理想构建、自我潜能挖掘等等具体的教育、服务活动，由适应学校生活状况向自身能力、水平不断提升方面发展，努力成为自立、自强的初中生。

四　新生适应小组活动总结评估表

小组名称	扬帆初中·启航未来	评估日期	10.30	负责社工	
出席人员	小组组员：初一1—4班全体学生				
志愿者情况	无				

小组前期筹备工作反思
1. 在小组整体的时间安排上存在着没有固定时间的问题，没有与组员商定每次活动开展的具体时间；   2. 时间的安排与学校领导、老师沟通不足

小组具体目标完成情况		
小组目标	达成情况	原因分析
1. 通过新生适应小组，建立良好的人际关系	通过新生适应小组，使新生建立了较好的人际关系。很多组员通过小组的活动与班级的同学结伴，和多数同学都有良好的人际基础。	合理的小组活动计划的制定是保证小组整个目标达成的基础。小组工作员的专业技巧和专业基础是目标达成的必要因素
2. 认识自己的潜力	通过小组一些游戏活动，使小组组员认识到困难并非不可战胜，明白自己的潜力是巨大的。	小组活动的设计要有一定的理论基础，这是保证目标达成的前提
3. 提高组员解决问题的能力	小组的组员通过小组的活动，能够面对学习和生活上的一些困难，能够自己解决一些简单的问题，发现自己的优点。	总体的活动目标达成很成功，总体活动的设计符合活动的目的，具体的活动有理论的基础。小组的开展过程中，工作员有极大的热情和专业的技巧

小组效果评估	
评估项目	具体说明
组员参与情况及角色变化	根据小组评估问卷的统计结果，组员的参与程度有60%的人数是比较投入及以上，有10%左右的人投入程度不高
组员关系的变化	有80%的组员认为自己与周围同学的关系更好了
社工带领技巧的运用	成功运用了部分的小组工作技巧：引导、支持、焦点回归、示范、催化链接、观察与评估等
社工助理/工作人员的参与及配合	很支持

小组后续跟进工作
针对全体组员采取了个别聚会的形式，目的在于了解离组后的生活学习情况，使成员了解工作者对其的关心和支持，巩固了小组的学习成果，了解并初步解决在此期间的困难和问题 对极不适应的组员开展个案工作，继续跟进个别的新生适应的问题
其他事项说明：无

督导建议	
1. 负责社工在筹备过程中的工作	筹备过程中总体的计划很成功，时间安排上略显不足
2. 负责社工在过程中的技巧与角色把握	小组工作的技巧运用得很成功，对于小组工作员的角色把握很成功。有些技巧的使用有些生疏，但是熟能生巧
3. 负责社工对小组动力的把握	建立良好的动力机制，达成了小组的工作目标
4. 负责社工对过程目标的实现	成功的达成过程目标
5. 负责社工对成效目标的实现	使得大部分新生对学校的生活有较好的适应
6. 负责社工对小组成员的关注	对重点小组成员有较大的关注。 对整体的小组成员也有较多关注
7. 负责社工对整体工作的投入	投入很大
8. 负责社工对后续工作的安排	后续小组整体跟进工作的开展很成功，后续对重点小组成员进行了个案跟进

小组负责社工签字		报告呈交日期	
服务督导签字		督导回复日期	

参考文献

中文文献

包俊林：《小组工作介入农村留守儿童社会交往困境的实践研究》，《青少年研究与实践》2019 年第 3 期。

北京师范大学中国公益研究院儿童福利研究中心课题组：《让儿童优先成为国家战略》，《社会福利》2014 年第 4 期。

《部分农村青少年精神世界"荒漠化"：少文化口粮，缺心理营养》，http：//www. xinhuanet. com/politics/2018 - 10/10/c _ 1123537969. htm，2018 年 12 月 20 日。

陈静、王名：《入乡随俗的"社会补偿"：社区营造与留守儿童社会保护网络构建——以 D 县 T 村的公益创新实验为例》，《兰州学刊》2018 年第 6 期。

陈军：《政策评估的中外比较研究》，《科技管理研究》2014 年第 2 期。

陈世海、黄春梅、张义烈：《西部农村留守儿童的社会支持研究及启示》，《青年探索》2016 年第 5 期。

陈曙、王京琼：《体育参与对农村留守儿童身心健康的干预研究》，《武汉体育学院学报》2016 年第 9 期。

陈友华、许加明：《社会工作专业权威建构：现状、问题与思考》，《人文杂志》2017 年第 6 期。

陈玥、赵忠：《我国农村父母外出务工对留守儿童健康的影响》，《中国卫生政策研究》2012 年第 11 期。

成彦：《农村留守家庭对儿童及青少年的影响》，《社会福利》2007 年第 2 期。

崔效辉、郭安：《农村留守儿童现状及引入社会工作方法的必要性——基于两所小学的对比研究》，《南京人口管理干部学院学报》2011 年第

2 期。

崔效辉、晏凤鸣：《农村留守儿童现状及引入社工服务的必要性——基于苏北农村学龄儿童的对比研究》，《社会工作》2013 年第 4 期。

戴建兵：《我国适度普惠型儿童社会福利制度建设研究》，博士学位论文，华东师范大学，2015 年。

邓纯考：《农村留守儿童社会化困境与学校教育对策——对浙南 R 市的调查与实践》，《浙江社会科学》2012 年第 5 期。

邓李君、邓倩、杨文建：《基于农村书屋、乡镇图书馆、学校的留守儿童补偿教育模式研究》，《国家图书馆学刊》2013 年第 5 期。

邓玮：《社区为本：农村留守青少年犯罪风险的社工干预策略——以抗逆力提升为介入焦点》，《西北农林科技大学学报》（社会科学版）2015 年第 5 期。

丁煌：《政策执行的阻滞机制及其防治对策：一项基于行为和制度的分析》，人民出版社 2002 年版。

丁继红、徐宁吟：《父母外出务工对留守儿童健康与教育的影响》，《人口研究》2018 年第 1 期。

董才生、马志强：《留守儿童关爱保护政策需要从"问题回应"型转向"家庭整合"型》，《社会科学研究》2017 年第 4 期。

董海宁：《社会化结果：留守儿童与非留守儿童的比较分析》，《中国青年研究》2010 年第 7 期。

董士昙：《山东省农村留守儿童犯罪问题的调查与分析》，《山东警察学院学报》2009 年第 4 期。

董泽松、祁慧、刘传星、李荆广、张珂：《西部 4 省（区）民族地区留守儿童健康素养与意外伤害的关系》，《中国健康教育》2019 年第 5 期。

杜鹃：《政府在完善留守儿童人身安全保护制度中的对策》，《中北大学学报》（社会科学版）2015 年第 5 期。

段成荣、吕利丹、郭静、王宗萍：《我国农村留守儿童生存和发展基本状况——基于第六次人口普查数据的分析》，《人口学刊》2013 年第 3 期。

段成荣、吕利丹、王宗萍：《城市化背景下农村留守儿童的家庭教育与学校教育》，《北京大学教育评论》2014 年第 3 期。

段成荣、杨舸：《我国农村留守儿童状况研究》，《人口研究》2008 年第 3 期。

范丽恒、赵文德、牛晶晶:《农村留守儿童心理依恋特点》,《河南大学学报》(社会科学版) 2009 年第 6 期。

范颂、何苑菱、常豫红、李爱玲:《泸州市留守儿童伤害现况研究》,《医学与法学》2015 年第 4 期。

费梅苹:《上海青少年社会工作者专业能力建设的行动研究》,《华东理工大学学报》(社会科学版) 2007 年第 4 期。

付玉明:《论我国留守儿童性权利的法律保护——基于十起典型案例的实证分析》,《法学论坛》2016 年第 5 期。

傅王倩、张磊、王达:《初中留守儿童歧视知觉及其与问题行为的关系:社会支持的中介作用》,《中国特殊教育》2016 年第 1 期。

高翔:《农村低收入家庭留守儿童的整体性忽略》,《东岳论丛》2014 年第1 期。

高雪梅:《中小学生心理学》,西南师范大学出版社 2013 年版。

高亚兵:《农村留守儿童心理健康状况及人格发展特征》,《中国公共卫生》2008 年第 8 期。

高智慧:《农村留守儿童性安全的社会工作介入研究》,硕士学位论文,兰州大学,2018 年。

谷传华:《农村留守中学生心理韧性与孤独感的关系:人际信任和应对方式的中介作用》,《首都师范大学学报》(社会科学版) 2015 年第 2 期。

《关于大力开展关爱农村留守儿童行动的意见》(妇字〔2006〕25 号),http://www. wenming. cn/wcnr_ pd/fgwx/201010/t20101028_ 2071. shtml,2016 年 7 月 20 日。

《关于贯彻落实中央指示精神 积极开展关爱农村留守流动儿童工作的通知》,http://www. law – lib. com/law/law_ view. asp? id = 224258,2016 年 7 月 20 日。

《关于开展"共享蓝天"全国关爱农村留守流动儿童大行动的通知》,http://www. ggw. edu. cn/tsgz/fpzx/lset/20130417 – 530. shtml,2016 年 7 月 20 日。

《关于开展全国农村留守流动儿童关爱服务体系试点工作的通知》(妇字〔2011〕32 号),http://www. 110. com/fagui/law_ 388047. html,2016 年 7 月 20 日。

《关于在农村留守儿童关爱保护中发挥社会工作专业人才作用的指导意见》

（民发〔2017〕126 号），http：//xxgk. mca. gov. cn：8081/n1360/144966. html，2018 年 8 月 11 日。

《国家中长期教育改革和发展规划纲要（2010—2020 年）》，http：//www. gov. cn/jrzg/2010 - 07/29/content_ 1667143. htm，2016 年 7 月 20 日。

《国务院关于加强农村留守儿童关爱保护工作的意见》（国发〔2016〕13 号），http：//www. gov. cn/zhengce/content/2016 - 02/14/content _ 5041066. htm，2016 年 7 月 20 日。

《国务院关于加强农村留守儿童关爱保护工作的意见》（国发〔2006〕13 号），http：//www. gov. cn/zhengce/content/2016 - 02/14/content _ 5041066. htm，2016 年 7 月 20 日。

《国务院关于解决农民工问题的若干意见》（国发〔2006〕5 号），http：//www. gov. cn/gongbao/content/2006/content_ 244909. htm，2016 年 7 月 20 日。

《国务院关于进一步做好为农民工服务工作的意见》（国发〔2014〕40 号），http：//www. gov. cn/zhengce/content/2014 - 09/30/content _ 9105. htm，2016 年 7 月 20 日。

《国务院关于印发"十三五"脱贫攻坚规划的通知》（国发〔2016〕64 号），http：//www. gov. cn/zhengce/content/2016 - 12/02/content _ 5142197. htm，2017 年 8 月 12 日。

韩嘉玲、张妍：《农村社区发展助力留守儿童健康成长》，《中国民政》2016 年第 12 期。

韩嘉玲、张妍、王婷婷：《农村留守儿童的家庭监护能力研究》，《南京工业大学学报》（社会科学版）2016 年第 2 期。

韩志明：《政策执行的模糊性及其治理效应》，《湘潭大学学报》（哲学社会科学版）2018 年第 7 期。

和秀涓：《农村留守儿童的心理健康：一个生态学的视角》，《河北青年管理干部学院学报》2007 年第 1 期。

胡洋、宇翔、廖珠根：《中国农村地区留守儿童意外伤害发生率的 Meta 分析》，《现代预防医学》2015 年第 23 期。

黄春蕾、刘君：《绩效视角下政府购买社会工作服务模式的优化：济南市的经验》，《中国行政管理》2013 年第 8 期。

黄红：《发挥优势、提高成效——解读〈关于在农村留守儿童关爱保护中发挥社会工作专业人才作用的意见〉》,《中国社会工作》2017 第 25 期。

黄晓萍、田秀花:《留守学生心理健康状况的调查与分析》,《教育导刊》2007 年第 3 期。

黄煜峰、雷雳:《初中生心理学》,浙江教育出版社 2002 年版。

黄月胜、郑希付、万晓红:《初中留守儿童的安全感、行为问题及其关系的研究》,《中国特殊教育》2010 年第 3 期。

贾改珍、宋龙笛、徐天和、王丽萍:《菏泽市东明县农村儿童意外伤害特征及其影响因素研究》,《中华儿童保健杂志》2014 年第 4 期。

贾兰兰:《农村留守儿童抗逆力提升小组的实务研究》,硕士学位论文,中国青年政治学院,2016 年。

贾勇宏、范国:《论加强农村留守儿童家庭亲职教育的必要性与可行性》,《河北师范大学学报》(教育科学版) 2018 年第 1 期。

蒋平、阳德华:《农村留守少年儿童青春期性教育的缺失及对策》,《中国青年研究》2008 年第 3 期。

蒋武、黄华兴、韦金露、石海丽、朱微微、张荻华:《南宁市农村留守儿童意外伤害流行病学调查》,《中国妇幼保健》2011 年第 4 期。

蒋艺义:《问题与政策:重庆留守儿童关爱保护工作》,《重庆行政(公共论坛)》2016 年第 4 期。

《教育部等 5 部门关于加强义务教育阶段农村留守儿童关爱和教育工作的意见》(教基一〔2013〕1 号),http://www. gov. cn/zwgk/2013 - 01/10/content_ 2309058. htm,2016 年 5 月 21 日。

《警方披露毕节自杀儿童遗书:死亡是我多年梦想》,http://news. sohu. com/20150612/n414937767. shtml,2018 年 7 月 19 日。

句华:《社会组织在政府购买服务中的角色:政社关系视角》,《行政论坛》2017 年第 1 期。

孔东菊:《农村留守儿童监护权缺失问题的民法研究——以未成年人监护制度为视角》,《广西社会科学》2008 年第 4 期。

李春凯、彭华民:《贫困与留守儿童心理健康关系研究——以江西省修水县分析为例》,《浙江工商大学学报》2018 年第 1 期。

李光友、陶方标:《14~16 岁留守儿童心理状况及自杀倾向分析》,《中国公共卫生》2009 年第 8 期。

李静:《农村留守儿童的心理弹性与社会支持——基于湘西民族地区 406

　　份问卷调查》，《南京人口管理干部学院学报》2013 年第 2 期。

李铿、赵文莉、蒋霞、吴志贤、潘卫明、乔昆：《甘肃省留守初中生自杀
　　态度及影响因素分析》，《医学与社会》2017 年第 7 期。

李磊、徐杨：《农村留守儿童的"学校代行式"社会工作——基于对皖北
　　M 校"关爱留守儿童工作"的调研》，《宿迁学院学报》2013 年第 4 期。

李孟洁、郭丽、周佑英、陈丽珠、项红、凌莉：《农村学龄前留守儿童心
　　理行为社区家庭工作坊干预》，《中国心理卫生杂志》2016 年第 4 期。

李勉、张平平、王耘：《国外中小学寄宿制学校的办学管理经验及其影
　　响》，《河北师范大学学报》（教育科学版）2017 年第 9 期。

李强、臧文斌：《父母外出对留守儿童健康的影响》，《经济学》（季刊）
　　2010 年第 1 期。

李双元：《儿童权利的国际法律保护》，人民法院出版社 2004 年版。

李序科：《学校社会工作视阈下的农村留守儿童问题》，《重庆理工大学学
　　报》（社会科学版）2010 年第 5 期。

李雪飞：《类家庭模式在侨乡留守儿童中的应用》，《社会福利》2012 年第
　　7 期。

李子华：《留守初中生同伴关系对孤独感的影响：自我意识的调节作用》，
　　《中国特殊教育》2019 年第 2 期。

梁祖斌：《家庭服务与儿童福利》，《民政论坛》2001 年第 3 期。

林李楠、陶双宾：《学校社会工作介入留守儿童成长的可行模式研究》，
　　《安徽理工大学学报》（社会科学版）2018 年第 6 期。

林玲：《中国农村留守儿童问题分析及对策研究——以四川省金堂县为
　　例》，《新课程》2016 年第 5 期。

刘贝贝、青平、肖述莹、廖芬：《食物消费视角下祖辈隔代溺爱对农村留
　　守儿童身体健康的影响——以湖北省为例》，《中国农村经济》2019 年
　　第 1 期。

刘斌志、梁谨恋：《论儿童社会工作者的核心能力及培育策略》，《青年探
　　索》2018 年第 4 期。

刘丹丹：《农村留守儿童的十种不良心理倾向及教育疏导措施》，《山西财
　　经大学学报》2016 年第 S1 期。

刘奉、王静文、蒋祥林、邹飞：《不同年龄留守儿童身体健康特征与分
　　析》，《母婴世界》2015 年第 24 期。

刘红艳、常芳、岳爱、王欢：《父母外出务工对农村留守儿童心理健康的影响：基于面板数据的研究》，《北京大学教育评论》2017 年第 2 期。

刘华锦、叶正茂、阮恒：《初中阶段农村留守儿童心理健康状况调查与分析》，《教育评论》2015 年第 6 期。

刘继同：《社会转型期儿童福利的理论框架与政策框架》，《中国青年研究》2005 年第 7 期。

刘继同：《中国儿童福利立法与政策框架设计的主要问题、结构性特征》，《中国青年研究》2010 年第 3 期。

刘为国、余丙南：《留守学生：一个犯罪学应关注的群体》，《苏州大学学报》（哲学社会科学版）2010 年第 6 期。

刘维涛：《我国农村留守儿童超 6000 万》，《人民日报》2013 年 5 月 11 日。

刘卫华、沈小草、朱晗：《社会工作介入农村寄宿制学校的探索——基于留守儿童的依恋与自我力量研究》，《社会福利》2016 年第 3 期。

刘霞、武岳、申继亮、邢淑芬：小学留守儿童社会支持的特点及其与孤独感的关系，《中国健康心理学杂志》2007 年第 4 期。

刘振厚、张明丽：《农村留守青少年犯罪呈现"四多两低"特点》，《人民法治》2015 年第 8 期。

卢宝蕊：《增权视角下留守儿童权力保障研究》，《河北青年管理干部学院学报》2015 年第 3 期。

卢俊勇、陶青：《农村留守儿童社会化困境及其化解》，《教育理论与实践》2019 年第 5 期。

陆润豪、彭晓雪、吴茜、朱智、董婧、陈庆荣：《江苏省农村留守儿童自杀风险调查》，《中国公共卫生》2017 年第 9 期。

陆士桢：《建构我国留守儿童生存发展保障体系》，《青少年研究与实践》2015 年第 1 期。

陆士桢、魏兆鹏、胡伟：《中国儿童政策概论》，社会科学文献出版社 2005 年版。

陆伟、宋映泉、梁净：《农村寄宿制学校中的校园霸凌研究》，《北京师范大学学报》（社会科学版）2017 年第 5 期。

吕建娇：《理性情绪疗法在单亲留守儿童个案工作中的运用》，《现代交际》2019 年第 9 期。

吕利丹：《从"留守儿童"到"新生代农民工"——高中学龄农村留守儿

童学业终止及影响研究》，《人口研究》2014 年第 1 期。

麻丽丽、许学华、李颖：《生态心理学视角下留守儿童问题研究》，《教育理论与实践》2018 年第 2 期。

马灿：《青少年社会工作素质模型构建研究》，《青年探索》2012 年第 4 期。

马润生、尹书强：《论社会工作对农村留守儿童问题的介入——契合性、困境与途径探索》，《黑河学刊》2008 年第 6 期。

［美］Bonnie L. Yegidis，Robert W. Weinbach：《社会工作研究方法》，华东理工大学出版社 2004 年版。

《民政部　财政部关于政府购买社会工作服务的指导意见》（民发〔2012〕196 号），http：//www. gov. cn/zwgk/2012 － 11/28/content ＿2276803. htm，2018 年 2 月 20 日。

《民政部关于贯彻落实〈国务院关于加强农村留守儿童关爱保护工作的意见〉的通知》（民函〔2016〕119 号），http：//mzzt. mca. gov. cn/article/nxlsrtbjlxhy/xgwj/201611/20161100887426. shtml，2016 年 7 月 20 日。

《民政部关于进一步开展适度普惠型儿童福利制度建设试点工作的通知》（民函〔2014〕105 号），http：//www. chinalawedu. com/falvfagui/22598/wa201404290845246002135 4. shtml，2016 年 7 月 13 日。

潘璐：《留守儿童关爱政策评析与重塑》，《社会治理》2016 年第 6 期。

庞常青：《留守儿童保护视野下未成年人监护权委托法律程序研究》，《理论学刊》2018 年第 2 期。

彭华民、徐愫：《人类行为与社会环境》，高等教育出版社 2016 年版。

朴贞子、金炯烈、李洪霞：《政策执行论》，中国社会科学出版社 2010 年版。

乔东平、谢倩雯：《西方儿童福利理念和政策演变及对中国的启示》，《东岳论丛》2014 年第 11 期。

裴晓兰：《成才与成人：青少年家务参与状况折射出的教育问题》，《当代青年研究》2015 年第 5 期。

裴指挥：《留守儿童"亲情空洞"问题发生的特殊性及防范》，《中国教育学刊》2016 年第 5 期。

裴指挥、张丽、刘炎：《从救助走向福利：我国儿童权利保护法律与政策的价值变迁》，《学前教育研究》2015 年第 9 期。

全国妇联课题组：《我国农村留守儿童、城乡流动儿童状况研究报告》，http：//acwf. people. com. cn/n/2013/0510/c99013－21437965. html，2016年7月20日。

全国社会工作者职业水平考试教材编写组：《社会工作实务中级》，中国社会出版社2016版。

《山东省中小学教学基本规范》（鲁教基发〔2015〕6号），http：//www. shandong. gov. cn/art/2015/5/15/art＿2259＿24719. html，2018年8月11日。

尚发超：《叙事家庭治疗在城镇留守儿童厌学问题中的应用研究》，硕士学位论文，井冈山大学，2017年。

邵艳、张云英：《农村留守儿童心理问题及对策：以湖南长沙市为例》，《湖南农业大学学报》2007年第2期。

佘丹丹、宋少俊：《农村留守与非留守青少年疏离感调查研究》，《人才资源开发》2015年第24期。

沈冠辰、陈立行：《社会工作介入我国农村留守儿童的实务模式研究》，《吉林大学社会科学学报》2018年第6期。

沈欣：《农村留守儿童安全教育的小组工作介入研究》，硕士学位论文，江西财经大学，2017年。

沈宗灵：《法理学》，高等教育出版社1994版。

石婷：《论国家对未成年人监护的公权干预——以保障留守儿童的合法权益为视角》，《当代青年研究》2014年第3期。

史铁尔、刘静林、朱浩：《探索社会工作专业实践教学模式培养中国本土社会工作人才》，《长沙民政职业技术学院学报》2004年第4期。

舒国滢：《权利的法哲学思考》，《政治论坛》1995年第3期。

苏春景、徐淑慧、杨虎民：《家庭教育视角下中小学校园欺凌成因及对策分析》，《中国教育学刊》2016年第11期。

苏群、徐月娥、陈杰：《父母外出务工与留守子女辍学——基于CHNS调查数据的经验分析》，《教育与经济》2015年第2期。

孙晓军、周宗奎、汪颖、范翠英：《农村留守儿童的同伴关系和孤独感研究》，《心理科学》2010年第2期。

孙艳艳：《"家庭为本"的留守儿童社会服务政策理念与设计》，《东岳论丛》2013年第5期。

谭瑞欣:《西班牙:家务劳动可以促进孩子创造力发展》,《人民教育》2019 年第 1 期。

陶然、周敏慧:《父母外出务工与农村留守儿童学习成绩——基于安徽、江西两省调查实证分析的新发现与政策含义》,《管理世界》2012 年第 8 期。

田旭、黄莹莹、钟力、王辉:《中国农村留守儿童营养状况分析》,《经济学》(季刊)2018 年第 1 期。

涂希:《小组工作介入毕节市 J 小学农村留守儿童同辈支持问题的应用探索》,硕士学位论文,贵州大学,2018 年。

万云松、陈贵玲:《留守未成年人重新犯罪问题实证研究——以重庆某区 77 名留守未成年人犯罪案件为样本》,《青少年犯罪问题》2015 年第 6 期。

汪振江、杨铁生:《监护制度视角下农村留守儿童权益保障机制的重构》,《广西社会科学》2009 年第 3 期。

王凡、赵守盈、陈维:《农村留守初中生亲子亲和与孤独感的关系:情绪调节自我效能感的中介作用》,《中国特殊教育》2017 年第 10 期。

王楠、韩娟、丁慧思、徐阳欢、胡月、张敏莉、杨森焙、刘维韦:《农村在校留守儿童心理健康及影响因素》,《中国公共卫生》2017 年第 9 期。

王秋香:《家庭功能弱化与农村"留守儿童"社会化》,《文史博览》2006 年第 7 期。

王思斌:《积极促进我国学校社会工作的发展》,《中国社会工作》2018 年第 28 期。

王思斌:《留守儿童需要政府和全社会的关怀》,《中国社会报》2015 年 6 月 26 日。

王思斌:《社会工作概论》(第三版),高等教育出版社 2014 年版。

王文晶、李卉、王瑞娟:《社会工作视角下农村"留守儿童"问题的分析与对策》,《长春理工大学学报》(社会科学版)2008 年第 5 期。

王雪梅:《儿童福利论》,社会科学文献出版社 2014 年版。

王雁:《学校支持体系视野下农村留守儿童教育问题研究》,《浙江青年专修学院学报》2012 年第 4 期。

王谊:《农村留守儿童教育研究——基于陕西省的实地调研》,博士学位论文,西北农林科技大学,2011 年。

王樱霖：《健康成长——磐石市 W 村留守儿童服务项目总结书》，硕士学位论文，长春工业大学，2015 年。

王玉香、杜经国：《抗逆力培育：农村留守青少年社会工作服务的实践选择》，《中国青年研究》2018 年第 10 期。

王玉香：《农村留守儿童权益保护主体性缺失问题研究》，《中国青年研究》2017 年第 12 期。

王煜：《"关爱机制"为何失效》，《决策探索》（上半月）2015 年第 7 期。

王章华、戴利朝：《社会工作在农村留守儿童教育问题中的介入模式探索》，《现代教育管理》2009 年第 7 期。

魏航、王建冬、童楠楠：《基于大数据的公共政策评估研究：回顾与建议》，《电子政务》2016 年第 1 期。

邬志辉、李静美：《农村留守儿童生存现状调查报告》，《中国农业大学学报》（社会科学版）2015 年第 1 期。

吴翠萍：《农村隔代家庭的养老功能——基于留守儿童养老支持的分析》，《安徽师范大学学报》（人文社会科学版）2018 年第 5 期。

吴帆、王琳：《社会治理视阈下的留守儿童社会政策分析》，《社会治理》2016 年第 6 期。

吴帆：《我国农村留守儿童社会工作服务发展现状与主要问题》，《中国民政》2016 年第 12 期。

吴剑明、王薇、石真玉：《留守儿童身体健康影响因素研究》，《南京体育学院学报》（自然科学版）2015 年第 1 期。

吴磊、徐家良：《政府购买公共服务中社会组织责任的实现机制研究——一个利益相关者理论的视角》，《理论月刊》2017 年第 9 期。

吴霓：《农村留守儿童问题调研报告》，《教育研究》2004 年第 10 期。

武庆华：《财税法视角下留守儿童权益保障》，《人口与社会》2015 年第 1 期。

习近平：《决胜全面建成小康社会　夺取新时代中国特色社会主义伟大胜利——在中国共产党第十九次全国代表大会上的报告》，人民出版社 2017 年版。

肖莉娜：《大转型的孩子们：儿童福利政策的反思与建构》，《华东理工大学学报》（社会科学版）2014 年第 1 期。

《校园欺凌是全球现象：看看你的孩子在几岁时最有可能受欺负？》，

http：//mini. eastday. com/bdmip/180202082926866. html#，2018 年 7 月 10 日。

谢建社、蔡晓冬：《社会工作介入留守儿童服务的方法与技巧——以 XY 市某社区为例》，《广州大学学报》（社会科学版）2014 年第 2 期。

徐健：《2018 年度中国社会工作发展报告发布》，《公益时报》2019 年 3 月 26 日。

徐显明：《公民权利义务通论》，群众出版社 1991 年版。

徐昕炜：《"农村留守少年"违法犯罪现状及教育防范对策探析》，《农业考古》2010 年第 6 期。

许红缨、雷鹰、李辉：《从农村"留守"儿童问题看我国当前的监护制度》，《农业考古》2008 年第 6 期。

许华山、沐林林、谢杏利：《留守儿童心理健康与应对方式、人格和自我效能感的关系》，《卫生研究》2015 年第 7 期。

严虎、陈晋东、何玲、封坷欣：《农村留守儿童学校生活满意度、自尊与校园欺凌行为的关系》，《中国儿童保健杂志》2019 年第 3 期。

颜小钗、李卫湘：《双百计划：加速全粤社会工作专业化、均衡化进程——访广东省民政厅厅长卓志强》，《中国社会工作》2017 年第 3 期。

杨春华：《农村留守儿童与寄宿制教育——试析生活经验缺失对未成年人的影响》，《南开学报》（哲学社会科学版）2018 年第 12 期。

杨狄、刘征峰：《农村留守儿童监护制度的虚置及其反射性改革》，《湖湘论坛》2018 年第 4 期。

杨舸：《留守儿童政策和社会支持评估——基于江苏省的调查分析》，《社会治理》2016 年第 6 期。

杨汇泉：《农村留守儿童关爱服务路径的社会学考察》，《华南农业大学学报》（社会科学版）2016 年第 1 期。

杨剑、胡乔石、杨环：《政府购买农村留守儿童家庭教育服务机制研究》，《农村经济》2018 年第 3 期。

姚计海、毛亚庆：《西部农村留守儿童学业心理特点及其学校管理对策研究》，《教育研究》2008 年第 2 期。

姚进忠、巨东红：《立体赋权：农村留守儿童社会支持网络的建构》，《当代青年研究》2012 年第 12 期。

姚军、张文海：《大学生心理健康辅导理论与实践》，苏州大学出版社 2016

年版。

姚松、豆忠臣：《农村留守初中生辍学决策影响因素分析及其政策含义》，《教育科学研究》2018 年第 9 期。

叶敬忠、王伊欢：《留守儿童的监护现状与特点》，《人口学刊》2006 年第 3 期。

叶盈：《小学留守儿童社会支持与亲社会倾向的关系研究》，《中国儿童保健杂志》2014 年第 7 期。

殷陆君：《人的现代化》，四川人民出版社 1985 年版，第 4 页。

［英］阿瑟·刘易斯《经济增长理论》，商务印书馆 1996 年版。

尤凤：《春秀村留守儿童社会化的社会工作服务介入研究》，硕士学位论文，广西师范学院，2015 年。

游春：《构建农村留守儿童意外伤害保险机制的研究》，《金融发展研究》2010 年第 9 期。

于慎鸿：《农村"留守儿童"教育问题探析》，《中州学刊》2006 年第 3 期。

于阳：《留守儿童犯罪防治与被害预防实证研究》，《中国人民公安大学学报》（社会科学版）2018 年第 5 期。

虞婕：《支持驻校社工稀释农村留守儿童"亲情饥渴"》，《中国社会报》2013 年 6 月 3 日。

曾燕波：《青春期性教育问题与探讨》，《当代青年研究》2016 年第 3 期。

张寒玉、王英：《留守儿童犯罪预防对策初探》，《青少年犯罪问题》2017 年第 5 期。

张红星：《农村留守儿童自卑心理矫正的个案工作介入》，硕士学位论文，河北大学，2016 年。

张克云、叶敬忠：《社会支持理论视角下的留守儿童干预措施评价》，《青年探索》2010 年第 2 期。

张灵杉：《认知行为疗法介入农村留守儿童行为偏差的研究——基于 H 省 C 乡留守儿童个案研究》，硕士学位论文，华中科技大学，2018 年。

张天雪、黄丹：《2013 年度中国儿童政策研究述评》，《浙江师范大学学报》（社会科学版）2014 年第 5 期。

张文华、孔屏：《留守儿童保护中小组工作介入研究》，《山东省团校学报》2011 年第 3 期。

张向葵、蔡迎春:《走向行动定向的儿童研究:国内外儿童福利政策研究及启示》,《东北师大学报》(哲学社会科学版) 2005 年第 4 期。

张小屏、刘发勇、田骥:《民族地区农村留守儿童与非留守儿童社会化状况比较研究》,《人口与社会》2018 年第 2 期。

张永强、耿亮:《农村留守女童遭受性侵害问题及防范对策研究》,《预防青少年犯罪研究》2016 年第 3 期。

赵峰:《农村留守儿童心理健康状况及教育对策》,《首都师范大学学报》(社会科学版) 2010 年第 3 期。

赵景欣:《抗逆力让留守儿童摆脱成长困境》,《人民教育》2015 年第 22 期。

赵景欣、刘霞、申继亮:《留守青少年的社会支持网络与其抑郁、孤独之间的关系——基于变量中心和个体中心的视角》,《心理发展与教育》2008 年第 1 期。

赵景欣、刘霞、张文新:《同伴拒绝、同伴接纳与农村留守儿童的心理适应:亲子亲合与逆境信念的作》,《心理学报》2013 年第 7 期。

赵联:《校园欺凌行为的现实困境与破解之道》,《教育学术月刊》2018 年第 3 期。

赵玉菡、孙良媛、田璞玉:《农村留守儿童学校教育问题研究——基于与非留守儿童的比照》,《农村经济》2017 年第 8 期。

郑新蓉、熊和妮、任梦莹:《我国儿童政策的价值基础辨析——兼论儿童教育》,《河北师范大学学报》(教育科学版) 2015 年第 1 期。

《中国儿童发展纲要 (2011—2020 年)》, http://www.nwccw.gov.cn/2017 -04/05/content_ 149166.htm, 2017 年 7 月 30 日。

《中华人民共和国未成年人保护法》,中国民主法制出版社 2013 年版。

钟芳芳、朱小蔓:《重构爱的联结:乡村教师对留守儿童家庭的情感教育支持》,《教育理论与实践》2017 年第 4 期。

钟兴泉、陈旭、熊鑫:《留守初中生家庭功能与孤独感关系研究》,《内蒙古师范大学学报》(教育科学版) 2010 年第 4 期。

周楚、王德斌、洪倩:《留守儿童性侵害案件的成因及对策》,《医学与社会》2010 年第 1 期。

周国华:《教育政策执行机制研究——一个解释性分析框架,《教育学术月刊》2014 年第 5 期。

周小燕：《立足儿童利益和需求，落实好关爱保护留守儿童政策》，《中国社会工作》2017 年第 25 期。

周雪光：《基层政府间的"共谋现象"——一个政府行为的制度逻辑》，《社会学研究》2008 年第 6 期。

周雅琳、陈宇涵、刘伟、李雍、秦勇、李睿珺、于兰兰、许雅君：《中国农村留守儿童营养健康状况及干预措施研究进展》，《中国公共卫生》2019 年第 6 期。

周遵琴、李森、刘海燕：《留守儿童身体健康状况及影因素分析——以贵州省为例，《贵州民族研究》2015 年第 6 期。

朱卫红：《留守儿童心理发展研究》，云南大学出版社 2010 年版。

《着力破解农村社会工作"三大难题"》，http：//www. chinareform. org. cn/Economy/Agriculture/Forward/201012/t20101208_ 54188. htm，2018 年 7 月 20 日。

宗占红、尹勤、温勇、毛京沐：《留守儿童青春期健康状况调查》，《南京人口干部学院学报》2012 年第 3 期。

英文文献

Anonuevo, E. D. and Anonuevo, A. T., *Coming Home：Women，Migration and Reintegration*，Manila：Balikbayani Foundation and Atikha Overseas Workers and Communities Initiatives，2002.

Battistella, G. and Conaco, M. C. G.，"The Impact of Labour Migration on the Children Left Behind：A Study of Elementary School Children in the Philippines"，*Journal of Social Issues in Southeast Asia*，Vol. 13，No. 2，1998.

Bryant, J.，"Children of International Migrants in Indonesia, Thailand, and the Philippines：A Review of Evidence and Policies"，http：//www. unicefirc. org/publications/pdf/iwp2005_ 05. pdf.

Fan, F.，Su, L.，Gill, M. K. and Birmaher, B.，"Emotional and Behavioral Problems of Chinese Lcft－Behind Children：A Preliminary Study"，*Social Psychiatry and Psychiatric Epidemiology*，Vol. 45，No. 6，2010.

Fehlberg, F. and Smyth, B.，*Caring for Children After Parental Separation：Would Legislation for Shared Parenting Time Help Children?* University of Oxford：Family Policy Briefing，2011.

Freeman，"The Sociology of Childhood and Children's Rights"，*The International-al Journal of Children's Rights*，Vol. 6，No. 4，1998.

Gilbert，N.，*Combating Child Abuse：International Perspectives and Trends*，New York：Oxford University Press，1997.

Graham，E. and Jodran，L. P.，"Migrant Parents and the Psychological Well – Being of Left – Behind Children in Southeast Asia"，*Journal of Marriage and Family*，Vol. 73，No. 4，2011.

Graham，E. and Jodran，L. P.，"Migrant Parents and the Psychological Well – Being of Left – Behind Children in Southeast Asia"，*Journal of Marriage and Family*，Vol. 73，No. 4，2011.

Habermas，J.，*The Philosophical Discourse of Modernity*，Cambridge：Polity Press，1987.

Jones，H. and Kittisuksathit，S.，"International Labour Migration and Quality of Life：Findings From Rural Thailand"，*Population，Space and Place*，Vol. 9，No. 6，2000.

Lindblom，C. E.，"The Science of Muddling Through"，*Public Administration Review*，Vol. 19，No. 2，1959.

Luo，J. and et al.，"The Status of Care and Nutrition of 774 Left – Behind Children in Rural Areas in China"，*Public Health Reports*，Vol. 123，No. 3，2008.

Lu，R. H. and et al.，"The Effects of Mindfulness Training on Suicide Ideation Among Left – Behind Children in China：A Randomized Controlled Trial"，*Child：Care，Health and Development*，Vol. 45，No. 3，2019.

Mccroskey，J. and Meezan，W.，"Family – Centered Services：Approaches and Effectiveness"，Future of Children，Vol. 8，No. 1，1998.

Myers，J.，"A Short History of Child Protection in America"，*Family Law Quarterly*，Vol. 42，No. 3，2008.

Office of Research – Innocenti，UNICEF，https：//www. unicef – irc. org/knowledge – pages/Migration – and – children.

Parrenas，R.，*The Care Crisis in the Philippines：Children and Transnational*

Families in the New Global Economy, New York: Metropolitan Books, 2002.

Perera, N. and Rathnayaka, M., "Sri Lanka's Missing Mothers – A Working Paper on the Effect of Mother Migration on Children", https://www. researchgate. net/publication/321947429.

Rossi, A., "The Impact of Migration on Children in Developing Countries", http://www. doc88. com/p – 9753107140578. html.

Roth, K. and Bacas, J., *Migration in*, *From*, *and to Southeastern Europe*, *Part 2: Ways and Strategies of Migrating*, Ethnologia Balkanica, Lit Verlag, 2011.

UNICEF, "Child Rights Toolkit: Integrating Child Rights in Development Cooperation", https://resourcecentre. savethechildren. net/library/eu – unicef – child – rights – toolkit – integrating – child – rights – development – cooperation – 0.

UNICEF, "The Impacts of Migration on Children in Moldova", https://www. unicef. org/The_ Impacts_ of_ Migration_ on_ Children_ in_ Moldova (1). pdf.

Valtonen, K., "Immigrant Integration in the Welfare State: Social Work's Growing Arena", *European Journal of Social Work*, Vol. 4, No. 3, 2001.

Whitehead, A. and Hashim, I., *Children and Migration: Background Paper for DFID Migration Team*, UK: Department for International Development, 2005.

Xiao, Y. Y. and et al., "Suicide Ideation and Suicide Plan in Chinese Left – Behind Children: Prevalence and Associated Factors", *Journal of Affective Disorders*, Vol. 257, No. 10, 2019.

Yao, J. H. and Mao, Y. Q., "Rural Left – Behind Children's Academic Psychology in Western China and the School Management Countermeasures", *Frontiers of Education in China*, Vol. 3, No. 4, 2018.

Yeoh, B. S. and Lam, T., "The Costs Of (Im) Mobility: Children Left Behind And Children Who Migrant With A Parent. Perspectives on Gender and Migration", http://e. unescap. org/ESID/GAD/Publication/Perspectives_ on_ Gender_ and_ Migration_ FINAL. pdf#page = 128.

Zermatten, J., " Children's Rights: From Theory to Practice", https://
www. childsrights. org/documents/publications/wr/2001 – 4. pdf.

Zhou, C. and et al., "China's Left – Behind Children: Impact of Parental Mi-
gration on Health, Nutrition, and Educational Outcomes", *Health affairs*,
Vol. 34, No. 11, 2015.